中国语言文学文库·学人文库　吴承学　彭玉平　主编

秀华集
——黄光武文史研究丛稿

黄光武　著

中山大學出版社
SUN YAT-SEN UNIVERSITY PRESS
·广州·

版权所有　翻印必究

图书在版编目（CIP）数据

秀华集：黄光武文史研究丛稿/黄光武著 .—广州：中山大学出版社，2021.9

（中国语言文学文库·学人文库/吴承学，彭玉平主编）

ISBN 978-7-306-07270-2

Ⅰ. ①秀⋯　Ⅱ. ①黄⋯　Ⅲ. ①文史—研究—潮汕地区—文集　Ⅳ. ①K296.52-53

中国版本图书馆 CIP 数据核字（2021）第 152004 号

出 版 人：	王天琪
策划编辑：	嵇春霞
责任编辑：	孔颖琪
封面设计：	曾　斌
版式设计：	曾　斌
责任校对：	吴政希
责任技编：	靳晓虹
出版发行：	中山大学出版社
电　　话：	编辑部 020-84110283，84111996，84111997，84113349
	发行部 020-84111998，84111981，84111160
地　　址：	广州市新港西路 135 号
邮　　编：	510275　　传　真：020-84036565
网　　址：	http://www.zsup.com.cn　E-mail：zdcbs@mail.sysu.edu.cn
印 刷 者：	广州市友盛彩印有限公司
规　　格：	787mm×1092mm　1/16　20.625 印张　393 千字
版次印次：	2021 年 9 月第 1 版　2021 年 9 月第 1 次印刷
定　　价：	75.00 元

如发现本书因印装质量影响阅读，请与出版社发行部联系调换。

中国语言文学文库

主　编　吴承学　彭玉平

编　委（按姓氏笔画排序）

　　　　王　坤　　王霄冰　　庄初升

　　　　何诗海　　陈伟武　　陈斯鹏

　　　　林　岗　　黄仕忠　　谢有顺

总　序

吴承学　彭玉平

中山大学建校将近百年了。1924年，孙中山先生在万方多难之际，手创国立广东大学。先生逝世后，学校于1926年定名为国立中山大学。虽然中山大学并不是国内建校历史最长的大学，且僻于岭南一地，但是，她的建立与中国现代政治、文化、教育关系之密切，却罕有其匹。缘于此，也成就了独具一格的中山大学人文学科。

人文学科传承着人类的精神与文化，其重要性已超越学术本身。在中国大学的人文学科中，中国语言文学学科的设置更具普遍性。一所没有中文系的综合性大学是不完整的，也几乎是不可想象的。在文、理、医、工诸多学科中，中文学科特色显著，它集中表现了中国本土语言文化、文学艺术之精神。著名学者饶宗颐先生曾认为，语言、文学是所有学术研究的重要基础，"一切之学必以文学植基，否则难以致弘深而通要眇"。文学当然强调思维的逻辑性，但更强调感受力、想象力、创造力和语言表达能力。有了文学基础，才可能做好其他学问，并达到"致弘深而通要眇"之境界。而中文学科更是中国人治学的基础，它既是中国文化根基的重要组成部分，也是中国文明与世界文明的一个关键交集点。

中文系与中山大学同时诞生，是中山大学历史最悠久的学科之一。近百年中，中文系随中山大学走过艰辛困顿、辗转迁徙之途。始驻广州文明路，不久即迁广州石牌地区；抗日战争中历经三迁，初迁云南澄江，再迁粤北坪石，又迁粤东梅州等地；1952年全国高校院系调整，始定址于珠江之畔的康乐园。古人说："艰难困苦，玉汝于成。"对于中山大学中文系来说，亦是如此。百年来，中文系多番流播迁徙。其间，历经学科的离合、人物的散聚，中文系之发展跌宕起伏、曲折逶迤，终如珠江之水，浩浩荡荡，奔流入海。

康乐园与康乐村相邻。南朝大诗人谢灵运，世称"康乐公"，曾流寓广州，并终于此。有人认为，康乐园、康乐村或与谢灵运（康乐）有关。这也许只是一个美丽的传说。不过，康乐园的确洋溢着浓郁的人文气息与诗情画意。但对于人文学科而言，光有诗情是远远不够的，更重要的是必须具有严谨的学术研究精神与深厚的学术积淀。一个好的学科当然应该有优秀的学术传统。那么，中山大学中文系的学术传统是什么？一两句话显然难以概括。若勉强要一言以蔽之，则非中山大学校训莫属。1924 年，孙中山先生在国立广东大学成立典礼上亲笔题写"博学、审问、慎思、明辨、笃行"十字校训。该校训至今不但巍然矗立在中山大学校园，而且深深镌刻于中山大学师生的心中。"博学、审问、慎思、明辨、笃行"是孙中山先生对中山大学师生的期许，也是中文系百年来孜孜以求、代代传承的学术传统。

一个传承百年的中文学科，必有其深厚的学术积淀，有学殖深厚、个性突出的著名教授令人仰望，有数不清的名人逸事口耳相传。百年来，中山大学中文学科名师荟萃，他们的优秀品格和学术造诣熏陶了无数学者与学子。先后在此任教的杰出学者，早年有傅斯年、鲁迅、郭沫若、郁达夫、顾颉刚、钟敬文、赵元任、罗常培、黄际遇、俞平伯、陆侃如、冯沅君、王力、岑麒祥等，晚近有容庚、商承祚、詹安泰、方孝岳、董每戡、王季思、冼玉清、黄海章、楼栖、高华年、叶启芳、潘允中、黄家教、卢叔度、邱世友、陈则光、吴宏聪、陆一帆、李新魁等。此外，还有一批仍然健在的著名学者。每当我们提到中山大学中文学科，首先想到的就是这些著名学者的精神风采及其学术成就。他们既给我们带来光荣，也是一座座令人仰止的高山。

学者的精神风采与生命价值，主要是通过其著述来体现的。正如司马迁在《史记·孔子世家》中谈到孔子时所说的："余读孔氏书，想见其为人。"真正的学者都有名山事业的追求。曹丕《典论·论文》说："盖文章，经国之大业，不朽之盛事。年寿有时而尽，荣乐止乎其身，二者必至之常期，未若文章之无穷。是以古之作者，寄身于翰墨，见意于篇籍，不假良史之辞，不托飞驰之势，而声名自传于后。"真正的学者所追求的是不朽之事业，而非一时之功名利禄。一个优秀学者的学术生命远远超越其自然生命，而一个优秀学科学术传统的积聚传承更具有"声名自传于后"的强大生命力。

为了传承和弘扬本学科的优秀学术传统，从 2017 年开始，中文系便组织编纂中山大学"中国语言文学文库"。本文库共分三个系列，即"中国语言文学文库·典藏文库""中国语言文学文库·学人文库"和"中国语言文学文库·荣休文库"。其中，"典藏文库"主要重版或者重新选编整理出版有较高学术水平并已产生较大影响的著作，"学人文库"主要出版有较高学术水平的原创性著作，"荣休文库"则出版近年退休教师的自选集。在这三个系列中，"学人文库""荣休文库"的撰述，均遵现行的学术规范与出版规范；而"典藏文库"以尊重历史和作者为原则，对已故作者的著作，除了改正错误之外，尽量保持原貌。

一年四季满目苍翠的康乐园，芳草迷离，群木竞秀。其中，尤以百年樟树最为引人注目。放眼望去，巨大树干褐黑纵裂，长满绿茸茸的附生植物。树冠蔽日，浓荫满地。冬去春来，墨绿色的叶子飘落了，又代之以郁葱青翠的新叶。铁黑树干衬托着嫩绿枝叶，古老沧桑与蓬勃生机兼容一体。在我们的心目中，这似乎也是中山大学这所百年老校和中文这个百年学科的象征。

我们希望以这套文库致敬前辈。

我们希望以这套文库激励当下。

我们希望以这套文库寄望未来。

2018 年 10 月 18 日

吴承学：中山大学中文系学术委员会主任、教授，长江学者特聘教授
彭玉平：中山大学中文系系主任、教授，长江学者特聘教授

目　　录

释穆
　　——兼谈昭穆的礼乐含义 …………………………………………… 1
金文子孙称谓重文的释读及启发 …………………………………………… 10
《金文编》诸版序言漫议 ………………………………………………… 14
阮元题款格伯簋全形图 …………………………………………………… 26
南塘天后宫的古文奇字 …………………………………………………… 28
古代的"合同" …………………………………………………………… 31
鲍本《冯谖客孟尝君》篇"合赴"一解 ………………………………… 33
"沉东京，浮南澳"为谶语谣言辨析 …………………………………… 35
"辞郎洲"是对"侍郎洲"的曲意辨正
　　——论侍（辞）郎洲名实之争 …………………………………… 45
清湖广左布政使郑廷櫆传记补正
　　——兼议郑氏仕清 ………………………………………………… 59
曾阿三寇变以及有关记载的辨正 ………………………………………… 76
反映华侨参加暹罗吞武里王朝复国活动的刘光祥像赞 ……………… 80
红头船考源
　　——兼论潮汕华工第一次较大规模东南亚移民的时间 ……… 85
云南进士　广东知县
　　——署澄海知县杨天德生平 ……………………………………… 96
从乾隆九年《奉道宪县主禁示》碑确证杨天德署澄海县事 ………… 99
杨天德澄海留手泽 ………………………………………………………… 103
未有樟林，先有外陇 ……………………………………………………… 106
乾隆时期樟林南社港的地域范围及渔业新生产关系的出现
　　——新出土乾隆二十四年樟林镇司立界碑、乾隆四十八年澄海县正堂
　　　示禁碑的解读 …………………………………………………… 108

从新发现的乾隆三十九年勘界碑再见证乾隆中期樟林港的蓬勃发展……… 119
嘉庆十年澄海樟林二林通匪案
　　——兼谈樟林新兴街、新围天后庙的有关历史问题……………… 125
新兴街上街的建设
　　——从嘉庆二十四年一张屋契谈到蜊墩脚广场的变化 …………… 148
澄海畲人遗址追踪………………………………………………………… 152
古港拾贝………………………………………………………………… 155
莲花古寺今昔…………………………………………………………… 162
残碑古驿石马槽
　　——澄海樟林一带乡间田野调查数事…………………………… 165
新瑞德亭记……………………………………………………………… 172
文献与注释：1923 年《澄海樟林市之调查》…………………………… 174
日寇侵樟罪迹
　　——记 1939 年樟林仙园日机掷弹血案及 1944 年 7 月东社黄厝祠
　　　昭和年号刻字……………………………………………………… 180
工夫茶与工夫茶道……………………………………………………… 182
澄海樟林民俗…………………………………………………………… 203
蔡武昌与妻陈氏通信回文诗的释读及其史料意义 …………………… 231
潮剧剧目拾遗…………………………………………………………… 249
澄海东里月窟刘氏永思堂残联补缺 …………………………………… 265
火种在　传薪不息
　　——记吾乡樟林群众潮乐曲艺活动……………………………… 270
樟林民谣
　　——欲食好酒在桥头……………………………………………… 275
澄海苏北中学琐忆……………………………………………………… 282
烬余道在须传火
　　——简介一幅特殊的金文书法作品……………………………… 287
忆容老…………………………………………………………………… 289
交流学术　保护文物
　　——记容庚先生收藏青铜器……………………………………… 291

每愧人称作画人
　　——读容庚先生次韵和徐宗浩诗作 ·· 296
容庚先生晚年趣事 ·· 302
忆刘益先生 ·· 308
"花宾主月亭"的释读
　　——纪念黄光舜先生逝世一周年 ·· 309

跋 ·· 311
附录：自刻印章 15 枚 ·· 316
后记 ·· 317

释　穆
——兼谈昭穆的礼乐含义

"穆"这个美好而庄重的字眼，自青铜器铭文、《书》、《诗》等先秦文献，直至现代汉语，从不间断地出现，在语言中有很强的生命力。穆字的初义是什么？《说文解字·禾部》① 云："穆，禾也，从禾㣎声。"② 㣎为何声？"㣎，细文也，从彡，㬎省声。"③ 但穆为明纽觉部字，而㬎是溪纽铎部字，二字声韵相差甚远，毫无可通之处。

由于《说文》对穆字的解释不够明白，因此常引起讨论。几年前，《楚地出土文献三种研究》出版，饶宗颐先生在《随县曾侯乙墓钟磬铭辞研究》中论述音律时重释穆，尤其指出穆字在音乐上的含义，较之其他解释，有独到之处：

穆穆有礼与乐二义：威仪穆穆训敬；钟磬穆穆训和。④

但饶宗颐先生对穆字有礼乐二义没有更详细的解释，本文据其提示，结合与穆字有关联的古文字形体以及古代礼乐思想和制度的有关记载，不揣寡陋，试作浅人之论。

孙海波把甲骨文𥞴（甲3636）作为未识字列于其编著的《甲骨文编》附录。⑤ 而近年来，𥞴（穆）字已被正式收入《甲骨文字典》，释象有芒颖之禾穗下垂；⑥ 但由于辞例少，只作为地名，无法从语言环境检验其相关词义。对穆字的初义，本文还是从公认的金文穆字的形体入手进行分析。

金文穆字除后期外，形体十分稳定，绝大多数作𥞴。偏旁相同、结构相

---

① 《说文解字》以下简称为《说文》。
② 〔汉〕许慎：《说文解字》，中华书局2013年版，第141页。
③ 〔汉〕许慎：《说文解字》，中华书局2013年版，第182页。
④ 饶宗颐：《随县曾侯乙墓钟磬铭辞研究·本论四》，见饶宗颐、曾宪通《楚地出土文献三种研究》，中华书局1993年版，第44页。
⑤ 参见孙海波《甲骨文编》，中华书局1982年版，第792页。
⑥ 参见徐中舒主编《甲骨文字典》，四川辞书出版社1989年版，第778页。

似的汉字，可以通过类比而得到字义相近的语言信息，像旌与旂、鼓与磬等。从"𣏌"与旗帜有关，从"屮"与悬乐有关。在金文中，有一个造字方法与"穆"十分相类的常用字——"𥎊"（县）"（邵钟），另体作"𥎊"（县妃簋），字皆从木，二体丝连木的部位不同而已。而曾侯乙墓竹简中悬字作"𥎊"（曾二），木杠与系首级的绳索分离了，从木分明。木杠上端连丝部分往往弯曲，容易造成字形讹混，尤其是𥎊，此体使从木从禾莫辨。"穆（𥎊）"就属于这种情况。"穆"之初义不似嘉禾美实，乃悬钟和鸣之象。

"穆"与"县"都是杠端悬物之象。县字就不属禾部字，穆字也不属禾部字。我们还可在甲骨金文中见到表杠端悬物、构形与"穆"相似的字，如：

（1）𥎊（燕370）；

（2）𥎊（京津2686）；

（3）𥎊（怀1636）；

（4）𥎊（《金文编》1985年版附录上72）。

各字都为不认识的字，但不妨碍我们对其杠端悬物的理解。段玉裁释𣏌时指出：从屮者与从豈同意，"谓杠首之上见者"①。段氏把屮表杠首扩大到表悬击乐器的支架的上部，的确很有见地。而所举豈，实为金文鼓（𣏌）字的主体，是立柱悬鼓之象形。马王堆3号墓遣策②、《汉书·何并传》都谈到"建鼓"。《何并传》颜师古注："建鼓一名植鼓。建，立也，谓植木而旁悬鼓焉。"③《诗·商颂·那》"置我鞉鼓"，笺云："置读曰植。植鞉鼓者，为楹，贯而树之。"④《说文》植字，段注："植当为直立之木。"⑤ 由此可见，《说文》壴字是古代建鼓的象形字。四川成都百花潭出土战国铜壶的图纹就很好地说明了建鼓的样子。⑥ 壴本为名物，增益寸旁为"尌"，表动作"立也，从壴从寸，读若驻"⑦，即树立之树。《史记·李斯列传》："树灵鼍之鼓。"

《说文》释壴时把本来是悬鼓的象形字只当作"陈乐，立而上见也"⑧。

---

① 〔清〕段玉裁：《说文解字注》，上海古籍出版社1988年版，第308～309页。
② 参见何介钧、张维明编《马王堆汉墓》，文物出版社1982年版，第148页。
③ 〔汉〕班固撰、〔唐〕颜师古注：《汉书》卷七十七《何并传》，中华书局1962年版，第3266～3267页。
④ 《十三经注疏》整理委员会整理：《十三经注疏·毛诗正义》，北京大学出版社2000年版，第1686页。
⑤ 〔清〕段玉裁：《说文解字注》，上海古籍出版社1988年版，第255页。
⑥ 参见成都百花潭中学十号墓出土战国铜器花纹摹本：𥎊，载《文物》1976年第3期，第80页图版贰。
⑦ 〔汉〕许慎：《说文解字》，中华书局2013年版，第97页。
⑧ 〔汉〕许慎：《说文解字》，中华书局2013年版，第97页。

其实，真正"立而上见"者只是屮，壴是建鼓之象，不是"陈乐"的器具。所谓"陈乐"，应指建鼓的立木装置，其作用与《说文》释乐所从之木的作用相同，曰："木，虡也。"① 金文齐鲍氏钟铭乐字不从木而从火，悬虡之形更为明显。《说文》磬（𥕫）字也从表虡的屮，"象悬虡之形"②。甲骨文𣪊（前4·10·5）表悬虡为屮。磬字之籀文作𥕫，悬虡之形为火。金文鼓字有𢻻（王孙钟）、𢻻（师毁簋）、𢻻（庾鼎）、𢻻（子璋钟）等体，籀文作𢻻。金文鼓字另体的木虡的作用更形象——𢻻、𢻻（《金文编》1985 年版附录上495），木挂吊着𢻻（鼓）。"鼓""磬"所从之木、屮、火、火、火、屮、屮皆表陈乐之木虡。造字之初，会意就简，合乎当时的实际，悬乐之陈置不外木架、木杠，我们可从潞河匜的图像中看到鼓与铙挂在一根木杠上，这就是很好的例证。③ 随着文明的发展，工艺开始发达，用器讲究美观，悬乐陈架由简陋而变繁复。如邵钟铭文："乔乔其龙，既旃邕虡。"④ 河南新郑市郑韩故城郑国祭祀遗址"在9号坑的悬钟横梁痕上，还发现有龙的浮雕花纹"⑤。故宫所藏桑猎宴乐壶的图像中悬钟悬磬安挂在凤虡龙篸之上。⑥ 这些均证明邵钟铭文的描写是真实的。曾侯乙编钟的虡架构件相衔之处，饰以托举铜人，然其作为支架悬物的本质并无改变。《诗·周颂·有瞽》"设业设虡"，孔颖达疏："栒虡之体，植者为虡，横者为栒。"⑦ 穆字之偏旁木，其下为植者表虡，其上为横者表栒。江陵雨台山二号墓竹简穆字作𥳑（雨21.1），日之上增益表杠首之屮，与鼓、磬二字所从相同。此体有悬杠全体与杠首之上见者的重复偏旁，而所从之木，却反映出文字中钟磬最古老的木虡不过是树立木桩而已。曾宪通先生从曾侯乙编钟的钟虡铜人论说虡字初文，甚为精辟："虡的初文本从钟虡铜人取象，字初作𠂤，后因象形文发生变化，便增益'虍'旁为声符，遂成虡字。"⑧ 作为专有名词的虡字确如此而来。表虡义的偏旁，可以说是《说文》

---

① 〔汉〕许慎：《说文解字》，中华书局 2013 年版，第 119 页。
② 〔汉〕许慎：《说文解字》，中华书局 2013 年版，第 193 页。
③ 参见山西省考古研究所、山西省晋东南地区文化局《山西省潞城县潞河战国墓》画像：𢎘，载《文物》1986 年第 6 期，第 9 页。
④ 中国社会科学院考古研究所编：《殷周金文集成释文》器 225～237，香港中文大学中国文化研究所 2007 年版，第 202～210 页。
⑤ 蔡全法：《郑韩故城郑国祭祀遗址考古散记》，载《文物天地》2000 年第 3 期，第 24 页。
⑥ 参见杨宽《战国史》第 2 版插图：𢎘，上海人民出版社 1980 年版，第 513 页。
⑦ 《十三经注疏》整理委员会整理：《十三经注疏·毛诗正义》，北京大学出版社 2000 年版，第 1560 页。
⑧ 曾宪通：《从曾侯乙编钟之钟虡铜人说虡与业》，见饶宗颐、曾宪通《楚地出土文献三种研究》，中华书局 1993 年版，第 221 页。

释乐时指出的木，在先秦古文字的具体字形中，变化出 ❋、✲、ψ、Ϫ、ᚼ、ᚽ、ㄓ、ㄓ 等偏旁部件，其意相同，皆表悬挂物体的支架。上举古文鼓、磬二字表簨虡的木旁部件，确实是古文表古乐用以支撑悬击乐器的"陈乐"，即立木的各种变化的象形符号。

段玉裁指出从丫（杠首）与从壴（上文已说明，作为陈乐之首只是ㄓ这部分）意同，这使我们能较好地理解为什么与音乐有关的字，表簨虡的偏旁作"禾"，请看下列几个例子：

（1）侯马盟书嘉字形体作 ❋（表194：4）、❋（表92：5）、❋（表88：4），实为 ❋（表3：20）之变。从ㄓ之形，也可作"禾"形。此"禾"与穆、悬二字所从之 ❋ 意同，义为支架，而做乐器鼓磬支架则为木虡。

（2）磬，"声"的部分小篆作 ❋，表示簨虡连挂磬体，簨虡之上见者为 ㄓ，与"禾"之上端形同。

（3）金文柞伯簋铭文有赏赐乐器柷者①，字作 ❋，从 ❋ 兄（祝）声，传世文献从木。《说文·木部》："柷，乐木空也。"② 伪古文《尚书·益稷》："合止柷敔。"《尔雅·释乐》郭璞注："柷如漆桶，方二尺四寸，深一尺八寸。中有椎柄连底挏之，令左右击。"③ 一根木杠贯穿柷体，柷体悬空。支撑柷体的椎柄实质为乐虡。金文柷是形声字，从禾，与穆、悬二字所从之 ❋ 性质相同，表支架之义，形与禾同，实表木虡之木。

（4）和，从口禾声。金文另体作 ❋（史孔盉）、❋（陈贻簋），从口从木的合体字。《说文》和训"相膺也"④，声之相应。作为声符的禾，实不能以木代替。金文作木，说明当时人们对和的理解，可能从音乐和谐的角度着眼，与金文柷从 ❋ 一样，认为"禾"是簨虡的木杠，故产生一体从木（簨虡）的 ❋。

通过上文的分析，我们了解到表悬虡支架的 ❋，其形与禾同而义异。这种现象值得在我们分析字形时注意。注意到这一点，就较容易理解形为悬物的"穆"为何要从禾了。金文从禾的柷字文献已不从禾而从木，但穆字至今仍然从禾，可谓习非成是了。

穆字 ❋ 所悬的 ❋ 为何物，应为前举 ❋（《金文编》1985年版附录上72）

---

① 参见王龙正、姜涛、袁俊杰《新发现的柞伯簋及其铭文考释》，载《文物》1998年第9期，第56～57页。
② 〔汉〕许慎：《说文解字》，中华书局2013年版，第119页。
③ 《十三经注疏》整理委员会整理：《十三经注疏·尔雅注疏》，北京大学出版社2000年版，第176页。
④ 〔汉〕许慎：《说文解字》，中华书局2013年版，第26页。

所系者同类之物。通过与其他古文字比较，应为乐器铃钟之属。甲骨文有 ❀（后 2.26.11）、❀（2.19.3），其造字方法与 ❀（粹 1.225）同，皆是以耳闻乐的会意字。后者之 ☐ 为石磬，前者之 ☐ 则为口向上之铙，故 ❀ 应是口向下的垂钟，隶定作臬。白川静释乐字指出所从之白是铃的形象①，用来分析穆所从的 ❀ 正合适不过。我们还可从穆的另一体 ❀（井人钟）来证明 ❀ 确为垂钟。甲骨文 ❀（鼓）（铁 38.3）与金文 ❀（《金文编》1985 年版附录上 494）都是结构相同的字，会击乐之意，所击之器前为鼓而后者为向上的铙，铃钟连类，❀ 口向下表垂钟，其形与战国铜壶宴乐图中的悬钟十分相似。❀、❀ 同字异形，而从比较中可看出，前者较象形化而后者略为笔画化，在字中是个未脱离象形的部件，皆表垂钟之意。❀ 之下的"彡"示钟声，与击鼓彭彭的鼓声作"彡"者相同，在这里不表文饰，而以可视的形表看不见的和谐的钟声。曾侯乙编钟穆字简体作 ❀（16 号下层 2 组 1 号反面 3）省 ❀，只表钟声绕虡。穆字所从之"彡"，是一个表示乐音的重要指示性标志。

中国音乐到了商周时代，创造了辉煌的成就。其代表可说是大型的鼓与钟磬等悬击乐，尤其是五音齐全的编钟，周代已经成肆成堵，如邵钟铭文说："大钟八肆，其竈四堵。"② 这类乐器与其悬挂木架——簨虡合为一体，是当时文化发达的体现，反映在文字上则是周代的金文大量出现表钟声和美与礼仪肃敬的穆字。吴王光和钟铭文"㾓（振）鸣虞（且）焚，其宴（音）穆穆，㪍（阑）㪍和钟，鸣阳（扬）条虡"③，子犯钟铭文"穌钟九堵，孔淑且硕，乃穌且鸣"④，这些钟铭可说是穆字的最好注脚。"穆穆厥声"⑤ "穆穆穌钟"⑥，形容钟磬乐声和美的"穆"，始终与音乐结合在一起。从根本上说，乐与穆实为一事，但各有所强调，乐为"五声八音总名"，即音乐的共名，而穆以钟磬乐声之和美引申为五声八音之和谐。上乐鼎铭文乐字作 ❀，魏碑别字有的字体保存古文遗韵，乐字作樂（北魏临潼造像记），有的还带古文穆字所从的彡旁作樂（魏元恩墓志）。不管所从的白为鼓还是为铃，其形体与穆也很相似，

---

① 参见周法高编撰《金文诂林补》第 3 册 0768 释乐，台湾"中央研究院"历史语言研究所 1982 年版，第 1915 页。

② 中国社会科学院考古研究所编：《殷周金文集成释文》器 225～237，香港中文大学中国文化研究所 2007 年版，第 202～210 页。

③ 崔恒升：《安徽出土金文订补》67 器吴王光和钟，黄山书社 1998 年版，第 204 页。

④ 张光远：《故宫新藏春秋晋文称霸"子犯和钟"初释》，载《故宫文物月刊》1995 年第 145 期，第 27 页。

⑤ 《诗·商颂·那》。

⑥ 马承源主编：《商周青铜器铭文选》第 4 册 612 器鼂子钟，文物出版社 1988 年版，第 407 页。

其内涵也应相类。

"穆"除金文"✦"的基本形以及传抄古文"㪿"等异体外，还有形声字结构的异体"㪿"（叔夷钟），铭文"㪿龢三军徒旃"的"㪿"，从攴翏声，形声字，读为穆。宋人早就这样释读。先秦文献称穆公者甚多，可与缪公通，如《孟子》中秦穆公、鲁穆公又作秦缪公、鲁缪公①。又《礼记·大传》"序以昭缪"，郑注："缪读为穆，声之误也。"② 其实先秦文献假缪为穆。穆、缪音可互替，出土楚简㪿字以穆为声符，隶定为"繆"，释作衣物的"缪"。③ 叔夷钟铭文㪿的用字与缪不同。从传抄古文可知穆作㪿，如《广金石韵府》穆一体作㪿④，与《玉篇》《古文四声韵》《集韵》古文穆字隶古定"㪿、㪿、㪿"，实同为一体⑤。所从偏旁"翏"相同，只是将表簨虡的✦旁改换为敲击义的攴旁，表击钟之状。穆而作㪿，由以簨虡钟鸣取意变为以敲击乐钟取意，但"翏"（非《说文》的所谓声符）作为钟鸣的主体不变。由㪿到㪿，还保留同义的偏旁。㪿为形声字，承㪿会击钟之意，又分化出含攻击义的戮字，古文偏旁从攴与从戈同。在语音上，㪿（穆）属明纽觉部字，戮属来纽觉部字，韵部相同，二字声纽属复辅音 ml-分化。㪿、戮音义相通是没有问题的。传世叔夷钟的㪿有两种释读，《啸堂集古录》读戮⑥，《历代钟鼎彝器款识法帖》《博古图》读穆⑦。郭沫若《两周金文辞大系图录考释》从《啸堂集古录》读㪿为戮⑧，但"戮龢三军……"，实不如释"穆（㪿）龢三军……"更合乎汉语的习惯用语。穆、睦可通，《古文四声韵》睦字古文一体作㪿⑨，其✦旁与✦（穆）（邾公华钟）之✦旁一样，㪿、㪿之异，其结构的变化也属以簨虡钟鸣取意变为以敲击乐钟取意。㪿（睦）字非常明显是假借穆的古文而来。穆龢，犹睦和，亦和睦也。

---

① 参见《孟子·万章上》《孟子·公孙丑下》。
② 《十三经注疏》整理委员会整理：《十三经注疏·礼记正义》，北京大学出版社2000年版，第1165页。
③ 参见刘钊《释楚简中的"繆"（缪）字》，载《江汉考古》1999年第1期，第57～60页。
④ 参见〔明〕朱云纂《广金石韵府》卷五八四，哈佛燕京图书馆藏明崇祯九年（1636）刻本。
⑤ 参见徐在国《隶定"古文"疏证》，安徽大学出版社2002年版，第155页。
⑥ 参见〔宋〕王俅《啸堂集古录》，见中华书局编《宋人著录金文丛刊初编》，中华书局2005年版，第718页。
⑦ 参见〔宋〕薛尚功《历代钟鼎彝器款识法帖》，中华书局1986年版，第30页；〔宋〕王黼《宣和博古图》，上海书店出版社2017年版，第379页。
⑧ 参见郭沫若《两周金文辞大系图录考释（二）》，见郭沫若著作编辑出版委员会《郭沫若全集·考古编》，科学出版社2002年版，第430页。
⑨ 参见徐在国《传抄古文字编》，线装书局2006年版，第325页。

上述的论证，不外要证明《说文》将穆归入禾部字，定为禾属之物是有问题的。林义光的《文源》认为"穆为禾无考"①。历来训诂释穆之义多离不开和、睦、敬、信、敦、厚、美等，与调、谐、协义近。总之与禾属之物无干。丁福保认为："二徐本误作禾也，非是，宜改。"②《一切经音义》《玉篇》《广韵》三书都训穆为和，是有一定根据的。③《尔雅·释乐》："大笙谓之巢，小者谓之和。"又曰："大鼗谓麷，小者谓之应。"《诗·周颂·有瞽》"应田悬鼓"，郑注"应，小鞞也，田，大鼓也"，小鼓在大鼓旁，"应，鞞之属也"④，即汉代画像石中，大鼓下所挂的小鼓⑤。从《诗经》《尔雅》的记载以及汉代的画像得知，同类乐器有大小响应中和的功能，"大昭小鸣，和之道也"⑥。乐音小声附和大声的，便是协调和谐的方法。古乐把小鼓叫应，小笙叫和。和是乐器，《说文》从功能上解释和为"相譍也"。由此看来，和是乐音的"相譍"，而穆为乐音之和美，训和是十分合理的，故"和""穆"可互训。《说文》穆训作禾，应该是训"相譍也"的和字的假借，而非草木之禾。铜器铭文经常用龢、和修饰乐钟，如龢钟、和钟。偶尔也用禾修饰乐钟，如朱公钊钟铭："作厽禾钟。"⑦ 禾、和、龢修饰乐钟的性质都一样，说明禾是和、龢的假借字。《说文》穆训禾，实可看作训和、龢。

　　"和""穆"互训，既可表示音的和谐，也可表威仪的肃敬祥和。《尚书·尧典》："宾于四门，四门穆穆。"四门非一般的门户之门，特指有礼仪形式之门，有穆穆之象。这应属于立旗的和门一类。据《周礼·夏官·大司马》记载："以旌为左右和之门。"郑玄注："军门曰和门，今谓之垒门，立两旌以为之。"⑧ 门的左右植立旌旗仪仗，包括 在内的各号旗帜。金文 为人举旌旗，即铭文常见赏赐䜌旃之旂。《尔雅·释天》："有铃曰旂。"注："悬铃于竿

---

① 林义光：《文源》卷十，中西书局2012年版，第379页。
② 丁福保编：《说文解字诂林》，中华书局1988年版，第3081页。
③ 参见徐时仪校注《一切经音义三种校本合刊》，上海古籍出版社2008年版，第601页；王平等《〈宋本玉篇〉标点整理本：附分类检索》，上海书店出版社2017年版，第244页；余廼永校注《新校互注宋本广韵：定稿本》，上海人民出版社2008年版，第459页。
④ 《十三经注疏》整理委员会整理：《十三经注疏·毛诗正义》，北京大学出版社2000年版，第1559页。
⑤ 参见李宗山《古代乐器陈设》插图之10南阳沂南画像石： ，载《文博》2000年第2期。
⑥ 《国语·周语下》。
⑦ 马承源主编：《商周青铜器铭文选》第4册828器，文物出版社1988年版，第526页。
⑧ 《十三经注疏》整理委员会整理：《十三经注疏·周礼注疏》，北京大学出版社2000年版，第916页。

头。"①《诗·周颂·载见》"龙旂阳阳,和铃央央",便是   的写照,既可表旂旗,又可引申为铃声和谐美妙。穆字有乐音和美之义应源于旂铃和美之声。而古代旗帜象征权力,区别等级,可以号令民众、指挥军队,源于旂铃和美的穆又可引申为肃敬的意义。夏渌先生曾举出金文   (师酉簋)字,认为是和门的和,寨门竖旗,禾声,引申为和气、和穆的和。②此说不无道理。和门、穆穆之门,其义类相近。

从上文的论述,可知穆字的本义与音乐密切相关,穆字与中国古代的礼制有重要的联系,最典型莫过于昭穆制度。昭穆既是西周墓葬排列的规则,也是宗庙的秩序。所谓左昭右穆,父昭子穆,昭穆的内容是清楚的。为什么要用昭穆二字来为这种宗法秩序命名?包括训诂在内,不少辞书均未有说明。倒是《国语·周语下》一段关于七律的论述与昭穆一词关系密切:

凡人神,以数合之,以声昭之,数合声和,然后可同也。故以七同其数,而以律和其声,于是乎有七律。

"以声昭之,数合声和",合起来就是昭和。和与穆义通互训,故昭和犹言昭穆也,昭示人神之合和。昭声是表现的形式,数合则是内在的和穆。能够和乐的是律,而律是以数按一定比例相生出来的。古人还以为钟律与天道也有关系,《国语·周语下》:

律所以立均出度也。古之神瞽考中声而量之以制,度律均钟,百官轨仪。纪之以三,平之以六,成于十二,天之道也。

乐律合乎天道就能和,而中和的音乐就能默化人道,《礼记·乐记》云:

是故乐在宗庙之中,君臣上下同听之,则莫不和敬;在族长乡里之中,长幼同听之,则莫不和顺;在闺门之内,父子兄弟同听之,则莫不和亲。故乐者审一以定和……所以合和父子、君臣,附亲万民也,是先王立乐之方也。

古人观察各种自然以及包括音乐在内的社会现象,联系社会矛盾的实际,总结

---

① 《十三经注疏》整理委员会整理:《十三经注疏·尔雅注疏》,北京大学出版社2000年版,第207页。

② 参见夏渌《评康殷文字学·释册》,武汉大学出版社1991年版,第269~274页。

并提出"和"为最完美的精神境界,统治者把这一哲学理念作为安邦治国的指导思想,形成礼乐合一的整套典章制度,用以规范家庭和社会生活,调和阶级矛盾,企图使人际关系固定在有序的框架之中,如同六律五音,奏出和和穆穆的理想曲,所以要在家族宗庙的祭礼中树立榜样,产生了昭穆制度。其维持秩序的目的,请看《礼记·祭统》,记载得十分清楚:

夫祭有昭穆。昭穆者,所以别父子、远近、长幼、亲疏之序而无乱也。是故有事于太庙,则群昭群穆咸在而不失其伦。

昭穆的思想源于乐,以音律的原理,推及人事,真是直观有趣。以乐声和谐取义的穆,包含受到律的制约的意思。看看编钟,从大到小,五音俱全,旋宫转调,随心所欲,有条不紊。五音之中,宫声为君,乐声还分君臣,反映封建宗法制度的等级观念。

《逸周书·谥法》:"中情见貌曰穆。"《礼记·乐记》云:"合情饰貌者,礼乐之事。"中情即合情。从这两处典籍的阐释可知,"穆"有礼乐的含义。"穆"最初表和谐之乐声,进而引申为表威仪的肃敬,也就不难理解了。

(原载《中山大学学报》2001年第1期,第41～46页;又收入中国古文字研究会、安徽大学古文字研究室编《古文字研究》第二十三辑,中华书局2002年版,第195～200页。)

金文子孙称谓重文的释读及启发

在金文铭辞中，习语"子孙永宝用""子子孙孙万年永宝用"一类最为多见。子孙称谓多带重文号，就历来金文著录的释读，大致有下列七种形式：①子孙；②子子孙孙；③子子孙；④子孙孙；⑤孙子；⑥孙孙子子；⑦孙子子。从宋代的著录开始，相沿至今，习以为常。但细细斟酌，参证文献，其中③④⑦式的释读，甚觉拗口，值得商榷。虽然这样的释读不会妨碍对文义的理解，但是否符合古人的读法？这还是有辩正的必要。

金文铭辞中"子孙"及其重文"子子孙孙"最为普遍，这种形式也多见于先秦文献："子孙千亿"①"子孙保之"②"子孙绳绳"③"子孙不忘"④"子孙孙永保民"⑤"子子孙孙，引无极也"⑥"子子孙孙，勿替引之"⑦"子子孙孙，无穷匮也"⑧。传世文献有"子孙"及"子子孙孙"而不见"子子孙""子孙孙"的形式。常见于金文释读的后两种，按可视的重文号只重一处，读起来缺乏音节的协和，结构也有嫌支离，不合汉语叠字重声的常法。

笔者认为，"子子孙""子孙孙"都要读为"子子孙孙"，同样，"孙子子"也要读为"孙孙子子"。这样念起来叠字重声，长音悠扬，有绳绳不绝、绵绵不断之感，与下文"万年永宝用"相应，起到和谐统一的修辞效果。其内涵与《列子·汤问》"子又生孙，孙又生子；子又有子，子又有孙。子子孙孙，无穷匮也"完全相同。金文铭辞的子孙称谓用重文表示，既生动又简约，且符合古代铸铭时尽量少字而不少意的要求，故在铜器铭文中得到广泛的采用，成为习惯用语。

从所见著录的同铭器看来，凡子孙称谓，不管有重文号、无重文号，还是

---

① 《诗经·大雅·假乐》。
② 《诗经·周颂·烈文》。
③ 《诗经·大雅·抑》。
④ 《左传·僖公五年》。
⑤ 《尚书·梓材》。
⑥ 《尔雅·释训》。
⑦ 《诗经·小雅·楚茨》。
⑧ 《列子·汤问》。

单重文号、双重文号,其义皆同,只是结构形式不同而已,如下列:

丰兮簋盖"子孙",器"子₌孙₌"。①
楚公豪钟"孙子",钟一、三、四"孙₌子₌"。②
伯喜父簋盖"子₌孙₌",器"子₌孙"。③
仲枏父鬲甲"子孙",仲枏父鬲乙"子₌孙₌";仲枏父簋"子孙₌"。④
楸车父簋一式甲盖"子₌孙₌",器"子₌孙₌";楸车父簋一式乙盖"孙子₌",器"子₌孙₌"。⑤
蔡大膳夫赵簋盖"子₌孙",器"子孙₌"。⑥

重文号以二短横为标志,有的铭文出现缺失符号的现象,如:

𦀚鼎"子₌孙₌"⑦。
静卣"子₌孙₌"⑧。
格伯作晋姬簋"子₌孙₌"⑨。

这些皆说明重文号在铸造时失范,也可能是制范时的疏漏。

子孙称谓重文是金文铭辞的套语,当时人们十分熟悉,即使简省一个符号,照样也会读为"子子孙孙",绝对不会发生误会。这种情况应该是存在的。某些成套的同铭器,有这样的现象:子孙称谓双重文号少于单重文号。如中殷父簋,今见四簋的盖、器共有八拓,经细微观察,绝非同范,其中六铭"子₌孙",二铭"子₌孙₌"。⑩拓本清晰无漫漶的痕迹。按一般道理,特殊应该大大少于常规,中殷父簋铭文子孙称谓单重文号却多于最普遍的双重文号,这就不能怀疑为失范、疏漏所致,而是有意识的简省,子孙二字宜统一作为重

---

① 参见罗振玉《三代吉金文存》卷八,中华书局1983年版,第816页。
② 参见罗振玉《三代吉金文存》卷一,中华书局1983年版,第14~17页。
③ 参见中国科学院考古研究所编辑《长安县张家坡铜器群铭文汇释》,文物出版社1965年版,第6页。
④ 参见徐中舒主编《殷周金文集录》,四川人民出版社1984年版,第306~307页。
⑤ 参见徐中舒主编《殷周金文集录》,四川人民出版社1984年版,第184~185页。
⑥ 参见阎金安《湖北宜城出土蔡国青铜器》,载《考古》1989年第11期,第1043页。
⑦ 罗振玉:《三代吉金文存》卷四,中华书局1983年版,第462页。
⑧ 罗振玉:《三代吉金文存》卷十三,中华书局1983年版,第1406页。
⑨ 〔清〕刘心源撰:《奇觚室吉金文述》卷三,清光绪二十八年(1902)石印本。
⑩ 参见罗振玉《三代吉金文存》卷八,中华书局1983年版,第796~799页。

文看，不能以所现重文号的多少而机械加字，以致造成"子子孙""子孙孙""孙子子"的怪读。

或许有人会说，宋代的金文著录已有把"子₌孙"释读为"子子孙孙"的了。这是运用校勘的方法校正同铭器中的铭文，或以此类推的。但仍然有不少单器铭文的子孙称谓因单重文号而读为"子子孙"。宋人是如何解释这种读法呢？薛尚功在《历代钟鼎彝器款识法帖》卷十六□父鬲考释时说："且诸器款识有曰'孙子'，有曰'子₌孙₌'，有曰'子₌孙'。盖孙可以为王父尸，子不可以为王父尸，故言孙子而以孙为先；言之不足，至于重复，故言'子子孙孙'而不嫌其烦；或迭言或单举以互见，故言'子子孙'而不嫌其略。"① 这说明宋人认为是有"子子孙"读法的。薛氏还指出，"若此再言子子，人从而系之，是为孙孙之义，盖孙亦子属，不待指而后著矣"②。孙即是子属，子孙泛指后代是对的，但因铭文有作"孙子"而认为"孙可以为王父尸"就不实际了，因为铭文绝大多数是泛指"子孙""子子孙孙"。薛氏的观点受到"君子抱孙不抱子"③的影响，用以解释铭文子孙称谓，全属附会之谈，用以解释单重文号的"子₌孙"，显然不合古人的读法。

子孙称谓无论是重文单号还是双号都必须用一样的读法，提醒我们在释读带重文号的铭文时，不要死板地按符号一加一来重字，而要考虑到重文疏漏、失范、简省诸多因素，遇到"它₌熙"④就要读为"它它熙熙"，"用邵各丕显且考先₌王其严在上"⑤，就要读为"……且考先王，且考先王其严在上"。不然，便有不辞之嫌。

运用上述重文号的读法，我们可以试释师嫠簋值得商榷的一处句读。郭沫若《两周金文辞大系》的释读采用器铭，无重文号："在昔先王小学，女敏可吏。"⑥ 文通句顺，不存争议。杨树达《积微居金文说》依《窓斋集古录》，采用盖铭，"女"字下有重文号，铭文作："……在先王小学女，女敏可吏。"杨氏指出"学字当读为教"⑦，然读起来总欠达意。考虑铭文回忆"在昔先王"时的事情，师嫠应如杨氏所说是"贵游子弟"。若参照子孙称谓单重文号

---

① 〔宋〕薛尚功：《历代钟鼎彝器款识法帖》，中华书局1986年版，第80页。
② 〔宋〕薛尚功：《历代钟鼎彝器款识法帖》，中华书局1986年版，第80页。
③ 《礼记·曲礼上》。
④ 罗振玉：《三代吉金文存》卷十七，中华书局1983年版，第1824页。
⑤ 罗振玉：《三代吉金文存》卷一，中华书局1983年版，第134～135页。
⑥ 郭沫若：《两周金文辞大系图录考释（二）》，见郭沫若著作编辑出版委员会编《郭沫若全集·考古编》，科学出版社2002年版，第315页。
⑦ 杨树达：《积微居金文说》，上海古籍出版社2013年版，第141～142页。

之例释读之，则豁然可解："……在先王小学教女，女敏可吏。"第二个学字如杨氏所读作教。这与静簋、令鼎等铭文一样，教与学用字相同。师嫠簋的铭文恰好"学教"连文，可用重文方式表示，作"在先王小学₌女₌敏可吏"。或因疏漏、失范、简省符号等原因，成为今所见到的行款"在先王小学女₌敏可吏"，那就考虑"学女"二字皆要重文，方可句读。《礼记·学记》引《尚书·兑命》"学学半"，恰好教字也作学字，"学（教）学"连文。这证明师嫠簋"学学（教）"连文而用重文的形式为不谬，也为《礼记·学记》"学学半"中学字的连文形式从出土的文字资料中找到相似的文例。

（原载《中山大学学报》1992年第4期，第124～126页。）

《金文编》诸版序言漫议

一

《金文编》初版的序言有罗振玉、王国维、马衡、邓尔雅、沈兼士所写及容庚先生自序6篇。罗序与自序为序者手迹，邓、沈二序由容先生誊录，王、马二序由他人代抄。

初版序言在装订时有缺页和排列错乱的现象。笔者所见中山大学中文系容庚商承祚先生纪念室所藏的初版《金文编》中本来是"序五"的沈序排在"序三"之前，而中山大学图书馆所藏的一部初版《金文编》却缺漏沈序。原来可能只有罗序和自序，因为罗序排第一、自序排第六，但版心却无"序一""序六"的标号，而其他序言则按次与版心"序二""序三"等的排列号相对应。由此可见，其他序言可能是后来陆续增补的，每增一篇，递加一号。第二版去罗、邓二序，同时把王、马、沈三序换成序者的手迹；第三版除去罗、邓二序外，沈序也删去；第四版重用罗序，依然不载邓、沈二序。每版序言所选不同，不免使人要究其原因。

为什么会出现这种情况呢？应该是与政治、学术观点有关。探测其中的因由，对从一个侧面来了解容庚先生的思想和学术活动，是有帮助的。

容庚先生青年时就设想以古文字的载体为分类，编辑若干集古文字的字书：

> 余少时尝欲分类编辑商、周、秦、汉篆文为《甲骨文编》《金文编》《石文编》《玺印封泥编》《泉文编》《砖文编》《瓦文编》《陶文编》八书。[①]

因为简帛文字材料出土及公布较晚，容庚先生当时还没把简帛文字列入编书的计划，最先实践的即为《金文编》。是编照吴大澂《说文古籀补》的体例而删去货币及陶玺文字，又继承其把不识字编入附录的做法，解释慎饬不穿凿。1923年，容庚先生北上求学，带着在家乡时所撰集的《金文编》拜谒罗

---

① 容庚:《石文编跋》，见《容庚学术著作全集·颂斋述林》，中华书局2012年版，第849页。

振玉。前此，罗振玉同友人蒋伯斧曾分任校理、增补吴大澂的《说文古籀补》，后因蒋氏逝世，罗氏本人东渡日本而把工作搁置。罗氏认为古币古陶的文字形体各异，文多省变难识，用以证《说文》古籀不若专采古代礼器的铭文。①《金文编》的收字范围正符合罗氏的观点，且罗氏一直不忘增订吴大澂的《说文古籀补》一事："意当世之士，必有为之者，而久无所遇。"② 当罗氏见到《金文编》稿本时，发现这正好与他想做的事不谋而合，所以他鼓励容庚先生出版该书，后来在罗氏的长子罗君美所开的贻安堂书店印行。

金文的专门字书中，《金文编》应算最早，这是"一部研究两周青铜器铭文具有权威性的工具书"③，容庚先生做了罗振玉想做而来不及做成的工作，遂在古文字学界一举成名。罗振玉还期望容先生继续拾遗补阙，"日进未有艾也"④。

而容庚先生确实不负罗氏的厚望，60年间重订增补三次，与时俱进，使《金文编》保持其权威地位，这与罗氏的指引实在分不开。容庚先生把1923年在天津与罗振玉的那次见面，比喻为千里马之遇伯乐：

吾生属马，而命亦属马。少趹弛不羁。南粤多山，无以展其逸足。乃北至冀北之野，得伯乐一顾，范以驰驱，日致千里，曾为人所矜赏。世无骅骝绿耳，则驽骀称先。⑤

容先生晚年犹不能忘怀，常说"没有罗振玉就没有我今日容庚"⑥，这的确是肺腑之言。出于对罗振玉的尊敬和感激之情，将罗序置于《金文编》卷首为各序之冠，乃理所当然。

我们明白这段历史之后，便知罗序在众序中的轻重及一经采用则在众序之前的原因。促使《金文编》出版问世的罗振玉的序言，只见于第一、四版，时间相隔60年。

1939年第二版《金文编》中罗振玉的序言不见了。容庚先生为何把他的学术领路人的序言抽出去呢？这完全是出于政治的原因。1931—1936年间，罗振玉参与拥溥仪投靠日本帝国主义，在东北成立伪满洲国的历史丑剧，罗氏

---

① 参见罗振玉《序》，见容庚《金文编》（第一版），1925年贻安堂印行，第1页。
② 罗振玉：《序》，见容庚《金文编》（第一版），1925年贻安堂印行，第3页。
③ 姚孝遂：《序》，见董莲池《金文编校补》，东北师范大学出版社1995年版，第1页。
④ 罗振玉：《序》，见容庚《金文编》（第一版），1925年贻安堂印行，第3页。
⑤ 1979年，容庚先生命笔者誊抄《略评〈书画录题解〉》一文时删去的一段文字。
⑥ 陈炜湛：《怀念容庚先生》，载《文物天地》1988年第2期。

任溥仪"称帝"大典的筹备委员，还做过"监察院长"、"满日文化协会"常务理事、"满日协会"会长等职。①而容庚先生这时对"九·一八之变，东北三省沦陷于日寇，悲愤不宁，亡国是惧"②，他积极参加抗日救亡工作，曾任燕京大学教职员工抗日委员会主席，发动募捐、宣传抗日。对罗氏甘为汉奸的行为，容庚先生怎能保持缄默呢？正如鲁迅所说："师如荒谬，不妨叛之。"③第二版《金文编》就在这一时期出版，容庚先生毅然抽去位于各序之冠的罗序，就是"叛师"的表现。在当时，作为一个身在沦陷区的学者，不但不将伪满洲国大臣罗振玉的序言拿来炫耀，反而以撤去其序的方式来表达对罗振玉失节行为的非议，体现了容庚先生的爱国主义立场。然而，书中对罗氏的学术成就却不因人废言。第二版《金文编》自序涉及罗氏学术之事，不回避，编中引用罗氏成说还是照引不删。1957年增订第三版时，罗振玉已成为历史人物，容庚先生考虑复载罗序，就序言一事请示时任中国科学院院长郭沫若。郭沫若复信表态"不必列入"④。由于政治因素，罗氏的学术成就长期以来未能得到公正的评价，在这种大气候下，第三版《金文编》复载罗序的想法就没有实现。

容庚先生晚年颇有张扬罗振玉学术思想的念头，曾说他有意"倡议收集罗振玉所写的序言，出专集。然而心有余悸"⑤。第四版《金文编》修订时，学术界已经能够正确评价罗氏在学术上的地位和贡献，容庚先生十分赞同。笔者记得有一天，容庚先生在中山大学古文字学研究室阅读陈炜湛、曾宪通合写的《论罗振玉和王国维在古文字学领域内的地位和影响》一文时，频频点头，情不自禁地用手指敲击着书桌对笔者说："这样的文章早就该写了！对罗、王的评价我想写，但没有他们赞扬得这样好，这样清楚，是好文章。现在言论自由。"⑥兴奋之情溢于言表。所以在第四版《金文编》中，罗序又居各序之冠，回到第一版时的地位。在处理罗序的问题上，充分表现出容庚先生把政治和学术分开的正确态度，这是值得我们学习的。

邓尔雅、沈兼士的序言，各在第一、第二版上出现过，今因第一、第二版

---

① 参见陈邦直《罗振玉传》附录年谱，见周康燮主编《罗振玉传记汇编》，香港大东图书公司1978年版。
② 容庚：《倪瓒画真伪存佚考》，见《容庚学术著作全集·颂斋述林》，中华书局2012年版，第235页。
③ 鲁迅：《鲁迅书信集·致曹聚仁》，人民文学出版社1976年版，第372页。
④ 郭沫若著、曾宪通编：《郭沫若书简：致容庚》，广东人民出版社1981年版，第140页。
⑤ 笔者忆容庚先生在中山大学古文字学研究室的谈话。
⑥ 笔者忆容庚先生在中山大学古文字学研究室的谈话。

书难得见到，很有介绍的必要，对研究容庚先生或许有所帮助。

邓尔雅是容庚先生的舅父，广东有名的篆刻家，对容庚先生走上研究金文的道路影响很大。容庚先生曾回忆他最初辑录《金文编》的动机：他从舅父学刻印章，从堂叔学画画，想做一个自食其力的艺人。学了半年画，不肯竟学，以为学刻印不难，而难于写篆字，于是买了一些如《愙斋集古录》的金文著录辑录钟鼎文字，成了《金文编》的雏形。容庚先生当初并非为探索古文字而选择金文作为研究方向，由刻印而辑录金文是重要入门途径。容先生研究金文的契机也在《颂斋吉金图录序》中谈到。但最初用于刻印摹写篆字的原始《金文编》达到了什么水平？邓尔雅在序中这样说："追忆旧稿之稍稍精确者十之一二。"①邓序还谈到《金文编》写作的情况与学术渊源的问题："希白锲而不舍，日夕雠校，叠有增益，稿若牛腰。今岁厥书告成，从都门邮示并乞序于尔雅，以征渊源所自尔雅。"②邓序可贵的地方在于如实记录了《金文编》初稿的水平以及容庚先生刻苦学习、锲而不舍的精神。叙述一书成功的经过本来是序言的一种写法，况且是舅父之作，为何第一版之后再也不载呢？笔者也迷惑不解。大概这位舅父不太客气的序言，如使人看孩提无遮拦的相片，且序中有点卖老之嫌，如"以征渊源所自尔雅"之语。假使容庚先生不遇罗振玉于天津，又不在北京受教于王国维、马衡、沈兼士等名家之门下，没有机会受到全国学术气氛最好的环境的熏陶，不接触包括罗振玉提供的大批新的铜器铭文材料，难以相信《金文编》会有质的突破。

初见罗氏时，《金文编》的稿本又是什么样的规模呢？中山大学中文系容庚商承祚先生纪念室所藏民国十三年（1924）纪年的《金文编》稿本，应为谒见罗氏时的稿本，只有小本子四册：商周《金文编》三册，正文一册、附录一册、拾遗一册；秦汉《金文编》一册，即后来正式出版的《秦汉金文录》。所收金文非影摹而为临摹。按其分量，商周《金文编》不及后来《金文编》的一半。即使如此，罗氏还是鼓励他出版，但容庚先生自感"生于南服，所见墨本苦少，尚思辑补，期无遗阙"③。故罗振玉"尽出所藏墨本资助之，逾年而书成，视以前之稿，尤完善中丞（吴大澂）未尽之绪，予与蒋君营之数年，溃于成者，今乃成之容君"④。由此看来，容庚先生的古文字知识初得邓尔雅的启蒙，而《金文编》的撰集则受到《说文古籀补》的启发，终成于

---

① 邓尔雅：《序》，见容庚《金文编》（第一版），1925年贻安堂印行，第1页。
② 邓尔雅：《序》，见容庚《金文编》（第一版），1925年贻安堂印行，第1页。
③ 罗振玉：《序》，见容庚《金文编》（第一版），1925年贻安堂印行，第3页。
④ 罗振玉：《序》，见容庚《金文编》（第一版），1925年贻安堂印行，第3页。

罗、王、马、沈诸人指导之下，学术渊源不言而喻。正如杨树达在《颂斋述林》的序言中所说：

……盖君少问学于舅氏邓尔雅。继而北游，北方为人文渊薮，君因得奉手通人王静安、罗叔言、沈兼士诸君，由是闻见日扩，学亦益进。①

杨树达在《颂斋述林》序言中阐述《金文编》的学术渊源，应该是得到容庚先生的首肯的。容庚先生晚年校订《金文编》自序时，将一处"罗振玉、王国维两先生"改为"两导师"②，这是很能证明《金文编》的学术渊源的。容先生可能是为正其学术之渊源，不使误解，因此在第一版之后各版不再用邓序。但《金文编》的邓序毕竟记录了一代名家的成长经过，并告诉我们，名家不唯有天资，亦靠勤奋，还需有名师指引奖掖，其中不乏教人的道理。

平心而论，沈兼士的序言在各家序言中颇具新意。沈氏留学日本，以新学治语言文字，提倡"从总体上探求汉语语词的语根，推阐语源在形音义三方面的嬗变"③。其理论与旧文字学家不同。他在序中总结历来治文字的得失，强调以形音结合治文字的两大要务。对于《金文编》，他"尤喜其附录中增收画文字一类，为能认识文字制作之原"④。他认为《金文编》的精华就在这里，但这类文字却为《说文古籀补》所摒弃：

古器中象形字如牺形、兕形、鸡形、立戈形、立旂形、子执刀形、子荷贝形之类，概不采入。⑤

敢于将这类图画文字收入古文字字书，是《金文编》一大特色，但容先生与沈氏对其重要性有轻重不同的看法。而沈氏的偏爱，对撰集者来说，无异于买椟还珠。序中还希望容庚先生更进一步"汇录各家释文，错综参校，辨其句度，考其辞例，引而申之，以尽其义类"⑥ 来治金文，不满足于列字成书而已。其实，对于沈氏的观点，后来容庚先生在《殷契卜辞序》中也默认：

---

① 杨树达：《颂斋述林序》，见曾宪通编选《容庚选集》，天津人民出版社1994年版，第1页。
② 容庚：《金文编序》（修订稿），见容庚《颂斋文稿》，台湾"中央研究院"中国文哲研究所筹备处1994年版，第4页。
③ 王国安主编：《世界汉语教学百科辞典》，汉语大词典出版社1990年版，第624页。
④ 沈兼士：《序》，见容庚《金文编》（第二版），香港商务印书馆1939年版。
⑤ 〔清〕吴大澂：《说文古籀补凡例》，见《说文古籀补》，朝华出版社2018年版，第22页。
⑥ 沈兼士：《序》，见容庚《金文编》（第二版），香港商务印书馆1939年版。

昔人释文，多于字形上推求……然今之释文，必将从文法、句读上比较参证始可得其全面，而非字形所能尽。①

然而，容庚先生治金文毕竟偏重于形体之学，他在致周法高的信中说："弟于金文，只注意字形之联系。"② 看来沈容二家治金文的方法不尽相同，但沈氏比起王国维序要容庚先生做《尚书》注，应该更接近容庚先生所从事的研究，也不算苛求。容庚先生自序说沈氏为他订正《金文编》的谬误，敬请为序，但到了第三、第四版，再也不见沈序，或许是因学术观点上两家意见不合而被搁置。笔者如此推测，颇似以小人之心度君子之腹，但事实是第三、第四版不载沈序。

细味容庚先生为什么只用过一次沈序，对我们探讨重字形的容庚先生与注重联系音韵、词汇、语法的文字学家治金文的差异也不是没有启发的。

二

在探索诸版不断更换序言的原因的同时，还应该谈谈容庚先生的自序，如为什么历60年却不做修订，以及第四版序言体例的问题。

第二版的自序对某些数字及个别用词做了修改，以吻合第二版修订的实际，如末尾所署"容庚作于北京大学研究所国学门"改为"容庚重订于燕京大学"③，主要内容不变。第三版重影第二版的自序。第四版重抄第二版的自序。在《商周彝器通考》行世几十年之后，还读到序中所谓"若夫器物之制则余将别撰《商周彝器通考》一书论次之"④ 的话，使人觉得这篇60年间四次印刷的自序不免有陈旧之感。

回顾初版时的序言，容先生对古文字研究的历史做了一篇充满生气的总结，怀疑甲骨文之前有夏朝的岣嵝碑，怀疑史籀其人的存在，断定科斗文是前人臆造以冒充古文，指出《说文》佚遗甚多与传讹的事实，俨然疑古学派，反映出一个青年学者蓬勃的朝气。1957年将印刷第三版时，郭沫若希望"宜于书前补一新序，叙述此学近年进展情况及增补之意"⑤。《金文编》第二版至第三版这30年之间，研究金文的名家辈出，不论铭文的断代、考释，还是古文字理论的总结，皆成就卓然，实在值得好好总结一番。但是，郭沫若这个合

---

① 容庚：《殷契卜辞序》，见曾宪通编选《容庚选集》，天津人民出版社1994年版，第385页。
② 张振林：《希白师治学道路初探》，见《古文字研究》第12辑，中华书局1985年版，第69页。
③ 容庚：《自序》，见容庚《金文编》（第二版），香港商务印书馆1939年版，第8页。
④ 容庚：《自序》，见容庚编著，张振林、马国权摹补《金文编》，中华书局1985年版，第29页。
⑤ 郭沫若著、曾宪通编：《郭沫若书简：致容庚》，广东人民出版社1981年版，第140页。

理化建议未能为容庚先生所采纳。

第三、第四版自序依旧，其中的原因何在？这恐怕与容庚先生的整个研究重点的转移有关，也有环境变化的原因。20世纪30年代，他的精力几乎全投入《商周彝器通考》一书的写作，于省吾为这部铜器学的巨著作序时就说是"以八载之力"① 完成的。日本帝国主义侵略中国之后，容先生的工作环境大变："41年12月，太平洋战争起，余移居上斜街东莞新馆，百无聊赖，以书画遣日。"②"战争频年，币制日紊，教授月俸，曾不足以易百斤之米，或一吨之煤。八口之家，何以为生？斥卖书籍彝器之属，忍死以待时清。金石之干枯无味，终不若书画之足供怡悦，于是治书画之日渐多于金石矣。"③

容庚先生毕竟不是革命斗士、民族英雄，作为一个执着于古文字与考古的学者，他因不能执干戈卫社稷深感内疚，早在撰写《秦汉金文录序》时就说：

……今者岛夷肆虐，再入国门。余不能执干戈，卫社稷，有负祖若父之期许。"国耻未雪，何由成名"，诵李白《独漉篇》，不知涕之何从也。"雄剑挂壁，时时龙鸣"，余宁将挟毛锥以终老邪。④

当北平沦陷之际，一家八口，系累重重，容庚先生无奈选择了"挟毛锥"和执教鞭的普通知识分子的生活。而他的学术生涯却因此有了重大的转折，偏离研究古文字的初衷，研究起书画了。

沦陷期间，容庚先生未忘国家前途，尝与于省吾、孙海波、曾毅公等人"纵谈世界大势，及《易》《老》平陂往复、柔弱刚强之理以相策励，谓强敌终当倾覆，九州得见大同也"⑤，盼望民族的解放。

然而，抗战胜利后，容庚先生却负气南归，原因是沦陷期间在北平执教的知识分子受到歧视，当时的北京大学校长傅斯年有"伪学生""伪教授"的言论，不分青红皂白、一律打击。容先生好不容易盼来抗战胜利，结果却离开了使他在学术上最有作为的北平。他曾经在报上发表公开信，表示其清白与

---

① 于省吾：《序》，见容庚《商周彝器通考》，中华书局2012年版，第1页。
② 容庚：《丛帖目序》，见曾宪通编选《容庚选集》，天津人民出版社1994年版，第401页。
③ 容庚：《倪瓒画真伪存佚考》，见《容庚学术著作全集·颂斋述林》，中华书局2012年版，第235页。
④ 容庚：《秦汉金文录序》，见曾宪通编选《容庚选集》，天津人民出版社1994年版，第366页。
⑤ 容庚：《甲骨缀合编序》，见曾宪通编选《容庚选集》，天津人民出版社1994年版，第389页。

不满。①

南归之后，容庚先生对在北平遭受歧视仍耿耿于怀，通过研究《列朝诗集》，肯定钱牧斋虽在清朝做官而怀念故国，以选诗"隐寓愤时之志，大体上有托而为，以寄心迹"的做法。容先生对钱氏表示莫大的同情，其长文乃托文抒发不满之情。②

如果我们仔细检阅容庚先生在岭南大学期间所发表的文章，就会注意到其绝大多数是有关书画史方面的内容，仅有一篇较为特别的论文：《论〈列朝诗集〉与〈明诗综〉》。尽管容先生后来与詹安泰、吴重翰合编过中国文学史的教材，但在《论〈列朝诗集〉与〈明诗综〉》之前，除曾于1925年12月的《北京大学研究所国学门周刊》上连载发表《〈红楼梦〉的本子问题质胡适之俞平伯先生》一文参加《红楼梦》的版本讨论外，他似乎还不曾在文学方面下过功夫，这与其一生的学术活动有点格格不入，论文的写作动机曾引起笔者的疑问。若联想起容庚先生因何故南归，及在岭南大学时落到"以事务劳其体，以衣食撄其心，鲜读书之暇，无从游之人"③的寂寞境地，可知这篇比较两部明诗选集的论文实有弦外之音，大概可为我们解开疑问找到钥匙。

细读《论〈列朝诗集〉与〈明诗综〉》之后，有一种感觉，论文表面是比较清初钱谦益与朱彝尊两家所编辑的明诗的得失，固然有其文学批评本体的价值，但深层含义似乎是作者为其在日伪时期初留燕大后在北大任教的经历自辩自解，十分委婉地表达他身在沦陷区"虽可苟安，亦苦压迫"④的苦衷。文中多褒钱牧斋，称赞《列朝诗集序》在易代之后犹尊明朝为国朝、皇朝，说钱氏借选诗提倡爱国思想，指斥胡虏，得出"钱氏抗清之心，于此可见"的结论。篇末还大段引用邓实与章太炎对钱氏的评价。如：

然读其著作，诚如邓实《投笔集跋》所云："其系心宗国，不忘欲返，乃托之吟咏以抒其愤激，犹可谓惨怛而思反本者。以诗论，沉郁悲凉，哀丽欲绝，亦不愧为草堂之作也。"⑤

---

① 参见容庚《与北京大学代理校长傅斯年先生的一封公开信》，见曾宪通编《容庚杂著集·书信类》，中西书局2014年版，第374页。
② 参见容庚《论〈列朝诗集〉与〈明诗综〉》，见曾宪通编选《容庚选集》，天津人民出版社1994年版，第306～351页。
③ 容庚：《甲骨缀合编序》，见曾宪通编选《容庚选集》，天津人民出版社1994年版，第391页。
④ 容庚：《颂斋书画小记序》，见曾宪通编选《容庚选集》，天津人民出版社1994年版，第405页。
⑤ 容庚：《论〈列朝诗集〉与〈明诗综〉》，见曾宪通编选《容庚选集》，天津人民出版社1994年版，第351页。

也大段引用章太炎对钱氏等的评价,对迫于时局而良心未泯的清初降臣做了客观的分析。笔者以为这是容庚先生《论〈列朝诗集〉与〈明诗综〉》的写作动机,容庚先生将个人经历与前人做比较,虽然不十分恰当,但他确实想引用历史的故事,宣泄在沦陷时期一段清白忧国的隐情。

在探讨容庚先生在"抗战"以后的学术活动偏离原先目标的原因的时候,因少人论及他的文学评论的文章,笔者借此机会在这里谈谈自己的看法。

容庚先生在《岭南大学学报》上发表的文章,不少就是沦陷时期研究书画的成果。据容先生说是"重理旧稿"①。如《竹谱十四种》《倪瓒画真伪佚存考》《淳化秘阁法帖考》等。而其中《倪瓒画真伪佚存考》曾于1944年12月起在北平的《中国学报》上连续刊登。这一时期容先生似乎没有什么金文研究的文章。

虽然1948年商务印书馆曾登《金文编》的广告,容庚先生在致杨树达的信中说"商务为拙著《金文编》登广告,或者试探能售与否"②,但这说明是商务印书馆想重印在香港被毁版的第二版《金文编》,并非容庚先生在进行新的修订。

新中国成立后至第三版《金文编》印行之前,容庚先生有关金文研究著作出版的只有《殷周青铜器通论》等,也不过是旧作的修订、补充、缩编而已。只要我们考察一下容庚先生1939年至1959年《金文编》第二至第三版间20年里的著作目录,就能看到几乎没有金文研究方面的新作③,这足以说明《金文编》第二版后容庚先生研究的重点和学术活动已转向书画史的研究。关于容庚先生后期的学术活动,其弟子张振林近有《容庚先生与书画篆刻》一文,也指出"在客观环境上,容先生在1941年后不能不把研究重心从金石古文字转向书画法帖的收藏研究上"④。

容庚先生在青少年时对书画篆刻有过探索和实践,经过短期探索,便舍书画篆刻而选择研究古文字:

窃谓书画篆刻非变不足以传,而余之资禀钝不足以言变,遂乃舍去而专治

---

① 容庚:《丛帖目序》,见曾宪通编选《容庚选集》,天津人民出版社1994年版,第401页。
② 杨逢彬整理:《积微居友朋书札·容庚三通》,湖南教育出版社1986年版,第201页。
③ 参见马国权、孙稚雏《容庚先生在学术上的贡献》,见《古文字研究》第12辑,中华书局1985年版,第17~56页。
④ 张振林:《容庚先生与书画篆刻》,见《东莞文史》第29期,政协东莞市文史资料委员会1998年版,第175页。

古文字。①

而促使容先生改变卓有成就的铜器考古、古文字的主攻方向，违心研究起书画史的直接原因，是日本侵略军占领北平，使容先生失去在燕京大学优裕的生活与治学环境。南归后，容先生重理旧稿，至1959年第三版《金文编》出版前，确实在金文研究方面没有什么重要著作。这颇能说明第三版增订时没有新的序言"叙述此学近年进展情况及增补之意"的原因。

1961年容庚先生鉴于数十年来青铜器大量出土的情况，有重订《商周彝器通考》之意，遂率张维持、马国权、曾宪通等人到全国各地收集新材料。尔后由于受当时阶级斗争大气候的影响，如"四清"运动，接着又是"文化大革命"等，这一计划遂告落空。而收集新出土的铜器铭文，以继续补订《金文编》的工作虽未停止过，但终没有系统总结数十年来的金文研究进展的情况，新作序言。1994年8月在广州中山大学召开的纪念容庚先生诞辰百年暨古文字学学术研讨会上，吉林大学吴振武公布20世纪70年代中期容庚先生致于省吾有关修订《金文编》的说明，其中提到修订主要是体例的修改，也采纳了不少合理的意见，反映容先生晚年修订《金文编》时兼收并蓄的风度。至1977年容庚先生和中华书局商定，由中华书局出版新修订的《金文编》，然而容庚先生年事已高，第四版《金文编》还是没有新序代替60年前初版的自序。

容庚先生晚年常常说："回岭南后没有写过一个字。"② "我的主要著作都是在北京燕大时编写的。回广东后，没有什么成绩。"③ 容先生也与笔者说过类似的话：

> 在燕京（燕京大学）总有一点事做，燕京一关门，著作之事永毕。研究书画不是主要工作。一个人不是不想做事，现在已到了山穷水尽的时候。《金文编》只是做些修订而已。④

这里所指的做事和著作是指铜器考古和金文研究，主要是金文研究。语意是作

---

① 容庚：《甲骨文集古诗联序》，见《容庚学术著作全集·颂斋述林》，中华书局2012年版，第823页。
② 陈炜湛：《忆容庚师》，载《语文建设》1993年第11期，第46页。
③ 张振林：《希白师治学道路初探》，见《古文字研究》第12辑，中华书局1985年版，第60～61页。
④ 笔者忆容庚先生在中山大学古文字学研究室的谈话。

为一个古文字学家在金文研究上再也没有新的建树。"文革"之后,一时间报告文学写名家成为热潮。当时新华社有一位记者专为报道容先生而来到中山大学进行采访,还住在容先生家中。容先生十分坦率地告诫那位热心的记者:写不好的,我在新中国成立后做出什么成绩?怎么写?后来果然如容先生所言中,写作计划不了了之。他说得十分诚恳率真,流露出痛惜之情。他时时与我闲谈,常常追忆在燕京大学那段黄金时期,表露出无限的向往,说话时的神情至今还时时浮现在我的脑海中。

第四版《金文编》自序的内容60年不变,但对其形式的处理却有些变化,反而有不足之处。

第四版自序最明显的变化就是将原手迹重新用繁体楷书誊抄,好处是改了不少颇费猜测的容庚先生自创的不规范的简化字。但是,就重抄序而言,用繁体字反而失去当年容庚先生推行简化汉字的改革精神,而且与几篇手迹序言不协调,自乱体例,不如用原手迹为好。或者手迹自序依旧,另加释文,既保留历版的形式,又方便读者。

本来,借此新版机会,应对自序的疏漏处做必要的校正。

如自序引用《南齐书·王俭传》的材料:

文惠太子镇雍州,有盗发古冢者,相传是楚王冢,大获宝物:有玉屐、玉屏风、竹简书青丝编。简广数分,长二尺,皮节如新。有得十余简以示僧虔……①

经查核,所引出自《南史·王昙首传》所附《僧绰弟僧虔传》,而非《南齐书·王俭传》。② 引文颇为错乱,基于《南史》,又与《南齐书》近似,摘抄转录时有衍文漏字。这处引文的疏漏容庚先生后来注意到,并在《颂斋文稿》中做了更正。但有一处眉批:"原见《南齐书》卷二十一《文惠太子传》。"③ 说明容庚先生还不清楚差错的原因,大概《南史》恰好有"文惠太子镇雍州"的文字,容易与《南齐书·文惠太子传》混淆,以为就是出于《南齐书》文惠太子本传,所以容庚先生审订《金文编》自序时尚有些疑惑。

如上所说的疏漏本来是可以校正的。

---

① 容庚:《自序》,见容庚编著,张振林、马国权摹补《金文编》,中华书局1985年版,第30页。
② 分别参见〔唐〕李延寿《南史》,中华书局1975年版,第602页;〔南朝梁〕萧子显《南齐书》,中华书局1972年版,第433~438页。
③ 容庚:《金文编序》(修订稿),见容庚《颂斋文稿》,台湾"中央研究院"中国文哲研究所筹备处1994年版,第14页。

另外，据《颂斋文稿》中的《金文编》自序，修订字句共有二十几条，不知容庚先生为何忘记把订正的自序刊诸新版，这也是颇为遗憾的事。

马国权、张振林二先生尤其是张振林先生为第四版《金文编》的修订付出心血。容庚先生生前已明确安排了马、张二先生作为新版《金文编》的摹补者，以示不掩盖协助者的劳动与贡献。容先生逝世两年后第四版《金文编》出版，版权页上编著者还是容庚，只是多了两名摹补者，但"自序"却变成"容序"。哪有用第三人称的口吻称自家的序言？这样擅改"自序"为"容序"的做法恐怕有违容先生的意愿，应该照旧用"自序"的原称。

因手迹"自序"改为重抄的"容序"，又使人想到第四版《金文编》与前三版明显的不同：所收金文不是容庚先生所摹，而是重新摹写的。这就失去与前三版形式上的一致性。尽管一部分新增补的新字应由摹补者斟酌选入，但也不必重起炉灶。其实在第二、第三版中，某一继续保留的金文，只要细看，便知道是剪辑上一版的同一个字。第四版既然还是容庚先生《金文编》的修订本，就应该保留旧版的摹本，这样可以让读者对增补的新字一目了然，全编又基本保存了旧版的风貌。

随着新器的出土，新字的增加，新编金文字书的工作一定会继续进行，不管其架构按照容庚先生的《金文编》与否，恐怕将来都要用《金文新编》来命名，以区别于《金文编》，免使混淆。这是因重抄的"容序"而涉及第四版《金文编》的风貌的题外话，顺便论及。

笔者有幸在容庚先生身边工作数年，容先生平时几乎天天到研究室看书写字，和我谈话。若当年能细读《金文编》各版的序言，以上述问题请教他老人家，聆听教诲，一定获益匪浅，不用今天在此饶舌了，而今只留下惋惜。

（原载《中山大学学报》1999年第4期，第46～52页；又收入东莞市政协编《容庚容肇祖学记》，广东人民出版社2004年版，第181～192页。）

阮元题款格伯簋全形图

徐珂的《清稗类钞·鉴赏类》有一段话:"阮文达家庙藏器,有周虢叔大琳钟、格伯簋、寰盘、汉双鱼洗皆无恙,惟全形椎拓不易,因而真迹甚稀。况夔笙求之经年,仅获一本。复本所见非一,石刻较优于木……真器拓本,悉出阮氏先后群从之手,墨色浓淡不匀,字口微漫,不能甚精。"① 用中山大学古文字研究室所藏阮元题款的格伯簋全形图来检验这段话,可证明《清稗类钞》所说并非子虚乌有。

中山大学古文字研究室藏阮元家藏格伯簋全形图一幅,图的上部为铭文拓墨,中为格伯簋全形图,右下角有阮元题字:"此格伯簋,寄大林钟铭后拓此纸寄上,有暇祈为我一考订之。阮元奉上。"字末加盖朱文"阮元印"、白文"宫保尚书"二章。此图原为中山大学中文系已故著名音韵学家方孝岳先生所藏,其后人捐赠给中文系,今由古文字研究室收藏。

细察此图,非真器拓本。对照《商周彝器通考》所收格伯簋的照片,簋腹无全形图图形那么鼓胀。② 真器浇铸时由于压力不足,冷却后方座变形,底线不如图形笔直而呈弧形。比较《商周青铜器纹饰》所收格伯簋,圈足四瓣目纹略扁,全形图呈方。③ 禁壁条纹有墨浸,为一般椎拓所无,全图线条连接,近于图画,无真器全形拓不可避免的特有拼图的风韵,乃木刻之全形图无疑。《怀米山房吉金图》④ 周格伯簋就是根据阮氏全形图的刻本摹绘的,因而图形十分相似。

最有意思的是,阮元命格伯簋之为簋,堪称最早。自宋代到 20 世纪 20 年代,簋被叫作敦,盨被称为簋,后来才被纠正。阮元实际上把格伯簋定为盨而称作簋,请看他所编《积古斋钟鼎彝器款识》⑤:卷七周簋十器,七器自铭称盨;格伯簋铭文中恰好毁字不清晰,被阮元定为簋,歪打正着,给说对了。

---

① 徐珂:《清稗类钞·鉴赏类》第 31 册,商务印书馆 1918 年版,第 188 ~ 189 页。
② 参见容庚《商周彝器通考》,上海人民出版社 2008 年版,第 570 页。
③ 参见上海博物馆青铜器研究组编《商周青铜器纹饰》,文物出版社 1984 年版,第 679 页。
④ 〔清〕曹载奎编:《怀米山房吉金图》,1922 年影印石本。
⑤ 〔清〕阮元:《积古斋钟鼎彝器款识》,浙江人民美术出版社 2019 年版。

其后吴式芬纠正阮元的定名，他认为："格伯彝原帖误称簋，八行六十五字。"① 吴式芬也看出不像盨，不该定为簋，也有道理。阮元虽然不是科学地命格伯簋为簋，却是最早给它准确的定名，真是太巧合了。

这幅全形图被阮元寄赠何人尚不清楚，题字是一般礼貌的客气话，可知还送过大林钟的拓片，看来所赠之人不是达官显贵，便是阮元的好友。

中山大学古文字研究室所藏格伯簋全形图，有阮元的题款，虽不是真器拓本，但可为徐珂《清稗类钞》的记述提供实物证据，颇为珍贵。

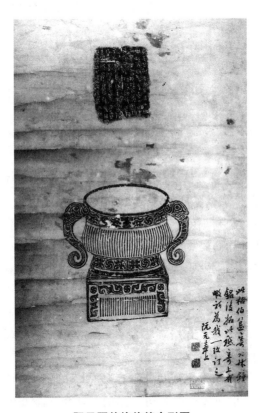

阮元题款格伯簋全形图

（原载《文物天地》1995年第2期，第29～30页。）

---

① 〔清〕吴式芬：《双虞壶斋藏器目》，见王云五主编《丛书集成初编·双虞壶斋藏器目及其他七种》，商务印书馆1936年版，第52页。

南塘天后宫的古文奇字

广东汕头澄海莲华镇南塘乡村口有座天后宫，庙匾用优美的篆体书"天后祠庙"四字。除后、庙二字与今字形近，很多人能认识外，第一、第三字就难倒人了。汕头电视台曾对庙匾做过报道，称无人认识。

此匾的难字是天、祠二字。今试做释读。

因是天后宫的庙匾，第一字虽与天字之形无法比对，却被很多人猜中，但不知其所以然。天字作燹，见今存于山西新绛县的唐代碧落碑，碑文有"大道天尊"之句，天字与南塘匾所写相同。为什么天字这样写，连古文字学家都难断其源，深感难识。亲眼见过碧落碑的中山大学古文字学家陈炜湛教授写过《碧落碑研究》《碧落碑中之古文考》①，文中如是说："字体诡异多变，且多假借；一字多形，艰深难读，令人望而却步；用小篆杂古文奇字，书艺精湛。"于省吾先生在《碧落碑跋》中将燹字隶定为"莫"，假为"天"，认为是个双声假借字。②总之，我们凭借碧落碑的文例释为天字。此字被宋代人郭忠恕收入古文字典《汗简》中。③

第三字司读作祠是何道理，就要多费些口舌，此字的释读还得从金文的始字谈起。

金文始字又作妞、姁、姛、姛，从女，声符为以（㠯、厶）、台、司、冋。今字以、台、司不同音，但在古代都相同。我们不是音韵学家，不必去追究，只认定它们同音即可。其实厶（以）与台，司和冋，有口无口皆同，古文常见。战国的竹简书中，祠写作裪。从字形可看出裪从示，冋声。而裪还是一双声旁字，后世换成单声旁司，作祠。湖北江陵九店第 56 号墓出土的第 26 号简中的祠字与祷字组合成一个词——"祷祠"，意为祭神祈祷。冋旁可省口，作冋。金文乙未鼎铭㚔（娸）字和湖北荆门郭店出土竹简书《唐虞

---

① 陈炜湛：《陈炜湛语言文字论集》，上海古籍出版社 2005 年版，第 94～115 页。碧落碑在山西新绛县城内龙兴寺，系唐高宗咸亨元年（670）高祖子韩王元嘉四男为其亡母房氏祈福而立，文为篆体，书写特异，笔法工整，布局严峻，后人难以认读，为我国书法史上的珍品。

② 参见于省吾《碧落碑跋》，载《考古》1936 年第 2 期。

③ 参见〔宋〕郭忠恕、〔宋〕夏竦编《汗简 古文四声韵》，中华书局 1983 年版，第 3 页。

之道》篇的 （给）字声旁就作 。如果书写时略移动偏旁的笔画，可作 ，字形就与南塘匾第三字之形相合。由此，南塘匾之字可隶定为"萬后司庙"，即"司"假为"祠"，读作"天后祠庙"。司字写得诡异，其中司字的笔画 ，实为 传写之变，隶为"厶"。后世有的用口做部件的字，"口"可写作"厶"，如"員"作"負"、"强"作"強"、"單"作"单"，绝非巧合。

　　文献里祠既可用作动词，表示祭祀，也可用作名词，表示祭祀的地方。《汉书·武帝纪》载：元鼎四年（前113），"十一月甲子，立后土祠于汾阴雎上"①。祠表示祭祀的地方。元封四年（前107），"春三月，祠后土，诏曰：'朕躬祭后土地祇……'"②。六年（前105），"三月，行幸河东，祠后土"③。"祠后土"与"祭后土"同义，表示祭祀后土。《汉书》宣帝神爵元年（前61），元帝建昭二年（前37），成帝永始四年（前13），春三月皆用"祠后土"表示祭祀后土。郦道元《水经注·泗水》："吏民亲事，皆祭亚父于居巢厅上。后更造祠于郭东，至今祠之。"④"造祠"之祠为名词，表示祭祀场所；"祠之"之祠为动词，表示祭祀。

　　祠可看作祭祀。其实祠堂与祠庙的结构近似，即祭祀祖先之堂。如此，南塘天后宫题匾写作祠庙就好理解了。刘伟浠博士认为此匾释为"天后古庙"。大凡古庙多为重建，初创之神庙不称"古庙"，多自名某庙，故我坚持"祠庙"的原创性。

　　南塘天后宫题匾称作祠庙与一般神庙的称法不同。常见神庙多用宫、祠、庙单字命名，如天后宫、国王庙、福德祠。祠庙为复合词，是用以陈述神庙的词语，如唐杜甫《谒先主庙》诗句："旧俗存祠庙。"近人刘师培《论说部与文学之关系》中有"因祠庙而述鬼神"⑤。祠、庙二字极少连文题神庙之匾额，南塘天后宫这样书写庙匾，应与书写之人好奇特古奥有关。此公非等闲之辈，好标新立异，用古文奇字。其古文字修养很深，也是个书法高手。"天后祠庙"的小篆结体均匀紧凑，行笔流畅优美。天字选择人少知的碧落碑用字，可见书者对碧落碑研究有素，书写得其神韵。

　　天后宫的题匾颇能体现这位写匾文人孤高傲世的性格。本来题字写匾，意在让人观看。而此公狷介独特，不从俗媚众，使题匾似有难为世俗之意，其效

---

① 〔汉〕班固撰、〔唐〕颜师古注：《汉书》卷六《武帝纪》，中华书局1962年版，第183页。
② 〔汉〕班固撰、〔唐〕颜师古注：《汉书》卷六《武帝纪》，中华书局1962年版，第195页。
③ 〔汉〕班固撰、〔唐〕颜师古注：《汉书》卷六《武帝纪》，中华书局1962年版，第198页。
④ 〔北魏〕郦道元撰、陈桥驿点校：《水经注》卷二十五《泗水》，上海古籍出版社1990年版，第497页。
⑤ 刘师培：《刘师培经典文存·论说部与文学之关系》，上海大学出版社2004年版，第291页。

应直至今日犹然,令人如堕雾里云中。总而言之,南塘天后宫庙匾题字虽诡异但有据,稀见而不离谱。写匾之人可谓奇士,惜匾无题款,不知何许人也。

  按:尝读陈衍虞《莲山诗集点注》①,文中好用隶古定书体,是知陈衍虞对古文奇字造诣甚高。澄海南塘乡毗邻潮安磷溪,乃陈氏祖居地。天后宫建于明清之际,时以陈氏在地方之文名,极有可能请他题庙匾,题匾之事也非陈氏之类潮州才子莫属。惜诗集中无相关之记载资料,若能以传世陈衍虞之篆书作品比对,或许能证实此一推测。

(原载潮州市地方志编纂委员会办公室主管主办《潮州》2012年第1期。)

---

① 〔清〕陈衍虞撰、曾楚楠主编:《莲山诗集点注》,中华诗词出版社2006年版。

古代的"合同"

在现代社会交往中，两方或几方在办某事时，为了确定各自的权利和义务，会订立共同遵守的条文。如做生意，写个订货合同，一式二纸，各执一份，以期验证。在我国古代社会中，也有类似的做法，性质却大有不同。早在周代，就有"判书"。《周礼·疏》释"判"说"半分而合者"①，指同样的文书分两方执存以待合证。古时判书的应用范围甚广。有用于经济，如契券之类。《战国策·冯谖客孟尝君》中记述了这样的细节：冯谖替孟尝君到封地薛去收债，"载券契而行"，到了薛，命官吏召集债务人"悉来合券"。②又有用作关防的通行证明，如新中国成立后安徽寿县出土的楚国发行的鄂君启节。它规定商人活动的路线，也有对货物过关征税的规定。这一形式的判书作竹节状，分为五块，合起来像一段完整的竹节。③由是说明"判"不一定"半分"，五分也可以。还有用于调动军队的，如虎符。战国时魏王的弟弟信陵君使通如姬，盗了虎符，与大将晋鄙"合符"，夺其兵权，解救赵国。④从现在出土的文物，我们可以看到虎符是什么玩意儿。有名的秦国新郪虎符是一只伏地欲扑的铜老虎，从虎背到腹部平分为左右两半，每边刻着用同样篆书写的命令。⑤典籍及文物中记载的"合券""合符""会王符"都是指分开的文书（判书）凑在一起对证，看看符合与否。"符合"是"合符"的反序，是现代汉语还使用的词汇，继承古代对券、会符的意思，即"合同"的含义。

真正把"合同"二字用于信物上的是唐代兵符——鱼符⑥，它的形状就是一条鱼，从鱼脊至腹处一分为二剖开，活像今天鲜鱼档上的开刀鱼。鱼符的横剖面有京城宫禁或州府地名，如"九仙门外神策军""潭州第一"之类的刻铭。又在鱼腹剖分处凿上"合同""合""合符"的字样，字迹分属鱼符左右两边。这样的制作实在绝妙透顶。"合同"二字分属两边，非原符难以对得上

---

① 〔汉〕郑玄注、〔唐〕贾公彦疏：《宋本周礼疏》，国家图书馆出版社 2019 年版，第 87 页。
② 参见〔汉〕刘向编、牛鸿恩选注《战国策选注》，天津古籍出版社 1984 年版，第 148 页。
③ 参见汤馀惠《战国铭文选》，吉林大学出版社 1993 年版，第 43 页。
④ 参见〔汉〕司马迁《史记》卷七十七《魏公子列传》，线装书局 2006 年版，第 336 页。
⑤ 参见汤馀惠《战国铭文选》，吉林大学出版社 1993 年版，第 52 页。
⑥ 参见罗振玉《历代符牌图录》，中国书店 1998 年版，第 39～47 页。

号。即令你是能工巧匠，在假造的一半鱼符上，可揣度"合同"半边书体笔画走向，也无法控制凿字的用力，使笔画深浅及金属凿痕完全吻合，真是欲假莫能。

"分支合同"这种古老的办法，除演变为如今的合同外，现代生活某些角落还有它的遗迹。如街上的单车保管站，负责任的保管人员用一块铁或竹的牌子，上写号码，系在你的单车上；同样号码的另一块牌子交寄车人做凭证，到时对号取车。其实这两块牌子对号就形同古代虎符、鱼符的"合符""合同"。而现代"合同"的概念演变，大约是近代的事，清末孙诒让《周礼正义》引吕飞鹏语"即今市井合同"[①]，所指与今天经济往来中的"合同"意义一样。

（原载中山大学历史系编《历史大观园》1986 年第 3 期，第 48 页。）

---

① 〔清〕孙诒让撰，王文锦、陈玉霞点校：《十三经清人注疏·周礼正义》卷六十五，中华书局 1987 年版，第 2709 页。

鲍本《冯谖客孟尝君》篇"合赴"一解

目前流行的姚宏本《战国策·冯谖客孟尝君》篇,在述及冯谖代孟尝君到薛地收债,"载券契而行",抵薛召偿债者之后,紧接着有这样一段句读:"悉来合券,券遍合,起,矫命……"① 而四部丛刊吴师道重校鲍彪本是篇此处"起"作"赴",读为"悉来合券,券遍合赴,矫命……"。"合赴"历来没有解释。如"赴"属下读,解作"奔赴矫命",则不合事理,因为其时冯谖已在薛地。那么,"合赴"究竟应做何解释呢?

鲍本有这样的句读存在,自然有其缘由。此篇记述冯谖到薛地后,假称孟尝君的命令,烧掉债务凭证的券书,为孟尝君收买人心。我们可以从这段与券契有关的记载中寻求"合赴"的合理解释。

古时称对合验证的文书为书契。其制一式对分,各执其半,如约对合,以为验证。如市中借贷的券书、政府命令的符节。故亦称券契、符契,又称券书、符书。其对合则称为合券、合符。《冯谖客孟尝君》便详细记录了战国时代债主收债时带着券契与欠债人对合券书的细节。明白了书契的形制和用法,"券遍合赴"的意思便容易理解了。"合赴"应读为"合符",指合券之后,券契统统无差错,符合无误。"赴"借为"符",古籍有见。《释名·释书契》:"符,付也","亦言赴也"。② 王先谦《释名疏证补》:"符、赴音相近也。"③ 由此可见,"券遍合赴"即"券遍合符"。

"合符"本指对合符节,但《冯谖客孟尝君》篇里的"合赴(符)",却用其喻义,意为准确无误。"悉来合券,券遍合符"初看义似重复,但语言色彩前后有别。前者指对合券书的行为,后者指对合的结果。先秦文献不乏用"合符""合符节"来比喻吻合无误的例子。如《管子·宙合》:"时德之遇,事之会也,若合符然。"④《孟子·离娄下》:"得志行乎中国,若合符节。"⑤

---

① 〔汉〕刘向编、牛鸿恩选注:《战国策选注》,天津古籍出版社1984年版,第148页。
② 〔汉〕刘熙:《释名》卷六第19篇《释书契》,商务印书馆1939年版,第95~98页。
③ 〔清〕王先谦撰集:《释名疏证补》,上海古籍出版社1984年版,第300页。
④ 〔唐〕房玄龄注、〔明〕刘绩补注、刘晓艺校点:《管子》,上海古籍出版社2015年版,第66页。
⑤ 《十三经注疏》整理委员会整理:《十三经注疏·孟子注疏》,北京大学出版社2000年版,第252页。

到了汉代也有类似的用法。如《汉书·路温舒传》："陛下初登至尊，与天合符。"① "合符"和"符合"的本义、喻义都一样，只是构词方式不同而已，一为动宾结构，一为主谓结构。又如《汉书·孝成赵皇后传》："陛下圣德盛茂，所以符合于皇天也。"② 现代没有合符的行为，但作为喻义的"符合"一词被现代汉语继承下来了。

作"起"作"赴"，或因字体形近传讹所致，但此处恰好姚本、鲍本二读皆通，这是一种特殊的巧合。相信当时记录只有一种。《战国策》是古代纵横家的经典，传抄甚众，讹误不少，传世各本存在差异在所难免，其中的是非正误是后人需要慎重判别的。因字形造成错误而二读皆通亦有其例。如《触龙说赵太后》篇中，"龙言"二字因上下重叠在一起而被凑成"詟"字③，讹变之后仍可通读，也属巧合。逮至近年马王堆帛书出土，才得纠正。或许有一天地下考古再发现《战国策》的早期本子，那么是"起"是"赴"就有公论了。

（原载《中山大学学报》1987年第1期，第131页。）

---

① 〔汉〕班固撰、〔唐〕颜师古注：《汉书》卷五十一《路温舒传》，中华书局1962年版，第2369页。

② 〔汉〕班固撰、〔唐〕颜师古注：《汉书》卷九十七下《孝成赵皇后传》，中华书局1962年版，第3998页。

③ 参见〔汉〕刘向编、牛鸿恩选注《战国策选注》，天津古籍出版社1984年版，第302页。

"沉东京，浮南澳"为谶语谣言辨析

"沉东京，浮南澳"流传于闽粤交界的地区，就广东境内而言，不但潮汕地区，甚至客家方言地区也有流传①，说明此语在岭东影响之广泛。然而对于这一言语的性质，莫衷一是：有人认为是熟语，但林伦伦编著的《潮汕方言熟语辞典》②未收此条；有人认为是传说，但笔者曾访问过与南澳只有一海之隔的澄海家乡父老，皆言听说而已，实不知其义；有的人则认为是无稽之谈。

有关"沉东京，浮南澳"的性质，近年闽粤学界已展开探索，《光明日报》也发表过文章讨论，但结论各异。③笔者认为"沉东京，浮南澳"是秘语，与宋元之交南宋流亡政权败退广东潮州的历史事件密切相关。其真正的含义是什么？本文试图从社会文化学的角度对这个有争议的问题提出一点看法。

在已发表的文章中，徐起浩等人对闽粤沿海海域及大陆坡海底的地震情况进行多方位的调查，其结论是"东南沿海历史上未有沉没的东京城"，拨开了笼罩着"沉东京，浮南澳"的神秘迷雾，提醒人们别从语言的表层上去理解"东京"或"南澳"含义，但依然不能解释"沉东京，浮南澳"究竟是什么意思。

既然此语在民间流传，自有其发生的社会原因，"包容着某些历史的印记和信息"④。这一言语的神秘奇诡色彩十分浓厚，让人容易深陷其中不易摆脱。而问题的症结在于把此话当真，把语言喻体当作实体，导致无法破译。

要破译"沉东京，浮南澳"的蕴义，一定要把它放在特定的社会历史文化背景中去考察，从社会文化学的角度探索其真正含义。

东京与南澳在地学史上没有什么联系，但必定在历史事件中有共时性的关系。只有宋元之交这个特定的历史时期，苟延残喘的南宋流亡政权在闽粤海上

---

① 客籍书法家廖蕴玉先生提供消息。
② 林伦伦：《潮汕方言熟语辞典》，深圳海天出版社1993年版。
③ 参见黄挺《闽南方言熟语"沉东京、浮××"的文化意蕴揣说》，载《汕头史志》1993年第3期，第4～8页；徐起浩《关于沉东京传说的史学、社会学、地学的综合考辨》，载《汕头史志》1993年第3期，第9～19页；郭志超《"沉东京"考释》，载《光明日报》1997年2月18日。
④ 徐起浩：《关于沉东京传说的史学、社会学、地学的综合考辨》，载《汕头史志》1993年第3期，第9页。

辗转奔逃的事实，才是探讨这一诡秘言语性质的依据。

"沉东京，浮南澳（或浮××）"，实际上是宋元之交社会的政治谣言谶语。当年这一隐语传达了统治天下的宋王朝灭亡了，但其流亡政权还在福建、广东南澳等地海滨逃窜的历史信息。不管它是当时反映了实际情况的隐语，还是后来编造故事、叙述往事颠倒时序的预言，我们只有从宋代这个谣言谶语泛滥的社会的文化历史背景来考察其包含的历史信息，才可能做出比较合理的解释。

东京与南澳为什么要放在一起去考察？历史上什么时候发生与东京、南澳有关系的事件？

东京何时有之？中国历史上隋炀帝最早定洛阳为东京。后晋石敬瑭以汴州为京都称东京，洛阳便成为西京。宋朝因旧也定都汴梁开封，继称东京。在汉字文化圈里，有日本的东京，但与福建、南澳在历史上没有发生过联系，因而不在讨论范围之内。这里所要考虑的是宋朝建都的所在地东京。首都为国家象征是比较普遍的文化现象。如今天，北京可以象征中国，东京可代称日本。宋朝从高宗渡江直到被元消灭，实际上迁都于杭州，但开封的东京仍然作为理念上的首都。陆游在《老学庵笔记》卷四就说：

> 建炎初，大驾驻跸南京、扬州，而东京置留守司，则百司庶府为其二：其一曰在东京某司；其一曰行在某司……以示不忘恢复也。①

《宋史》载，京城、京畿路、京东路、京西路在河南，杭州乃属两浙路。南宋管辖两浙等十五路称"南渡行在之所"②。曾任南宋秘书少监、史馆修撰李心传的《建炎以来朝野杂记》乙集卷十一《诸路倚郭二县数》篇记"行在"临安府治钱塘、仁和二县，不称杭州为京城、京畿，仍称"行在"。③ 所谓"驻跸"，指帝王出行，途中停留暂住；"行在"原指天子所在的地方，后专指天子巡行所到之地。"行在"就是临时暂住之意。南宋时国家机关设在杭州，叫临安。建炎四年（1130）建太庙，侍御史张致远就反对"创建太庙，甚失兴复大计"④。殿中侍御张珣附和："去年建明堂，今年建太庙，是将临安

---

① 〔宋〕陆游著、杨立英校注：《老学庵笔记》卷四，三秦出版社2003年版，第115页。
② 〔元〕脱脱等撰、刘浦江等校点：《宋史》卷八十五《地理志·京城》，吉林人民出版社2005年版，第1344页。
③ 参见〔宋〕李心传《建炎以来朝野杂记》卷九～十三，扬州市古籍书店1981年版，第48页。
④ 〔明〕陈邦瞻撰：《宋史纪事本末》卷十四，上海古籍出版社1994年版，第29页。

为久居之地，不得有意中原。"① 在这种思想的支配下，南宋时期，虽然将政权机关设在临安府杭州，但始终不太愿意称其作京都，很多著述文献都称杭州为"行宫""行在""行朝""行都""行在所"。如南宋时期潮州逢"圣节进奉银二百两，赴行在藏西库交纳"②。孝宗隆兴二年（1164）"诏吴挺市马赴行在"③。理宗宝祐三年（1255）十一月监察御史兼崇政殿说书李衢论谈浙江的水利时说到"国家驻跸钱塘今逾十纪"④，又五年（1257）"诏本府选差武臣迎奉赴行在所"⑤。到南宋灭亡前夕，降将夏贵向元军统帅伯颜献计，不用攻打他州外府，应集中军力取临安："行都归附，边城焉往？"⑥

普通老百姓心中也有如此认识。如辽宁图书馆馆藏南宋绍兴二十二年（1152）所刻《抱朴子内篇》，卷末有刻书牌记：

旧日东京大相国寺东荣六郎家，见寄居临安府中瓦南街东，开印输经史书籍铺。今将京师旧本《抱朴子内篇》校正刊行。的无一字差错，请四方收书好事君子幸赐藻鉴。绍兴壬申岁六月旦日。⑦

这位荣六郎家的出版商人，心目中的京都仍然是旧日开封府的东京。

上述资料证明在整个宋朝，东京是首都，也是国家的象征。古人称沉陆代指国家沦亡，"沉东京"实喻宋朝的灭亡。

在中国历史上，唯有宋王朝政权因流亡闽粤，端宗曾在南澳"驻跸"过极短暂的日子。因此，"沉东京，浮南澳"恰好在这一段时间内才有某种共时的历史关系。好多文章，把这一言语中的"浮南澳"这一半搁置不管，而是片面地把立论放在"东京"上，引出史前畲语说、贸易路标说、纪念亡宋君臣说、台湾赤嵌说。丢掉"浮南澳"，这一言语的真正含义就不能得到全面合理的解释。

---

① 〔明〕陈邦瞻撰：《宋史纪事本末》卷六十三，上海古籍出版社1994年版，第177页。
② 陈香白辑校：《潮州三阳志辑稿》卷八《土贡》，中山大学出版社1989年版，第35页。
③ 〔元〕脱脱等撰：《宋史》卷三十三，内蒙古人民出版社1998年版，第134页。
④ 〔元〕脱脱等撰：《宋史》卷九十七，内蒙古人民出版社1998年版，第446页。
⑤ 〔元〕脱脱等撰：《宋史》卷四十五，内蒙古人民出版社1998年版，第191页。
⑥ 〔明〕陈邦瞻撰：《宋史纪事本末》卷一〇七，上海古籍出版社1994年版，第319页。
⑦ 徐红岚：《关东图书府——辽宁省图书馆馆藏古籍概述》，载《古籍整理出版情况简报》1994年第4期。

宋端宗曾于"景炎之初，狼狈海上"①，"海滨诛茅捧土为殿陛"②，入粤尝短暂驻跸南澳，南澳名气始闻。岛上太子楼遗址如今尚存，历代方志无一不载这一古迹。虽然正史记南宋流亡政权漂泊闽粤，入潮只一月，然没有具体记载其稍停南澳，而闽粤方志补充了这一具体驻跸的地点。南澳为闽粤交界的海上要塞，对已无力在陆上抗衡元军的南宋军残部来说，保护流亡政权只能"狼狈海上"，在像南澳这样的岛屿上"诛茅捧土为殿陛"而已。宋端宗君臣或许偶尔踏足潮州土地，民间的传说反映了这个事实。如严如熤的《洋防辑要》卷八《广东沿海舆地考》载，澄海县有：

北殿山，县西北七里，相传宋太子避元兵至此，设行在，因名。俗呼皇子佃山。③

又遥对南澳的澄海古港樟林，乡中河美村的土地爷庙，社神叫"感天大帝"。据说是宋端宗躲入土地庙避元兵得脱，感其庇护，因而赐封"感天大帝"。庙联颇记其事："感化众生大德广，天心普济帝恩隆。"④ 端宗君臣主要以舰队在闽粤活动至灭亡，南澳岛无疑是其安全理想的临时停留地。民间用隐语称这次在南澳的驻跸为"浮南澳"，与康熙《诏安县志》卷三《方舆志》所载"俗传帝昺南渡，将都南澳"⑤ 也吻合。"浮"是相对于靖康南渡、德祐南下漂泊逃亡的失败——"沉东京"而言，所以说"沉东京，浮南澳"真实传播了南宋景炎二年（1277）这么一段历史信息。因为用隐喻的谶语谣言的形式来传播，就显得十分神秘奇诡。退一步说，即使是后来好事者颠倒时序编造预言的故事，也应该是指这一历史事件。据闻，广东沿海很多地方有"沉东京、浮××"的传说。如果有人愿深入调查，弄清宋端宗暂时"驻跸"的详细地方，倒可从"沉东京、浮××"这一模式的秘语，寻找当时流亡政权的君臣南逃的具体路线。或许有人要问：为什么没有"浮崖山"呢？这是因为南宋流亡政权这条破船恰好最终在崖山彻底沉没，民间也用不着以秘语的形式去传播这信息了。

---

① 〔宋〕周密：《癸辛杂识（外八种）》，上海古籍出版社1991年版，第1页。
② 〔宋〕龚开：《宋陆君实传》，见〔明〕程敏政辑《宋遗民录》卷十，中华书局1991年版，第96页。
③ 〔清〕严如熤：《洋防辑要》卷八，台湾学生书局1975年版，第613页。
④ 据澄海东里镇河美管区张泽明先生提供：传说宋端宗避元兵追击，躲藏于土地庙内，即有蛛丝封门。元兵见状而过，帝侥幸得脱。事后赐封土地爷为"感天大帝"。
⑤ 〔清〕秦炯纂修：《诏安县志》卷三《方舆志》，清康熙三十年（1691）版，第344页。

说"沉东京，浮南澳"是宋元之交民间以谶语谣言的形式传递南宋流亡政权行将灭亡的信息，并非无稽之谈，这乃是联系宋代社会的谶纬文化背景来思考的。

谶语谣言是中国历史上一种神秘的文化现象，即所谓谶纬，其实质是隐语式的政治预言，实际是人为假托上天的意旨来预示国家兴亡以及个人的吉凶祸福。其形式往往是一些编造的晦涩难解的童谣民歌、短语警句，不明作者，而在社会中传播。古人还假说是上帝神灵派"荧惑星降为儿童，歌谣嬉戏……凶吉之应，随其象生"①。在社会黑暗的时候，谶谣常常四起，诅咒、抨击当权时政、寄托政治理想，往往还会成为反对派政变、农民起义的舆论工具，从"亡秦者胡"②"苍天已死，黄天当立"③到"十八子主神器"④，无朝无之，多不胜数。

到宋朝，最高统治者还搞谶谣辅政的把戏。社会谶谣盛行的社会风气与最高统治者的倡导密切相关。宋初真宗皇帝软弱无能，畏与契丹交战而签约，过后又悔澶渊之盟，竟借用天书形式的谶语来提高其决策权威，以粉饰太平，掩盖耻辱，于是制造了大中祥符元年（1008）春承天门的"天书"事件。"天书"是皇帝与谋臣事先制作好的帛书，其内容史有记载：

"赵受命，兴于宋，付于眘，居其器，宋于正，世七百，九九定。"……词类《洪范》《道德经》，始言帝能以孝至道绍世，次谕以清净简俭，终述世祚延永之意。⑤

明人陈邦瞻撰《宋史纪事本末》按此事云：

及澶渊既盟，封禅事作，祥瑞沓臻，天书屡降，导迎奠安，一国君臣如病狂然，吁可怪也！⑥

承天门"天书"事件，是政治生活中最典型的谶图游戏。上有所好，下必甚焉。有宋一代谶谣之术十分泛滥，旁及拆字、相术，也很盛行。后来笔记

---

① 〔唐〕房玄龄等撰：《晋书》卷十二，中华书局1920～1934年版，第5页。
② 〔汉〕司马迁：《史记》卷六《秦始皇本纪》，线装书局2006年版，第29页。
③ 〔宋〕司马光：《资治通鉴》，三晋出版社2008年版，第79页。
④ 蔡东藩：《明史》，九州出版社2008年版，第351页。
⑤ 〔明〕陈邦瞻撰：《宋史纪事本末》卷二十二，上海古籍出版社1994年版，第48页。
⑥ 〔明〕陈邦瞻撰：《宋史纪事本末》卷二十二，上海古籍出版社1994年版，第51页。

小说记载关于宋祚的谶谣也留下很多故事，对前途的预测偶尔大体准确，或事属碰巧。而后人颠倒时序的谶谣创作就神乎其神了，如宋初太祖问祚故事：

宋太祖得国之时，有谶云："十一卜人小下月，十五团圆十六缺。"（第一句凑为繁体的"赵"字，第二句寓传至第十六世帝昺而亡。）至幼君恰十六传，亦非偶然。国之兴亡，系乎天数。①

又：

宋祖建隆庚申受禅，后闻陈希彝"只怕五更头"之言，命宫中转六更方严鼓鸣钟。殊不省庚与更同音也，至理宗景定元年，历五庚申。越十七年宋亡，而五庚头之数信矣。②

诸多谶谣中，与"沉东京，浮南澳"相关的故事，且对本论题的判断有触类旁通作用的例子，可在《南宋杂事诗》的注引看到：

……陈图南，莫知所出，艺祖召入阙，问天下始终事，对曰："一汴、二杭、三闽、四广。"再问，则曰："非臣所知也。"③

这段故事还被采入《宋史·五行志》④。在宋初就预知十六传及政府四迁的宋朝运数，断无可能，这应属宋亡后人为颠倒时序的编造。

到了宋末，抨击时政当权的谶谣，倒是根据时势估计得出，其判断有的近于正确。如南宋末年贾似道当国，有童谣云：

"满头青，都是假。这回来，不作耍。"盖当时京妆竞尚假玉，以假为贾，喻似道之专权。而丙子之事，非复庚申之役。⑤

---

① 〔宋〕佚名：《宋季三朝政要》卷六《卫王本末》，商务印书馆1939年版，第73页。
② 〔清〕潘永因编：《宋稗类抄》卷一《符命》，见《四库全书·子部》，第48页。
③ 〔清〕厉鹗等撰、虞万里校点：《南宋杂事诗》卷一《驻跸钱塘奈数何》引注，浙江古籍出版社1989年版，第11页。
④ 〔元〕脱脱等撰：《宋史》卷六十一～六十七《五行志》，内蒙古人民出版社1998年版，第831～918页。
⑤ 〔元〕撰人不详：《东南纪闻》卷一，中华书局1991年版，第6页。

这则童谣，应该反映了当时人们对时局的忧患和对专横误国的贾似道的抨击，生动描述了南宋当时岌岌可危的国势。

南宋末年的谶谣中，有为后世多种著录所收的暗示元军将攻杭州的"江南谣"：

宋末下时，江南谣云："江南若破，百雁来过。"当时没喻其意，及宋亡，盖知指丞相伯颜也。①

这首"江南谣"几乎是当时军事形势的实录，另外还可以在同时人汪水云的《湖山类稿》中看当时的元军统帅伯颜如何破江南：

淮南西畔草离离，万桴千艘水上飞。
旗帜蔽江金鼓震，伯颜丞相过江时。②

伯颜丞相吕将军，收了江南不杀人。
昨日太皇请茶饭，满朝朱紫尽降臣。③

到了元末明初，人们仍然爱说这条谣言，如陈谟《题吕仲善所藏汪水云草虫卷子》的序言：

卷中百虫，各极情态，而终于大小数雁，岂所谓"江南破，百雁来"者乎？水云寓《黍离》之感于画图，观者凄断。④

至清代嘉庆年间潮人郑昌时作《韩江闻见录》，有《吊文信国》，句云：

---

① 〔元〕陶宗仪著、文灏点校：《南村辍耕录》卷一《江南谣》，文化艺术出版社1998年版，第17页。
② 〔宋〕汪元量撰、孔凡礼辑校：《增订湖山类稿》卷二《赵州歌二十首》其一，中华书局1984年版，第59页。
③ 〔宋〕汪元量撰、孔凡礼辑校：《增订湖山类稿》卷一《醉歌十首》其十，中华书局1984年版，第16页。
④ 〔宋〕汪元量撰、孔凡礼辑校：《增订湖山类稿》附录一《汪元量研究资料汇辑》，中华书局1984年版，第228页。

>图谶为妖歌白雁，海天无地哭黄龙。①

郑昌时的诗，对"江南谣"的性质说得很明白，即南宋末年的图谶。

从上面南宋行将灭亡之际两例在社会上流行的谶语谣言可以看到当时社会动荡、山雨欲来风满楼的现实。

《宋史》记载南宋流亡政权在潮州的事迹过于简单，只记景炎元年（1276）十一月"宜中等乃奉帝趋潮州"，十二月"帝驻于惠州之甲子门"。②在潮最多一月，行动皆由海路。③《宋史》无具体宋帝在南澳驻跸的文字，但岛上今留下太子楼的遗址，在别无其他文字材料的情况下，恕笔者过多引证宋朝以及灭亡前夕社会上的谶谣资料，用以判定"沉东京，浮南澳"也属谶谣，笔者以为这是可以成立的。

德祐宋军兵败鲁港，贾似道"檄列郡如海上迎驾"④。元军兵临杭州，文天祥、张世杰"请移三宫入海"⑤。景炎元年（1276），元兵破建宁、邵武，陈宜中、张世杰备海舟奉端宗在福州登上海船赴泉州，继而入潮州、惠州、广州，及帝昺继位，迁崖山。最后宋军在元军攻击下全军覆没，君臣溺海，一个王朝彻底完结。其间三年，"狼狈海上"，"海滨诛茅捧土为殿陛"，"无三里之城，七里之廓，使民效死勿去，唯有遑遑迁转而已"⑥。二少帝浮海之事除了史书记载外，当时也有诗作直咏其事，如汪水云《杭州杂诗和林石田》其七有句：

>铁骑来天北，楼船过海南。⑦

二少帝在闽粤海上逃窜的事实，正史、一般笔记、诗作都有记载和反映，而"沉东京，浮南澳"则是以谶语的形式传达了南宋流亡政权彻底灭亡前在海上漂泊的历史信息，而且具体记录了二少帝在海上逃亡时尝在南澳岛有过短暂的停留。

---

① 〔清〕郑昌时著、吴二持校注：《韩江闻见录》卷六《莲花峰》，上海古籍出版社1995年版，第178页。

② 参见〔明〕陈邦瞻撰《宋史纪事本末》卷一〇八，上海古籍出版社1994年版，第323页。

③ 参见〔明〕陈邦瞻撰《宋史纪事本末》卷一〇八，上海古籍出版社1994年版，第319页。

④ 〔明〕陈邦瞻撰：《宋史纪事本末》卷一〇六，上海古籍出版社1994年版，第311页。

⑤ 〔明〕陈邦瞻撰：《宋史纪事本末》卷一〇七，上海古籍出版社1994年版，第312页。

⑥ 〔宋〕龚开：《宋陆君实传》，见〔明〕程敏政辑《宋遗民录》卷十，中华书局1991年版，第96页。

⑦ 〔宋〕汪元量撰、孔凡礼辑校：《增订湖山类稿》，中华书局1984年版，第19页。

"沉东京，浮南澳"是一完整的谶语，"东京"与"南澳"隐喻某事物，双依共存，不能取其一半论事，否则会远离题意。从词汇的角度看，沉浮或浮沉，乃古今汉语常用词，表达沧海桑田、人事变迁的意义。"沉东京，浮南澳"这句谶语也是借沉浮的构词形式扩展而成的。即使不去做什么钩玄探奥，也能知其有变化的语义。今日潮汕地区还有"沉山浮屿""有人沉船，有人出米"之类的方言熟语。然而"沉浮"加上"东京""南澳"的特定所指，就有了特定的含义。有学者指出，谶语一类的语言，是历史文化的特定语言化石，是考察社会的特殊窗口，是汉民族利用汉语的功能，遁词隐意，谲譬指事。①"沉东京，浮南澳"正是如此。

讨论"沉东京，浮南澳"的蕴义时，往往涉及"往东京大路"刻石问题。二事不同而又有联系，不可混为一谈。就目前看到的诸种论说而言，徐起浩等认为这是怀念亡宋忠魂是有道理的。

徐起浩等人的调查，证明"往东京大路"的刻石实物根本不存在，唯有传说而已。然传说言之凿凿，载入方志。对此问题，还得用历史唯物主义的态度去看待。这一传说也与"沉东京，浮南澳"一样，奇谲并有其产生的相同社会背景。笔者不揣浅陋，也表一己之见。

鄙见以为"往东京大路"刻石与"沉东京，浮南澳"是有联系的两件事，可以放在同一历史背景下来考察。我以为徐起浩等人文章所说"宋皇族后裔及其他人还望海凭吊茫茫大海的宋朝亡灵"②的说法比较切合实际。在这里我只补充一点意见："往东京大路"刻石与闽南民众为沉崖山君臣战将招魂有关。据周密《癸辛杂识》续集卷下《张世杰死忠》所载：张的残部逃出崖山，部曲有张霸都统者，遂收其遗赀，放舟回至永嘉海洋中，与之招魂作佛事。③又《漳州府志》卷二十八《人物》载，诏安人陈格随少帝就义于崖山，其兄陈植"敛其袍笏，招灵葬于渐山书院"④。这应是当时遗民为亡朝君臣战将招魂的普遍现象。

改朝鼎革，国家易姓，千古少有如南宋之悲惨壮烈，令天下人为掬同情之泪。福建又是南宋最后两个名存实亡的小王的封地：益王尝判福州，后在此继位，是为端宗；广王判泉州，即亡帝赵昺。二朝君臣被元兵追逐，累年浮海

---

① 参见丁鼎、杨洪权《神秘的预言 中国古代谶语研究》，山西人民出版社1993年版，第2～7页。
② 徐起浩：《关于沉东京传说的史学、社会学、地学的综合考辨》，载《汕头史志》1993年第3期，第9～19页。
③ 参见〔宋〕周密《癸辛杂识（外八种）》，上海古籍出版社1991年版，第1页。
④ 〔明〕彭泽修：《漳州府志》卷二十八，见《明代方志选3》，台湾学生书局1965年版〔据万历元年（1573）刻本影印〕，第589页。

上,最后在崖山覆没。亡国的遗民缅怀故国旧主及殉难的忠臣战将,不愿他们沦为海外孤魂,希望魂兮归来,为给亡灵引路,立下"往东京大路"的招魂幡是完全可能的。传说久之讹为刻石。另外,入元以后,遗民不满新朝的统治和歧视,包括前帝室、旧臣之后,及闽南民众,均有"杀回东京去"的强烈复仇愿望。故"往东京大路"石刻的传说有怀故招魂与复仇重建的双重蕴义。这点想法是从由宋入元的周密的《癸辛杂识》有关张世杰残部回旧籍为亡灵招魂的记载得到启发的,这个假设或许能成为继续小心考证的思路。

(原载潮汕历史文化研究中心、汕头大学潮汕文化研究中心编《潮学研究》第7辑,花城出版社1999年版,第209~220页。)

"辞郎洲"是对"侍郎洲"的曲意辨正

——论侍（辞）郎洲名实之争

在潮汕地区，陈璧娘辞郎的故事流传颇广。而陈璧娘在哪里告辞勤王的郎君则是争论不休的问题。此中涉及潮州地方志上一个有争议的地名的辨正问题：究竟是侍郎洲还是辞郎洲？

笔者反复阅读《东里志》以及其他有关的地方志和著作，经过比勘，得出的结论是：原本《东里志》应该只有侍郎洲的记载；辞郎洲之说是后来窜入的，是对侍郎洲的曲意辨正。

首先，侍郎洲之名在各方志的舆图中占绝对多数。这是因为在测绘术不发达的年代，舆图的绘制多数因袭相传。据笔者约略统计，称侍郎洲（澳、屿）的有如下著录：

（1）康熙、乾隆、嘉庆各朝所修《澄海县志》的疆域图。

（2）乾隆九年（1744）陈伦炯《海国闻见录》卷下沿海全图。

（3）道光阮元《广东通志》卷八十四《舆地略二》澄海县图。

（4）道光十八年（1838）来鹿堂藏板，严如熤《洋防辑要》卷一《图说·广东洋图》。

（5）同治二年（1863）镌湖北抚署景桓楼藏板《大清一统舆图》南八卷。

（6）同治五年（1866）无名氏《广东图》卷七·2澄海图。

（7）1934年3月北京平民社印行李炳卫辑清佚名《内府地图·潮州府图》。

（8）《漳州府志》卷二十二《兵纪·沿海图》。

称辞郎洲（屿）者有：

（1）乾隆齐翀《南澳志》卷十四南澳全图。

（2）《广东通志》卷八十八南澳厅图。实从《南澳志》。

（3）道光十八年来鹿堂藏板，严如熤《洋防辑要》卷一《图说·广东洋图》。

从上列有关方志的旧舆图来看，称侍郎洲者远多于称辞郎洲者。这种事实是因各图的绘制者均依据较早出现而且地名一致的舆图为蓝本而制作，清楚表明一种先入为主的承传趋向。

《饶平县志》卷九《孝义》记陈璧娘辞郎红螺山下,然而我们却不能在疆域城郭图之4,红螺山的所在地大城所图上找到辞郎洲。① 阮元的《广东通志》南澳厅图作辞郎洲,澄海县图却作侍郎洲,一地二名。严如熤所辑《洋防辑要》同图并现侍郎澳与辞郎屿,原为一地异名,沦为二名二地。而嘉庆《澄海县志》主编李书吉作诗称辞郎洲,但疆域图却承前志作侍郎屿。这些矛盾,皆编者不甄别、不统一的结果。

从《东里志》的立条来看,所收侍郎洲与大多数旧舆图是一致的。卷一《疆域志·澳屿》所收条目有侍郎洲而没有辞郎洲。然而完成于万历二年(1574)的原志已被后人增补包括辞郎洲在内的不少内容,正如校点者所说:

> 由于该志经过多次传抄……有的传抄者按他的观点和掌握的材料,随意增删,故抄本多处不同,且有不少增补到清朝乾隆年间的事。②

所谓辞郎洲就是传抄者随意增补的。《东里志》是私家著作,修成后没有刊行,不知原来面貌,无法比较各期版本,只能凭今本的体例或一些伪托来推勘辞郎洲乃后人所随意增补的事实。

《东里志》所收侍郎洲条在卷一《疆域志·澳屿》中,其他条目只有简短文字说明其地望、形势、故事,而侍郎洲一条,说明有400多字,与侍郎洲无关,皆辞郎洲考辨之言。如删去考辨文字,《东里志》原本此条大概只有三句:

> 侍郎洲　在南澳海中,其所谓有侍郎墓者。③

记载地名、位置、所以命名的原因。一般条目皆如此。嘉靖黄佐《广东通志》有类似的记载,如《舆地六·陵墓》:

> 丞相陆秀夫墓　在府城南八十里海中屿上。④

---

① 参见上海书店出版社编《光绪饶平县志》,见《中国地方志集成·广东府县志辑27》,上海书店出版社2003年版,第25页。

② 王琳乾:《〈东里志〉重点校后记》,见《东里志》,汕头地方志编纂委员会办公室、饶平县地方志编纂委员会办公室1990年版,第450页。这一版本的《东里志》以下简称"今本《东里志》"。

③ 《疆域志·澳屿》,见今本《东里志》,第30页。

④ 〔明〕黄佐撰:《广东通志》卷十八,广东省地方史志办公室1997年版〔据嘉靖四十年(1561)刻本誊印〕,第449页。

如果《东里志》原本真有所谓辞郎洲的记载，大可立条，何必附于侍郎洲条后长文辨正呢？

这一缺陷似乎被《饶平县志》的编修者注意到，于是在卷一《水利》做了修正，立为正式条目：

辞郎洲　在南澳海中，今呼为侍郎洲……①

但这种修正又暴露不顾现实的称法，且与所引龙湖族谱关于璧娘辞郎红螺山的说法相矛盾。总之，曲意改变侍郎洲的名称于此留下不能自圆其说的败笔。

传说璧娘辞郎的故事，其初出文献便是《东里志》。可是志中古迹只有"宋太子楼"而无辞郎洲。又该志《山川》有"红螺山"条②，解释只有"宋少帝驻跸于此"，并无张达勤王，陈璧娘到此辞郎之说。又"湾港"条解释说：

……海水由此而入，经红螺山、江浦镇，通于东门港。昔时水深，可容千斛之舟，江浦屯兵……③

也无陈璧娘辞郎的记载。这不是编者的疏忽，而是说明原本《东里志》并没有辞郎洲事迹的记述。后来的传抄者根据自己观点，把一些伪托材料附于原本"侍郎洲"条后，以辨正方式出现在传抄本的《东里志》中。

从《东里志》侍郎洲条的考辨文字，我们还可以看到，侍郎洲与所谓辞郎洲，根本不是同一地方。

辨正中，肯定辞郎洲应在红螺山畔，而对侍郎洲极端怀疑：

今阅侍郎洲，四围皆水，岂有墓葬于海中乎？④

《东里志》依龙湖族谱，陈璧娘辞郎的地方是在红螺山，属饶平县宣化都东里大埕。据《饶平县志》首卷疆域图五，大城所城图，红螺山在大埕南，

---

① 上海书店出版社编：《光绪饶平县志》，见《中国地方志集成·广东府县志辑27》，上海书店出版社2003年版，第31页。
② 参见《疆域志·澳屿》，见今本《东里志》，第24页。
③ 《疆域志·澳屿》，见今本《东里志》，第25页。
④ 《疆域志·澳屿》，见今本《东里志》，第31页。

大城所东南隅。卷一《山川》说得更具体：

> 在大埕栅湾港口，三山林立，左曰虎屿，右曰狮屿，相去半里许，中二里红螺山峙焉。①

《东里志》与《饶平县志》所载红螺山的位置一致，绝非在"南澳海中""四围皆水"的海洲。

退一步而论，即使有陈璧娘辞郎之事，那么红螺山畔因人事而得名的辞郎洲，与南澳海中的侍郎洲又有何涉？《东里志》侍郎洲条的辨正以侍、辞潮音同而断侍为辞之论，硬将南澳海中的侍郎洲与红螺山畔辞郎的传说这两件根本不同的事情混为一谈，从而引起争正统、辨名实的论争。人不细察，从明末清初一直辩到今天，真是历史的误会。

由于不去考究红螺山与侍郎洲不同内涵的事实，只有"侍郎"与"辞郎"名实上的争论，辞郎派以《宋史》不见陆秀夫有侍郎衔而否定侍郎洲。历史上陆秀夫不是一下子做了丞相的，龚开的《陆秀夫传》记陆秀夫德祐初尝为礼部侍郎，出使元军议和。这也是叶元玉《答张诩书》中引用以作称陆侍郎墓的依据。乾隆年间潮州有关"侍郎"与"辞郎"的辩论中，有的方志甚至删改叶元玉书中有"侍郎"的句子。如齐翀主修的《南澳志》卷十一《艺文·答张廷实通政书》，将"承命求陆侍郎墓"改作"接翰教命求陆丞相墓"②，删去"复擢礼部侍郎"句，不顾历史，篡改著录。在"侍郎"与"辞郎"的辨讹中，辞郎派并不高明。

只要我们仔细阅读有关南澳海中侍郎洲或辞郎洲地望的记载，就会对侍郎洲的存在起怀疑，直至否定。

侍郎洲究竟近南澳海何处？其实，所谓侍郎洲者，不过讹指澄海城东三十里海中某一浮屿。

乾隆年间金连烈主修《澄海县志》卷二《山水》：

> 南门外侍郎屿距城东三十里海中，南澳山左。宋陆秀夫谪潮时，其孙繇好

---

① 上海书店出版社编：《光绪饶平县志》，见《中国地方志集成·广东府县志辑27》，上海书店出版社2003年版，第30页。

② 上海书店出版社编：《乾隆南澳志》，见《中国地方志集成·广东府县志辑27》，上海书店出版社2003年版，第480页。

渔猎被逐，遂家于此。以秀夫尝为礼部侍郎，故名。①

嘉庆年间李书吉主修《澄海县志》卷二《形势》：

大莱芜屹然起巨浸中，与小莱芜对峙。更东即侍郎洲。②

又卷二十六《艺文·诗》，明训导李见龙《莱芜山》有句"拾芳长忆侍郎洲"③。教谕冯珧《澄海杂咏》有批评把侍郎洲擅改为辞郎洲的一句诗："辞郎谬号洲。"④ 而知县李书吉《自题莱芜巡海照》有句"辞郎洲畔暮春回"，因李属辞郎派，这句诗夹注云："宋都统张达㞢从，其妻送至此，故名。"⑤ 李书吉在另一首诗中却又表现骑墙无所谓的态度："此曰辞郎彼侍郎，一洲竟艳姓名香。谁将君实官阶考，特笔今书陈璧娘。"⑥ 夹注也据《东里志》。李书吉似乎没注意到璧娘辞郎在饶平的红螺山，不是在"南澳山左"的海洲。从《澄海县志》的有关记载来看，他一直以为侍郎洲是澄海界内的海岛。

陈伦炯《海国闻见录》下卷沿海全图中侍郎洲在澄海、南澳之间海面。

阮元《广东通志》卷八十八《南澳厅图·辞郎洲》注"西至澄海县海面界六十五里"⑦，属南澳。

佚名氏《广东图》卷七饶平、澄海图中侍郎洲与凤屿在一起。

饶宗颐总纂《潮州志·兵防志·海防》有长山尾炮台，其位置："西距辞郎洲水路十里。"⑧ 其注说明引阮元通志。

---

① 广东省地方志办公室辑：《澄海县志》，见《广东历代方志集成·潮州府部28》，岭南美术出版社2009年版［据乾隆三十年（1765）刻本影印］，第166页。
② 〔清〕李书吉等修、〔清〕蔡继绅等纂：《澄海县志》，台湾成文出版社1967年版［据嘉庆二十年（1815）刊本影印］，第43页。
③ 〔清〕李书吉等修、〔清〕蔡继绅等纂：《澄海县志》，台湾成文出版社1967年版［据嘉庆二十年（1815）刊本影印］，第372页。
④ 〔清〕李书吉等修、〔清〕蔡继绅等纂：《澄海县志》，台湾成文出版社1967年版［据嘉庆二十年（1815）刊本影印］，第376页。
⑤ 〔清〕李书吉等修、〔清〕蔡继绅等纂：《澄海县志》，台湾成文出版社1967年版［据嘉庆二十年（1815）刊本影印］，第388页。
⑥ 〔清〕李书吉等修、〔清〕蔡继绅等纂：《澄海县志》，台湾成文出版社1967年版［据嘉庆二十年（1815）刊本影印］，第391页。
⑦ 〔清〕阮元：《广东通志》，上海古籍出版社1988年版，第1725页。
⑧ 饶宗颐总纂：《潮州志》第四册，潮州市地方志办公室编印2005年版，第1553页。

《漳州府志》沿海图，南澳海中有侍郎洲，在海山南、长山尾西北之间。①

相信旧疆域图都未进行严格的实地勘察，一直相因袭。今能见到最早侍郎洲的疆域图，是康熙王岱主修的《澄海县志》，众多的图志大概从此。诸图志唯嘉庆《澄海县志》分界图上侍郎屿的位置最为具体。其位置在五屿之南，赤礁之北，为澄海、南澳的界标。

所谓侍郎洲或辞郎洲的位置，图志或有关记载有共同之点：其地位于澄海东、南澳西之间的海面上。《澄海县志·艺文志》中李见龙、冯珧、李书吉等游莱芜的诗作，对侍郎洲或辞郎洲的描述，皆言亲眼所见，历历在目。但他们所说的侍（辞）郎洲实属讹传。

现代地图就没有侍郎洲或辞郎洲。如1927年广东陆军测量局绘制的广东分县图、1934年汕头文艺书店出版吴载和编纂的《潮州府志略·图志·潮州图略》、新修1992年《澄海县志》、新修1994年《饶平县志》的地图统统没有侍郎洲或辞郎洲。这处争了300多年的海中洲屿竟是乌有乡。

方志上记载的位于澄海与南澳之间海中这处现今地图上找不到的侍郎洲，实际是对陆秀夫墓的误解及讹传。

本来，潮州南澳的陆秀夫墓，是后人纪念陆秀夫的魂依墓。② 明代潮州知府叶元玉与郭子章二人的文章已做了很有见地的辨析，既否定陆秀夫归葬南澳的奇谈，又肯定陆秀夫忠君爱国的精神，且考虑到流行的传说，从精神上为陆秀夫墓在南澳做了完美的圆说。陆秀夫墓在南澳，天顺五年（1132）所修《大明一统志》始载在"府城南八十里海中屿上"③。后嘉靖黄佐《广东通志》因之。④ 弘治间南海张翊称陆丞相墓在"南澳海中屿上"⑤。叶元玉《答张诩书》中称陆丞相墓为陆侍郎墓，说明当时陆秀夫墓也称陆侍郎墓，在南澳海中⑥，与《东里志》所载的侍郎洲的得名是因"在南澳海中……其谓有侍郎墓者"⑦ 一样。其说又与崇祯间饶平知县丘金声采访民间的传说相同："近南澳海中有侍郎洲者，问之土人，云有侍郎墓葬其处，故云。"⑧ 由于辗转记载，

---

① 参见上海书店出版社编《光绪漳州府志舆图》，见《中国地方志集成·福建府县志辑29》，上海书店出版社2000年版，第31页。
② 参见许国、吴素玉《潮汕陆氏宗亲修建南澳陆秀夫墓》，载《中国文物报》1994年6月19日。
③ 〔明〕李贤等撰：《大明一统志》，三秦出版社1990年版，第1234页。
④ 参见〔明〕黄佐撰《广东通志》卷十八，广东省地方志办公室1997年版〔据嘉靖四十年（1561）刻本誊印〕，第449页。
⑤ 〔明〕张翊：《寄潮州叶古崖太守书》，见今本《东里志》，第300页。
⑥ 参见《艺文志》，见今本《东里志》，第301～302页。
⑦ 《疆域志·澳屿》，见今本《东里志》，第30页。
⑧ 《艺文志》，见今本《东里志》，第295页。

后人把原以为在"府城南八十里海中屿上"的陆侍郎墓讹为南澳海中屿上的侍郎墓。原"海中屿上"指南澳,最终讹为"近南澳海中有曰侍郎洲者"。其讹传的脉络是清楚的。潮州地方志有关侍郎洲的记载皆本此,故事则是红螺山璧娘辞郎,错乱百出。

上文论证侍郎洲实无其处,那么辞郎的辨正自然属于向壁虚构,捕风捉影之谈。丘金声的《侍郎洲订讹》还可以帮助我们认识这个问题产生的历史原因。

丘文说他"近阅《东里志》,乃(或方之讹)知非侍郎,乃辞郎也"①。说明从前人们只知道有侍郎洲。"近阅"所见可能指后来窜入的所谓龙湖族谱的材料。这段窜入的材料前面还留下增补者"近按"二字,是窜入的证据。其窜入年代大约在丘任饶平知事的崇祯年间。明朝灭亡之前,文士将侍郎洲更名辞郎洲②,是有其深刻的社会背景的。崇祯一朝内外交困,阶级矛盾和民族矛盾不断加剧,清军进犯与李自成领导的农民起义使明王朝陷于崩溃的边缘。这是统治阶级最需要忠臣烈女的年代,持正统思想的儒士们自然也倡导忠君爱国的奉献精神。他们的思想被渗透到方志中,要借过去的历史发思古之幽情,于是"挖掘"出陈璧娘辞郎勤王的悲壮动人故事,从而根据龙湖族谱补入400多字璧娘辞郎的新"史料",又在"侍郎"还是"辞郎"的问题上大做文章,出现了侍郎洲地名的辨正。

为了证明璧娘辞郎的可信性,至清乾隆年间,还有人伪托明嘉靖饶平东里名士周用之名,作《辞郎洲词》。诗中对侍郎洲的叫法表现出愤愤不平:

……辞郎之名今遂没,侍郎塞破痴人耳。
不解侍郎只糠比(秕),志中今作辞郎字。③

此诗除了反映出侍郎洲是民间比较固定的叫法外,还反映出辞郎的新叫法群众不太接受。

说《辞郎洲词》是伪作,证据就是其中的两句诗。

其一:

志中今作辞郎字。

---

① 《艺文志》,见今本《东里志》,第296页。
② 参见《疆域志·澳屿》,见今本《东里志》,第30页"侍郎洲"条引文。
③ 《艺文志》,见今本《东里志》,第346页。

《东里志》中首载辞郎洲其事。志修成于万历二年（1574），而周用生于明成化乙酉年（1465），卒于嘉靖辛卯年（1531），其活动早于《东里志》的编写几十年，绝对看不到《东里志》，更不要说后来补入的有关辞郎的辨正。

其二：

> 亡主胜国五百秋。

此句假得至为荒唐，说明写作此诗离南宋灭亡已有 500 年了。南宋灭于祥兴二年（1279），按 500 年计，诗作于 1779 年左右，即清乾隆中后期之际。这是假冒周用诗作的最确凿的证据。诗作内容无疑拾丘金声《侍郎洲订讹》的牙慧。丘文说：

> 忠臣义女，死生临歧之处，泪落水中，滴滴皆作怒涛传响，听之使人陨涕，而讹者乃以官名易之，可谓痴杀。①

伪托的周用《辞郎洲词》演绎为：

> 辞郎洲上一滴水，尽是璧娘眼中泪。
> 潮去潮来作怒涛……
> 辞郎之名今遂没，侍郎塞破痴人耳。②

丘文、"周诗"如出一辙。

伪托"周诗"在《饶平县志》卷二十一《艺文》却成了丘世钥的作品了。其题《辞郎洲》，少一词字。③ 丘诗按编年排在清诗前，当为明人。此诗不论作者为周为丘，总是后人伪托无疑。

既然陈璧娘红螺山辞郎的故事是《东里志》传抄者随意增补的后世材料，真实性十分可疑，那么究竟饶平有无张达与妻陈璧娘其人？

《东里志》中有宋一代人物如东原学士、金紫大夫，连姓名都不可考。《人物志》前言说："今尚不能详举其实址履历。"④ 张达与陈璧娘的事迹同在

---

① 《艺文志》，见今本《东里志》，第 296 页。
② 《艺文志》，见今本《东里志》，第 346 页。
③ 参见上海书店出版社编《光绪饶平县志》，见《中国地方志集成·广东府县志辑 27》，上海书店出版社 2003 年版，第 343 页。
④ 《人物志》，见今本《东里志》，第 110 页。

《疆域志》《人物志》再三出现，然语焉不详。

据"侍郎洲"条的辨正引证龙湖族谱的资料，有陈璧娘"其弟陈植檄赴崖门"①云云，是知陈璧娘与陈植乃福建漳州府诏安县人。张达都统为何方人氏？《东里志》无所交代。倒是《饶平县志》卷九孝义说道："宋都统张达，邑之渐山人也。"②饶平无渐山。渐山在诏安县四都地方。"渐山在县东五十里四都南境山也。"③陈植之弟陈格的衣冠墓便在渐山。《饶平县志》出现"邑之渐山人也"是编志人忘记粤人转述闽省材料时的身份所致。苟不论张达是否为诏安渐山人，这样一转引，"邑之渐山人"便使人误会张达是饶邑人了。更可笑的是，这条材料又被乾隆《澄海县志》引用。卷二山水有侍郎洲，为表示兼收并蓄，还收有辞郎洲说：

或曰：宋景炎元年，帝舟迁于甲子门，邑人张达扈跸，其妻陈送之至此，故名"辞郎"。地属澄海、饶平两界。④

不仅陈璧娘红螺山辞郎地点移到澄海，而且张达还成了澄邑人了。读方志往往能发觉一大抄的毛病，不加考辨，徒增混乱。渐山张达，成了饶邑张达、澄邑张达，是一斑也。

陈璧娘作过《平元曲》，有兄弟陈植，那就与《漳州府志》所载的也作过《平元曲》，也有兄弟陈植的陈碧娘为同一个人了。碧、璧二字雅音相同。

陈植、陈格史有其人，为宋代闽省名宦陈景肃之孙。乾隆《漳州府志》之《选举》《人物》《古迹》《丘墓》《纪遗》互见。

植，字穮立……淳祐四年登进士。初在太学，安定郡王赵伯泽妻以女，赐督岭南海路兵马。少帝浮海，植提领海舟。见事危，断维出港，自以六舟泊梅岭，收亡命，驰檄诸蛮，图立宋。后闻世杰覆舟，元人索捕急，遂变姓名匿于大岸、白叶、九族间（原注：今诏安地）。临终遗命曰：葬我必南望崖山。

格，植之弟也，为宋海盐簿。少帝之亡，格从容就义。忠义形于《六

---

① 《疆域志·澳屿》，见今本《东里志》，第30页。
② 上海书店出版社编：《光绪饶平县志》，见《中国地方志集成·广东府县志辑27》，上海书店出版社2003年版，第187页。
③ 〔明〕彭泽修：《漳州府志》，见《明代方志选3》，台湾学生书局1965年版〔据明万历元年（1573）刻本影印〕，第603页。
④ 广东省地方志办公室辑：《澄海县志》，见《广东历代方志集成·潮州府部28》，岭南美术出版社2009年版〔据乾隆三十年（1765）刻本影印〕，第166页。

咏》。植敛其袍笏，招灵葬于渐山书院。①

这段文字平实可信。如陈植葬弟，并无在大海十几万浮尸中觅得归葬一类的神话。"敛其袍笏，招灵葬于渐山书院"，为人情事理所能做到。陈植一直跟随少帝，并非龙湖族谱所说"后其弟陈植檄赴崖门"之类勤王义举。他不做陆秀夫式知其不可为而为之的尽忠之事，宋亡后只能隐名没姓。

闽省传说陈植有姐陈碧娘，作《平元曲》。曲中反映有夫张郎，已阔别10年，在广西、崖西转战②，不知死生之事，并无夫死崖山，得浮尸归葬，绝粒殉夫的贞烈行为。这节故事出《漳州府志》第四十六卷《遗纪中》。不过，编者对这些材料的真实性也是拿不定主意，认为只要"昭典训，立模范，与其过而去之，宁过而存之，且稗官野史皆可以广闻见，资诵说"。其作用在于说教，能达到"昭典训，立模范"的目的，宁滥毋缺，也不加稽考核实。《漳州府志》中陈碧娘的故事收在《遗纪》篇中，看来可信度不高。我们不可轻信为真。

伪托假冒未免要露出矛盾来。我们还可以通过分析所谓陈璧娘的《平元曲》，来鉴别璧娘辞郎故事的伪真。

《平元曲》有两个版本：一是广东潮州方志中的《平元曲》，以及《东里志》《饶平县志》《潮州府志》的收录；二是闽省《漳州府志》《云霄县志》③《福建通志》的收录。然而两者均不见于《诏安县志》。

两种版本有较大的不同。

创作意图上有别。漳州系统之曲是陈碧娘作寄二弟。潮州系统之曲是"璧娘送（夫）至海洲上，作《平元曲》赠行"④（如临别赠诗，何来"三年消息无鸿便"？实不可解）。唯《东里志》按龙湖族谱，与漳系相同，云作曲寄二弟；而同志中《人物志·贞节》则是陈璧娘送夫至红螺洲而回，"后复作《平元曲》一篇寄之"⑤。一志之内，同事二说，互相矛盾。

从内容上比较漳、潮二系的《平元曲》，也有差异。

---

① 乾隆《漳州府志》卷二十八《人物》。与罗青霄总辑《漳州府志》比较，文字有讹误，如"大岸"应为"大芹"，"九族"应为"九侯"，皆地名。植为格之伯兄。格"为宋海盐簿"，应作"宋海舟监簿"。

② 笔者按："广西、崖西转战"不可解，后《福建通志》改为"广南崖西"，近是可从。

③ 参见饶宗颐总纂《潮州志》丛谈志人部女诗人按："暨南学报引《云霄县志》。"

④ 〔清〕周硕勋纂修：《潮州府志》卷四十二闺秀《平元曲》，潮州市地方志办公室编印2001年版，第1107页。

⑤ 《人物志·贞节》，见今本《东里志》，第111页。

漳系本全诗2韵24句，潮系本只摘凑其中8句。两个系统的《平元曲》错舛混讹的文字不少，今略举会影响理解的三例异文试说其因：

表1　《平元曲》漳系本与潮系本异文三例

版本	漳系	潮系
内容	十年消息无鸿便	三年消息无鸿便
	何不将我张郎西	何不将我张郎回
	未审良人能再睹	未审三郎能再睹 未审张郎能再睹

上表所举三例，句中不同的文字有的不是讹误，而是出于传抄有意的窜改。如"十年"改为"三年"，是为了合乎"景炎元年帝舟驻跸红螺山，明年正月迁于惠州之甲子门，都统张达率勇护跸"，璧娘辞郎之说。宋少帝驻潮到崖山之败，近三年之数。如十年，张达则入元为遗民了。"良人"改作"张郎"，直接吻合璧娘辞张达之说；改为"三郎"，或因漳系本"忽睹二郎来我面"中有"二郎"之讹，且误解"二郎"为张郎所致。漳系的"张郎西"与潮系的"张郎回"，或为"张郎面"之误，否则难与"协义维舟同虎帐"相接。若"张郎回"，回到饶平，就不能与张郎一起勤王，维舟同虎帐了。作"张郎西"也不可解。若作面，尚可通，璧娘与张达会面，一起同虎帐。二系的《平元曲》某些文字的异同，反映潮系本为了编造陈璧娘辞郎的传说而对漳系本做改造。

漳系本写碧娘与二弟辞别，又怀念在广西、崖山从军作战的良人，抒发忠君爱国之情。叙事铺陈，结构完整，也不乏写景。潮系本将与二弟辞别删去，已失漳系本叙事诗的本貌。

平心而论，不管是漳系还是潮系的版本，《平元曲》的技巧并不高超，均属三流之作。细品《平元曲》，何来平元的豪气？宋少帝的南逃，也属于无奈，屡次乞降，元朝根本不准，元军猛打穷追。描写此时妇女的题材多为贞烈死节，或借此类题材讽刺"君王无道妾当灾"[①]，同情妇女的苦难，痛斥奸臣卖国、公卿失节。那个时候还有谁寄希望于和亲救国？和亲全属一厢情愿。南宋降臣汪水云就有这样的诗句："若议和亲休练卒（一作'若议和亲能活

---

① 〔元〕陶宗仪著、文灏点校：《南村辍耕录》卷三《贞烈诗》，文化艺术出版社1998年版，第43页。

国'),婵娟剩遣嫁呼韩。"① 这种思想是后人拟托时不太容易理解和把握的。而《平元曲》还在表现和亲救国的迂腐思想,是不符合南宋灭亡前夕的社会实际的。《平元曲》能被方志收入,并评价颇高,皆因璧娘许身报国的忠君精神之故。

《平元曲》的创作大概与辞郎辨同时,因其思想比较接近明末儒士崇尚朱文公讲究礼学以求事功的实际情况。时四方多事,外扰内患,不能靠慢慢修身养性治天下,一定要讲礼仪道德的礼学,对国家要随时准备做出牺牲。②《平元曲》应属于此时伪托之作,是明末闽南、潮州的文人儒士借人托事寄情,宣扬忠君报国的传统道德观念及理想人格,这与朱彝尊指出"明闺秀诗类多伪作"③的现象颇相符。现代学者也有类似的观点:

> 历代妇女诗,姓名、生平、事迹无可考。……各种古籍所载妇女诗作,往往仙鬼混出,真假杂陈,不易鉴别。④

从上文的分析看来,《平元曲》明显来自闽省,因为陈璧娘的原型在饶平没有家族背景。《平元曲》原产地应属漳州,内容与辞郎无关。对《平元曲》的分析又为判断没有辞郎故事、没有辞郎洲地方提供证据。

陈璧娘的传奇,乃糅合闽省漳州陈植、陈格的事迹,其妹陈碧娘作《平元曲》故事,宋史张达都统在崖山夜袭元军的零星片段的记载,宋少帝尝驻跸饶平红螺山的传说,借潮州南澳海中有侍郎洲的讹传,利用"侍""辞"同音之偶合,经过一番综合改造而成为潮州饶平陈璧娘辞郎的故事。

陈璧娘的故事,在潮州广为流传,并且载入方志,故事也越来越丰满。到了清代嘉庆间,郑昌时作《韩江闻见录》,卷六《辞郎洲》又加油添醋,陈璧娘不但是节妇、诗人,还是巾帼英雄:"独自督率义兵,与元人力战。"⑤ 1947年饶宗颐总纂的《潮州志》又增陈璧娘有"拟辞四解",即所谓《辞郎吟》者。其误已被蔡起贤指出。⑥

历来学者对宋史尤其是南宋的传闻,多抱谨慎的态度。元人陶宗仪,距宋

---

① 〔宋〕汪元量撰、孔凡礼辑校:《增订湖山类稿》卷一《北师驻皋亭山》,中华书局1984年版,第7页。
② 参见黄挺《明代潮州儒学概说》,载《汕头大学学报》1994年第2期。
③ 〔清〕朱彝尊编:《明诗综2》,上海古籍出版社1993年版,第1642页。
④ 陈新、周维德、俞浣萍编:《历代妇女诗词选注》前言,中国妇女出版社1985年版。
⑤ 〔清〕郑昌时著、吴二持校注:《韩江闻见录》,上海古籍出版社1995年版,第175页。
⑥ 参见蔡起贤《〈辞郎吟〉辨》,载《汕头日报》1996年12月2日。

亡只有几十年，对南宋轶闻如六陵遗事、冬青诗等就持怀疑态度：

> 惜余生晚，不及识宋季以来老儒先生，以就正其是非，姑以待熟两朝典故之人问焉。①

清人厉鹗等人以有关南宋的材料撰写《南宋杂事诗》，当今学者也持谨慎态度：

> 南宋事迹可记述者极多。元脱脱等所修《宋史》成于仓促，遗漏、错舛甚多，颇为后来史学家所诟病。故宋元以降，文人学者各以传闻，捃摭故实，编录成书，其数量繁多，真伪相杂，非博及群书，沉研有素者不能甄采。②

古今学者对南宋传闻的态度值得我们借鉴。辞郎洲的故事便属于"宋元以降，文人学者各以传闻，捃摭故实"的产物。严格地说，陈碧娘或陈璧娘的故事属文艺故事而没有史料价值。

但鉴于璧娘辞郎故事悲怆壮烈，其影响远远超出潮州地区，其事迹与潮系《平元曲》还被收入传抄本《崖山志》卷二《烈忠纪》：

> 张达及其妻陈璧娘见《龙湖族谱》。景炎元年帝舟次潮州，驻跸红螺山。明年正月迁惠州甲子门。都统张达率义勇扈跸，妻陈璧娘送至南澳海中洲上，勉达勤王。后达弟格、植赴崖门，璧娘赋《平元曲》寄达，云：（略）。
>
> 宋亡，达死难。璧娘得达尸归葬之。曰："吾夫能死忠，吾独不能死节乎？"遂闭门不食而死。

很明显，这段文章是拼凑有关方志的材料而成，错漏百出，甚至出现"达弟格、植"的明显失误。而璧娘死节，实属拙劣之笔。在封建社会，殉夫的愚蠢行为每有记载，但"吾夫能死忠，吾独不能死节"这种为死节而死节、比赛死节的言语，是《东里志》《饶平县志》所无的妄加之笔。笔者所见万历丁未重修《崖山志》1915 年的抄本，有张达夫妇小传，与《东里志》之增补璧娘辞郎的情况一样，皆应为后来所窜入。

---

① 〔元〕陶宗仪著、文灏点校：《南村辍耕录》卷四《发宋陵寝》，文化艺术出版社 1998 年版，第 53 页。

② 〔清〕厉鹗等撰、虞万里校点：《南宋杂事诗》点校说明，浙江古籍出版社 1989 年版。

更有趣的是，出自福建的陈璧娘的故事，经过潮州人的改造，成了陈璧娘辞郎的传说，并收入 1938 年刻本《福建通志》中。不同者，此书仍然保留闽系《平元曲》的原貌。

综上所述，侍郎洲是陆侍郎墓的讹传。辞郎洲出于饶平红螺山陈璧娘辞郎的传说。以辞郎否定侍郎，只凭"侍""辞"二字同音而加曲意辨正，把两个不同源的传说混为一谈，论争不休，其原因在于人们崇尚爱国之情，而评论的天平倾于陈璧娘。

（原载潮汕历史文化研究中心、汕头大学潮汕文化研究中心编《潮学研究》第 6 辑，汕头大学出版社 1997 年版，第 208～221 页。）

清湖广左布政使郑廷櫆传记补正

——兼议郑氏仕清

一

（一）

郑廷櫆被陈梅湖誉为潮州清初四伟人之一。① 虽然郑廷櫆不是九卿重臣，在清代的政治和学术上也没有什么影响，但他能在顺治登极之前仕清，入户部任郎中，未几便转河南督粮道，至顺治十一年（1654）一直担任藩臬要职，最高升任湖广左布政使。在当时，潮人如郑廷櫆那样，早早为清王朝效力者，可谓凤毛麟角。

有关郑廷櫆的传记，除府邑志之外，还有饶锷《潮州艺文志》、管林主编《广东历史人物辞典》、黄光舜《潮州先贤郑廷櫆传》有所记载，最为详尽应算陈梅湖《潮州清初四伟人传》。除陈梅湖的传记外，其他传记都十分简略。所有传记均有错漏，笔者以《清实录》及《明清档案》等可靠文献为依据，予以辨正补佚。

笔者还从清康熙《三水县志》找出郑廷櫆一篇佚文，为了解郑廷櫆的文风、才气、志向提供了研究资料，对分析郑廷櫆为何能从一个明末小吏而在清初成为藩伯很有帮助。

郑廷櫆是广东澄海樟林乡西社人，今故宅尚存。嘉庆《澄海县志》卷十"园第"是这样描绘郑廷櫆故宅的："郑方伯廷櫆第世居樟林乡，宅一楹。左右皆郑姓。有敕书楼恭奉赠封敕书。在祖祠前其别业名'折桂斋'，中有'花宾主月亭'，櫆致仕尝著《荥阳汇编》于此。今元孙溟等世居其地。"② 经过岁月推移，除破旧的故宅以及在卖鸡巷俗称卖鸡祠的祖祠外，敕书楼、别业、

---

① 参见陈梅湖总纂《南澳县志》附录四《潮州清初四伟人传》，山西省内部图书准印证［2007］字第111号，第463页。
② 〔清〕李书吉等修、〔清〕蔡继绅等纂：《澄海县志》，台湾成文出版社1967年版［据嘉庆二十年（1815）刊本影印］，第88页。

亭榭今皆无存。所谓郑氏致仕后在樟林的"折桂斋"中著《荥阳汇编》绝无可能，因时侨居福建上杭。郑氏在折桂斋中的活动应在中举之后至出外做官之前，即于天启四年（1624）至崇祯七年（1634）间，以后在外宦游，致仕后未回樟林居住。

郑廷櫆生卒的准确日期因新中国成立后宗祠神主、族谱资料散亡，无从知道。据方志及《清实录》等所载，他于明朝天启甲子年（1624）中举。崇祯七年任广州府三水县教谕，后入国子监任学录转助教。改元以后，于清顺治元年（1644）八月之前仕清，至顺治十一年（1654）五月致仕。

郑廷櫆生卒日期不明，今只能据已知资料，做大体上的推断。

陈梅湖云郑廷櫆："侨杭阅七寒暑。年届古稀，以微疾终于别第正寝。寻归葬故里之石厚山。"① 郑廷櫆人生最后七年卜居福建上杭。笔者查阅《上杭志》，惜无郑廷櫆只字之载。郑氏之所以选择上杭作为养老之所，并非像府邑志所说的"居上杭寄情山林"那样悠然自得。既然不荣归故里，天下山水之美多矣，为何卜居上杭？郑廷櫆致仕不衣锦还乡实有苦心：致仕之时，故乡不太平。有郑成功的骚扰，还有郝尚久的叛乱。直至郑廷櫆致仕两年后，澄海才为清军克复。② 再过两年澄海游击刘进忠、知县祖之麟、典吏江景云背叛投从郑成功，县城陷落。③ 故乡陷入战乱，所以郑才远离战乱之地卜居上杭，确保自身和家人的安全，免使全家因避乱而流离失所。当时海阳、澄海一带人民流离之惨状，与郑廷櫆同时的潮州名士陈衍虞在走难中所写诗作（见《莲山诗集》）就有真实的描绘。郑廷櫆侨居上杭就避了此劫。

其实郑廷櫆可能时时渴望回故乡樟林。上杭"县南至广东大埔一百五十里"④，再到潮州，全程大约350里，不用经陆路翻山越岭，到樟林港可乘舟顺汀江转韩江直达。居上杭乃权宜之计，一旦天下太平，举家回故里并非难事。可惜郑廷櫆等不到这一天便离开人世，归葬于乡北石厚山，今称施厝山。现墓碑尚挺立于山冈之上，碑文曰"清通奉大夫文湾郑公之墓"，完好无损。东望一衣带水之南澳山历历可见。墓地十分简朴，似无赐祭葬的规格。

---

① 陈梅湖总纂：《南澳县志》附录四《潮州清初四伟人传》，山西省内部图书准印证［2007］字第111号，第464页。

② 参见《清实录》第3册《世祖章皇帝实录》顺治十三年（1656）四月平南王尚可喜疏报，中华书局影印1986年版，第778页。

③ 参见《清实录》第3册《世祖章皇帝实录》顺治十五年（1658）六月两广总督王国光疏报，中华书局影印1986年版，第918页。

④〔清〕蒋廷铨纂修、唐鉴荣校注：《上杭县志·区域》（康熙丁卯年重修），上杭县地方志编纂委员会整理，鹭江出版社2014年版，第27页。

郑廷櫆卒时年届古稀，春秋七十。吴颖《潮州府志》成于顺治十八年（1661），已载郑廷櫆归政居上杭"阅七年卒"①，说明郑氏卒于顺治十七年（1660），因致仕当年与居上杭之日同在一年之内，故应卒于顺治十七年。以顺治十一年致仕，居上杭七载而逝往上推算：郑廷櫆应生于明万历十八年（1590）。34岁中举，44岁出任广州府三水县教谕，48岁冬还在三水县，或49岁至54岁先迁南都国子监任学录，后北上转燕京国子监任助教，54岁五月之后仕清，64岁致仕，70岁寿终正寝。

（二）

据《清实录》所载，郑廷櫆仕清任职如下：

顺治元年五月至八月之前：户部主事、户部郎中；②
顺治元年八月至三年（1646）六月：河南布政使司参议督粮道；③
顺治三年六月至六年（1649）五月：湖广按察使司副使驿传道；④
顺治六年五月至八年（1651）九月：福建布政使司参政兼按察使司副使管按察使事；⑤
顺治八年九月至十一年三月：江南布政使司右布政使；⑥
顺治十一年三月至五月：湖广布政使司左布政使。⑦

方志的记载漏了两个职位，即河南督粮道及湖广左布政使。《清实录》还把河南督粮道误写为江南督粮道，明显是实录誊写时的笔误。顺治元年清军还

---

① 〔清〕吴颖纂修：《潮州府志》卷六，潮州市地方志办公室编印2003年版，第245页。
② 郑廷櫆任户部郎中之前，任过户部主事。据陈梅湖《南澳县志》附录四《潮州清初四伟人传》，第463页。
③ 据陈梅湖《南澳县志》附录四《潮州清初四伟人传》，第463页。顺治元年八月，"以户部郎中郑廷櫆为河南布政司参议督粮道"。见《清实录》第3册，第81页。
④ 顺治三年五月，"升江南督粮道参议郑廷櫆为湖广按察使司副使驿传道"。"江南"为"河南"之笔误，见《清实录》第3册，第224页。
⑤ 顺治六年四月，"升湖广驿道副使郑廷櫆为福建布政司参政兼按察使司副使管按察使事"。见《清实录》第3册，第353页。《福建通志·职官志·总辖·按察使司》记载："郑廷櫆，登海人。""登"为"澄"之误。
⑥ 顺治八年九月，"升福建布政使司参政管按察使事郑廷櫆为江南布政使司右布政使"。见《清实录》第3册，第473页。《江南通志·职官·文职》："右布政郑廷櫆，澄海人，举人，顺治九年任。"清第3任江南布政使。
⑦ 顺治十一年三月，"升江南右布政使郑廷櫆为湖广布政司左布政使"。见《清实录》第3册，第648页。

没下江南，明福王朱由崧在南京即位，二年（1645）五月被俘。郑廷櫆根本不可能在元年去江南任督粮道。

郑廷櫆所有的任职中，任湖广左布政使的时间最短，只有两个月，几乎不能履新。朝廷于三月任命郑廷櫆为湖广左布政使，但到四月，洪承畴与湖广总督祖泽远合词具题楚省藩司关系甚重，员缺得人为要，谨就近拟补，称"察有江西按察司今升广东右布政李长春……尚未赴任，若将本官以右布政职衔管湖广左布政使司事，即可就近赴任"。下文还有"恐为□□□升，不便更改"，应指已任了郑廷櫆，不方便改变，谨请皇帝考虑决定。① 五月间，正式"改广东右布政使李长春为湖广右布政管左布政事，从经略洪承畴请也"②。是年十二月又以湖广右布政使张凤仪为左布政使。③ 再过一年，顺治十二年（1655）十二月，"以原任詹事府少詹事黄志遴为湖广布政使司左布政使"④，证明郑廷櫆确实已经不任湖广左布政使了。从顺治十一年五月之后《清实录》再也没出现郑廷櫆的名字，他应该是于此年致仕。

陈梅湖所谓"特晋本藩（江南布政使司）左辖"⑤ 不确，实为湖广左布政使之误。王岱《澄海县志》以郑氏"晋江南右布政，旋谢政归"⑥ 也不确，郑氏于顺治八年九月晋江南右布政，在任实满三年而擢湖广左布政。

据上所述，郑氏应是在晋湖广左布政使之后才谢政的。因朝廷考虑就近调已任命为广东右布政使的原江西按察使李长春顶替郑廷櫆管左布政事，或为此使郑廷櫆毅然辞归。我们无法判断当局匆促调换布政使是出于政务繁忙紧急，还是找借口排斥郑廷櫆，但相信郑廷櫆的反应是强烈的：这无异于遭到冷落忽视，与其继续留在江南右布政任上，不如主动辞归；况年过甲子，光荣退休，顺理成章，告老还乡，享天伦之乐。不论如何，从历史档案的文书中可知，顺治十一年三月郑廷櫆从江南右布政使擢升湖广左布政使。但由于上述的原因，实际空有湖广左布政使之任命而无到任之实，而顺治十一年五月郑廷櫆致仕则是无可置疑的。吴六奇祭郑廷櫆文也述及郑氏的仕宦经历："所至总八闽之宪

---

① 参见《台湾文献史料丛刊》第 261 种，见《洪承畴章奏文册汇编》，台湾大通书局 1984 年版，第 71 页。
② 《清实录》第 3 册《世祖章皇帝实录》，中华书局影印 1986 年版，第 654 页。
③ 参见钱实甫编《清代职官年表》第 3 册，中华书局 1980 年版，第 1767 页。
④ 《清实录》第 3 册《世祖章皇帝实录》，中华书局影印 1986 年版，第 753 页。
⑤ 陈梅湖总纂：《南澳县志》附录四《潮州清初四伟人传》，山西省内部图书准印证［2007］字第 111 号，第 463 页。
⑥ 〔清〕王岱纂修：《澄海县志》卷十五，潮州市地方志办公室编印 2004 年版［据康熙二十五年（1686）刻本］，第 128 页。

臬，为三吴之屏藩。"① 莫怪《潮州府志》《澄海县志》记载郑廷櫆的官位止于江南右布政使，皆因其以实任入传；只有陈梅湖独指出临致仕特晋左辖一事，不过是湖广左辖而非江南左辖。王岱《澄海县志》所谓晋江南右布政旋谢政归，恰恰反映郑氏升官后即谢政的事实。

至于有说郑廷櫆在顺治十四年（1657）实按福建按察使，后迁南京署督学篆，就更加失实。②

府邑各志所载郑廷櫆传中，吴颖《潮州府志》最简略，王岱以后至李书吉所修之《澄海县志》较具体。但共同缺点是对郑廷櫆仕途任职记载不分明清两代，让人以为他只在明代做官。王岱志虽将郑氏归于"国朝"之下，然行文语气仍使人以为是明臣，即使像饶锷这样的通人也不觉，在《潮州艺文志》介绍郑廷櫆《文湾诗集》时，就断"以明臣致仕"③。吴颖、王岱修志在清初顺治、康熙年间，编纂者与郑氏皆为同时之人，皆失于疏忽。这就导致后来有的记载沿袭吴、王二志之失误。

（三）

除《潮州府志》《澄海县志》外，郑廷櫆任职的地方，各省通志均没有他的专传。《澄海县志》载郑廷櫆管福建按察使事时平反官民冤狱，全活数百人，闽人颂之。④ 此可谓大事，然《福建通志》"职官志"中只有"郑廷櫆，登（澄）海人"寥寥数字。据1956年福建图书馆所编《福建通志列传八种人名索引》收郑廷某某共8人，独无郑廷櫆。倒是在明清档案中，有两本题奏，保存了郑廷櫆管福建按察使事时审案的经过和判词。

由于郑廷櫆的事迹记载不多，笔者只好把郑氏两次断狱不厌其烦地做一番介绍。

（1）顺治四年（1647）七月，福建分巡福宁道佥事潘映娄在福宁州城被南明军围困攻打，因无援弃城，身受刀伤被俘。城破之前将官印委托表弟带走缴验。一家21口俱遭杀戮。至五年（1648）十月乘机逃脱，到福州投见浙闽总督陈锦请死。陈锦将潘收监并向朝廷揭报此案。顺治帝谕令将潘映娄革职，并令"详审确拟具奏"。案件先由按察使周亮工审理。因皇帝已钦定潘映娄革

---

① 〔清〕吴六奇：《祭方伯郑文湾公文》，见国家清史编纂委员会编《清代诗文集汇编》第24册，上海古籍出版社2009年版，第396页。
② 参见黄光舜《潮州先贤郑廷櫆传》，载《澄海史志》2007年第1期。
③ 饶锷：《潮州艺文志》，载《岭南学报》1937年第六卷第2、3期合刊，第253页。
④ 参见陈梅湖总纂《南澳县志》附录四《潮州清初四伟人传》，山西省内部图书准印证〔2007〕字第111号，第463页。

职，故周亮工在"详审确拟"时采取模棱两可的态度：一面要将潘"按以典刑"，一面表示"与以一线，以彰皇仁，又非职所能轻议"。周亮工不敢轻判，有意将仁德美誉留给皇上。后来周亮工犯法下狱，此案由继任郑廷槐接手审理。至顺治八年四月，刑部才"据按察司管按察事右参议郑廷槐审明呈详"以《刑部题本：议拟犯道潘映娄革职永不录用》禀报皇帝，了结此案。①

郑廷槐审理此案的态度与前任周亮工无多大差别。会审后议拟"潘映娄免罪革职，永不录用"，明显是顺着皇帝的最高指示办案，并无独到典型的治狱意义。但是郑廷槐审理此案却与《澄海县志》一段郑廷槐在闽平冤狱的记载密切相关。王岱《澄海县志》卷十五"清正"："郑廷槐……晋福建按察使，时有官民冤狱，坐辟者数百人。槐为平反，闽人颂之。"②李书吉《澄海县志》沿载此事，列于"循吏"传。③所谓"官民冤狱，坐辟者数百人"，实指地方道臣失职，以致州城陷落被俘。朝廷苛求守土官员若"不能御贼则以身殉职，岂不光明俊伟，全节完名"。州城陷落，福宁城之丁壮当然便是战俘，按照封建朝廷的逻辑，不为朝廷尽忠全名节而死，便等于叛投，罪皆当斩。不过此案终审判决的旨意是从轻发落，潘映娄身边的人"相应免拟"，至于普通的草民，也均沾浩荡的皇恩，都不予追究了。④

明白300多年前发生在福建这段历史之后，便十分清楚《澄海县志》所载郑廷槐管福建按察使事时平反官民冤狱的来龙去脉。潘映娄案的审理，自始至终遵循顺治帝的旨意，此为一般人所不知情；而因郑廷槐的前任周亮工犯法下狱，当时闽人只知郑廷槐这位福建最高的司法官员是审理此案的"郑青天"，故他赢得歌颂。《澄海县志》所谓"闽人颂之"，虽有溢美，但也确有其事。而《福建通志》并无如此评价，可能是因为福建修志官掌握了确实的史料，故不记于"循吏"传中。

（2）顺治六年（1649）五月，福州府连江县有林科者，因赖债伙同他人殴打债主林陈招至重伤，不予医治致其死亡。经县、州、臬司、抚院审理，判林科绞刑抵命。虽是一宗普通刑事案，但也可见郑廷槐办事细致老辣。其先，

---

① 参见国立中央研究院历史语言研究所编《明清史料乙编》第1本，上海商务印书馆1935年版，第87～91页；又见《台湾文献史料丛刊》第168种，《郑氏史料续编》卷一，第51～62页。

② 〔清〕王岱纂修：《澄海县志》卷十五，潮州市地方志办公室编印2004年版［据康熙二十五年（1686）刻本］，第128页。

③ 参见〔清〕李书吉等修、〔清〕蔡继绅等纂《澄海县志》，台湾成文出版社1967年版［据嘉庆二十年（1815）刊本影印］，第186～187页。

④ 参见国立中央研究院历史语言研究所编《明清史料乙编》第1本，上海商务印书馆1935年版，第87～91页；又见《台湾文献史料丛刊》第168种，《郑氏史料续编》卷一，第51～62页。

连江知县初判时，有"虽在辜限之外"一语。初审经郑廷櫆复审，判词添作"虽在律限伍拾日外，尚在例加贰拾日之内也，缳抵何辞？"① 运用"例加贰拾日"的法规，使量刑没越律例之嫌。后再三复审，郑作为地方审判长官定谳为："本司管按察使事右参政郑廷櫆覆审得'林科殴死林陈招。重伤折肢，检真证确。未出加限贰拾日内。律有明例，缳抵原拟，不能为本犯宽也'。"②

林科案足见郑廷櫆办事坚持原则的风格。尤其在"重刑辟宜有定案，以便稽查"的规定下，郑廷櫆以严谨的态度以防县审与抚院批示中涉及刑律辜限伍拾日外可从宽的规定，使被告有借口侥幸逃脱罪责，而例加贰拾日仍在严判之内有所依据。林科殴人重伤，不予医治致其死亡，应缳抵成为铁案。行凶者得以制裁，惨死者得以告慰。

（四）

郑廷櫆一生的著述，方志只举《文湾诗集》，今佚。李书吉《澄海县志》及其他传记增《荥阳汇编》③，当年尚未付梓，只存稿本。今能看到的郑廷櫆诗作，有陈奋主编，羊城出版社出版的《三水历代诗词选》中7首咏景律诗，是从《三水县志》之"艺文志"辑得的。又有黄光舜从残稿搜得的五言诗5首。④ 二种共12首，应该是《文湾诗集》中的篇章。《荥阳类编》的稿本，流散家乡，有人见过，尚有部分为私人收藏，已知还剩第6、9、10、18、19卷共5卷，数万字。⑤ 今所见五言诗在卷10最后一节"慈物"中。同节有郑氏的一段文字，述其"每饭必施鸟，而童子则在施食处张罗待之"，引发他一通事物有正反两面性的高论，阐发哲理，结论是"好事不如无"，近老子无为之说。这段议论与五言诗中一首抒发不忍人捕鸟的感想的诗有关。以"类编"名书，据上所述的内容看，不似辑录其他典籍的汇编，还冠以"荥阳"，即郑姓之源，从而可推测《荥阳类编》是郑廷櫆本人分门别类的诗文集。

因为没有遍读郑廷櫆的著作，不可臆断他的诗文风格。不过从可见到的12首诗、一则杂议及一篇偶然查到的佚文，还是可以管中窥豹，略见一斑的。

郑廷櫆的七言律诗，传统典雅；五言诗最具特色，质朴通俗。

---

① 台湾"中央研究院"历史语言研究所编：《明清档案》第12册，台湾"中央研究院"历史语言研究所1986年版，第6645页。
② 台湾"中央研究院"历史语言研究所编：《明清档案》第12册，台湾"中央研究院"历史语言研究所1986年版，第6646页。
③ 《澄海县志》及陈梅湖皆称"汇编"，黄光舜以传世稿本称"类编"。
④ 参见黄光舜《郑廷櫆的十二首诗》，载《澄海史志》2006年第2期。
⑤ 参见黄光舜《潮州先贤郑廷櫆传》，载《澄海史志》2007年第1期。

嘉庆年间李书吉所修的《澄海县志》卷二十六《艺文·赋诗》增补胡兆龙《寄怀郑文湾夫子》及刘子壮《书赠郑文观察》二诗。这两首诗是同时代名士给予郑廷櫆的五言诗的极高评价。

胡兆龙在《寄怀郑文湾夫子》诗中极夸赞郑廷櫆"佳句工传五字歌"。今只能见《荥阳类编》残卷所收5首五言诗，确实体现了郑廷櫆质朴敦厚、率真无饰的诗风。而刘子壮《书赠郑文湾观察》应是借郑廷櫆的五言诗来抒发其诗歌理念，在诗歌创作上刘子壮引郑廷櫆为同志，足证郑廷櫆的五言诗确为当时所重。

胡兆龙尊郑廷櫆为"夫子"，自称"金陵门下士"，说明郑、胡有师生之谊。据黄光舜先生所说，顺治十四年（1657）之后，郑"迁南京署督学篆，所举胡兆龙辈尽知名"①。看上文所列郑廷櫆仕清履历，可知其断不可能在顺治十一年（1654）之后以左布政下调督学之职。胡兆龙，浙江山阴（绍兴）人，顺治二年（1645）中举，三年（1646）登进士第。他的名字在《清实录》，尤其是顺治一朝多次出现，至康熙三年（1664）二月胡卒，共出现27次之多，记录其中进士、入选庶吉士、编修、学士、会试主考官、礼部与吏部左侍郎、总裁、赠太子少保等事迹，最为得意的是在顺治十二至十三年（1655—1656）间。顺治十二年春闱他任会试主考官，天下贡士皆为门生。可能这段时间饮水思源，想起谢政卜居福建上杭、寄情山水的郑文湾夫子来。而顺治十四、十五年（1658）胡兆龙连遭弹劾，议以重罪，最后被革去尚书衔并所加之级，追夺所赐诰敕，留原任。② 这时的胡兆龙大概无心情写诗寄怀郑夫子。顺治十二年前后怀念师座，也恰好是在郑廷櫆顺治十一年谢政之后，较合乎情理。胡兆龙的寄怀诗明确表明他是在金陵时为郑廷櫆的门下士。而郑于顺治元年（1644）到十一年一直在各地任职，与胡兆龙不可能有师生关系的事实。寄怀诗还怕郑文湾老夫子忘记多年前的事，提醒"可忆"——还记起吧。郑、胡师生之谊可能产生于10多年前崇祯朝郑夫子在国子监时。明有南京，郑氏应在南京国子监任职。据《山阴志》，胡兆龙之父有政绩，擢兵马使，胡兆龙有条件入监读书，所以才有当金陵门下士的往事。

所谓刘子壮书赠郑廷櫆的诗，见道光二十八年（1848）湖北黄冈知县重刻康熙版《屺思堂集·杂诗六首之四·古之作诗人》，表达了刘子壮的诗歌创作观：首推真情，声韵次之。刘之诗风质朴，不崇尚僻谲艰涩，中正和平，抒发真情，与郑廷櫆十分接近。郑氏于顺治三年至六年（1646—1649）任湖广

---

① 黄光舜：《潮州先贤郑廷櫆传》，载《澄海史志》2007年第1期。
② 参见《清实录》第3册《世祖章皇帝实录》，中华书局影印1986年版，第925页。

驿传道，是刘子壮家乡的父母官。刘子壮是湖北黄冈人，顺治六年状元，在荆楚文名甚高。郑与他应有交往，互相切磋艺文。以刘的文名，郑出其诗作请刘批评也很正常。刘评《文湾观察五古之什》，嘤嘤求友，互为鼓励。《澄海县志》重修时可能采风得郑氏家族提供的资料而增补入"艺文"中，所以县志将此诗题作《书赠郑文湾观察》是有所根据的。饶锷在《潮州艺文志》上认为："县志所载刘诗止此，疑后有脱文。"小注引《黄州课士录》，称刘子壮有《屺思堂集》。① 饶锷提出诗有脱文的质疑，说明还未用《屺思堂诗集》对校，因为县志所载与《屺思堂诗集》所载一字无差。康熙二十年（1681）周世甡序《屺思堂诗集》称刘子壮"其所为声诗亦散无存，而质庐续为纂辑"。赠郑廷櫆的五言以第一句"古之作诗人"为题，其他5首也以各首句为题，统称"杂诗"，是诗集中唯一无具体题目的一组诗，与同卷其他如《秋怀八首》《世事五首》不同，没有围绕一事之咏。这组诗也非别有寄托、有所顾忌、隐晦主旨的无题诗，或纂辑时把几首认为有价值的诗凑在一起，以"杂诗"名之。不过饶锷推测脱文值得重视。《书赠郑文湾观察》确实有戛然而止之感，诗前无序，看不出有书赠郑廷櫆的语气，说不定纂辑者节略选取全诗一部分，与其他诗篇苟用"杂诗"为题所造成。此诗陈梅湖在《清江南左布政使文湾先生传》中称为《文湾观察五古之什》，必有所据。评论郑诗时，此诗题或更贴切些。

（五）

笔者近从清康熙《三水县志》之《艺文志》上找到郑廷櫆所作的一篇佚文，可从中更深入探索郑廷櫆的文风、为人、处事、志向。这篇佚文题为《创建学东翼舍记》，署名"教谕：郑廷櫆。澄海人"。由于郑廷櫆的著作多散佚，这篇碑文就显得更加可贵。

碑记的文风朴实无华，直叙记事，结构紧凑。虽只600字有奇，却包含不少信息：崇祯丙子（九年，1636）冬郑廷櫆有"北行"之举。此行应是参加丁丑科［崇祯十年（1637），澄海鮀江萧时丰于此科中进士，后曾在国子监任助教。见《澄海县志》］春闱会试。结果名落孙山，"腼归肄席"，回到三水县。他行前并不看好北上，丑话说在先："遭途方值，此行徒自苦耳。"崇祯戊寅（十一年，1638）春仍在三水县教谕任上。当时国家财政困难，朝廷加重赋税，处"多事之际"。碑文透露郑廷櫆在三水县的这段经历，为我们了解郑氏的行状提供确实的资料。

---

① 参见饶锷《潮州艺文志》，载《岭南学报》1937年第六卷第2、3期合刊，第253页。

碑文记录郑廷櫆北行南归后，幸遇新到三水县上任的知县，新知县下车伊始"即搜访地方利病，首重学务"，因教育经费不足，愿捐资置学田赡学。郑廷櫆为知县出谋献策，认为置学田烦事费时，夜长梦多，奉劝知县在学宫东翼空地建房舍出租，既可供给儒师月课灯油之费，还可用于学宫书院时葺之需，使学宫无经费窘逼之忧。郑廷櫆的建议得到知县的支持。知县捐俸余，在郑廷櫆的筹办下，不用一年，于是岁冬学宫东翼舍三十间落成，还外加完成"奉宪令修复射圃亭墙"，政绩可观。

从这件事，可以看到郑廷櫆脑子灵活，从实际出发，善于权衡利弊，他分析不可置学田的理由十分精辟，对时局认识又清楚，很有远见。明末由于国内农民起义，东境又受到清朝军事的侵扰，官员腐败，财政困难，当局靠苛捐杂税来支撑，地方财政非常紧张。种种即文中所谓"今多事之际，修理岁办益尽扣充饷"。郑廷櫆的计划既解决目前儒师月课灯油的困难，又为日后修葺学宫书院备足经费，真乃未雨绸缪之上策。郑廷櫆虽为书生，但毕竟穷苦出身，少失扶持，帮人挨砻舂米度日，穷人的孩子早当家，从小练就过日子的本事，一碰到置学田办学的实际问题，就会提出好办法，事事精打细算。

碑文还可看到郑廷櫆为人谦逊，通达人情，善知人意。当他的建县学东翼舍的方案呈报上台之后，诸上台对他"奖励有加"，他却归功于"诸上台之垂念肆庠者为殷切"、好知县慷慨捐俸，同时又不忘记提及诸人士迫切要求改变学宫萧条的现状促使他建言，不居功自傲。碑文中郑廷櫆对上司、同事、友辈的关系处理得很恰当，十分得体。《澄海县志》赞颂郑廷櫆"终其身与人无忤"，非为虚辞。

这篇碑文之妙还在结尾处，郑不亢不卑地说："今庆幸遭逢，得酬夙愿，不容默默，敢序述其事而僭纪之。若夫黼黻章施，则尚俟诸名公巨笔云。"不只鄙视那班只会空谈、咬文嚼字、擅长黼黻章施的名公巨笔，还反映出这个默默无闻的小吏科第虽屡遭遭途，却不甘寂寞的心志。《创建学东翼舍记》隐含其不容默默的雄心壮志，倒是为郑廷櫆在数年之后，遭遇国变改元之际毅然仕清留下了伏笔。①

---

① 上文分析所引文字皆出自康熙《三水县志·艺文·创建学东翼舍记》碑文。参见广东省地方志办公室辑《三水县志》，见《广东历代方志集成·广州府部40》，岭南美术出版社2007年版［据康熙四十九年（1710）刻本影印］，第383页。

二

(一)

郑廷櫆没有世家和家学的背景，出身寒微，少失扶持，庸工为生，因遇伯乐，得邻村萧定进士［《澄海县志》有传，邻乡东陇村人，明万历三十八年（1610）进士］的栽培，30岁出头方中举人，以后4次会考落第，曾在家乡开馆受徒。至40岁开外才得选任广州府三水县教谕，地位虽低下然有理想抱负。迨至清朝入主中原，他已年过半百。伏枥的老骥遭遇时局突变，改朝换代，政权重新洗牌。在积弊重重的旧朝，如郑廷櫆这类下级官吏很难有机会出人头地，新朝需要笼络人心而且缺乏管理官员，给他带来施展才能的机遇。郑氏在清军入都时便仕清，由一个举人出身的下级小吏成为大藩方伯。

与同时代的潮郡士人相比，郑廷櫆非才子冠军，文名远逊海阳陈衍虞，却为何在清初能先拔头筹进入政界？笔者以为天时、地利、人和是成就他的三个因素。

清王朝的胜利来得迅速，要扩大战果，扫荡南方、西南、西北的故明势力，就需要征集大量的粮草军需，因此亟需大批从中央到地方的文武官员。清军入燕都之后，将短命的大顺政权赶跑，虽意义上取代了明王朝，但还得落实有效的统治。当局宣布了很多安定局面的政策，其中一条就是大胆启用明末官吏。如浙江道御史吴达所说："目今一切举用人员，悉取于明季。"① 只要投诚，都能录用。但当时不少故明官员南逃，也有逡巡观望的人。顺治元年（1644）"去岁五六月间，人心粗定，引避者多，寮署一空，班行落寞"②，从中央到地方官员奇缺，如"吏科都给事中孙承泽揭请中外大吏"，"最要紧之官不可一日缺者，今皆久悬未计"③。

各地巡抚都要求中央政府速速派员，急似星火，奏章纷如雪片。

郑廷櫆就是在清王朝初掌政权急需行政管理人才的特殊背景下进入户部的，旋即外调升任河南督粮道。

此谓得天时也。

在《明清档案》中顺治初年大员推荐的多份名册上可以看到这样的特点：

---

① 《清实录》第3册《世祖章皇帝实录》，中华书局影印1986年版，第173页。
② 台湾"中央研究院"历史语言研究所编：《明清档案》第2册，台湾"中央研究院"历史语言研究所1986年版，第B697页。
③ 台湾"中央研究院"历史语言研究所编：《明清档案》第2册，台湾"中央研究院"历史语言研究所1986年版，第B409页。

被荐人多是明代旧吏，多为进士出身，也有少数举人。籍贯多为畿辅和河南及山西、山东人士，少南方人。因南方、西北、西南各省尚未平定。能在顺治元年被选用的广东之地人士如潮郡人士，其时非得在京城不可。潮郡去京师万里，时值兵荒马乱，驿传失职。即使在太平年代，贡士入京会试，一路舟车劳顿，也非数月不可。清军占领燕京之后，在政府急需大批管理官员、就近大量招揽前明旧吏的情况下，时在京城或京畿而愿为新朝服务的前明旧吏和科第出身的读书人有了做官的大好机会。郑廷櫆于甲申之变时，应在京城国子监任职，所以及时被新朝选用。郑廷櫆于顺治元年八月之前已在户部任职，如无一二个月勤勉政事，能于八月便补选河南督粮道的要职吗？算起来应在五六月便入户部了。就是说郑廷櫆于崇祯十七年（1644），即顺治元年必在北京，否则无法"应征入都往选"。近水楼台先得月，顺治帝还未行登极大典，郑廷櫆便仕清任户部郎中了。

此谓之得地利也。

郑廷櫆的为人，县志称他"性长厚，终其身与人无忤"。《荥阳类编》卷十"慈物"中的感言与五言诗就反映了其长厚仁慈的品格。施鸟食戒杀生，对动物尚且如此，对人故能无所忤。《创建学东翼舍记》则表现了他的好人缘，及办事认真，细致谦虚。所以，后来仕清，"授户部主事，清慎持躬，为大司农所重，历迁本部郎中"[①]。顺治元年八月出任河南督粮道，所管督粮之事与户部密切相关。这个职务可能为户部所推举，符合"朝里有人好做官"的潜规则。从此直至致仕一直任藩枲重任，郑廷櫆之仕途一直平坦。

此谓之得人和也。

（二）

所见有关郑廷櫆的各种文献，陈梅湖的评价算最高且全面，也较客观。而要深刻剖析郑廷櫆的思想，非吴六奇祭拜郑廷櫆的悼词莫属。

吴六奇，广东丰顺县人，清初潮州传奇枭雄。有清初年，在潮郡最先效忠清朝新政权的应算吴六奇。他识时务，为王前驱，协助清军平定粤东地区，立下汗马功劳。清廷对他礼遇有加，授总兵官，升左都督，加少傅兼太子太傅。卒予葬祭，谥顺恪。

郑廷櫆与吴六奇皆顺治初年仕清，惺惺相惜。他们一文一武，在潮州可谓双璧。吴对郑心仪已久，尤极尊礼，虽未谋面，但通兰简。郑以爱女许配吴六

[①] 陈梅湖总纂：《南澳县志》附录四《潮州清初四伟人传》，山西省内部图书准印证［2007］字第111号，第463页。

奇幼子，成为姻亲。①

郑廷櫆和吴六奇能够成为知己，是基于他们对明清之交的政治形势的准确分析，不愿为腐败、内斗、无能的明王朝做殉葬品，又不愿隐居逃禅，抱着积极的人生态度，愿在新朝找到一个实现抱负的位置，并无腐儒之气。吴六奇以总兵官之职驻扎饶平时，恰是郑廷櫆谢政之年。郑居上杭，不顾高龄，借汀江通韩江之便，乘舟南下潮州访吴。同为前朝书生，亲历天翻地覆的改朝换代；同做新朝的臣子，他们有很多共同的人生体验要互相倾吐。这是郑廷櫆晚年与吴六奇敦情笃谊的愉快日子。吴六奇后来回忆这段难以忘怀的时光："每辱先生扁舟过访，大放天怀于高山流水间，把酒临风，飞觞醉月，往往留连不忍言别。"② 当郑廷櫆去世时，吴六奇洒泪写了《祭方伯郑文湾公文》，深深表达对郑氏之钦挹。祭文还可以看出吴六奇为郑廷櫆以明臣仕清辩护，既歌颂郑廷櫆亦为自家降清自辩，可谓用心良苦。吴氏的祭文透露了这样的历史信息：于明清变革之际，有顺应历史潮流且果断仕清者，在当时受到有忠君爱国传统思想的人的非议。吴六奇借祭文为郑廷櫆也为自己进行辩护，其旗帜是"用世""天命"！不妨举祭文的片段看看：

天生用世之才而具超世之识，则必乘时致主以显当世成大名……时虽国步多艰，而天心欲治，行或使之先生，固先天而弗遗耳。迨夫玉步既改，天命维新，遂际会风云，身任天下之重而晋膺荣膴，扬历中外者十余年，所至总八闽之宪臬，为三吴之屏藩，卓然称佐命元老。③

郑廷櫆与吴六奇灵犀相通，他们这等平时无机会发展的官吏，在改朝换代的乱世，怀抱用世之才，认清形势，瞄准时机，乘时致主，终成大名。他们以顺应天心欲治、天降大任于斯人自命。客观地说，他们是成功的。

郑廷櫆仕清以后，虽一帆风顺，但小心处事，盛满不居，急流勇退，用舍行藏，把握主动，"进退之际殆若神龙舒卷，无复元悔之患"④。

---

① 有关郑廷櫆与吴六奇的友谊，见陈梅湖总纂《南澳县志》附录四《潮州清初四伟人传》，山西省内部图书准印证［2007］字第111号，第463～465页。
② 吴六奇：《祭方伯郑文湾公文》，见国家清史编纂委员会编《清代诗文集汇编》第24册，上海古籍出版社2009年版，第396～397页。
③ 吴六奇：《祭方伯郑文湾公文》，见国家清史编纂委员会编《清代诗文集汇编》第24册，上海古籍出版社2009年版，第396～397页。
④ 吴六奇：《祭方伯郑文湾公文》，见国家清史编纂委员会编《清代诗文集汇编》第24册，上海古籍出版社2009年版，第396～397页。

> 一朝致政，解圭组而衣萝薜……肥遁高踪，并不欲画锦夸荣于旧井，千里外卜乐土以侨居，日举家修之学勖其孙子。庭训之余茹芝泛菊，静养修龄……是又以自全其天者而全后人之天也。①

郑廷櫆致仕之后，低调家居，不衣锦还乡，侨居福建上杭，享天伦之乐；不但自养天年，还为子孙无灾无恙保平安，不失为老谋深算也。

（三）

对于明臣仕清的评价，爱国是绕不开的问题。

历史上国家易姓，必有一批旧朝官员为旧朝殉葬，不乏壮烈之士；尤其当非汉民族地方政权入主中原时，殉旧朝者会被后世歌颂为民族英雄，如文天祥、史可法。他们值得尊敬。但是，国家（政权）的兴亡乃寻常事，中国王朝至今有二十五史可证，一个朝代的衰亡，必有其历史的原因。新旧政权易手，最大的输家是旧王朝的统治者，而人民的地位永远不变，还会被拖入离乱的苦海之中。以亿万苍生为念，尽早结束战乱，才是幸莫大焉。如果全部的人民都去勤王，便有更多的扬州十日、嘉定三屠。其实人民与统治者并不相同，他们换了个皇帝，还会照样交粮纳税，叩头呼万岁。南宋灭后，皇室后宫妃嫔宫女被元兵流放漠北，当时有随行的宫廷乐师汪元量沿途写日记诗，记述京都和地方人民的态度：都城"衣冠不改只如先，关会通行满市廛。北客南人成买卖，京师依旧使铜钱"②。商人照样货物交易，照样使用旧货币。而远离京城的人民呢？"乱后江山元历历，愁边杨柳极依依。棹歌渔子无些事，网得时鱼换酒归。"③尽管诗人痛心疾首，渔夫对王朝的灭亡还是不当回事，照平时那样捕鱼唱歌，卖鱼换酒。这是北方的情况。而广南的潮州呢？当然大有勤王之人，但也有下层的民众认清形势，默许元朝新主。据陈天资的《东里志》载，"宋帝昺祥兴元年秋八月，斧头老起兵勤王。少保右丞相信国公文天祥自循州趋潮募义勇，讨陈懿，诛刘兴，军威稍振。于是豪杰响应。大埔乡豪斧头（老）等选集精锐，会于三山国王庙，将赴募潮阳，杀异议者，遂整众行。适元将张元范自漳州将步骑入潮追天祥，道经东里，众见铁骑骁雄，器械旗帜精

---

① 〔清〕吴六奇：《祭方伯郑文湾公文》，见国家清史编纂委员会编《清代诗文集汇编》第24册，上海古籍出版社2009年版，第396页。
② 〔宋〕汪元量撰、孔凡礼辑校：《增订湖山类稿》卷一《醉歌十首》其六，中华书局1984年版，第15页。
③ 〔宋〕汪元量撰、孔凡礼辑校：《增订湖山类稿》卷二《京口野望》，中华书局1984年版，第32页。

明，心夺气阻。既而右丞相文公被执于五坡岭，乃已"①。不明形势时群情激昂，杀有不同意见的人。等到情势大显，开始冷静下来，"乃已"，取消勤王之念。斧头老们继续去讨海耕田，交粮纳税，叩头呼万岁，回归平民的生活。而文天祥却竭尽忠臣之责，又为我们留下千古名篇《正气歌》，成了民族英雄。斧头老们与文天祥们都没有错，历史让他们在各自的位置上完成了各自的使命。

  中国历史上的改朝换代，皆是以暴力手段夺取政权。郑廷櫆在明清政权易手的甲申岁，亲身经历了腥风血雨、惊心动魄的改朝换代。从崇祯十七年三月至五月，燕京的城头三度变换大王旗，这在中国历史上是绝无仅有的。先是李自成围攻京城，崇祯君臣束手无策，庙堂之上相对垂泪。守城武将与监军太监开城投降，崇祯帝绝望自尽，李自成宣布建立大顺政权。但因长年流寇，没有财政来源，是以拷掠故明官员筹款助饷，惨酷异常；除极少数臣民为前朝尽节外，绝大多数臣民头贴"顺民"纸条，或自愿或被迫称臣。这是继唐朝黄巢之后，重演的"天街踏尽公卿骨"悲剧。一个多月之间，很多故明官员做了三朝臣子，相信当时驻京的故明臣子都在劫难逃。郑廷櫆在那样的特殊历史条件下，即使做了三朝臣子也不必大惊小怪。一个九品学录或从八品的助教，在那个环境下能有什么作为呢？要么全名节，做崇祯的随葬品；要么不负上天笃生之意，俯顺传统的天命，即所谓顺应历史潮流。郑廷櫆毅然选择天命维新必乘时致主之道。人间正道是沧桑，后来之人，应该尊重同情当时人的选择。相比起来，郑廷櫆总算功德圆满，当了11年要职之后，甫晋左布政旋即谢政，享了7年清闲，寿终正寝。而他的亲家吴六奇晚年却在战战兢兢之中过日，尽管比郑廷櫆有更可炫耀的头衔，后来却被编入《贰臣传》。由此看来，郑廷櫆还是幸运的。

  如果我们今天认为中华民族是一个多民族共同体，那么就应该认可历史进程中某民族集团也有权统治全中国，不必有华夷之别。其实等到事实既成之后，都得承认其统治权，如史之元、清。后代把一些维护失败政权的人物称为民族英雄，然而他们虽有理念化的道德品质，对历史进程却没有起到推动作用。顺应历史潮流常挂在人们的口上，但一旦要评价具体历史事件，往往出现双重标准，既称赞清朝统一中国的贡献，又称赞阻碍统一的失败者为民族英雄。忠贞报国这一光芒万丈的口号，历代封建统治者最为崇奉，因为这是用来鼓动人民为他们卖命的口号。实际上他们才有权力卖国，如宋高宗之流。

---

① 陈天资纂修：《东里志》卷二《境事》，潮州市地区办公室编印2004年版，第47～48页。

（四）

识时务者为俊杰。郑廷櫆就是明清之际的俊杰。他出身寒微，曾生活于社会底层，有丰富的社会经历和人生体验，头脑清醒，较容易正视和接受现实。他与斧头老有共同点。郑廷櫆非一介空谈书生，有能力、有抱负，对明王朝不抱希望，但又不甘寂寞。生逢明清大动荡、鼎革改元之际，他不盲从他人死心效忠南明，"默察历数已移，难期再造，辄以疏庸婉谢"①，趁清初当局招揽故明官吏的机会，果断仕清，施展才能。

明吏仕清，不少记载总要把当事人说成是被逼出山。虽然清政府通过行政命令，催促各地故吏及科第出身的士子应征入都候选任职，但实际上也有不少拒绝为新朝服务、终生不仕清者。郑廷櫆仕清的经历并非如陈梅湖所说："丙戌之后，粤土续为清有，诏起前明故吏，出为新朝效用。士子一律应试，地方有司就近敦促先生。迫于令甲，矧抱用世志，遂应征入都往选……"② 因为郑廷櫆当时根本不在故乡。丙戌，即清顺治三年（1646），时郑廷櫆已仕清三年，正在河南督粮道任上呢。后人不必为明吏仕清的历史人物涂上一层被逼出山的色彩，这是十足迂腐的论调。

有关爱国主义的问题，上文已有议论，大可不必分姓华姓夷。从中国的历史实际看待清朝，清朝对中国历史有不少贡献。单就开拓疆土而言，清朝为现代中国奠定了辽阔的疆域。雍正为《圣祖仁皇帝实录》第4册作序，不无骄傲地说"收台湾、布尔尼""歼噶尔丹""复达赖喇嘛"③，此皆有目共睹。《清史纪事本末·提要》是这样评价清朝的："有清一代文治武功，内政外交创多于因，皆辟前古未有之局。"④ 一代伟业的成功，除最高决策者外，离不开大大小小的臣工，郑廷櫆便是其中之一员。

郑廷櫆既非少年得志，也非科举成名；既非重臣，也非学术辞章泰斗；在政治文化上虽没有什么影响，却顺应历史潮流，以事功取得成就。他名留《府邑志》中，有清正、循吏之美誉，得祀府学乡贤，光耀先人，母氏得封赠

---

① 陈梅湖总纂：《南澳县志》附录四《潮州清初四伟人传》，山西省内部图书准印证［2007］字第111号，第463页。
② 陈梅湖总纂：《南澳县志》附录四《潮州清初四伟人传》，山西省内部图书准印证［2007］字第111号，第463页。
③ 《清实录》第4册，中华书局影印1986年版，第2页。
④ 黄鸿寿编：《清史纪事本末·提要》，北京图书馆出版社2003年版。

"淑人"之荣。陈梅湖推崇郑廷櫆为潮州清初伟人,应是无愧的。

感谢陈贤武先生为本文提供有关的资料信息

2010年7月修定

（原载陈春声、陈伟武主编《地域文化的构造与播迁——第八届潮学国际研讨会论文集》,中华书局2012年版,第57～69页。）

曾阿三寇变以及有关记载的辨正

一

明代潮州的强盗，以海贼闻名，而山寇则以曾阿三为最。然而曾阿三在潮汕历史上影响不大，唯在古港澄海樟林，才几乎无人不知古时候曾阿三打破樟林寨的故事。这是乡里父老讲古的重要题目，代代相传，至今不忘。故老传闻，不免讹误，征之史志，可证明樟林不过是正德时曾阿三流劫江西、福建、广东三省的其中一处而已。史志关于曾阿三的记载，有抵触者，本文就此问题略做辨正。

曾阿三打破樟林寨的传说，还得引李绍雄先生《樟林沧桑录》的记录："据父老相传，曾阿三哨聚海山（饶平海岛），凡商船从海山经过必与买路。……当日，我樟已成南北交通口岸，来往洋船泊于港内外。曾阿三并其弟率众来劫，又被船户协同吾樟渔民抵抗之，盗又不逞。曾阿三之弟竟死于是役，由是移恨樟林。后遂纠群盗将吾樟寨打破以复其仇。"[①] 当时贼兵包围东北门。"若从西北门逃生者，无不死于贼人刀下，尸骸填满沟壑。后朝廷派大军前来征剿，曾阿三始伏法。"[②] 李绍雄先生见一份嘉靖四十二年（1563）樟林乡人的控告呈文，内容是揭发土豪林若宇等勾结海寇攻樟林，"寨破人戮"[③]，于是推测这就是传说中的曾阿三打破樟林寨之役，但又觉与《潮州府志》正德十一年（1516）山贼曾钯头本名"阿三"作乱的记载在时间和地点上不合。其实，就算忽略府志关于曾阿三"流劫惠潮"的活动范围的记载，府志也不可能记录其寇掠的具体事件，府志主要记载的是曾阿三正德十一年在潮阳覆灭之事。上述其人即攻陷樟林的曾阿三无疑，400多年来的传说是可信的。曾阿三在多种史志上皆有记载，材料明显辑录自隆庆《潮阳县志》。是志

[①] 李绍雄：《樟林沧桑录》，政协澄海县委员会东里镇联络组、澄海县文学艺术工作者联合会1990年版，第67页。

[②] 李绍雄：《樟林沧桑录》，政协澄海县委员会东里镇联络组、澄海县文学艺术工作者联合会1990年版，第67页。

[③] 李绍雄：《樟林沧桑录》，政协澄海县委员会东里镇联络组、澄海县文学艺术工作者联合会1990年版，第24页。

卷二《县事记》载："（正德）十一年，山贼曾钯头攻陷贵山、江南等乡，潮阳县知县宋元翰督兵平之。钯头本名阿三，少壮有膂力，能以钯头平步接战，当者披靡，以此得名。是年聚党程乡，流劫惠潮等处，由云落径直走潮阳。以北山驿为营，攻取东岭、隆井诸村。里道阻绝，邑中大震。于是元翰募精兵，释罪囚陈二，使等进击之，大破贼众于北山之阳。钯头乘间遁去，为游兵所获，械系潮州，胬于市，支悬各县门外。余党悉平。按：吾邑当武庙时，承平日久，田野之人，终身不识兵革，以故曾钯头得以杖马棰而东。一旦江南数十余里闻风瓦解，并为囚虏矣。及至攻贵屿，破隆井，立马岭上，遂慨然有渡江之志向……"① 以上所引是曾阿三寇变最详细具体的记载，后此都引用《潮阳县志》。只有顾炎武《天下郡国利病书·广东·峒獠》的记载略有增益，使我们对曾阿三当年的活动范围及各地追捕官军的束手无策有所了解。顾书大体引用潮阳志的材料，又补充了曾阿三率其党徒"出没无常，江西闽广三省挨捕不获"② 的事迹，由是可知这次寇变涉及区域之广大，寇氛之严重。无怪宋元翰平定曾阿三之后，"知府张景旸上其功当道，牒呈有云：'曾钯头之平，虽收功于程乡，实破巢于潮阳，民至今思之。'"③《潮阳县志》宋元翰本传以此事作为他辉煌的政绩："平黠盗曾钯头之患，尤其章明较著者。"④ 这说明曾阿三寇变对当时潮州地方影响极大。

比较《潮阳县志》与《天下郡国利病书》，可知县志不避讳宋元翰释囚犯助战，以及对曾阿三施用碎尸示人的酷刑。但顾书统统删去，这颇能反映顾炎武正统的史学观念。

曾阿三寇变事还见于人物、地理志。如《潮阳县志》卷十三《列女传》"陈烈妇"条，记举栋村吴喜妻陈氏为曾阿三的党徒所劫持，不屈遇害。知县宋元翰及同知林庭模俱名表树。⑤ 顺治《潮州府志》卷六《人物部·王陈林列传》也记陈烈妇死于曾阿三之寇变。⑥ 雍正《惠来县志》卷三《山川》"东客营"条记载曾阿三驻扎此地："东客营，在县西五里，（弘）治六年平流贼童阿王据此劫掠。分守道委驿丞刘仍筑堡，拨民壮一百六十名守之。正德十四年（因下文有'次年就捕'之语，知'四'字是衍文）贼首曾钯头复据此为

---

① 〔明〕黄一龙：《潮阳县志》卷二，潮州市地方志办公室2005年版，第14页。
② 〔清〕顾炎武撰、黄坤等校点：《天下郡国利病书》，上海古籍出版社2012年版，第3363页。
③ 〔清〕顾炎武撰、黄坤等校点：《天下郡国利病书》，上海古籍出版社2012年版，第3363页。
④ 〔明〕黄一龙：《潮阳县志》卷十一，潮州市地方志办公室2005年版，第8页。
⑤ 参见〔明〕黄一龙《潮阳县志》卷十三，潮州市地方志办公室2005年版，第9～10页。
⑥ 参见〔清〕吴颖纂修《潮州府志》，潮州市地方志办公室2003年版，第216页。

营，次年就捕，遗址犹存。"① 惠来县与惠州府接壤，证明曾阿三"流劫惠潮"为不诬。

综上所述，曾阿三是山贼，并非海贼。樟林乡人传说其为海贼恐怕讹误。几种史书记载的事实，充分证明正德间潮州府程乡县人曾阿三为首的寇变可称得上一次较大的历史事件。就笔者所知，除《樟林沧桑录》外，今人几无论及。

近四十几年来，史学界通常将旧史志这类寇变升华为农民起义。但从上述材料来看，还不清楚这次寇变的政治口号。而《潮阳县志》编者林大春的按语有云："及至攻贵屿，破隆井，立马岭上，遂慨然有渡江之志向。"② 看来曾阿三怀有鸿鹄之志，非一般毛贼可比。但其血洗乡寨、杀害无辜、掳掠妇女，是十足的强盗所为。如要别于旧志之提法，暂且把明正德年间潮州这次历史事件称之为"曾阿三事变"。

二

在查阅正德年间潮州"曾阿三事变"有关史志的过程中，知其记载基本出自《潮阳县志》。唯独嘉靖黄佐《广东通志》卷六十六《外志三·寇变》所载"曾阿三事变"的时间与有关人物和上述不同，作"嘉靖五年海寇曾阿三作乱，平之。曾阿三程乡人，寇掠海阳数年，嘉靖间知府张景旸平之"③。时间推迟10年，曾阿三由山贼变成海贼，募兵镇压曾阿三的潮阳知县变为潮州知府。黄志看来在搜辑史料时失于考证，出了如此差错。顾炎武《天下郡国利病书》兼收《潮阳县志》和黄佐《广东通志》有关曾阿三的事迹，因潮阳志称山贼而以为少数民族，编入"峒獠"部分，黄志称海贼而编入"海寇"部分，④ 结果使后来编志者产生疑问。如乾隆《潮州府志》卷三十八《征抚》"曾钯头"条下就有一条小注："《天下郡国利病书》作知府张景旸平之。"⑤ 到了光绪《嘉应州志》卷三十一《寇变》"曾钯头"条下，辑录潮阳志记载，并附黄志的材料，加按语云："杨沅曰：'通志职官表：知潮州张景旸为正德

---

① 〔清〕张珀美：《惠来县志》卷三，潮州市地方志办公室2007年版，第8页。
② 〔明〕黄一龙：《潮阳县志》卷二，潮州市地方志办公室2005年版，第14页。
③ 〔明〕黄佐：《广东通志·下》，广东省地方史志办公室1997年版〔据嘉靖四十年（1561）本誊印〕，第1728页。
④ 参见〔清〕顾炎武撰、黄坤等校点《天下郡国利病书》，上海古籍出版社2012年版，第3363、3436页。
⑤ 〔清〕周硕勋：《潮州府志》，上海书店出版社2003年版，第915页。

十二年任，顾氏书嘉靖五年，未知何故？'"① 杨沅大概不知顾氏也采纳黄志的缘故。《天下郡国利病书》二处收入曾阿三事变的材料，顾氏不察，前后矛盾，差错明显。顾书卷帙浩繁，也有粗疏失误之处。

又，饶宗颐总纂《潮州志·大事志·明》："（正德十一年）河头贼曾三秀寇大埕。春，河头（今平和县治）剧盗曾三秀掠饶平大埕乡。时承平日久，民不知兵，贼猝至，大被劫掠，杀在籍知县陈南塘子文瑗。求鲇浦兵来援，三秀战不胜，遁河阿头，为游兵所获，械系潮州，磔于市。"② 不难看出，最后三句把曾阿三被俘受刑的情节移花接木，杂糅到曾三秀身上。这里比较一下《饶平县志》卷三十《寇变》："正德十一年河头剧贼曾三秀掠大埕乡，时承平日久，民不知兵，被杀者甚众。县令陈南塘长子文瑗遇害，其弟文琚求鲇浦兵来救。三秀战死，贼遂遁去。"③ 曾三秀是死于战斗之中，并非为"游兵所获，械系潮州，磔于市"。为什么会出现这种差错呢？大概曾阿三与曾三秀名字相近，事件同发生于正德十一年，记载相接，《潮州志》分卷的编者不慎混用材料所致。曾三秀事变非本文话题，因涉及曾阿三事变，顺手揭而正之。

（原载广东省文史研究馆主办《岭南文史》1994年第2期，第53～55页。）

---

① 〔清〕温仲和纂，〔清〕吴宗焯、李庆荣修：《光绪嘉应州志》，上海书店出版社2003年版，第568页。
② 饶宗颐总纂：《潮州志》，潮州市地方志办公室2004年版，第25页。
③ 〔清〕刘抃：《饶平县志》，潮州市地方志办公室2001年版，第48页。

反映华侨参加暹罗吞武里王朝复国活动的刘光祥像赞

今夏到泰国探亲，在表姐家看到一幅清代的祖宗画像。画中人是一位沉雄冷峻，身着朝服的官人。像赞称他为"皇清敕封州司马讳光祥刘太公"。

表姐夫家刘氏，籍广东澄海樟林。刘光祥是他们几代世祖，他们也说不清楚。从像赞可以知道刘光祥不简单的经历：他追随披耶达信（即郑王信）起兵勤王，参加反缅甸占领暹罗的民族解放战争，是建立吞武里王朝的有功之臣。像这样埋藏于民间有价值的历史资料，为毋使湮没，很有介绍的必要。

还是从刘光祥像赞说起吧。

像赞全文如下：

<blockquote>
皇清敕封州司马讳光祥刘太公岳叔祖大人
像赞

维石有玉，温润而香。维沙有金，陶铸而光。
老翁往矣，金玉其相。灵钟苏寨，足诧遐方。
陶朱学步，端木流芳。为齐孟尝，为鲁仲连。
鼎新革故，勤佐暹王。富跨猗顿，迹蹈子房。
急流勇退，移宅樟乡。业宏鹢舫，命赐龙章。
义深排解，量着汪洋。谊敦燕侣，情笃雁行。
五株桂树，满室兰璋。视侄犹子，古道堪坊。
方娱耄岁，预颂陵冈。一朝宠召，再整海航。
欢仍鱼水，笏揩庙堂。星沉异域，魂返梓桑。
英灵不爽，云路腾骧。宜汝孙子，逢吉康强。
绳绳继继，济济跄跄。于兹景仰，山高水长。

岁在着雍阉茂大吕之月上浣谷旦
愚又任孙婿徐晶荧撰并书①
</blockquote>

---

① 像赞的释读据刘世明先生家中所藏刘光祥画像像赞。

像赞如墓志铭一类，树碑立传，歌功颂德，去其褒美之辞，总可以了解刘光祥经历的大概。今就像赞，谈谈笔者的几点理解。

（1）刘光祥是广东澄海人氏，但祖籍是否为樟林乡尚属疑问。赞文"灵钟苏寨，足讬遐方"是赞美刘光祥的出生地苏寨乃钟灵毓秀、出人才的好地方。刘光祥到遥远的暹罗寻求发展，后来发达而"移宅樟乡"。苏寨与樟乡皆为地名，为了四字韵文的韵脚平仄而缩略。"樟乡"即樟林乡，刘的后代世居樟林，据此断"樟乡"为樟林，确凿无疑。而苏寨今属潮州市铁铺官塘，接近北溪，乘船可直达樟林。刘光祥是后来才选择有八街六社、中暹贸易的繁华海港樟林作为定居地吗，否则赞文为何要说"移宅樟乡"？如回原祖居地，应属衣锦还乡，何来"移宅"？

刘光祥在樟林的旧宅尚在，坐落仙桥街尾。主建筑三进，与宅前大照壁合为一体。刘光祥的宅第与当时樟林港的洋船商的豪宅连成一片，与樟林有名的洋船商蔡彦的藏资楼为邻。这一片乾嘉时代的建筑物格局恢宏，材料考究，工艺精致，除主体建筑被日寇烧毁，如今格局基本完好，是樟林港乾嘉繁荣时期留下的遗迹。

（2）敕封州司马应是捐赠之封。回到唐山的刘光祥毕竟不是当年坐洋船漂泊暹罗谋生的穷汉，而是以暹罗国政要的身份归隐故乡。商人出身的他办起了洋船业，即赞中所谓"业宏鹢舫"者。刘迁居樟林时，正逢樟林港洋船业最繁荣兴盛的年代，与塘西林泮、新兴街林五这批同时代的洋船商人共同为樟林港的发展做出贡献。有钱的商人如林泮、林五，或为自己，或为父为祖，捐官炫耀门庭，故能在宅第门楼上大悬特悬"大夫第""朝议第"之类的巨型石匾。刘光祥非科第出身，回到唐山，也不能脱俗，捐个"同知"，即像赞中所谓"命赐龙章"，指"敕封州司马"的荣誉。其实这与他在暹罗的地位相差甚远。不过，在故乡做个同知也不简单。在清代，"同知在公文上称丞，尊称司马"①。不过像赞明明白白称州司马，刘光祥可能为州同知。州同知是从六品的地方行政首长佐使。苏曼殊《断鸿零雁记》第21章："工赈捐输价便宜，白银两百得同知。官场逢我称司马，照壁任他画大狮。家世问来皆票局，大夫买去署门楣。怪他多少功牌顶，混我胸前白鹭鸶。"②苏曼殊的诗活灵活现地写出二百两白银捐个同知就可以穿有鹭鸶图案的朝服，被人叫为"司马"，以及建宅可署某某第的门楣，有大照壁。刘光祥司马衔的来源大概属于此类，是

---

① 黄本骥：《历代职官简释》，见《历代职官表》，中华书局1965年版，第52页。
② 苏曼殊：《断鸿零雁记》第21章，见曾德珪选注《苏曼殊诗文选注》，陕西人民出版社1986年版，第252页。

为了炫耀门庭的虚衔,所以故居能够悬"儒林第"门匾。查嘉庆《澄海县志》,捐封赠表格无列刘光祥的名字。① 这可能是因为他移居樟林不久,就被暹王召回,在澄海时间不长。

(3)"鼎新革故,勤佐暹王"的赞文记录刘光祥参加披耶达信领导复国和统一暹罗的重要经历。为什么如此绝对地断定刘光祥参加1767—1770年暹罗的民族解放战争和尔后吞武里王朝统一暹罗的政治活动?因为这是可以以泰国近代历史事件来证实的。

刘光祥生于清代,在清代这一段历史时期暹罗有过两次新王朝的建立:吞武里王朝更替阿瑜陀耶王朝,曼谷王朝推翻吞武里王朝。刘光祥在这种时期才说得上是在"鼎新革故"的非常时期去"勤佐暹王"。1767年缅甸占领暹罗,阿瑜陀耶王朝灭亡,郑王信领导暹罗各族人民战胜缅甸占领军,于1770年建立吞武里新王朝;1782年拉玛一世推翻郑王信建立曼谷王朝,时刘光祥已去世(有关刘光祥的死卒的推断详见下文)。据此,赞文所谓"鼎新革故,勤佐暹王"只能是指前者。

(4)"迹蹈子房""急流勇退",赞文隐约反映郑王信复国后,暹罗国内存在严重的政治危机。刘光祥以其敏锐的政治嗅觉,清醒估计暹罗政治发展的趋势,主动淡出政坛,明哲保身。

笔者认为,刘光祥是一位头脑清醒的政治家。当郑王信复国之后,"中泰籍将领,全体军员,大加赏赐"②。刘光祥肯定也会得到丰厚的赏赐。在刘光祥的画像上,有其后人另加的一行字句:"暹王赐封昭披耶甲拉凤素里盖汪。"可见刘光祥多么得郑王信的恩宠,能在暹罗复国之后,加封"披耶"的爵号。泰语"披耶"意为公爵。刘光祥"富跨猗顿"之后,毫不犹豫,以范蠡、张良为榜样,急流勇退,选择到澄海樟林定居,远远离开暹罗国内的政治斗争。这种决心或许来自对郑王信成功之后,不去解决国内矛盾,对外穷兵黩武的不满;或许来自对一名华裔血统的国王的不信任,认为在暹罗的政治舞台上,其有先天不足之处,总有一天真龙压不住地头蛇。所以,刘光祥自觉离开政治漩涡,归隐唐山。

(5)"一朝宠召,再整海航。欢仍鱼水,筋擂庙堂。"这段赞文很能说明刘光祥与郑王信友谊深厚,是郑王信的得力助手。归隐之后,刘难免有处江湖之远则忧其君之念,所以经受不住郑王信的再次召唤,为报知遇之恩,暮年受

---

① 参见〔清〕李书吉等修、〔清〕蔡继绅等纂:《澄海县志》,台湾成文出版社1967年版〔据嘉庆二十年(1815)刊本影印〕,第245～255页。

② 棠花编著:《泰国古今史》,泰华文协泰国研究组1981年版,第40页。

命，二度出山。刘光祥是个富于感情的人。他或与郑王皆为澄海乡亲而重乡情私谊，或激于大义，孟尝君、鲁仲连式的性格因素战胜范蠡、张良式的冷静，因而违背初衷再卷入暹罗的政治风云。不难想象，当刘光祥"再整海航"，坐洋船驶出樟林港，奉旨远航暹罗入朝时，不乏"风萧萧兮易水寒"之悲壮。其结果是"星沉异域"，客死他乡。刘光祥死于1778年，此前的几年，正是郑王信打击国内地方势力与向周边国家用兵的时期，刘光祥或因劳于政务而死。数年后，死于曼谷王朝推翻吞武里王朝、政权易手时的高层人物，有郑王的子女包括皇太子在内20余人；第二君主真拉处死郑王时代与他不睦的臣僚达80人。① 庆幸的是，刘光祥避开了与郑王信同时死于政权易手时残酷的宫廷斗争的厄运。

（6）有关刘光祥死卒与像赞撰写日期的问题，我们可以将"鼎新革故，勤佐暹王"的历史事件当作坐标，即1767—1770年反缅甸侵略的解放战争，就不难确定刘光祥死卒与像赞的写作日期了。

像赞所署的写作日期为"着雍阉茂大吕之月"，即戊戌年十二月。结合刘光祥参加暹罗复国的经历，这个戊戌应在1770年前后找其对应的纪年。有清一代经历5个戊戌：顺治十五年（1658），康熙五十七年（1718），乾隆四十三年（1778），道光十八年（1838），光绪二十四年（1844）。那么只能定为乾隆四十三年的戊戌，即公元1778年。像赞撰于此年十二月。刘光祥也应在这年去世，不可能在郑王信被推翻以后的道光十八年戊戌。

（7）江泽民主席最近访问泰国时说："泰国华人华侨与其他民族的亲密融洽，堪称一个国家内不同民族和睦相处的楷模。"又说："泰国政府历来实行的平等民族政策，使得泰国的华人华侨得以安居乐业，并同当地人民和睦相处，同心协力为泰国的繁荣和发展作出积极贡献。"② 江泽民主席的评价十分正确。华人华侨在泰国有优越的发展空间，与他们（包括两百多年前的刘光祥们）在其国家反抗外来侵略和经济建设的过程中发挥积极作用分不开。他们的努力得到泰国社会的认同与尊重。两百多年前的拉玛一世虽然推翻郑王信的政权，但不赶尽杀绝普通的华人华侨大众，其政策有连续性，这也反映了曼谷王朝历代决策者的宽容大度，此乃泰国华人华侨的大幸。

（8）刘光祥像赞，简要记录他在暹罗的一段颇可称道的不凡经历。可惜过于简略，不能为我们更加详细地再现两百多年前暹罗复国的有声有色的历史

---

① 参见棠花编著《泰国古今史》，泰华文协泰国研究组1981年版，第42～44页。
② 新华社曼谷1999年9月4日电，记者段吉勇、袁蓝、李国强，载《光明日报》1999年9月5日第一版。

场面，但也不失为珍贵的史料。不少泰国史籍都说华侨积极参加过暹罗这场解放战争，本文从保存下来的家乘资料提供一个实际人物的例证。从像赞中至少我们可以知道，两百多年前生于广东潮安，后移居澄海的刘光祥，乃泰国历史上那场反侵略战争的义士，吞武里王朝的有功之臣。真如像赞歌颂那样，老翁之风，"山高水长"。

1999 年中秋节

（原载陈三鹏主编《第三届潮学国际研讨会论文集》，花城出版社 2000 年版，第 369～375 页。）

红头船考源

——兼论潮汕华工第一次较大规模东南亚移民的时间

一

在侨乡潮汕，人们对红头船别有一种特殊的情怀，似乎没有她，就没有今日潮汕华侨之盛。从民间传说到地方文史的撰述，都把红头船当作清代潮州一种从事远洋贸易的商船。这种观念与历史真实相差甚远，很有辨正的必要。

事实上，红头船并非从营造法式的分类或用途来命名，而是清代雍正朝为防范出海商渔船违法资盗的一系列措施中一项规定的名称。雍正元年（1723），两广总督、广东巡抚等大臣，遵照雍正皇帝"着将出海民船按次编号，刊刻大字，船头桅杆油刷标记"的谕旨，在广东省内把所有出海民船的"船头油以红色，桅杆亦油红一半"。① 红头船就是这样产生的。

要明白红头船的产生，应该追溯到清代的海禁制度。

清朝初年，陆上反清的力量先后被镇压下来，能与清廷对抗的，唯有以郑成功为首的海上武装力量，因而，清初实行了严厉的海禁政策。顺治十二年（1655），皇帝同意浙闽总督屯泰的建议："沿海省份，应立严禁，无许片帆入海，违者立置重典。"② 康熙十七年（1678），皇帝驳回平南王尚之信主张暂开海禁、借商船打击郑成功的建议："郑逆仍踞厦门，宜申海禁，以绝乱萌……今若复开海禁，令商民贸易自便，恐奸徒乘此与贼交通，侵扰边海人民亦未可定，海禁不可轻开。"③ 康熙二十二年（1683）统一台湾之前，海禁主要针对反清力量；平定台湾之后，海禁始弛，重在防范海盗和走私。二十三年（1684）允许浙江沿海地方引援山东之例，百姓装载五百石以下的船只准往海上贸易捕鱼。同时，也制定出相应的管理措施：登记姓名、取具保结、船头烙

---

① 参见中国第一历史档案馆编《雍正朝汉文朱批奏折汇编》第 1 册第 592 条，江苏古籍出版社 1991 年版，第 569 页。
② 清《世祖实录》卷九十二。
③ 清《圣祖实录》卷七十七。

号、发照验行。① 以上的海禁措施是清代以后各时期管制出海民船的最基本的法律条例。稍后，海禁较为注重防范渔船。到了康熙五十三年（1714），朝廷同意江苏巡抚张伯行的请求，将商、渔船各制"商""渔"字样，两旁刻某省、州、县编号，船主姓名；并顺发腰牌，刻明姓名、年龄、籍贯等。渔船出洋不许装载粮食，进口时不许装载货物，违者严加治罪。② 这个条例比起康熙二十三年的条例具体化，开始注意渔船的管理，针对资盗与走私。

迨至雍正初年，由于实行开放政策，发展对外贸易，随之而来的就是东南沿海猖獗的海盗活动。两广总督杨琳向皇帝报告说："查洋盗向惟广东、福建为多，江南、浙江次之。广东洋盗又多在潮州、惠州二府。"③ 海盗骚扰引起朝廷的关切，雍正皇帝在给后任两广总督孔毓珣的谕旨中说："海禁宜严，余无多策。"④ 这类批示甚多，反映雍正初年开禁但不放松海上管制的政策。

海氛不靖，清廷却没有足够的水师对付海盗，"战船不敷"，巡海哨船要依赖地方"公同捐修"，因"无力措办，推诿挨延贻误巡防"⑤。由于海防力量不足，只好把打击海盗的重点放在防范上，企图通过对民船编甲的控制，船体规模、活动范围、粮食给养的限制，使民船特别是渔船不能接济海盗，从而断绝海盗船的补给，最终达到防范海盗之目的。这些措施，除增加编甲联保，限制渔船的活动范围和给养外，一般与康熙年间的海禁无多大的区别。

雍正初年，清廷把渔船与海盗的关系看得非常严重。廷臣一次就两广总督孔毓珣为广东渔民陈情，奏请改高渔船梁头而奏议说："海洋盗贼出没靡常，其所用米粮、船只俱取资于内地，而渔船往来难保其无私卖米石之弊。""捕鱼者其名，而卖米者乃其利也。"⑥ 巡抚杨文干更加肯定渔船的违法行为，他依雍正的命令，访查粤东缉盗及渔船的情况，在其奏折中认为：出海采捕的两种渔船最易资盗，甚至直接为贼。一种叫拖风船，"夹带米盐军器火药等物重价卖与贼船；甚至假扮客船，遇有商艇即行劫掠"；另一种是内港小船，为海盗输军器，运载贼人出入内港。杨文干指出贼船活动主要在外海，要切断贼船

---

① 参见清《圣祖实录》卷一一五。
② 参见清《圣祖实录》卷二五八。
③ 中国第一历史档案馆编：《雍正朝汉文朱批奏折汇编》第 1 册第 590 条，江苏古籍出版社 1991 年版，第 713 页。
④ 中国第一历史档案馆编：《雍正朝汉文朱批奏折汇编》第 3 册第 695 条，江苏古籍出版社 1991 年版，第 904 页。
⑤ 中国第一历史档案馆编：《雍正朝汉文朱批奏折汇编》第 20 册第 633 条，江苏古籍出版社 1991 年版，第 904～907 页。
⑥ 中国第一历史档案馆编：《雍正朝汉文朱批奏折汇编》第 33 册第 1092 条，江苏古籍出版社 1991 年版，第 1021 页。

与渔船接触的机会和条件。他提出限制渔船营造规模,渔船朝出暮归,禁盖舱板的措施,加上原有只准带一日粮食,在本港左右采捕,保甲连坐,编号造册,刊号发照等一系列的防范措施,希图"为匪接济之弊庶可杜绝矣"①。杨文干还有奏陈粤省海洋渔船应禁应改事宜管见,上陈八条,皆与防范海盗的措施有关。②

清初海禁的苛刻而又烦琐的条例每个时期都有所增加,红头船就是在这样的历史背景下产生的。

雍正元年(1723)七月二十一日,两广总督杨琳向皇帝报告出海民船通行编号的一道奏折中复述朱批谕旨"着将出海民船按次编号,刊刻大字,船头桅杆油饰标记"③。广东提督董象纬在关于拆毁捕鱼拖风船的奏折中也提到上述圣旨:"近奉特颁谕旨:各省出海船只分别油饰,刊刻编号某省某府某州县之船。"④杨琳为了执行雍正的命令,"会同广东抚、提二臣通行沿海文武将商渔船只各挨次编号,刊刻籍贯。船头油以红色,桅杆亦油红一半。面写黑大字,令人显而易见。并咨会福建、浙江、江南督、抚、提诸臣,各遵谕旨油饰标记"⑤。接替杨琳出任两广总督的孔毓珣,继续执行这一措施,"将沿海渔船逐一编查油饰"⑥。此外,孔毓珣特别强调对渔船的"编查油饰"而不提商船。十分清楚,油饰船头主要是限制渔船的活动范围,防范渔船的目的非常明显。这就是东南沿海四省船头油饰四色的由来。

广东民船为什么要"船头油以红色"?这应该是用"五方五色"的思想分配四省船头油饰不同颜色的。广东在南,南方属火,用色为赤,赤即红色;而江南(江苏)在其他三省之北,北方属水,用色为黑(《中枢政考》说"用青油漆饰"。青油应解为黑油。青,青丝之青,有黑义);浙江安排为属西方的白色;福建被派为属东方的绿色。于是有红头船、绿头船等分别。

---

① 中国第一历史档案馆编:《雍正朝汉文朱批奏折汇编》第5册第573条,江苏古籍出版社1991年版,第827页。

② 参见中国第一历史档案馆编《雍正朝汉文朱批奏折汇编》第8册第222条,江苏古籍出版社1991年版,第303页。

③ 中国第一历史档案馆编:《雍正朝汉文朱批奏折汇编》第1册第592条,江苏古籍出版社1991年版,第717页。

④ 中国第一历史档案馆编:《雍正朝汉文朱批奏折汇编》第33册第84条,江苏古籍出版社1991年版,第84页。

⑤ 中国第一历史档案馆编:《雍正朝汉文朱批奏折汇编》第1册第592条,江苏古籍出版社1991年版,第717页。

⑥ 中国第一历史档案馆编:《雍正朝汉文朱批奏折汇编》第3册第695条,江苏古籍出版社1991年版,第904页。

记载船头油漆颜色的官方文书，除了上文所介绍之外，还有嘉庆十年（1805）兵部编纂的《中枢政考》。此书最为详尽地记载广东等四省船头油漆各种颜色的具体规定。卷二十二《巡洋·稽查商渔船只桅篷》："出海商船只自船头起至鹿耳梁头止，并大桅上截一半，各照省份油饰；船头两舷刊刻某省某州某县某字某号字样。福建船用绿油漆饰，红色钩字；浙江船用白油漆饰，绿色钩字；广东船用红油漆饰，青色钩字；江南船用青油漆饰，白色钩字……察凡商渔船只验有照，依各本省油饰刊刻编号者，即系民船，准其放行；如无油饰刊刻及将字样涂改刻削情弊，即系匪船，拘留究讯……"这部会典式的兵部规例是根据"积年钦奉谕旨及内外臣工条奏"并兵部"随时奏改章程"而汇编的。① 或许这一节有关船头油饰四种颜色的条款就是选录了雍正元年两广总督及广东巡抚、提督咨会四省遵旨油饰标记的文本。道光初年纂修的《厦门志》卷五《船政》对于雍正间福建船船头油饰绿色的一段注释，就引述了《中枢政考》的原文。② 另外，李绍雄先生《樟林沧桑录》记述红头船也有一段引文，内容文字大体与《中枢政考》一样，只是文句先后与省份排列有异。③ 但未注明出处，不知所本。

上文引述的历史资料为我们找到了船头油漆颜色、红头船产生的准确年代：雍正元年七月。

从整个历史背景的分析可以看出，红头船这样的海禁制度，主要是针对渔船的，对于远洋的贸易商船实际上起不到什么作用，只不过凡船只均一体遵行法例而已。

在此，应该纠正周凯等纂修、道光十九年（1839）王屏书院刻本《厦门志》卷五《船政》的一处错误。其关于船头油饰的起始时间作"雍正九年"。④ 田汝康《17—19世纪中叶中国帆船在东南亚洲》一书说："1731年（雍正九年）令各省船只分别用漆涂色以资识别，规定福建用绿色、广东用红色……此所谓'绿头船''红头船'等名称之所由来。"⑤ 田书注明材料本于《厦门志》，故错误相沿袭，把红头船、绿头船产生的时间推迟8年。这个错误究竟是当年《厦门志》的编者因"元""九"二字形近而传抄时讹误呢，还是刻工也因同样的原因而误刻？这只能通过校勘《厦门志》的他种本子

---

① 参见〔清〕明亮、纳酥泰等《钦定中枢政考》，学海出版社1968年版，第2503页～2572页。
② 参见〔清〕周凯修、〔清〕凌翰等纂《厦门志》，台湾成文出版社1967年版，第109页。
③ 参见李绍雄《樟林沧桑录》，政协澄海县委员会东里镇联络组、澄海县文学艺术工作者联合会1990年版，第33页。
④ 参见〔清〕周凯修、〔清〕凌翰等纂《厦门志》，台湾成文出版社1967年版，第109页。
⑤ 田汝康：《17—19世纪中叶中国帆船在东南亚洲》，上海人民出版社1957年版，第18页。

才能判定。

二

  红头船是雍正元年一项本质上针对渔船的新规定。清代海禁政策中有一种片面的思想，总在防范渔船。康熙四十六年（1707），兵部尚书金世荣以出洋大船易藏海盗，奏请渔船禁用双桅，商船梁头毋过一丈八尺。闽浙总督梁鼐上疏，对渔船禁用双桅无异议，却竭力反对限制商船："商船不许过大，虑其越出外洋诚至为匪，然船大则商人之资本亦大，不肯为匪；且不容无赖之人操驾。自定例改造，所费甚巨，皆畏缩迁延。其现已改造者，仅求合于丈有八尺之梁头，而船腹与底仍如旧，是有累于商，而实无关海洋机务。"① 最后，朝廷采纳所议，暂停对旧商船的改造。雍正朝更把防范海盗的注意力放在渔船身上，因此有红头船的新规定。直至乾隆朝，官府简直把渔船当作贼船。如广东巡抚王检认为，"粤东地近海洋，盗匪多系渔人"，"采捕失业，因即为盗"，"有虾狗艇、竹州艇诸名，底尖轻迅，专事抢劫"②。而对商船的看法则径异。如两江总督高缙认为："商船挟资出洋"，"舵工水手雇觅详慎"，渔人为贼"无从稽查"③。这种过分强调渔船违法的片面看法，必然造成对渔船管制的层层加码。但比较了解民情的个别地方官员对包括红头船规例在内的一整套针对渔船的海禁制度就有不同看法，甚至冒死向皇帝表示异议。如雍正四年（1726），潮州总兵官尚潆如实替穷苦渔民说了几句公道话。笔者综观所接触到的史料，在那个年代，唯有此公敢为"渔民乐业"而请命，抨击海禁，可谓凤毛麟角，今不辞烦琐，多引数字。尚潆在奏折中说："夫渔人孰无身家，孰无妻子而轻于走险自取罪戾，贻累家族乎？且船有船主，渔有澳甲。前浙闽总督世荣、梁鼐、满保诸臣屡经题禁在案：既有十船编甲之后，复有不准带军器之奏，煌煌军令何等严切；渔民虽愚，谅亦不敢以身试法。况既不准带军器，势难徒手格斗；虽欲作奸，亦乏作奸之具。是渔船之作奸，难概视也。即或偶有其事，亦不过千百中之一二耳。海上孤魂，多系内地案匪。每每潜行结党出海。渔船失守为其潜窃偷渡者有之；港小船少，骤来拾数奸徒，利刃当前，抢夺恃众，迫而开驾，无奈协从者亦有之。守口弁兵既不能防范于偷窃抢夺之先，又不能追捕于偷窃抢夺之后，及百般刁难海口之渔人。此臣所以有武弁一体严查案匪之情也。案匪之稽查一严，海上游魂自靖。但稽查案匪则空劳

---

① 张习孔、田珏主编：《中国历史大事编年》第五卷，北京出版社1997年版，第149页。
② 清《高宗实录》卷七四三。
③ 清《高宗实录》卷七五〇。

察渔船，则获利往往水师武弁。啧啧唯渔船为匪是论，竟置案匪于不问！是将已为盗之匪纵之，未为盗之渔人防之。舍本求末，毋怪乎有弭盗之名而终无弭盗之实也。"尚潆在折中批评海禁只有对渔业的损害，揭露防海水师的腐败，并发出"孑孑穷渔，何堪当此"的叹喟。结果这道奏折使雍正大为不满，朱批："有几件朕看不通顺。"① 尚潆只得请罪收回自己的意见。

这些历史档案材料更使我们清楚地看到，包括红头船在内的许多海禁条例，虽然法规严密，却只能成为腐败的水师压榨渔民的工具，弄得渔业凋敝，使地方的总兵也挺身而出，呼吁当朝应该宽松海禁，以求复苏渔困。所以，包括红头船这类无关海洋机务的冗法，在历史上是无进步可言的。

实际上，红头船的规例并没有制定者想象的那样法力无边。其效果如何？连廷臣也大加怀疑："虽分别油饰，编刻字号，而数千余只尽出洋面，断难稽查矣。""刮去油饰，贼人得之行劫。"② 船头油饰红色、绿色并不能起到护身符的作用。具有讽刺意味的是，文献记载有"红头船""绿头船"三字者绝少，笔者接触的材料才遇到两处，但这两处记载的红头船或绿头船尽是海盗的猎物，是他们作案的工具。雍正十二年（1734），潮州海贼方进安等在电白县"大星洋面行劫红头船一只"③。乾隆六十年（1795），浙江巡抚吉庆奏游击"刘大勋出洋巡缉时望见船十三只在洋游弋，内有绿头船，系知闽省匪船"④，"台州洋面有闽匪绿头船二十七只，拒伤兵船"⑤。又据哈当阿等奏："贼匪滋事之初有红头船数十号，俱穿白布挂领。"⑥ 可见"红头船""绿头船"规例的防范作用确实值得怀疑。

长期以来，清政府防范海盗是建立在断绝渔船接济粮食而绝海患的设想上的："盗粮绝而啸聚难，似亦筹海之一要策。"⑦ "水师官兵全在实力巡哨，而禁米私贩出洋尤为第一要务。"⑧ 所以制定出类似红头船规例的防范措施。然

---

① 中国第一历史档案馆编：《雍正朝汉文朱批奏折汇编》第 32 册第 204 条，江苏古籍出版社 1991 年版，第 196～199 页。

② 中国第一历史档案馆编：《雍正朝汉文朱批奏折汇编》第 33 册第 1092 条，江苏古籍出版社 1991 年版，第 1021 页。

③ 中国第一历史档案馆编：《雍正朝汉文朱批奏折汇编》第 27 册第 16 条，江苏古籍出版社 1991 年版，第 18 页。

④ 清《高宗实录》卷一四八〇。

⑤ 清《高宗实录》卷一四八〇。

⑥ 清《高宗实录》卷一四八〇。

⑦ 中国第一历史档案馆编：《雍正朝汉文朱批奏折汇编》第 1 册第 246 条，江苏古籍出版社 1991 年版，第 338 页。

⑧ 中国第一历史档案馆编：《雍正朝汉文朱批奏折汇编》第 33 册第 994 条，江苏古籍出版社 1991 年版，第 959 页。

而海患屡禁不止，到了嘉庆朝，闽、粤大海盗集团，就有蔡、朱、张、郑等六七班，共计数万之众。后来清政府终于明白粮食之禁不能抑制海盗的主要原因："盗船食米不全资内地偷运，只须将台湾商贩劫掠一船，即可用之不尽；并借此勒赎，是资匪接济之源在乎此。"① 另一种情况是贼船"到越南夷洋，与该处夷人彼此交易，以钱银、货物换给水米菜蔬，以为日用"②。由此看来，海禁不少措施只能将"未为盗之渔人防之"，束缚渔人的生产活动而已。

进一步分析史料，我们还可以看到，红头船的规例长期以来并没有得到认真的执行。雍正元年谕令出海民船把船头油饰标记，可是到了八年（1730），兵部议复浙闽总督李卫的奏议时又有新规定："……内外洋面大小船只，令于蓬上书为某处某号，并船户姓名刊刻船尾，以别奸良，并通行各省督、抚、提、镇一体遵行，俱应如此法。"③ 这真有点数典忘祖，离雍正元年只有7年的时间，这个规定与杨琳咨会各省督、抚、提诸臣将民船编号刊刻籍贯的做法几乎是同一版本，只不过把"船头油饰标记"一条删去。是否因船头油饰的作用不大而不强调？商号的刊刻只不过从船头移到船尾而已。十二年（1734），在广东官员的奏折中已有"红头船"专有名词的出现，诚如今人之称历史故事。

到了乾隆二十五年（1760），福建巡抚吴士功关于"滨海渔船出没即为匪盗潜纵之薮谨酌议规条"的奏折，几乎集中了清朝开国以来对出海船只的各款条规，其中有一项翻新旧例："闽省商渔船，向止于船头编刻字号，今应于船橹一体编刻福建省某府、州、县，某号商船、渔户某人字样，到处易于查验。"④ 其中，"向止于"的各条款就没有船头油饰。这颇能说明乾隆间已不十分注重船头油饰的规定了。三十三年（1768）大学士陈宏谋条奏"巡察海口商船只各事宜"，倡议"各省船请以篷色为别"的做法，也许觉得船头油饰不如风篷容易识别？结果遭闽浙总督反对："若但以篷色为别，各省船不下数千，浅深新旧之间，转有疑似混淆。"⑤ 是年，两广总督杨廷璋也不甘寂寞，陈奏"粤东商渔大小船只"的管理章程，其一为"无论船身大小，令于篷桅头，书刊某州县某号某甲某人船字样"，"凡属渔船，必使出捕有方向，收港定有限期，配盐食米"⑥。从以上二朝识别限制民船的奏议看来，类似的做

---

① 清《仁宗实录》卷二〇六。
② 清《仁宗实录》卷一九九。
③ 清《世宗实录》卷九十二。
④ 清《高宗实录》卷六一三。
⑤ 清《高宗实录》卷八一四。
⑥ 清《高宗实录》卷七七三。

法多如牛毛，不外重翻旧例，变为新规。立得多，忘得快，只要过一段时间，邀功的臣工又会将旧令翻新推出。但在雍正初年之后，就再也没有油饰船头的规定了。这只能说明红头船的规例作用不大，没有受到重视。那么，其执行起来便可有可无了。至于乾隆六十年（1795）来源于民间的海盗船队"内有绿头船"，正好说明船队的船头并非全都油饰，反映出民间也是如此。纵使民间还有油饰船头的做法，或许忘其所由，已演化为装饰。著名作家秦牧几十年前还在新加坡河上看到红头船①，是属于艺术的装饰，其中也包含旅居异国华侨的怀旧和纪念。

乾隆时红头船不被重视还可从刻于四十二年（1777）的范端昂《粤中见闻》一书得到证明，是书《物部·民船·东西洋舶》没有只字记载红头船。

至嘉庆年间，粤东"商船无编号可查"②，"潮惠两府奸民违例制造大船，以取渔为名，远出外洋接济盗匪水米火药"③，更不要说船头油饰的规定。尤其至嘉庆二十三年（1818），困扰嘉庆几乎整整一朝的闽粤几个大海盗集团被肃清之后，闽省商船首次解除"商民造船只，以一丈八尺（梁头高度）为准"的禁令，准照闽浙总督董教增等的奏请，"嗣后商民置造船只，梁头丈尺照前，听民自便，免立禁限"④。在这种情况下，本来就实行不力的红头船法例，恐怕不再执行了。如果拿道光元年（1821）增修的《中枢政考》的条款来证明道光朝尚须执行船头油饰红色的规定，那么一看嘉庆二十三年"听民自便"，不再限制梁头一丈八尺的谕旨，就知道《中枢政考》中"出洋贸易商船梁头不得过一丈八尺"的法令，不过是一纸空文而已。相信之前普遍遵行的红头船制度在这个时期已经式微了。

三

从上述的论证可知红头船始于雍正元年（1723），但起不到什么实际作用，只存于法规之中，史籍记载也不多，没什么大的影响。然而，潮州人为什么却对红头船那么不能忘情，甚至当作地方性的创造，归属于潮汕文化呢？个中的情结何在？

红头船为什么能在潮汕地区一直流传下来，不但地方文史大书特书，还经常成为文艺描写的对象呢？这是因为潮汕人民把她当成华侨创业的象征。红头

---

① 参见秦牧《故里的红头船》，见澄海县政协文艺委员会、东里镇人民政府编《樟东乡情》，澄海县政协文艺委员会、东里镇人民政府1990年版。
② 清《仁宗实录》卷一五七。
③ 清《仁宗实录》卷一七〇。
④ 清《仁宗实录》卷三四七。

船与华侨紧紧联系在一起，与雍正初年潮州人第一次较大规模地向东南亚移民有着密切的关联。红头船可以当作潮州华侨（严格来说，是到东南亚谋生的华工，与以往出于政治原因流亡，经商滞留而寓居的华侨有别）这次移民的断代标志。

雍正初年，潮州发生特大的水灾，又恰逢清政府开洋贸易，这种时势促使潮州穷苦百姓从海路到东南亚谋生。"雍正五年以前，粤东沿海叠遭水患，无籍贫民颇多移往广西、四川及渡海至闽省台湾谋生者，而惠潮二府迁民更众。"① 穷民违法私渡台湾的情况到乾隆朝还在继续，并"由广东澄海县偷渡"② 出口。除去台湾之外，因潮州地处海滨，向东南亚移民也是一个主要去向。他们以违法的偷渡方式，暗藏在远洋的贸易商船到东南亚做工。这个事实在雍正五年（1727）九月闽浙总督高其倬、福建巡抚常赉、广东巡抚杨文干联合向雍正禀报"华工出洋情形"的奏折中反映出来：从前商船出洋之时，每船皆私载二三百人，到彼之后，照（出洋执照，细填商人船主水手人数年龄，以备回帆登岸验证）外多出之人，俱留不归。更有一种嗜利船户，明载些许货物，竟偷载游手之人四五百人之多。每人索银八两或十两，载到彼地，即行留住。③ 灾荒和开禁的特殊机遇，驱使潮州人第一次较大规模地从海路偷渡到东南亚做工谋生。当时正值雍正初年，广东出海商船都要在船头油饰红色，到东南亚做工的华侨先辈所乘坐的交通工具正是红头船，他们开潮州人大批到南洋做工谋生的先河。筚路蓝缕，其艰苦创业的记忆是强烈而难忘的。话说当年，口口相授，代代相传，直至今天。尽管后来公开合法到东南亚的华侨规模更大，但他们并非乘坐红头船。由此可以这样判断：红头船严格实施的雍正初年是潮州华侨（工）第一次较大规模移居东南亚做苦力谋生的时间上限。

雍正初年至广东与福建一体开放洋禁这五六年里，包括潮州人在内的大批华工非法移民到东南亚做工，这股空前的出国潮引起当朝的关注，导致政府重申不准私自羁留海外的法令以及惩罚性措施："方今洋禁新开，禁约不可不严，以免内地民人贪冒漂流之渐，其从前逗留外洋之人，不准回籍。"④ 此后，这股移民潮应该在很长一段时间里受到抑制。最典型的有两个例子。乾隆十四年（1749），福建龙溪人陈怡老私留噶喇叭，一住20余年。算起来他即属雍

---

① 中国第一历史档案馆编：《雍正朝汉文朱批奏折汇编》第24册第105条，江苏古籍出版社1991年版，第135页。
② 清《高宗实录》卷一四二五。
③ 参见清官修《朱批谕旨》第46册，上海点石斋光绪十三年（1887）石印本，第26～27页。
④ 清《世宗实录》卷五十八。

正初年私渡之人，还做了所在国的甲必丹。① 当他携带番妇、子女并银两货物回籍时，在厦门被捕治罪。乾隆对这事件发出谕令，说此事"不唯国体有关，抑且洋禁宜密，自应将该犯严加惩治"②。另外，即使偷渡到东南亚，也随时有被遣回的可能。乾隆三十七年（1772），原籍广东的暹罗国王郑昭，为了孤立缅甸，讨好清廷，不顾同根生，"禀送粤省海丰县民陈俊卿等眷口回籍"。乾隆为此再次谕令："内地民人，辄敢纠伴挈眷，潜赴外国港口居住，甚属不成事体。此等民人，于送到时，均应讯明，按例惩治。沿海居民出口例禁綦严，守口地方官弁何得任其携家擅出？嗣后仍须严饬沿海各口实力稽查，毋得稍有疏纵。"③ 然而，只要海禁已开，为了补民食之不足，鼓励与暹罗进行大米贸易，就不能抑制贫苦百姓冒死违法偷渡到南洋去。了解这段历史后，我们便能体会清代粤东古港，澄海县樟东一带"无可奈何咬甜粿"这句乡谚的辛酸滋味。偷渡时只能用过年才能吃到的甜粿（年糕）充饥。不过乾隆时期绝不可能有雍正初年那么大批移民了。到嘉庆十二年（1807），东南沿海大海盗集团猖獗劫掠商船，袭击水师，政府怀疑商船通盗，嘉庆帝断然下了一道停止大米贸易的禁令："澄海县商民领照赴暹罗等国买米，接济内地民食，虽行之已阅四十余年，但此项运米船只，据回棹者不过十之五六，而回棹者船所载米石，又与原报数目不符，安知非捏词射影，以通盗济匪？自应停止给照。将此谕令知之。"④ 而道光间海关官员认为载运洋米"免税不利粤海关"，更是暗中阻挠与暹罗的大米贸易。⑤ 这样一来更减少潮州华工从澄海港口偷渡出境的机会，加上红头船规例在乾嘉二朝没有特别受重视，当时真正坐红头船偷渡到东南亚的潮州华工的数量应该是较少的，绝不可能形成今天东南亚如此庞大数目的华侨与华裔。道光时出现"卖猪仔"："夷船惯搭穷民出洋谋生，不要船饭钱，俟带到各夷埠，有人雇用，则一年雇资俱听该船主取去，满一年后乃按日给予本人工资……在潮州南澳一带海口，亦有夷船偷越到彼。"⑥ 及至鸦片战争之后，清朝继雍正初年自觉开禁之后被迫开放海禁，华工出洋已成公开。光绪间出使英、法、意、比的薛福成在"奏请申明新章豁除海禁"的折子中说：

---

① 参见〔清〕梁廷枏撰、袁钟仁点校《粤海关志》卷二十四"司汉人贸易者曰甲必丹"，广东人民出版社2014年版，第472～496页。
② 清《高宗实录》卷三四六。
③ 清《高宗实录》卷九一五。
④ 清《仁宗实录》卷一八五。
⑤ 参见〔清〕邹代钧《西征纪呈》，见福建师范大学历史系华侨史资料选辑组《晚清海外笔记选》，海洋出版社1983年版，第30页。
⑥ 中山大学历史系中国近代现代史教研组、研究室编：《林则徐集：奏稿》，中华书局1965年版，第678页。

"自道光二十二年以来，陆续与东西洋诸国立约通商，英国《江宁条约》第一条：华英人民各往他国者，必受保佑身家之安全。"严禁私渡的"前例已不废而自废，不删而自删"①。可见，今日东南亚潮汕华侨及华裔之众者，实是道光之后公开移民而去的，他们不必像其先辈那样暗藏在红头船中，所坐的应该是火轮吧。

红头船本是雍正初年海禁制度的产物，是渔民的桎梏，其严重妨碍海洋渔业的发展，但它载负第一次较大规模的潮州穷苦华工移民潮，让他们劈破南海的波涛，到东南亚开拓新的天地。这段艰苦的历程在他们及其子孙后代的心中留下了深沉的回忆，其中包括辛酸失败，也包括拼搏成功。随着时间的流逝，红头船那一段与海防有关的历史被人们遗忘了，却异化为潮汕华侨创业的精神象征，成为潮汕华侨史的美谈。

（本文以《红头船的产生及其作用和影响》为题原刊于《汕头大学学报》1993年第9卷第4期，第89～94页；又以此题收入汕头市政协学习和文史委员会、澄海区政协文史资料委员会编《红头船的故乡：樟林古港》，香港天马出版有限公司2004年版，第113～125页。）

---

① 〔清〕薛福成：《请申明新章豁除海禁折》，载陈翰笙主编《华工出国史料汇编》第1辑第1册，中华书局1980年版，第294页。

云南进士 广东知县

——署澄海知县杨天德生平

樟林乡长发街北尽头处,有南极大帝庙,俗称火神爷庙。配祭杨天德,其禄位牌称"赐进士署澄海县正堂杨讳天德之禄位"。杨天德有功我乡樟林,乡民至今怀念他,死后血食二百余载而不衰。一个普通的地方官员,竟能享此哀荣,比之死而没于荒烟野蔓的帝王将相,更足令人钦仰。考察其生平之念常游于我心中。今春回乡,见其庙香火之盛,更触发我考察的兴趣。

杨天德并非一代英豪,史籍既无立传,澄海县志也无杨天德任知县的记载,何从考察?尚好禄位牌还保留了一条线索:称他为进士。查《明清进士题名碑录索引》,得知杨天德乃云南楚雄人,雍正八年(1730)三甲第二一四名进士。[1] 而《云南通志》中,杨天德名字只见于选举,与《明清进士题名碑录索引》相符。[2] 后来我托滇籍朋友辗转到杨天德的故乡云南楚雄查访,终于在楚雄州地方志办公室、楚雄市志办公室、楚雄州图书馆查得简单资料,今转录如下:

杨天德 雍正癸卯举副,雍正庚戌进士。广东知县。[3]
——清嘉庆《楚雄县志·选举》卷六

杨天德 进士,家贫力学,聪明过人,著作甚富。知广东顺德县。访知利弊,莫以私干,惠政屡屡。告病回籍,图书数卷而已。[4]
——清嘉庆《楚雄县志·人物》第七册

---

① 参见朱保炯、谢沛霖《明清进士题名碑录索引》,上海古籍出版社1980年版,第283~286页。
② 参见〔清〕靖道谟纂、〔清〕鄂尔泰等修《云南通志》,江苏广陵古籍刻印社1988年版。
③ 〔清〕陈璜纂、〔清〕苏鸣鹤修:《嘉庆楚雄县志》,见《中国地方志集成·云南府县志辑59》,凤凰出版社2009年版[据嘉庆二十三年(1818)刻本影印],第127页。
④ 〔清〕陈璜纂、〔清〕苏鸣鹤修:《嘉庆楚雄县志》,见《中国地方志集成·云南府县志辑59》,凤凰出版社2009年版[据嘉庆二十三年(1818)刻本影印],第143页。

云南进士　广东知县

　　杨天德　雍正甲辰科举人，庚戌科进士。官户部主事。①

　　　　　　　　　　　　　　　　　　——清宣统《楚雄县志》

　　嘉庆《楚雄县志·人物》称杨天德"知广东顺德县"，但核对《顺德县志》，却与樟林乡民所立禄位牌称杨为"澄海县正堂"一样，皆不见杨天德于二县志的职官表中。②然嘉庆《楚雄县志·选举》明言他是"广东知县"。查阮元所修《广东通志》职官表，无误。③杨天德确实在乾隆朝任过二处知县：一肇庆府封川（今封开）县知县；一南雄府保昌（今南雄）县知县。核二县县志职官表乾隆朝知县一栏，相符稍详。且在《保昌志》中知道杨还任过琼州府琼山县知县。

　　杨天德　云南楚雄人，进士。八年三月任。④

　　　　　　　　　　——民国二十四年（1935）重刊道光《封川县志》

　　杨天德　云南楚雄进士。乾隆十一年任。调署琼山。乾隆十六年复任。⑤

　　　　　　　　　　　　　　　　　　——乾隆《保昌县志》卷八

　　杨天德　云南楚雄人，进士。十四年任。⑥

　　　　　　　　　　——咸丰七年（1857）重镌《琼山县志》卷十三

　　封川、保昌、琼山三县县志证明，杨天德确确实实是"广东知县"。
　　由云南、广东二省的史志记载看来，云南是从选举、人物的角度，广东则是从职官的角度记载杨天德，二者的记载确证雍正八年云南进士杨天德即曾署理过澄海县正堂，备受樟林乡民崇敬的杨天德"老爷"是也。

---

　　①〔清〕沈宗舜纂、〔清〕崇谦修：《宣统楚雄县志》，见《中国地方志集成·云南府县志辑60》，凤凰出版社2009年版，第229～598页。
　　②参见顺德市地方志办公室点校《顺德县志》清咸丰民国合订本，中山大学出版社1993年版，第215～237页。
　　③参见〔清〕阮元《广东通志》，上海古籍出版社1990年版，第四十三～六十二卷。
　　④〔清〕吴兰修纂、〔清〕温恭修：《封川县志》志四，清道光十五年（1835）修1935年重刊本，第143页。
　　⑤故宫博物院编：《保昌县志》卷八，见《广东府州县志》第5册，故宫珍本丛刊第170册，海南出版社2001年版，第83页。
　　⑥〔清〕李文烜修、〔清〕郑文彩纂、〔清〕张延标编辑：《咸丰琼山县志》卷十三，海南出版社2004年版，第564页。

然而，从史志到传世实物却与杨天德在广东的任职颇有出入。我们如何解释这个问题呢？是否可做这样的推断：杨天德任封川知县之前在广东候补过一段时间；乾隆七年（1742）短期署理过澄海知县；也署理过顺德知县，时间或在署理澄海知县之前，或任保昌知县之后。《楚雄县志》的记载与樟林乡民所立禄位牌的传世文物所称，并非向壁虚造，应该是可信的。或因署理时间过短而县志不载。如同为乾隆朝，乙卯年（1759），高要令傅锡山署澄海县，大概因时间较短，只有5个月，故《广东通志》职官表澄海县知县不载，只在宦绩中提到。而《保昌县志》记载杨天德"调署琼山"，可能时间较长，后来转为正任，故《琼山县志》有载。

综合上述史料，对杨天德的生卒虽然尚不清楚，但对其生平起码有了一个简单的了解：杨天德是云南楚雄人。出身贫苦，靠自己的聪明和勤奋，从雍正元年（1723）到八年，由中举副、举人至三甲第二一四名进士，科举颇为顺利。任过京官，为户部主事。乾隆年间外放到广东，做过封川、保昌、琼山三县知县。正任之前或之后曾短期署理过澄海、顺德知县。他从粤东到粤西北，从粤北而渡海到琼山，风尘仆仆，宦游将十载，几乎跑遍了广东全省。杨天德为官清廉，惠政屡屡，署理澄海县正堂时，对清代粤东重要港口樟林埠的开拓做过积极的贡献。①

（本文在搜集资料过程中，得到王庆等同志的热情帮助，代为阅抄有关文献；云南省楚雄州地方志有关单位热心提供藏书，在此致以谢意。）

［原载广东澄海政协文史资料委员会编印《澄海文史资料》1992年10月第9辑；又收入汕头市政协学习和文史委员会、澄海区政协文史资料委员会编《红头船的故乡：樟林古港》，香港天马出版有限公司2004年版，第538～540页；又收入汕头市澄海文博研究会主办《澄海文博》2016年11月新3期（总第13期），第12页。］

---

① 参见李绍雄《樟林沧桑录》，政协澄海县委员会东里镇联络组、澄海县文学艺术工作者联合会1990年版，第38～39页。

从乾隆九年《奉道宪县主禁示》碑确证杨天德署澄海县事

笔者曾对杨天德的生平进行过考察，撰文刊于《澄海文史资料》第9辑（1992年10月）。当时，还没见过《奉道宪县主禁示》（下称《禁示》）的碑文，只从民间传说、火帝庙杨天德长生禄位及广东封川等县的县志材料来进行推理判断。因为没有指名道姓称杨天德是澄海知县的所谓官方文献的硬证，自然引起要求处处有来历的谨严学者的质疑。近日，黄光舜先生赐我《禁示》抄本，才得阅读。碑文为杨天德曾署理澄海县事提供了确凿不移的证据。

《禁示》发现于澄海原城隍庙，碑额曰"奉道宪县主禁示"，由蔡文胜先生抄录、标点，碑藏于澄海博物馆。因原文未见发表，为尊重调查整理者的发表权，故不全文照录。

碑文反映乾隆七年（1742）澄海县盐灶乡邻乡亢旸乡豪恶林明程恃强殴打他人，占堤决水灌溉自家塭田，致使徐元镐田地庄稼枯死诉讼一案，亲鞠这场官司的是"县主杨"，而这位"前主杨爷实授封川"。从行文口吻可知"前主杨爷"在乾隆八年（1743）三月赴封川实授知县之前于乾隆七年确署理澄海县事。

杨天德乾隆八年在封川做知县的历史总不能怀疑，澄海县正堂的告示及封川县志应算是官方文献，而乾隆五十六年（1791）署澄海县事的蒋师光也有《示谕》，内容正涉及相隔49年的乾隆七年的"前县宪杨"批准樟林河沟两旁建盖商铺的史实。[①] 二碑中的"县主杨""前主杨爷""前县宪杨"，即那位乾隆八年"实授封川"的杨天德。杨天德署理澄海县事现在总不应有疑点了。由是可证明民间有关杨天德倡议建火帝庙故事的真实性。

为什么嘉庆李书吉主编《澄海县志》不载杨天德？这与当年县志的编纂体例有关。凡例云：

……多有署印而政绩廉声卓卓可传者，职官表中竟无姓名，也一缺事。兹

---

① 参见林远辉编《潮州古港樟林——资料与研究》，中国华侨出版社2002年版，第414～415页。

志于五十年来署印者特附于职官表之后，其从前无可考者则姑从阙如。①

署印者能否入载李志，以嘉庆十九年（1814）修志前推50年，则乾隆二十九年（1764）以后方可入传，而杨天德于乾隆七年署印澄海，比入志的时间上限还早22年，距修志则72年矣，故当作无可考者，付诸阙如。杨天德在澄海署印，全凭上述两件告示碑中叙述的事件得以考知。本来杨天德不入县志之原委，黄光舜先生在《闲堂杂录》一再说明②，可是没引起重视。笔者数阅澄海志，就是没有细阅凡例，故写作杨天德生平时，没据凡例解释为何杨不见诸县志。读书不细，何遑论史，至惭至愧！

在此还得顺便指出，乾隆五十六年（1791），"署潮州府澄海县事　高要县正堂"蒋师光的《示谕》，被当作《樟林扩埠碑记》而被广泛引用，也失于疏忽。《示谕》引述樟林铺户许开利等回忆49年前的"前县宪杨"给示允许盖建河沟铺的历史。至乾隆五十六年铺户遵守输约，疏通河沟，输租无误，并严禁私自再在河沟上违章建筑。此示谕碑并非乾隆七年扩建河沟铺时的立碑，擅自定作《樟林扩埠碑记》是不准确的，有违文献整理的原则，而黄光舜先生在《闲堂杂录》中定作《蒋师光示谕》则合乎实际。

其实，杨天德署澄海县事，单凭樟林火帝庙杨天德的长生禄位就足以证明并非虚传。大凡被认为有恩德于一方的人，或为官吏，或为乡贤，一方百姓不忘其恩德，会为他立个长生禄位。长生禄位与释道诸神不同，皆是有血有肉的世间真实人物。樟林乡的神庙中将真人作神明来敬奉的大概仅有5人：宋代林默、康熙年间两广总督周有德、广东巡抚王来任、乾隆时署澄海县事杨天德、塘西乡贤李兴芳。林默后来升华为神，称天后，已属迷信崇拜。周、王二氏不只恩泽樟林，并及广东沿海涉斥迁居民。二人向当朝上疏反映人民迁徙之苦，后朝廷准许展复，人民感二人恩德，初于神社中为立长生禄位，后塑为金身，清代官服穿戴，俨然与庙中神明一样一副"老爷"气派。杨天德之功只有益樟林，樟林人敬焉，立长生禄位。李兴芳被塘西人尊敬，只因他一场水灾之后修葺国王庙，并设立庙产基金的好事。上述5人尽管出身职位能力不同，但确为百姓办过实事，民众不忘其惠，立长生禄位，或塑金身，让他们与神明共在，同受乡民拜祭，享身后之哀荣，用句时髦话说，他们永远活在人民心中。

---

① 〔清〕李书吉纂修：《嘉庆澄海县志·凡例》，上海书店出版社2003年版〔据嘉庆二十年（1815）刊本影印〕，第8页。

② 参见黄光舜《闲堂杂录·杨天德厂厂联》，见汕头市政协学习和文史委员会、澄海区政协文史资料委员会合编《红头船的故乡：樟林古港》，香港天马出版有限公司2004年版，第298页。

由此可知,杨天德署澄海县事,比火帝爷真实,非子虚乌有,绝不用怀疑。

这里还得纠正20世纪80年代新修火帝庙重刻的杨天德长生禄位牌文字的差错。承黄光舜先生指谬,原杨天德长生禄位牌文应为:"澄海县正堂天德杨公长生禄位。"①

笔者还看到有的文章,把杨天德说成借堪舆敛财的骗子贪官,实属过分之辞,盖其源来于陈汰余之《樟林乡土志略》。陈书说:

> 惟火帝庙,县志无文;即杨天德,县志亦无名。是殆樟埠当时旺盛,遍地皆是富翁,天德借堪舆以媚世,故不载欤。②

后来者不察,受陈汰余的影响很深,对杨天德的怀疑与讥讽比陈汰余有过之而无不及。如《潮汕民俗大观》有一篇涉及火帝庙、杨天德的评论,说杨借风水建神庙以"敛财加钓誉"如骗子。③ 又有历史学专家对于樟林史上的重要人物杨天德,除了怀疑他署印澄海县事外,甚至怀疑是否真有其人:

> 在所有的官方文献中,找不到这个叫杨天德的人出任澄海知县的记载。有意思的是,这个故事和火帝庙中杨天德的长生禄位一起,一直流传下来,而且当地在知道上述疑点之后,仍然坚持这个故事的真实性……关于杨天德的故事,在火帝庙中为杨天德建立长生禄位的安排,每年二月游火帝时为杨天德设立专"厂"拜祀和以全套知县执事抬着杨天德牌位为火帝神像开道的做法,为火帝的主神地位提供了一种具有象征意义的文化合理性。如果从这个意义上考虑,与其去考究"杨天德"是否真有其人,还不如直接从"天德"二字的语辞学涵义去理解这个传说更接近实际。④

对神庙系统与社区历史演变的研究是很好的研究课题,但为了说明火帝的主神地位而抹杀杨天德的存在,则是值得商榷的。

杨天德作为一个封建时代的官员,只能以他的思想意识去处理治下的事

---

① 黄光舜《闲堂杂录·杨天德厂厂联》,见汕头市政协学习和文史委员会、澄海区政协文史资料委员会编《红头船的故乡:樟林古港》,香港天马出版有限公司2004年版,第297~298页。
② 陈汰余:《樟林乡土志略》,见林远辉编《潮州古港樟林——资料与研究》,中国华侨出版社2002年版,第398页。
③ 参见马风《打火醮》,见方烈文主编《潮汕民俗大观》,汕头大学出版社1996年版,第178页。
④ 陈春声:《信仰空间与社区历史的演变——以樟林的神庙系统为例》,载《清史研究》1999年第2期,第5页。

务。公祭火帝是清朝的政府行为，作为一个进士出身的官员，懂些《周易》坎离、风水堪舆常识是极普通的事，倡议建火帝庙希望消除火灾，很多古代地方官员都会这样做，并无值得指摘之处。汰余先生早年参加丁未黄冈起义，以革命党人身份来批判 200 多年前的杨天德，还少了点历史辩证观。至于骗财更是妄谈，原火帝庙的简陋局格，仅相当于本地一座大些的土地伯公庙，远远比不上乡中后此修建的诸神社的壮观辉煌。这是笔者亲眼见过的事实。乾隆七年樟林的港口贸易应该刚刚起步，哪能有"遍地富商"？此时距离乾隆末嘉庆初闽商浙客巨舰高桅，扬帆出入，遍地富商的繁荣时期，还足足有半个世纪的时间。建这么一个小庙，能贪到多少钱财？所以，说杨天德借风水建火帝庙敛财很难成立，是不确之辞。

因读乾隆九年（1744）《禁示》碑文而撰此小文，可补前论之不足。《禁示》更使我樟乡民众对 200 多年来流传的"天德爷"故事的真实性坚信不疑。樟人有杨天德情结是历史形成的。他的长生禄位虽敬奉于火神庙，但他不是神，也不是什么文化的象征，他确确实实在乾隆七年署澄海县事，而且在任时是对樟林埠的开拓有功的历史人物。

[原载汕头市政协学习和文史委员会、澄海区政协文史资料委员会编《红头船的故乡：樟林古港》，香港天马出版有限公司 2004 年版，第 540～544 页；又收入汕头市澄海文博研究会主办《澄海文博》2016 年 11 月新 3 期（总第 13 期），第 13～15 页。]

杨天德澄海留手泽

近日，笔者在热心家乡文物的朋友的帮助下，亲睹乾隆七年（1742）署理澄海县事的杨天德手书庆贺本县儒士余伯蓝之妻林氏的寿匾，该匾再次无可辩驳地证明了云南进士杨天德于乾隆七年来署澄海县事的历史事实。

寿匾距今274年，历经劫难，仍金灿灿地完整保存下来。天不丧斯文也，实可宝贵！

寿匾的题词以庄重流畅的书体大书"寿永祥鸾"。署款分布两旁："赐进士文林郎加三级记录三次澄海县知事杨天德为/儒士余伯蓝之妻林氏立/乾隆七年季冬吉旦。"用印三枚，文分别曰："敬斋臣杨天德印""清白人心""惟德被生民，恩加海宇"[①]。

贺词"寿永祥鸾"一般颂扬吉祥贤惠的老夫人长寿，近乎套语。斋号姓名章表寿匾为杨天德所立印记。右上角椭圆形吉语闲章"清白人心"表杨天德自戒自警：清白做人，清廉为官。最值得一提的是斋号姓名章下那方吉语励志闲章。印文"惟德被生民，恩加海宇"对了解杨天德的思想很有帮助。

据云南《楚雄县志·人物传》记载："杨天德，进士，家贫力学，聪明过人，著作甚富……"但没介绍他的思想，写过什么著作，以及学术上的成就，这些今天都难以考查了，后人只能从"惟德被生民，恩加海宇"的励志闲章去探索其思想，虽属管中窥豹，也略见一斑。由此可知，杨天德十分推崇宋代的欧阳修，因为励志闲章的印文便出自欧阳修脍炙人口的散文《相州昼锦堂记》。欧阳氏这篇文章高度赞扬韩琦官高不炫耀富贵，不"夸一时而荣一乡"，所追求的是"惟德被生民，而功施社稷"，方能"耀后世而垂无穷"。[②] 这也是杨天德出仕的最高目标。每个人都有自己的目标，虽不能至，心向往之，能以此为奋斗目标就无悔无愧了。

杨天德用这方励志章表达其理想价值取向，印文所写也是封建时代士大夫

---

① "德、被、加、宇"四字只有彳、心、衣、力、宀几个偏旁较清楚。初步的释读根据前后文字句型，参考有关文献推定。

② 参见〔清〕吴调侯、〔清〕吴楚材编、史礼心等注《古文观止》，华夏出版社1998年版，第521～522页。

的最高目标。无独有偶，乾隆四十年（1776），福建烽火门士民，福州、兴化、泉州、台湾船商在福建南靖县林茂荣的家乡同立《林公惠德碑记》，歌颂林茂荣在历任福建水师提标右协、台湾水师中协，两署平安镇时体国为民之功德，碑记中除有"……宣流帝德，使海宇苍生共休太平之泽"的文字外，还大段引用欧阳修的《相州昼锦堂记》，同样选用了"惟德被生民，而功施社稷"的句子。① 歌颂大意与杨天德励志闲章的印文意味如出一辙。笔者引用《林公惠德碑记》，除说明封建时代包括杨天德在内的正直士大夫均有达则兼济天下的雄心大志外，也为杨天德的励志章文字释读的可信性找到了依据。尽管如此，篆文毕竟尚不能字字清晰阅读，但求大体不至离谱而已。

杨天德署理澄海县事前，已有吏部"加三级记录三次"的考核成绩，是个奉职守法的循吏。他在澄海任期不长，以"清白人心"做人为官，是个称职的好官。据杨天德在澄海时所留下来的遗物和相关碑刻的记载，可充分证明他在其位置上努力实现自己的抱负。他在澄海的政绩，大体表现在如下几个方面：

（1）敏于政事。从乾隆九年（1744）《奉道宪县主禁示》碑知杨天德亲自审理盐灶乡近邻亢旸乡恶霸欺凌弱小一案，体现杨天德的公正。

（2）体察民情。支持樟林港埠建设，允许乡民盖河沟铺发展商业。详见乾隆五十六年（1791）署澄海县事蒋师光示谕。②

（3）勤宣教化。褒扬儒士门第，即本文介绍的亲为林氏立"寿永祥鸾"寿匾。可惜此事不见族谱记载，故不知余伯蓝之妻林氏具体的美言懿行。在封建时代，一县之主为一个无功名的读书人的夫人立匾，可看作重视教化、敬重儒生之举。

杨天德官位比不上韩琦、林茂荣，也无他们的丰功伟业，但他确有惠政，尤其对樟林港埠的开拓有不没之功，因此樟林人将他视为恩公，立长生禄位供奉，配祭南极大帝庙。尽管民间将杨天德准民盖河沟铺利及地方的真实历史异化为擅长风水堪舆建南极大帝庙，以火帝压制火魔，保护长发街商铺的传说，其核心还是德被生民，功施社稷，使海宇苍生共休太平之泽。南极大帝庙诸神像包括杨天德的长生禄位牌毁于特殊年代，原庙建筑后来又因扩路而拆除。但一旦社会恢复正常，杨天德的长生禄位牌又被重新雕制，继续受拜祭，永享血食。民间二月仲春，长生禄位牌伴随火帝出巡樟乡社境，保合社平安。樟乡之

---

① 参见福建南靖县地方志编纂委员会《南靖石刻集》，福州海潮摄影艺术出版社2007年版，第4页。
② 参见黄光舜《闲堂杂录》，见汕头市政协学习和文史委员会、澄海区政协文史资料委员会编《红头船的故乡：樟林古港》，香港天马出版有限公司2004年版，第335～336页。

匹夫匹妇,无人不知有天德爷。杨天德虽不能彪炳史册,但得到樟民的极高评价:"遗泽被澄樟,终古棠阴连岭海;流徽环帝座,于今琴韵绕南天。"① 其在身后有如此殊荣,不亦"耀后世而垂无穷"乎。

2016 年 7 月 19 日

［原载汕头市澄海文博研究会主办《澄海文博》2016 年 11 月新 3 期（总第 13 期）,第 9～10 页。］

---

① 旧时火帝出游连续三日,结束之前,分街设厂供神休息。神厂用榕树枝叶装饰,设案拜祭,夜间灯烛辉煌。神像巡游结束后回庙升殿。此处所引联语是天德神厂的厂联,引自黄光舜《闲堂杂录·杨天德厂厂联》,见汕头市政协学习和文史委员会、澄海区政协文史资料委员会编《红头船的故乡:樟林古港》,香港天马出版有限公司 2004 年版,第 297 页。

未有樟林，先有外陇

在樟林曾流传一句话："未有樟林，先有外陇。"意指外陇埔先于樟林而建。

外陇埔即今原樟南（头冲）后的荒埔，1974年1月被考古人员发现。据《东里镇大事记》记载：

社员在平整外陇埔时，发现古代水井21口，分布有序。发掘其中二口，井呈八角形，井径60厘米，残深为245厘米，井围用砖砌成。砖分二式，分别是30×15×6厘米和27×21×2.5厘米的长方形红砖，两端均为斜角形，横立砌，井基外围密插木桩，桩外套木圈圈紧。在井中145厘米深处泥浆中出土有碟、碗、罐等10件，器物完好。有印一方。①

因非通过科学考古发现，水井作用不大明了，但其年代无疑是久远的。

外陇埔原有一座规模不小的"天后宫"，1922年被咸潮风灾荡平殆尽。天后宫面向樟林，其废墟尽是红色的瓦砾残砖。至20世纪末，还保留着一块1米多高的碑刻，被时人当作田埂过沟使用。当时我曾请南社人蓝锦潮先生带路寻找，然已不知所踪，天后宫的历史亦无从考究。

从古驿道角度也可证明外陇埔的存在。自澄海开发以后，从饶平经樟林驿道，在土名"羊城内"的山下坑口有一条通海水道，其上有一座打鱼网纹线的望道桥跨越，过田寮、张八郎，然后经后修东官路雨亭，东折散坟埔，就可到外陇埔。

邻村乡志《鸿沟志》第七篇"名胜古迹"有这样一段记载：

万历桥：从本乡西南面的番葛树，沿古道往西南行百余步，有一条由四条石板铺合而成的古桥。该桥长约3米，宽约2米，桥面刻有两行文字，上款"祈乞平安，时戊戌政和八年七月，日前住大峰院勤首释全晓白"，下款为"汫洲保信宁里治子黄富同妻杨四娘洎男女等舍石桥一座"。据说，原来桥的

---

① 东里镇编纂办公室印：《东里镇大事记》，1989年5月油印本，第39页。

一边有石刻"政和八年戊戌七月建,万历三年三月重修"等字样,故名万历桥。解放后,因平整耕地,水道改革,该桥遂废,旧址及石板尚存。考"戊戌政和八年,应是北宋徽宗执政第十八年,即公元1118年",故该桥建造迄今已有八百七十多年。①

通过推敲,"万历桥"应是上面笔者所叙述的"望道桥",只是叫法不一而已。樟林人叫望道桥,鸿沟人叫万历桥,地望相合,且两乡之间唯有此古桥。此桥先不论是于宋政和年间建造,单说万历年间重修至今,也已有400余年的历史。古驿道之设,必有重要去处,这也证明外陇在古代的重要性。

在与暹罗进行大米贸易之前,中国北方的货船如从义丰溪入口,必停外陇埔前补给淡水或转运货物,然后从溪南东陇港出洋。

当然,樟林原先也有当地居民的小聚落,但还未能形成八街六社的大社区。从历史发展的角度来看,"未有樟林,先有外陇"之说是可信的。

---

① 《鸿沟志》编纂领导组:《鸿沟志》,1992年6月铅印本,第171页。

乾隆时期樟林南社港的地域范围及渔业新生产关系的出现

——新出土乾隆二十四年樟林镇司立界碑、乾隆四十八年澄海县正堂示禁碑的解读

2005年秋,澄海东里镇樟林南社原信贷社附近,旧称港墘之处,发现清乾隆二十四年（1759）樟林镇司的立界碑；又在三山国王庙广埕堤脚挖出乾隆四十八年（1783）澄海县正堂的示禁碑。二碑内容详见吴俠卿先生的释文。

二碑的发现,为研究乾隆时期樟林的航运、商业的迅猛发展,南社港的范围,以及樟林港渔业出现的一种新生产关系提供了新的出土文献资料。

今按二碑年份先后次第提出一点粗浅的看法。

一

（1）乾隆时期樟林的航运、商业状况如何,二十四年碑的碑文虽然没有正面描述,却在一场关于土地纠纷的官司案件中折射出来,体现了当年经济发展的辉煌。樟林镇司"为藐批复填官港事"称乡民蓝尔达"复填官港,阻塞契买铺后船只出入"。其违法事实就是藐视官府有关批示,明知故犯,复填官港。其时乡民填官港是为了"填筑盖铺"。可想而知,如果没有商业、航运、交通、住房等需求,就不会有填港造地的需要。古今同理,看今日樟林或其他地方的现状,便可知200多年前樟林的经济在持续发展。乾隆七年（1742）澄海知县杨天德批准建筑河沟铺,开拓长发街,是樟林经济猛起的初期,可见在这17年里,其经济保持着持续的增长。航运业的发展尤其需要有更多的货仓栈房,于是出现乱填官港的违章建筑,导致邻右间的矛盾发生,酿成官司。碑刻的出土地正是当年栈房的铺后。樟林镇司的告示,还说明蓝、吴两家纠纷案之前的一段时期,南社港已经出现很多违章的乱填事件,故告示称蓝尔达的行为是"藐批""复填"。无视政府的法令,故曰"藐批",再次乱填称"复填"。总之,樟林镇司的立界碑可证明当年樟林港商业社区在不断扩大及航运、商业迅速发展的历史事实。

（2）二十四年碑有一句话,指控蓝尔达填港"阻塞契买铺后船只出入"。而此碑出土处在一间原来的洋船栈铺后,经多年前改造,尚存一门楼,现在五

路头南侧。货栈选择临港之处是因船只出入方便。星移斗转，沧海桑田，当年临港位置具体在何处？这间栈房恰好留下当年临港岸线的一个标志点，自然引发我们对当年南社港的实际港岸线及其范围的探索。

乾隆中期南社港的实际港岸线情况如何？除碑刻出土处的原洋船栈是当年的港岸线上一个标志点外，还有一个标志点是南社三山国王庙前广埕南边临港的一个码头。此处码头至今保存完好。二点成线，大体为我们今天考察当时港岸线勾勒出一个准确位置，即从码头到五路头的五路头路。这只是一段港岸线而已。

如果以三山国王庙前广埕南边的码头作为中心点，从这里拾级而上，沿堤东行至天后宫的大堤，地名叫堤顶，这段大约500米的大堤，就是防潮海堤。在南盛里堤屋尽头处，原竖立一方刻有"山海雄镇"的大碑，碑铭与堤下的三山国王庙的匾额相同，乃乡民祈借三山国王的威灵保堤防潮，护土安民。堤顶这条年代较早的老堤不妨称为南社港的东岸线。乾隆五十二年（1787）之前，港内未填建天后宫、南盛里、南康里，堤顶这条港岸线是绵延连接出海口乌涂尾的港岸。

而从码头西行，经五路头路至五路头，过杨氏宗祠（后改建为南社大队队址）、陈氏宗祠，南折向蓝氏书斋前，再往西经港墘路（又叫姑娘路）至关部前，又北折至洽兴街尾的蓝氏宗祠前止，这条路线应称为南社港的西岸线。南社港在这里与横贯樟林市区的河沟会合。

从码头到五路头一段的港岸线在上文已做了考察，而五路头至蓝氏宗祠前这段港岸线的根据是什么？一般港岸被开发，建了商铺、栈房，会前门临街、后头临港，让运货船只可出入港面。而几十年前在这条路线上就有从前遗留下来的商铺——蓝氏宗祠前南侧有一间门临大街、后头临港的狭长的清代残破不堪的货栈建筑。

除此之外，还可借助五路头等处的地势因临港而产生的斜度来判断。如五路头处，从其东北方向来汇于此的二条街巷均呈由高而低的走势。原杨氏宗祠与陈氏宗祠间的碎石路，往南走也呈现斜度。洽兴街尾的蓝氏宗祠向南至关部前的街道也是由高变低。这些都是港岸线的地貌特点。几处呈斜度的路段，经近年修路填平，已难见当年初建时的地貌。

说到这段港岸线，五路头这处地方还得多说几句。五路头，顾名思义，是五条道路辐射开去的中心点，当年是个集市，其商业活动沿袭至今。附近的居民称此处为下市，是相对于俗称内市的广盛街而言。这里当年应是一个内凹的小湾。杨氏宗祠、蓝氏书斋（已被拆作露天戏台广埕）是后来填建的。与五路头隔大水沟的那条路，应是通往码头的行道。

至今，南社港经过200多年的不断填塞，建筑物不断伸入港面。但乾隆中期南社港的港岸应如上述推断。

（3）乾隆二十四年前后南社港究竟有多宽，港区的范围至何处？在探讨这个问题时，先要说明概念有别的樟林港与南社港的关系。一般史志记载的樟林港，也称东陇（今作东里）港。据康熙《澄海县志·疆域图》所绘，没有樟林港，东里溪出海口有二港：一为东陇港，一为旗岭港。其实，康熙年间，由于政府对樟林海防及地方管理的重视，康熙八年（1669）署澄海知县阎英奇督建了樟林城堡，设守备署，驻兵五百，设樟林母汛于城内，由千总一员领之，统辖东陇、鸿沟、盐灶塘、九溪桥等汛，又移东陇河泊所大使署于樟林城内。乾隆一朝樟林的经济又突飞猛进，使樟林成为潮州府东北部澄海苏湾的政治经济军事中心，名气飙升，故乾隆《潮州府志》中称"樟林港在县东北三十里"①，实乃前志所称的东陇港。东陇港、樟林港实为一地先后时代的异称。有学者指出，明清地方志所称这类港，"均指河海交汇之水道"②，不是面向大洋的深水港。水道宽广的樟林港，内中浮聚滩地、塭田，潮平两岸阔，大船要借潮水入港。如嘉庆十年（1805），海盗李崇玉于"七月二十四日，潮水涨溢，乘匪船四十余只驶入乌涂尾港"③。樟林人所认为的南社港一般是从堤顶天后庙至蓝氏宗祠前的港面。一般所称的樟林港，实涵盖了南社港。

至乾隆二十四年，新兴街尚未开发，南社港以樟林南社社区南岸为港岸线，东南接乌涂尾港面，应包括天后宫南面今南湖在内的纵横水网，是浅水避风良港。在这片面积不太大的浅水港面，浮聚着滩地、塭田。如与南社只一水之隔的新兴街，在未开发之前，仍是"海滩田地"，称"棉布围"便是塭田。④离新兴街西门楼不远，也是塭田，地名"塭仔"可证。潮水甚至可达今苏北中学旧校址之外。中学之南有张厝内，地势比苏北中学高出约一米，建筑在旧时的堤防之上。几十年前在元兴祠前还保留一小段旧堤，路面与蕹菜田的落差约一人多高。附近蟛堆脚连理榕南面至今有旧灰堤残段可见。塭仔居民点便在残堤之南。从红肉埔、尾园至南社港岸这片港面，当时已成为以塭田为主的河汊交错、水道纵横之地貌，潮涨时水网可沟通南社港是毫无疑问的。有

---

① 〔清〕周硕勋纂修：《潮州府志》卷三十四，上海书店出版社2003年版，第824页。

② 陈春声：《樟林港史补证三则》，见汕头市政协学习和文史委员会、澄海区政协文史资料委员会编《红头船的故乡：樟林古港》，香港天马出版有限公司2004年版，第148页。

③ 〔清〕李书吉纂修：《嘉庆澄海县志》卷二十二，上海书店出版社2003年版〔据嘉庆二十年（1815）刊本影印〕，第588页。

④ 参见林圣渠等《咸惠公与新兴街》，见汕头市政协学习和文史委员会、澄海区政协文史资料委员会编《红头船的故乡：樟林古港》，香港天马出版有限公司2004年版，第428页。

一条看起来在当时沟通南社港的大水道，其遗迹在几十年前还是连接贯通的：在新兴街西门楼不远有一高大涵闸，闸之北通南社港，闸之南有一脉弯弯曲曲的水塘沟渠，绕过塭仔林厝祠前，拐向植芝里一带。如果不是此处兴建新居民区，应与三合桥的水塘相通。故乾隆二十四年前后，南社港区应包括新兴街、塭仔、南湖在内的河汊水道。

乌涂尾是南社港的出海口，清代在此设置海防炮台。更早时这一带的海水可达今苏北中学的尾园埔。为何叫尾园？得乌涂尾之名而命之，颇符合地名学原则。这一带最大的浮聚沙线就是尾园埔。近邻又有红肉埔，而红肉是海贝类，可知早年这两处地方均为海水所包围。

如果推得更远古些，乌涂尾是韩江支流北溪两个出海口之一。北溪至隆城一带，水分数路入海，绕东里、水寨、上西陇、陇仔、月窟、樟林分汊入海。

这种推测，与《嘉庆澄海县志》卷七《山川》记载很相似："东陇港距城北二十里，在东陇村外，自韩江而来，至隆都合樟林之水而入海。"① 清代各志的疆域图已看不出合樟林之水，在嘉庆修志时，这种记载恐怕失实，是因从前修志时陈陈相因，搬用前朝旧志的资料而不做田野调查导致的，却恰好证明"至隆都（指龙眼城）合樟林之水而入海"② 曾经是韩江支流北溪出海口的实际路线。到嘉庆时这条水道早就因淤塞被开发。几十年前看到的从月窟西北、塭西南三合桥、东过植芝里、新兴街外、天后庙前出水仙庵一带的河汊水塘，便是入海水道的遗迹。不过在乾隆时，这段曾由北溪直入樟林港的较为宽广的河汊水道，应属南社港的范围。话已离题，只是谈到樟林港时追溯其历史源流的一点讨论。

逮至乾隆五十二年（1787），新天后宫在堤岸之内落成，再到嘉庆初，樟林洋船商中林五家族崛起，为适应日益发展的洋船业的需要，开始开发新兴街。选址在与南社隔水相望的滩田棉布围，创建货栈一条街，还兴建了达祖家庙、外祠、府第及民居。自此之后，南社港就成了一个狭长而宽窄不等的封闭的内港。清末民初又填港盖建成南盛里、南康里。与乾隆二十四年之前相比，南社港的港面萎缩了很多，但多了一条界限分明的新兴街的南社港南岸线。这条港岸线至今倒无大改变。

---

① 〔清〕李书吉纂修：《嘉庆澄海县志》卷七，上海书店出版社 2003 年版〔据嘉庆二十年（1815）刊本影印〕，第 70 页。
② 〔清〕李书吉纂修：《嘉庆澄海县志》卷七，上海书店出版社 2003 年版〔据嘉庆二十年（1815）刊本影印〕，第 70 页。

二

1. 明万历至清乾隆年间樟林是潮州的大渔港

樟林于明代嘉靖时建制，到万历时，已是有名的海产品的生产、集销地，闻名全潮。如明本潮州戏文《重补摘锦潮调金花女大全》就有这么一句戏文："今使你去庄林买二个海味。"① 地名称"庄林"，正是樟林人自称本乡的读音。这种特殊的读法，说明"庄林"即"樟林"。当时戏曲作者未必到过樟林，但知樟林盛产海货。② 直到清代，樟林还有一条专卖海味的市街，叫广盛街，本乡人多叫内市。此事记在《樟林游火帝歌》中："第七广盛销海味，亦有扣舡共牵罾。"③ 从戏曲、民谣可知，明清时樟林是潮州有名的大渔港。

反映出从前曾经存在过什么社会活动的地名，也能证明清代南社港的渔业兴旺的历史。如南盛里有一条巷名叫"渔行巷"，著名文学家秦牧的故居就在这条巷中。此处当年是海货的销售地，故得此名。和渔业、航运相关的物品，如船只最需要的工具——绳索，也成行成市，如附近有"索铺池"，专门生产绳索。

乡土文献记载，今立于南社三山国王庙里的明代万历碑刻《均匀碑》，是"为一乡渔课事"而立的。而最近出土的乾隆四十八年澄海县正堂的示禁碑称樟林乡"全赖商渔船只输课赡生"，此碑涉及渔船主与渔工纠纷的事件。

上述戏曲、歌谣、文献、地名均说明从明代万历至清乾隆四十八年近200年里，樟林一直保持潮州大渔港的地位。

2. 樟林渔港出现一种新的生产关系

乾隆四十八年示禁碑的史料价值在于反映出清代在粤东这个渔港出现了一种新型的生产关系。尽管这种模式不是当时渔业生产中的绝对形式，却是一种有生命力的经济活动方式。在封建时代，除非常时期造反年代外，只有地主对农民的地租剥削，没有农民在生产过程中以创造财富的角色和地主进行保护自

---

① 吴南生编：《明本潮州戏文五种·重补摘锦潮调金花女大全》，广东人民出版社1985年版，第791页。

② "庄林"与"樟林"在读音上，雅言与方言并非谐声。但可以肯定，"庄林"与"樟林"指同一地方。樟林人把"樟林"读作"庄林"。周边或熟知樟林的人，"樟林"也自然读作"庄林"。若不熟樟林地方，讲普通话的人"樟林"必读"章林"而不读"庄林"，讲潮语的人"樟林"必读"浆林"而不读"庄林"，若闻音而记录也必记"庄林"而不写"樟林"。当年剧本的作者也未必到过樟林，但知其地盛产海货。樟林本乡人为什么读作"庄林"，应请音韵学家或者社会学家来解决。讲潮语的人跟樟林人一样都读"庄林"，与姓名的读法从主人的惯例相同。

③ 佚名：《樟林游火帝歌》，见汕头市政协学习和文史委员会、澄海区政协文史资料委员会编《红头船的故乡：樟林古港》，香港天马出版有限公司2004年版，第526页。

己利益的角力。但乾隆年间樟林渔港的渔工运用他们作为生产中的主要角色的优势，"恃强"尽量获得更多的利益。这样说或许不符合历史发展阶段的实际，却涉及人类社会在私有制时代进行财产分配的重要核心问题。

示禁碑涉及的事件是这样的，樟林当时的经济靠"商渔船只"支持，而渔业生产的发展，不能全靠父子船、兄弟船的小规模生产。扩大生产，需要大渔船及有资本的商人或地主进行渔业投资，钉造渔船"捞风"，"船户舵工除本费外，同分利息"。以陈发万为首的渔船主控告"不法奸伙私腌私卖，甚且拴（串）通小船奸贩驳别处销售……致连年船主血本有亏"。毫无疑问，当时樟林的大渔船生产有一种各凭资本、智能、劳动力合股的形式。有资本的富人未必能操舟于惊涛骇浪之中，能驾船并掌握鱼汛的舵工老大及一般渔工又无资本钉船。或为了发财，或为了生计，他们合作起来，实行"船户舵工除本费外，同分利息"的分配方式。船主与渔工似乎不存在雇佣关系，不实行支付工资的形式，而是将"所捕海渔及一切虾、蟹、螺、鲽、鲥、墨等物逐一装载回港；眼同秤交船主，照依时价发卖，按照规约所载，分给鱼价资生"。由于渔工的利益与捕鱼量紧紧捆绑，分利与产量成正比，因此能充分发挥渔工的积极性。如果分利比较合理，这种方式无疑有其进步的一面。但非常可惜，这个只"粘规约一纸"的"规约"的细节，没有附刻在碑中，所以无法考察当时除工本费外，船主对舵工渔工们所创出来的剩余价值如何分配，各占多少比例，"规约"是否相对合理，这就为渔工私腌私卖不按"规约"的行为留下伏笔。可以推测，"规约"的分配比例过于悬殊，迫使渔工回港前做手脚，先行分利。渔船主与渔工，是相互依存的两方面，在历史发展的某一阶段上，要有理性的规约才能双赢。类似的"规约"，若接近合理，共同遵守，就不会出现渔工违规情况。

船主与渔工之间始终是劳资关系，其矛盾是绝对存在的。为了生存和发展，妥协总是需要的。"经会同港众，挽同船工酌定规约。"不知当时的渔工有无行会？清代手工业发达的地方，如广州的丝织业有"西家行"组织[1]，可与作坊主进行对话。又如苏州的丝织染布业，工人可用"叫歇"的罢工活动讨公道。[2] 而樟林港的渔工可能是分散的个体劳力，所以碑文说港众（指渔船主们，非指一般居民）"挽同"船工酌定规约。"挽同"一词，反映船主们为主动的一方。双方能酌定规约，通过对话定协议解决纠纷，没闹到"叫歇"的地步。

---

[1] 参见郭沫若主编《中国史稿》第七册，人民出版社1995年版，第539页。
[2] 参见郭沫若主编《中国史稿》第七册，人民出版社1995年版，第539页。

乾隆四十八年樟林港的渔业纠纷还说明在生产活动中，虽有规约，但没有切实的管理手段，任何规约协议也只是一纸空文。在海上作业的一条船中，不可能设立一个专职的管理人员对生产进行监督。另外，在契约社会中，立约双方要共同承担风险，没有对契约的履行道德，没有诚信，同样也不能实践规约，对社会生产是不利的。

乾隆四十八年澄海县正堂的示禁碑，是樟林地方诸多碑刻中有关经济活动的一块。它反映出樟林港渔业生产活动中产生出来的资本主义经济萌芽。它还涉及是物化劳动创造价值，还是活劳动创造价值；是资本、生产工具占主要，还是现场操作的劳动者占主要的问题。从封建经济到资本主义经济，拥有资本的都是物化劳动创造价值的拥护者，其认为他们在分配上占主要地位是合理的，损害了生产活动中的执行人劳动者的利益。这种不合理的分配原则，势必引起劳动者的反抗。当他们处于被压迫地位的时候，就会用消极怠工对抗。他们在生产环境特殊的情况下会进行反抗，如樟林港的渔工在无监督的情况下，就会虚报汛情，转移、私分产品以补偿分配的不合理，于是出现"私腌私卖，甚且拴（串）通小船奸贩私驳别处销售"的违规事件。

从碑文看来，立碑之前，"船户舵工除本费外，同分利息"似乎是一种口头认同，在"规约"立碑之后，私卖私腌的做法就等于违法，要遭投资的船主的追究。他们请政府保护，帮忙立碑，相当于立法，通过法律手段阻吓和惩罚违法的渔工。这就是乾隆四十八年澄海县正堂示禁碑设立的原因。

三

我在释读碑文的过程中，不少字词要多次斟酌后方能明白。碑文明显带有方言及误笔，本地人士释读起来还颇费思量，不熟潮方言的人读起来更难。这两篇碑文不像出于规范使用文字的撰写人之手，有必要做些辨识和说明。

碑文中"仍"误作"另"，"亟"误作"极"，用俗字"迯"作"逃"，均已为吴俠卿先生在释文中指出。另外还存在一些错别字、异体俗字、生僻词语，今罗列如下。

1. 二十四年碑

（1）觎：碑文有"觊觎"，应是"觊觎"的误写。"觎"误为"觎"，是因"籥"与"觎"潮音同，误用"龠"旁代替"俞"旁所致。

（2）级：疑"给"之误。"此级"应为"此给"。可用四十八年碑来证明。碑文有"呈缴规约到县，当批候核给"之句。上司的批示下发，在公文之末称"此给"可通。

（3）攄："据"的俗字。① 明代澄海民间普遍使用，有的又写作简体的"扷"。②

（4）两造：旧时官司文书中指原告与被告双方的术语。

（5）如：应为"谕"字之误。潮方言"如"与"谕"同音。

2. 四十八年碑

（1）拴：一般字典有载，义为：系、闩、栋。碑文中"拴通"为一词。从上下文意，以方言推之，"拴"为"窜"的生造字。用形声法，形旁加"全"声，因潮方言"全"与"串"音同调异。但与字典"拴"字形相同属于巧合。

（2）迯："逃"的俗字。《日本大玉篇》辵部："迯，俗逃字。"古代已出现此字，在潮州歌册中更加普遍。

（3）郆：当为"卸"之误。

（4）结存、存各：结，定案具结。存，存档。碑文中的公文术语。这类术语共4例：

①将规约呈核结存。(2 例)
②呈缴规约到县批候核给规约存各。(1 例)
③粘约呈缴批候核给规约存。(1 例)

经过对比可见，②与③例的句式基本相同，末尾"规约存各"也应相同，可见第③句漏一"各"字。又"规约结存"与"规约存各"也应意同。"结存"也作"存结"，可见第②句的"各"是"结"字的误笔，因潮州话中二字同音。很明显，第③句所漏一字为"结"。

（5）蠏：即"蟹"的异体字。

（6）鯑：字典不载，也是使用形声法生造的方言字，指海蟹中的一类。方言读"饲"③。这种海产清《光绪潮阳县志》卷十二《物产》记作"蟧，壳微青，有白点，长脚……潮音读如齐之入声"④。《汉语大字典》也有收录，引宋代洪迈《容斋四笔》述东南沿海的海蟹有"黄甲、白蟹、蚂、蟧诸种"。又引明屠本畯《闽中海错疏》卷下："蟧，似蟹而大壳，两傍尖出而多黄。鳌

---

① 参见刘复、李家瑞《宋元以来俗字谱》，文字改革出版社1957年版，第67页。
② 参见蔡英豪等《澄海岛门明墓出土距今402年的〈通关牒文〉》，见陈景熙主编《汕头收藏》第2期，第46、48页。
③ 饲：潮音 [tshi?^{8}]。
④ 〔清〕周恒重修、张其翰纂：《光绪潮阳县志》卷十二，上海书店出版社2003年版，第162页。

有稜锯，利截物如剪，故曰蠘。"① 这类海蟹腹雪白，背有花纹，青蓝黄褐色各异，体大脚长。樟林有句俗语"跪唔过三只蠘"，形容人矮蠘脚长。有青脚蠘、白蠘等。《汉语大字典》有收"簸"字，音与"蠘"同，应是"蠘"的异体字。其注引宋代傅肱《蟹谱·白蟹》原注："即海中所生是也。今忽有，因号白蟹。"② 可能是俗称的白蠘。

（7）䱱：碑文指的是一种比目鱼，晒干味道鲜美，是做菜的上等佐料，潮方言叫"缔脯"。碑中此字也是用形声法所造生字。将"缔"变换形旁作"䱱"。《山海经》卷三《北山经》载，源于龙侯之山的决水"其中多人鱼，其状如䱱鱼四足，其音如婴儿"。郭璞注："䱱见中山经。或曰人鱼，即鲵也。似鲇而四足，声如小儿啼。"③ 碑文的"䱱"鱼与字典所收"䱱"字属形同义异的巧合现象。《山海经》中所载的"䱱"，今俗称娃娃鱼。以潮方言生造的"䱱"，即《汉语大字典》所收的"鰨"，为比目鱼，广州话叫"鰨沙"。

上述对碑中因方音关系而使用不规范的字的辨识，或许对释读这类碑文有所帮助。尽管与本文议论史事的主题无关，还是作为文章的一部分居后，难免有蛇足之嫌。

2005 年 11 月初稿
2006 年春节定稿于樟林
（黄光舜先生对本文提出宝贵意见，谨致谢忱）

附：

樟林古港发掘出清代三碑刻

吴侠卿

2005 年秋，号称粤东通洋总汇的樟林古港南社管区，为配合道路建设，由樟林古港纪念馆和村委会紧密合作，进行田野调查，在三山国王庙广场前堤脚发掘出清乾隆四十八年澄海县正堂示禁碑，又在原信贷社地方发现乾隆二十

---

① 〔明〕屠本畯：《闽中海错疏》，中华书局 1985 年版，第 25 页。
② 〔宋〕傅肱：《蟹谱》，中华书局 1985 年版，第 15 页。
③ 〔清〕郭璞：《山海经笺疏》卷三《北三经》，嘉庆十四年（1809）本，第 27 页。

四年樟林镇司的立界碑，在观音堂发现光绪二年（1876）《社众规约》碑。三碑简介如下。

乾隆二十四年六月十二日所立樟林镇司《为藐批复填官港事》碑，可称立界碑。高160厘米，宽40厘米。碑文140字。此碑缘由是乡民杜廷亮、杜茂控告蓝尔达"藐批复填官港，阻塞契买铺后船只出入"。得澄海县正堂批示："令立界竖碑，永杜觊觎。"樟林镇司还申饬："嗣后该处永禁填筑盖铺。"所谓立界，非房屋厝界，而是港岸界。

乾隆四十八年六月初八日竖立的澄海县正堂《为恳恩示禁以利民生事》碑，可称示禁碑。高207厘米，宽70厘米。碑文702字。记述乾隆年间樟林的经济状况："西北傍山，东南大海，田园稀少，全赖商渔船只输课赡生。"立碑原因是以陈发万为首的渔船户控告渔工不按扣本分利的规约，私卖私腌鱼货，致使血本亏损。尔后全港渔船主与渔工重新确认前识。澄海县正堂批示以后舵水领驾渔船出海捕采鱼货，统统装载回港交渔船主按时价发卖，照规约分利，否则"按法严究，决不宽容"。并以竖碑形式立法，保护渔船主利益。

二碑内容反映乾隆年间日趋繁荣的樟林港，由于商业、渔业、海运业的蓬勃发展，港区的商铺、栈房迅速开拓。渔业的发展引发渔船主与渔工的矛盾冲突。通过官方立碑，确认渔船主与渔工的规约。虽然保护了渔船主的利益，但也起到协调双方的作用，在当时的历史条件下，还是对生产有利、对社会有益的。

除了上述二碑外，还调查出光绪二年八月的《社众规约》碑，文字磨损较多，内容与樟林港的历史有关。

这些碑石的发现，为研究樟林古港的历史增添了新的内容。

这次古碑的发现发掘工作，还得到南社、观一管区老年人协会的重视和支持，协会成员亲临现场，协助清理，施工队精心施工，使调查发掘工作得以顺利进行。

经过精细洗刷，三块碑石中除光绪二年碑碑文残泐外，乾隆二十四年、四十八年二碑文字清晰，今树于三山国王庙前堤脚。

附录：

乾隆二十四年碑：

潮州府澄海县樟林镇司加一级许　为藐批复填官港事
乾隆二十四年五月二十五日蒙
本县正堂王　批本司申详杜廷亮杜茂敬呈控蓝尔达藐批复填官港阻塞契买铺后船只出入一案缘由此批既摅两造具遵即

如勒令立界竖碑永杜觊觎此级等因蒙此合行饬知遵照详由
批定章程立界勒石竖碑嗣后该处永禁填筑盖铺须至勒石者

乾隆二十四年六月十二日　　行

乾隆四十八年碑：

奉　县　主

借补潮州府澄海县正堂随带加四级又加一级纪录五次余　为恳恩示禁以利民生事乾隆四十八年五月十八日据　陈发万等具呈前事称缘万等樟林一乡西北傍山东南大海田园稀少全赖商渔船只输课赡生讵有奸伙舵水人等每有将鱼货私腌私卖拴贩迯（逃）鹭积渐效尤致连年船户血本有亏经会同港众挽同船工酌定规约立碑禁止但恐日久若辈另（仍）踏旧辙与其预患以将来何若未雨而绸缪极（亟）就本年三月十八日呈请　宪示严禁以垂永久蒙此准示禁另将规约呈核结存念八日粘约呈缴批候核给规约存适　前主郐事未蒙示给兹欣　仁宪荣治兴利除弊口碑载道势得列仝恩　宪威恩准照案示禁利民生厚民望鸿慈永垂千古为此列呈等请到县当批准给示严禁在案案查本年三月十八日据　樟林港渔船户陈发万等呈为　恳恩示禁等事称缘万等樟林一乡西北傍山田园稀少东南大海全赖商渔船只为业自圣朝以来钉造渔船捞风上输国课下利民生船户舵工除本费外同分利息历来无异奈日久弊生讵有不法奸伙私腌私卖甚且拴通小船奸贩私驳别处销售积弊效尤致连年船主血本有亏兹会同港众挽同舵工酌议规约立碑嗣后改过自新无得私腌私卖如有查出照规议处众乐心愿诚恐舵工伙伴复敢恃强另（仍）蹈旧辙万等各为身家起见势得列仝叩仗　宪威恩准示禁以利渔民等情经前县批准示禁仍将规约呈核结存续据陈发万等呈缴规约到县当批候核给规约存各在案　前县未经示禁旋即郐任兹据前情合行出示严禁为此示谕樟林港渔船户采捕舵水人等知悉嗣后尔等舵水领驾船户渔船出海采捕所捕海鱼及一切虾蠘螺鲦鲻墨等物逐一装载回港眼同秤交船主照依时价发卖按照规约所载分给鱼价资生不许仍前奸贪在于海外僻处私腌晒脯以及勾通鱼贩小船私行卖鲜一经船户澳长查出许即禀赴本县定行按法严究决不稍宽各宜凛遵毋违

特示

计粘规约一纸

乾隆四十八年六月初八日　　示

[原载黄挺主编《潮学研究》第13辑，汕头大学出版社2006年版，第98～109页（附文见第320～323页）。]

从新发现的乾隆三十九年勘界碑
再见证乾隆中期樟林港的蓬勃发展

樟林是清代粤东大港，也是著名侨乡，樟林史之研究在潮学中占有一席之地。笔者乃古港樟林人氏，年间回故里探亲访友，有暇则以穿街溜巷的形式"阅读"樟林史：探索迁界时留下的残墙断壁；考察清初围屋（延续明代建筑风格）的低矮民居，康熙年间故城遗址，洋船业勃兴时期的富商豪宅、官宦旧第、祠堂庙宇；寻找零星仅存的碎石街道……每每陶醉在《樟林游火帝歌》描述的繁华幻景之中。

星移斗转，沧海桑田，曾经古港难为水。故乡高楼林立，而能勾起儿时回忆的自然景光，历史遗存，祖辈留下的文化硬件，渐渐烟消云散，让回乡游子滋生出莫名的苦涩乡情。

能在樟林的历史长河边偶然捡得一些亮丽的贝壳，是十分幸运的事。2014年春，笔者竟然在南社古港岸边的陈氏"行忠公祠"埭角发现一块乾隆三十九年（1774）的碑刻（见图1）。碑刻字迹清晰，是"县主太爷方"亲诣勘界的勒石。

碑文（按碑刻原文分行排版）：

本十二月十四日蒙
县主太爷方　亲诣勘明，并无妨碍水道。
谕令各铺户取具甘结，照旧开张。日
后不许再行添盖填砌开辟，有妨河
道。遵谕竖石界址，毋违。特谕。
乾隆三十九年三月初一日立石。①

按《嘉庆澄海县志》，乾隆三十二年（1768）至乾隆三十九年间的澄海知

---

① 碑文由笔者自释。碑文在日期上有疑点。碑文写方太爷勘界在"十二月十四日"，立碑却署"乾隆三十九年三月初一日立石"，则竖碑应在下一年的春天。刻工文化水平不高，或不敢擅改，致使产生立石先于碑文写作时间之疑问，但不碍对碑文的理解。

县为桐城举人方国柱。① 故此碑文中提及的"县主太爷方"当为方国柱。

图1 乾隆三十九年碑

此碑与2005年在原古港垾渡头信贷社附近出土的乾隆二十四年（1759）樟林镇司所立的示禁碑（见图2）内容性质一致，皆因擅填港区筑盖商铺妨碍水道通行引起纠纷，而官方介入，勒石示禁。

乾隆二十四年碑碑文（按碑刻原文分行排版）：

潮州府澄海县樟林镇司加一级许　为藐批复填官港事
乾隆二十四年五月二十五日蒙
本县正堂王　批本司申详杜廷亮、杜茂敬呈控蓝尔达藐批复填
官港，阻塞契买铺后船只出入一案缘由，据此既据两造具遵即

---

① 参见〔清〕李书吉纂修《嘉庆澄海县志》卷二十《职官表》，上海书店出版社2003年版［据嘉庆二十年（1815）刊本影印］，第559～587页。

□勒令立界竖碑永杜觊觎，此缴等因，蒙此合行饬知遵照，详由批定章程立界勒石竖碑，嗣后该处永禁填筑盖铺。须至勒石者。

乾隆二十四年六月十二日　　　　行①

图2　乾隆二十四年碑

乾隆年间，樟林全赖商渔船只为业，商业海运的蓬勃发展带动了商业区"八街"的扩展。从乾隆七年（1742）官方准盖建河沟两旁铺户至嘉庆十年（1805）澄海樟林"二林通匪案"②发生的60多年间，樟林的经济持续发展。而乾隆二碑刻石二十四年到三十九年这15年间，可以确认是樟林港的迅猛发

---

① 碑文为笔者自行释读，与吴侠卿释读版不同。

② 该案之始末可参照笔者《嘉庆十年澄海樟林二林通匪案——兼谈樟林新兴街、新围天后庙的有关历史问题》一文，载潮汕历史文化研究中心、汕头大学潮汕文化研究中心编《潮学研究》第5辑，汕头大学出版社1996年版，第113～141页。

展期。乾隆一朝樟林的重大建设工程，也大多数发生在这一时间段：二十六年（1761）建城内社仓，三十四年（1769）改仙桥街柴桥为大石桥，宗教文化方面的建设工程则陆续创建或重修塘西、新陇、南社三山国王庙。乾隆二十四年、三十九年两方示禁碑的出土，虽然内容不涉及樟林百业兴旺的记载，但当时樟林商渔业的繁荣，却从填港盖铺妨碍水道的官司案件中折射出来。

乾隆二十四年碑与三十九年碑性质近似，但官方立石的级别有差。乾隆二十四年碑由"本县正堂王批本司申详"，就是说这是樟林许镇司按照王知县的批示精神立界石，以标准的官方文件立碑示禁。而乾隆三十九年勘界立碑是由知县方国柱亲自主持。"添盖"（在有地契的原建筑周围扩张，侵占公众土地，违章添筑盖建。读者若有机会来樟林地方考察，便知添盖的含义）、"填砌开辟"（现在也可见到，即在原建筑物前后左右随便砌填池塘河道扩大面积）这类事件司空见惯，说明因商渔业的大发展，临港土地需求紧张。200多年后的今天已不知当时的先辈如何刁钻违章，也不清楚樟林司官的清廉程度，但可以肯定的是，"藐批复填官港"之事不断。政府虽发出"批定章程立界勒石竖碑"的禁令，但填筑盖铺的事件却一直屡禁不止。过了15年，又立石警告"日后不许再行添盖填砌开辟，有妨河道"。其实，从乾隆二十四年到三十九年这15年里，不知发生过多少类似的违法事件，我们只是偶然发现两次立碑而已。这不得不让人认为：乡民屡次违章，官司屡次摆平，法令等于一纸空文！

此两方碑石示禁文告，除了侧面反映当时樟林经济腾飞的史实外，还为探索樟林南社古港岸线变迁提供可贵的资料。

笔者曾根据乾隆二十四年示禁碑，实地考察港区地势及自然环境，找到南社港当年岸线的一个坐标点，撰写了《乾隆时期樟林南社港的地域范围及渔业新生产关系的出现——新出土乾隆二十四年樟林镇司立界碑、乾隆四十八年澄海县正堂示禁碑的解读》[①] 一文探索南社港岸的位置，通过被告人蓝尔达"藐批复填官港，阻塞契买铺后船只出入"事件，结合碑石出土的准确地点，确定原告人杜廷亮、杜茂的契买铺后有水道，其准确位置即今"书斋前"原渡口附近一带。那么商铺的前门便是今之五路头路。在居民建筑未经改造之前，有数间只有一个石门框的建筑物，没有太多的装饰，这种建筑的后门便是临港货栈，至今还可在新兴街、仙桥街、洽兴街找到同类建筑物做印证。这便可判定五路头路曾是港岸线。再联系到南社国王宫埕的码头、矮墙式灰堤，再到堤顶大堤、五路头路，这一大段港岸线便可勾勒出来。

---

① 载黄挺主编《潮学研究》第13辑，汕头大学出版社2006年版，第98～109页。

经过 15 年的发展，如今以"连洲别墅"为中心的港塍路一带的居民区，在乾隆三十九年前后因填港而形成一个新商业区。

这一新区的西段在樟林颇有名声，乡民叫"关部脚"。樟林港在清代设有税口，是全粤海关的收税大户，属于占全粤海关课税五分之一的澄海海关的重要税口之一。关部究竟设于何处？其遗存今不可见，只存口传的"关部脚"这一地方。调查起来众说纷纭，有三处"关部"的遗址传说。经过考察"关部脚"的自然地理形态，再参考周围老屋年代，笔者以为九十三龄老人指示的一处地方较为合理，即今蓝厝祠路尾伯爷宫左侧民居。此地地处人常称"关部脚"之地方，处于南社港入市区河道的喇叭口，方便出入办事，旁有一座约乾隆时代的老宅，门楼筑于数级麻石阶之上，说明此处濒港，为防水浸而填高建筑。所指"关部"地方几十年前已被改造为一般民居，近日再做颠覆性的改造，正在盖四层高楼，关部旧迹难寻了。

另外，遗址尚有二说，一说为蓝氏"汝南世家"大宅的附属建筑——仿西式洋楼"环港"书斋这个地方。"环港"书斋楼上楼下风格不一致，楼下尚残存清代建筑的老式构件，格局太小，似不合海关衙门的排场。只存一小石门，或许是整个海关衙门的一部分，怀疑蓝姓人家建盖大宅时已把海关衙门旧址买下。笔者又访问"环港"隔壁人家，说是当年蓝家想买下他们现住的地皮盖厝，可人家就是不卖。大概蓝家只好就简在海关旧址基础上盖了仿西式洋楼，重点放在二楼。今"环港"书斋楼下虽经改造，整体破旧，但完好。又一说当年的海关衙门设于蓝氏"汝南世家"大宅西侧地方。此处尚存一清末旧屋，也不配海关衙门排场。"关部脚"作为口传地名将会传下去，而"关部"的确凿遗址还有待考察。笔者少年时常来此挑水饮用。每当潮涨，韩江的淡水倒涌入南社港，港水几与岸平，不用涉水可取，极其方便。一水之隔，可望见对岸新兴街栅门，拱形大石桥水关，连理榕，元兴饷当，蟹堆脚广场……

言归正题。港塍路、"关部脚"这一片居民区在当年应属新兴商业区无疑，后来商业区才逐渐由洽兴街所代替。至二十世纪五六十年代，在港塍路、书斋前，除"行忠公祠"后墙，"连洲别墅"、"环港"书斋后门外，破旧的清代的旧式商铺建筑还零落可见。《樟林游火帝歌》有"洋货交易在外溪"的唱词，应指此处。这片新区原在港区里，填成后与原港岸之间就形成港塍路。从五路头路的港岸，西折杨氏宗祠、陈氏虎祠，一直西行，经姑娘巷口、蓝氏江祖祠，北折土地伯爷庙，蓝氏宗祠为止的港岸线就消失了。港岸线可推至"行忠公祠"前。这是乾隆三十九年前后的实际港岸线的变迁史实。

如今介绍樟林古港时，有一张摄于 20 世纪 70 年代初的标志性照片，是从新兴街娘宫码头渡口取景的（见图3）。

图3　20世纪70年代初南社港。从左到右可见"行忠公祠"、"连洲别墅"、"环港"书斋、蓝氏大宅诸建筑及"关部脚"

这片居民区被港墘路所包围，是乾隆三十九年前后填港造成的。以陈氏"行忠公祠"为主要建筑物，后建的还有"连洲别墅"、"环港"书斋（樟林海关遗址）、蓝氏大院宅。除樟林税口遗址外，值得记述的还有"行忠公祠"的历史：初是陈氏家族在清代腌制咸菜、菜脯的三间大作坊，附设二码头，北上走天津，经营南北货。至民国十一年（1922），在作坊旧址上盖建起"行忠公祠"。乾隆三十九年勘界碑应是当年建祠清拆旧址及近邻厝屋时被搬走当作石板铺埕使用，昔日灰工将较平滑有刻文的碑面向上平铺，笔者才有机会发现并揭示出乾隆朝南社港违章填港纠纷的历史往事，增补了一份樟林史研究的文献资料。

（原载陈景熙主编《潮学集刊》第三辑，社会科学文献出版社2014年版，第22～27页。）

嘉庆十年澄海樟林二林通匪案
——兼谈樟林新兴街、新围天后庙的有关历史问题

一

《清实录》记载一桩皇帝亲自过问，牵涉广东巡抚、惠潮嘉道、澄海知县的有关樟林港两大豪富林泮、林五结交江洋巨盗的大案。如此重大事件，嘉庆澄海县志却不载。今笔者根据有关文献，对樟林新兴街创始人林五的嫡裔进行调查访问①，以期使我们对这段清代官、商、盗互相勾结、违法走私而被朝廷查办的历史有一定的了解，以补县志无载之阙，并为研究清代粤东海上贸易提供一种好资料。

封建社会闭关自守的海禁政策造成民间海上走私贸易的发展，明代南澳曾一度成为闽粤民间私贸中心，属于当时世界海上自由贸易的一部分。至万历三年（1575），明朝政府平息了倭寇并镇压闽粤海寇商人集团之后，在南澳设立副总兵。自此，南澳成了东南的军事重镇，失去了海上民间私贸中心的作用。

与南澳一海之隔的澄海县，在全潮最接近作为政治、经济、文化中心的府治潮州，又是韩江的出口处。尤其是地处闽粤要冲、水陆交通方便的樟林港，在海禁稍宽之后，于康熙中期至雍正间的四十几年里，作为正税口的港口贸易逐步发展起来，上承南澳而成为潮州地区对外贸易的中心，带动了樟林埠的发展。

至乾隆七年（1742），随着洋船业的兴旺，以河沟两旁为中心的金仙桥、银长发等商业街开始开发兴建，使樟林成为"澄之巨镇"。② 前期港口的货栈区设于仙桥街，近邻今苏北中学旧校舍及周围的建筑群也是这个时期建造的洋船家族的私第区，其中就有樟林乡史上赫赫有名的林泮及新兴街林氏先人的产业。

---

① 本文材料来自对林五后代的访问。
② 参见尹佩绅《拨充风伯庙祀祭香灯章程碑记》，见黄光舜《闲堂杂录》，见汕头市政协学习和文史委员会、澄海区政协文史资料委员会编《红头船的故乡：樟林古港》，香港天马出版有限公司2004年版，第341页。

由于樟林港自然地理环境的变迁，港口区向南推移。为了适应日益发展的对外贸易需要，到乾隆末年、嘉庆初年，樟林港的洋船业中又崛起新兴一族，创建新兴街洋船栈，这是樟林港的重要设施。其创始人林五，族谱讳咸惠，又名自提，乡民尊称为提爷。林五的洋船商号叫"振发"。整个新兴街建筑群还包括林五奉祀其祖其父的义祖祠、达祖祠以及林氏家族兄弟的三座大型私宅"朝议第"。① 现在的新兴街建筑群除从新兴街入达祖祠巷口的石碑坊被拆毁外，基本完整，尚可一瞻当年壮观的气派。

林泮与林五二人关系密切。林五的子孙说二人以同姓结金兰之交。林泮原籍福建莆田，茶商家庭出身，慕樟林繁荣而来定居，从事洋船业，这反映出樟林乾隆年间经济迅速发展的一个特点：大量外地资金涌入，大办放洋。这类非本地人的洋船商被称为"外埠主"，他们为樟林港的发展做出了贡献。樟林乡有句俗话说："提爷富是富，着个阿泮爷借大厝（还要向泮爷借用厅堂房屋）。"② 大意说新富的私宅远不及老富，引申为姜还是老的辣的意思。传说他们与当朝大臣蔡新之子有密切私交。林五与惠潮嘉道署长随何玉林也有交往。何玉林可以将道台的书籍、对联送给林五，还托澄海知县何青叫林五代销货物，借贷银两。何青还为林五祖祠题联。在嘉庆十年（1805）之前，二林在樟林甚至在澄海的声望和影响可想而知。故二林结交海盗案发生后，朝廷并称二林为"澄海县土豪"，这一恶名通常是对有影响的地方人物的贬称。

就在樟林港最鼎盛的嘉庆十年，洋船业豪富二林因勾结海盗集团而被查办。此案轰动潮州，皇帝震怒。

澄海二林案的发生，是有其深刻的社会历史背景的。

在明代，潮州的海盗商人集团十分著名，虽然最终被镇压下去，但其遗风尚存。如明代的海盗商人集团占据海口，向出海商船给票抽分，敲诈勒索。③ 到清代，海盗有时在商船渔户中寻找代理人，这些船户与海盗集团有密切关系，一方面提供物资补给，另一方面为其销赃，代收港规，给单放行之类，同时也求得自家商渔船免受抢掠。此类船户虽属个别，但他们也在一定程度上参与了海盗集团的活动。澄海二林应是参加过这类活动的洋船户。古港樟林一带就流传一种说法，说林泮爷得外号"金钩剪"的海盗大王的支持，得到在海上通行的信号：于桅顶挂棕蓑为记，其船可免受海盗骚扰。又传说其私第有地

---

① 材料来自对林五后代的访问。
② 材料来自对林五后代的访问。
③ 参见〔清〕周硕勋纂修《潮州府志》第三十八卷《征抚·许栋传》，蝠池书院出版有限公司2005年版，第3672~3673页。

下暗道通南社港。今盐鸿镇盐灶乡外的大堤，原有林泮的货栈瑞丰仓。货仓不设于政府开放的正税口樟林，可知其或为走私货物的仓库，或为海盗销赃的仓库。他们互相利用进行违法贸易。

海盗与个别船户勾结，地方官却怠玩不问，引起朝廷的重视。嘉庆帝曾严厉斥责在任两广总督倭什布对"海阳澄海等县地棍土豪私铸炮位及私运炮火米粮出济盗并逗凶毙，奸占恣行不法案，未能随时查办。废驰已极"①。我们可以从活动于闽粤间的两个大海盗集团的装备及人数来想象，当时的海盗若无陆上个别船户的接济，是难以维持活动的。据最大海盗集团蔡牵帮一投诚的头目透露：该帮原有船八九十只，每船火药一二百斤。②仅次于蔡牵帮的朱濆帮投诚时有3300余人，船42只，铜铁炮800余门。③海盗集团确实需要陆上补给。御史严琅也有类似的参奏："惠潮两府奸民违例制造大船，以取鱼为名，远出外洋接济盗匪水米火药。州县官利其港规，不加查禁。"嘉庆帝连续免二员两广总督，任命吴熊光继任，"实力查禁"。④

在如此严峻的海防事务中，朝廷严惩商盗勾结以及地方官受贿纵容的行为。在这样的历史背景下，终于酿成嘉庆十年澄海樟林港两大洋船主被查办的二林通匪重案。

此案重要的奏本及嘉庆帝的批谕均保存于《清实录》之中，还是让历史的实录来重现190年前澄海二林通匪案的过程吧。

嘉庆十年三月丁酉，广东巡抚孙玉庭上奏嘉庆帝关于林泮、林五交结海盗、接济洋匪一折。嘉庆帝立即指示两广总督等员审办：

> 林泮、林五二犯交结盗首，接济洋匪，尤为罪大恶极。着那彦成、百龄速行提讯明确，问拟斩枭，以昭炯戒。⑤

总督那彦成还未及审问二林，便因与嘉庆帝在剿匪政策上有分歧，被嘉庆帝革职，遣发新疆效力。广东巡抚孙玉庭在新总督到任之前审讯二林，并遵圣旨判处二林斩枭；从《清实录》的记载看来，二林被处决应在三月至十二月之间，具体日期不详。本来可以从新兴街内祠林氏拜祖做忌的日期推知林五受

---

① 《清实录》卷一四一，中华书局1986年版［据嘉庆十年（1805）本影印］，第931页。
② 参见《清实录》卷一六一，中华书局1986年版［据嘉庆十一年（1806）本影印］，第84页。
③ 参见《清实录》卷二二一，中华书局1986年版［据嘉庆十四年（1809）本影印］，第987页。
④ 参见《清实录》卷七十，中华书局1986年版［据嘉庆十一年（1806）本影印］，第218～219页。
⑤ 《清实录》卷一四一，中华书局1986年版［据嘉庆十年（1805）本影印］，第928页。

刑之日，然原有填写列祖忌日的一块木板，今已不存。40多年无公祭，无人能回忆起。后来，笔者回乡，访问林泮裔孙林松泉兄，示以"祖先考妣忌辰祭祀日期列日"的"粉牌"，林泮忌日为六月十三日。那么，林五也应该于同日处决。但二林受刑地点的自然景观不变。其子孙告知笔者，其受刑处在新兴街西栅门外百米远处的蜡堆脚连理榕下，二林头颅挂在连理榕上示众。苍老的榕树今枝叶虽不茂盛，却也顽强活了下来，过路之人必穿其拱门式的老干下。连理榕倒成了历史事件的见证者。澄海县令何青因涉销赃，被发配伊犁效力赎罪。

然而，此案远未就此结束，林泮并无家人为他上诉，但林五不服，族侄林英上京告御状，揭发惠潮嘉道吴俊家人何玉林索钱不遂，反诬告林五通匪治罪之事。刑部怀疑案情有蹊跷，议驳孙玉庭判案不经过会审，不合程序，且有杀人灭口之嫌。嘉庆帝同意刑部意见，谕令暂缓执行斩枭。可是圣旨还来不及传到孙玉庭手上，林五已身首异地。《清实录》是这样记载此事的：

（嘉庆十年十二月）癸卯

谕内阁：刑部议驳孙玉庭《奏审办澄海县土豪林五交结、接济洋匪并林五挟嫌捏告何玉林等串诈陷害》一折。

此案林五一犯，先经吴俊访拿，禀知该抚。审系通盗济匪，私买炮位。当即降旨令将林五审明，问拟斩枭；并将知县何青发往伊犁效力赎罪。

嗣因林五在粤控诉官吏丁役索诈赃款，复降旨令将林五暂缓正法，何青亦暂缓发遣，统俟审明再行办理。旋据林五族侄林英赴京控告惠潮道吴俊家人何玉林索钱不遂，反以林五济匪捏详治罪等因。又经降旨将林英解往粤东，交那彦成、孙玉庭归案审办。

该抚于接奉后，自应会同督臣详细研鞫实情，分别定拟，候旨遵行。即因那彦成现经解任，亦应候新任督臣吴熊光到后，会同讯办。孙玉庭乃用单衔审拟具奏，辄将林五恭请王命先行斩决，竟似欲灭其口，俾无质证。何玉林系升任臬司吴俊家人。该司即无知情纵容情事，其失察亦无可辞。此案审办时，吴俊自不应与闻，但该臬司现在省城，安知非伊所出主见？该抚轻听其言，率行定案。

着将刑部折并孙玉庭原奏二件，一并发交吴熊光，再行详细访询；务得确情，据实具奏。毋因吴俊系军机章京，稍涉回护。①

---

① 《清实录》卷一五五，中华书局1986年版［据嘉庆十年（1805）本影印］，第1135页。

新任两广总督吴熊光经过半年的详细访问，上奏嘉庆帝，将林五交结盗首始末，与何玉林、何青有何密切关系更加详细报奏。嘉庆帝于十一年（1806）七月向阁臣披露吴熊光的奏复和处理意见。

又谕：吴熊光《奏复审澄海县土豪林五交结接济洋匪并林五捏告何玉林等串诈陷害》一折。

此案林五先因货船出口被盗首朱渍及郑老童等屡次邀截，备银赎回，因而与之熟识交好，并代为勒索各商船港规，给单验放。现在讯之投诚洋盗郑流唐即郑老童，亦供认与林五交结属实。是林五一犯通盗济匪，罪应斩枭，本无疑义。其从前遣人来京控告官吏等索赃陷害之处，审无其事。

除林五业经正法外，何玉林以道署长随辄与林五交结，将本官书籍对联送给；并胆敢浼托知县何青向林五托销赃货物，借贷多银。比之寻常索诈得财，其罪尤重。着发往伊犁给种地兵丁为奴，不准留养。

至何青身为县令，于所属通盗济匪之犯，不能查拿，转与往来交好，复代本道家人销货，并担保借贷，实属卑鄙无耻，着行枷号三个月，俟满日再行发往伊犁效力赎罪。

余均照所拟完结。

至巡抚孙玉庭办理此案，于定拟林五罪名虽无错误，其恭请王命亦因接据那彦成咨会办理。唯此案本系发交该督、抚会审之件，乃该抚未与总督会审，辄用单衔具奏，又不声明那彦成咨会缘由，均属不合。着交部议处。

至臬司吴俊于林五一案，系伊在惠潮（嘉）道任内查拿究办，唯何玉林以道署长随竟与通盗济匪之犯往来交好，并即托所属知县代往说合销货借贷。虽讯明均不知情，究非寻常失察家人犯赃可比。吴俊着交部严加议处。

寻议上得旨：孙玉庭降二级留任。吴俊降六品顶带，仍署按察使。①

上文引述嘉庆帝三次向内阁大臣谈及广东澄海县樟林港二林的特大案件查办、复审的详情。我们以旁观者身份对孙玉庭单衔审案判决与吴熊光的复审比较一下，不难发现：孙玉庭隐瞒吴俊家人何玉林与林五交往，违法贸易之事，证实刑部怀疑孙玉庭不遵会审的指示，对林五先行斩枭"似欲灭其口，俾无质证"是有道理的。澄海知县为上司与所属船商之间的非法贸易穿针引线应为事实，何玉林勒索不遂反构林五通匪济盗也不可轻易推翻。我们根据吴熊光复审的材料，可做如是推理：何玉林赠送林五书籍、对联，通过澄海知县托销

---

① 《清实录》卷一六四，中华书局1986年版［据嘉庆十一年（1806）本影印］，第126～127页。

货物，借贷金钱，关系非一般交往。他们利用权力，联合违法经商。事发之后，林五及家族以为勒索不成构陷，深含其冤，故委族侄上京控告何玉林，举止激昂，大有与何玉林同归于尽之概。或因平日多有勒索之事，故林氏家族坚信何玉林索财不遂构陷，自属常理。何玉林与林五利害一致，平时如有诈取，即使一时不遂也有所顾忌，不敢贸然告发。一般告发，由府道而巡抚。二林实由惠潮嘉道员吴俊先行访拿，再报巡抚。何玉林为吴俊家人，早得消息，抢先告发，要置林五于死地，掩盖自己的罪责。至于吴俊是否指使家人销货、借贷，孙玉庭为何包庇何玉林与林五的关系，就不得而知了。

但是有一点值得我们注意：尽管此案初判经刑部驳议，嘉庆十年十二月指示继任两广总督吴熊光复审，但至翌年四月，案件仍拖延不结，没向朝廷报告结果。是月，御史蔡维玉上奏：

……广东林五一案，系上年十二月内发往粤省，该督、抚皆延不审办，致不能迅速完结。①

这说明复审不是遇到阻力就是得到督、抚的包庇。嘉庆帝似乎已觉察到这种可能性，所以在谕令吴熊光时，强调"毋因吴俊系军机章京，稍涉回护"。案发时在任的那彦成、复审此案的吴熊光，不是军机大臣就是军机章京出身，与吴俊或为多年熟悉的同僚。又吴俊虽为臬司按察使，但在宦海中却是资深的人物。按清代的官制与官场的关系，督抚不能撤臬司的职务，藩司、臬司往往是未来的督抚，除非不得已，不可轻易举劾他们。② 吴俊与广东的地方官员的关系使林氏控告何玉林十分困难。林氏家族凭着雄厚的财力和与蔡新之子的关系，派族侄林英上京控告。此案确实不能排除何玉林勒索不遂反而先告发的因素，似有冤情。

二林案件也使我们了解到清代乾嘉时期潮州港口贸易的某些值得注意的现象：民间洋船业受到海洋大盗困扰和地方官员勒索的双重压迫。洋船商人一方面为了能在海上自由通行，不得不向海盗交纳保护费，甚至提供物资补给，替他们销赃；另一方面又要忍受贪官污吏的敲诈，求得官方的保护。实际上形成官、商、匪互相勾结，违法走私，共分利益的事实。当东窗事发之际，受损最严重的是洋船商人，被推上断头台，抄家没产；而政府官员则得从轻发落，或

---

① 《清实录》卷一五九，中华书局1986年版［据嘉庆十一年（1806）本影印］，第159页。
② 参见瞿蜕园《历代官制概述》，见〔清〕黄本骥编《历代职官表》，上海古籍出版社1980年版，第68页。

降品级，或发配边疆。在封建社会的海禁政策和法律制度之下，18世纪中国资本主义的海上自由贸易是很难得到正常发展的。曾经在粤东颇负盛名的澄海樟林新兴街林氏洋船家族的没落便是一个很好的例子。

二

嘉庆十年澄海二林通匪案是广东罕见的大案，但澄海知县李书吉所主持并在任上重修、完成的《澄海县志》却不载其事，使人甚为疑惑。如樟林乡史专家黄光舜先生就认为"调剿林泮一事震动全潮，嘉庆十九年澄海知县李书吉重修之《澄海县志》并无片言只字涉及此事"①。是否因此案牵涉人物太多，连本邑知县也卷入纵容作奸、敲诈勒索的丑闻而为之隐讳？

不过，二林案还是被地方的文献反映出来。黄光舜先生关心乡史，访古辑佚，搜集乡土文献，阅廿余寒暑，编就《闲堂杂录》。内中所收《樟林文昌庙碑记》《樟林镇鼎建风伯神庙碑记》《尹佩绅示谕》《解买二林充公田屋钱价禀》《禀二林抄产悉照部价卖竣解清》《塘西乡民李绍弦呈文》等，记载了有关抄没、勘丈、拍卖二林产业的史实，并出现林泮、林五的名字。如李书吉于嘉庆十八年（1813）四月，"以奉檄勘丈林姓查抄入官产业，至樟林留住月余"。可见二林乃樟林人氏。又尹佩绅于嘉庆二十五年（1820）将"林泮、林五入官田房变价分批解缴省布政司毕"。② 以上的地方文献即为嘉庆十年澄海二林通匪案事后处理的澄海县官方记录。

二林同案，而事隔190年后，樟林左近群众多有知林泮而不知有林五者，这与林泮拥有幽雅甲一方的西塘别墅有关，同时也与"腰龟道"捉拿泮爷的故事有关。《闲堂杂录》卷二《年表》嘉庆七年（1802）载"新兴街林提建达祖祠，以奉祀先人"；又"嘉庆十二年之前，四年之后，塘西林泮通匪事发，被剿获，处以极刑"。③ 从二处记事来看，《闲堂杂录》还没把林泮与林提（即林五）作为二林案之同案人联系起来。

笔者曾就此事访问乡里长者，多数人认为提爷在生时好施助贫，所以他在这个历史事件中被淡化，而泮爷却被记得是被"腰龟道"捉拿的大海盗。190

---

① 黄光舜：《闲堂杂录》卷二《年表》，见汕头市政协学习和文史委员会、澄海区政协文史资料委员会编《红头船的故乡：樟林古港》，香港天马出版有限公司2004年版，第320页。

② 参见〔清〕李书吉《樟林文昌庙碑记》，见《闲堂杂录》卷二《年表》、卷三《文献》，见汕头市政协学习和文史委员会、澄海区政协文史资料委员会编《红头船的故乡：樟林古港》，香港天马出版有限公司2004年版，第320、339页。

③ 黄光舜：《闲堂杂录》卷二《年表》，见汕头市政协学习和文史委员会、澄海区政协文史资料委员会编《红头船的故乡：樟林古港》，香港天马出版有限公司2004年版，第319页。

年之后,乡人已不知二林同时被查办,林五即提爷也。

林五就是新兴街的创始人。这可以从林五的嫡裔所提供的新兴街达祖祠谱牒得到证明。达祖祠又叫内祠(还有宗祠在内祠之东的义祖祠,祭其迁樟列祖,称为外祠),是林五为奉祀其父林万达而建的私祠,照例追荐三代,至十二世淑滋:

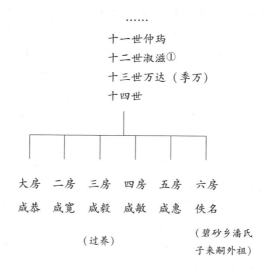

大房、二房、三房为嫡系,四房、五房、六房为庶出。林万达的正房和偏房各生三子。三、六二子早夭,仍以养子补足六个房派。这就是樟林乡里间所称的新兴街内祠派为"六房内"者。创建新兴街的人乃林万达第五子林咸惠。由于当地人喜欢以排行称小名,故林咸惠可称阿五之类。据此可知林咸惠一名林五,即《清实录》所载二林案中之林五。

林五即新兴街内祠派五房的林咸惠,还可从保存至今的嘉庆二十年(1815)六个房派均摊债务的立约书得到证明。林五被查之后,林氏家族从此中落,靠向姻亲借债支撑,十年间借债三千九百花边银。为了还清欠债,六个房派平均分担认还。立约书中说:"六房众等缘乙丑年间遭家不造,数年以来用费不敷,借贷姻戚花边银叁仟玖佰员(圆)……"乙丑即嘉庆十年。"遭家不造"即指林五被朝廷查办、抄家没产的家族大变故。

又,二林案中因玩忽职守获罪而枷号三月、流放新疆伊犁的澄海知县何青

---

① "淑滋"或为"叔滋"之误。据南沙乡林氏大宗祠(永思堂)辈序诗"……子、仲、叔、季",有叔辈,可能传抄过程中被"滋"字影响类化而讹为"淑"。

为义祖祠撰书的联语,今完好,落款清晰可见:"知澄海县事何青拜题。"这件石刻可与《清实录》的记载合证。

另外,从新兴街内祠林氏的一条族规也可看出林氏家族因吴俊亲自访拿林五而结下仇怨,这也说明嘉庆十年惠潮嘉道吴俊所查办的林五即樟林新兴街的林五。新兴街内祠林氏子孙不忘其祖被吴俊所查办之事,牢记吴道台割下其祖宗的头颅的血仇,并由一家之仇扩大到与一个姓氏之人为仇。时间一久,但知不与吴姓通婚,反倒不清楚那"腰龟"道台姓吴名俊了。内祠正厅有两对联语,其一全联被磨光,其一落款被凿毁。撰书人可能是吴俊其人。案发后林氏家族因气愤而毁联,不能留下仇人的墨迹!

上面从澄海地方文献,新兴街外祠的澄海知县何青撰书联语,及林氏的族谱、族规、家族立约书几方面证明了,创建新兴街的林五便是嘉庆十年因通匪而遭惠潮嘉道吴俊查办抄家的林五。

在这里,还得介绍嘉庆十年澄海二林通匪案中的有关官方人物吴俊。二林案发,他是执行剿办的官员。吴俊在潮汕民间知名度颇高,绰号叫"腰龟道"。大概此公有驼背的生理缺陷吧。由于他在潮州办案手段毒辣,狡猾诡诈,民间以讹传讹,将其夸张为能飞檐走壁的武林高手。其实,此公只会舞墨弄文,但确实经历不凡。他捉拿二林时,已是60出头的老翁了。

吴俊乃江南才子,籍隶江苏吴县,"读书通达世务,诗、古文皆深入古人堂奥。博闻强识,下笔如飞"。乾隆壬辰年(1772)进士,做过内阁中书、军机章京(为皇帝处理文件、起草谕令的文员)。来潮州之前,历任湖北、云南主考学政,山东布政使。福安康建节八闽,延吴俊于帐下,掌管奏记。吴俊后随福安康入粤,连做三任两广总督的高级助手。福安康采纳他的计谋平定安南阮、黎内讧。后来他多次参与平息地方骚乱,以谋略称,军功卓著。晚年回籍主讲紫阳书院。①

吴俊在广东做过雷琼道、粮备道、惠潮嘉道、按察使。可惜地方志介绍他任惠潮嘉道时只说"到官严行保甲法,余匪悉获"②,并无具体事件,无法丰富其办二林案的内容。

此处不厌其烦介绍吴俊,主要想纠正潮州民间对他的误解。他在嘉庆九年(1804)署惠潮嘉道,办了三件大案:第一,平息潮阳县的宗族械斗;第二,

---

① 参见民国《吴县志(二)吴俊传》,见《中国地方志集成》江苏府县志辑(12),江苏古籍出版社1991年版,第109页。
② 民国《吴县志(二)吴俊传》,见《中国地方志集成》江苏府县志辑(12),江苏古籍出版社1991年版,第109页。

访拿澄海通匪二林；第三，搜捕海丰大海盗李崇玉。

潮阳县郑、马二姓为争夺山港鱼樵而多年械斗，死者竟有50余人。原知县李树萱疲软失职，长期无法处理，被解刑部严审；潮州知府陈镇受牵连而被革职。① 两广总督那彦成"请旨速饬吴俊布置访拿"。嘉庆帝在批准那彦成的建议的谕令中说："吴俊素称能事，朕亦深知。"说明吴俊深得嘉庆帝赏识。吴俊在潮阳捕获与械斗案有关之人多至480名，平息了郑、马二姓的械斗，并得到嘉庆帝的嘉奖："该道尚属认真缉捕。"②

查办澄海二林，对像吴俊这样富于镇压经历的老手来说，乃小菜一碟，易如瓮中捉鳖。因多是传说，在此不赘。

吴俊在潮办此二案的过程中，由于他曾是军机章京，借助声威，颇有谋略，因此办案雷厉风行，快刀斩乱麻。但他的手段只能用来对付平民船商，对积年老贼，曾于嘉庆十年率船40艘窜犯樟林港的海丰大海盗李崇玉，却是束手无策。李崇玉最后向那彦成投首，终为清政府背信杀戮。

二林案复审之前，吴俊还升署广东按察使③，真可谓用鲜血染红顶戴。吴俊在潮州办案手段凌厉，堪称酷吏。其事迹尚在民间流行。"腰龟道"是不雅的绰号，却反映了潮州人民对他的蔑视。嘉庆十三年（1808）九月韩崶任广东按察使④，吴俊调离降职。但他于嘉庆十四年（1809）还待在广东，因循得咎："任内未结案犯四十名之降调臬司吴俊，着交部严加议处。"⑤ 这或许就是对这个滥抓无辜的酷吏的一种惩罚。

对查办林五的"腰龟道"的介绍暂至此。

现在继续讨论林五及其家族与樟林新兴街、新围天后庙的兴建的有关问题。

新兴街究竟建于何时？按林氏家族的传说，约在乾隆末年至嘉庆初年。这是可信的。新兴街东西门的大石匾都无署日期，我们只能从内祠以及新围天后庙的兴建时间来推测。本地文史著述都以嘉庆七年（1802）内祠兴建的时间为新兴街洋行货栈街兴建的时间。一般说来，创业应先于建祠。新兴街洋行货栈街的开辟应在内祠兴建之前。其上限为乾隆五十二年（1787），下限为嘉庆七年。新围天后庙是樟林港鼎盛时期社会宗教文化的产物，与之相应的经济区新兴街的建设时间必相距不远，但一定在内祠兴建之前。内祠兴建于嘉庆七

---

① 参见《清实录》卷一四〇，中华书局1986年版［据嘉庆十年（1805）本影印］，第913～914页。
② 《清实录》卷一三八，中华书局1986年版［据嘉庆九年（1804）本影印］，第893页。
③ 参见《清实录》卷一四六，中华书局1986年版［据嘉庆十年（1805）本影印］，第998页。
④ 参见《清实录》卷二〇一，中华书局1986年版［据嘉庆十三年（1808）本影印］，第675页。
⑤ 《清实录》卷二一七，中华书局1986年版［据嘉庆十四年（1809）本影印］，第923页。

年。这有内祠广场西角落尚存的石旗杆座的壬戌刻字为证。另外,林五做戏谢神,招引观众踩踏地基兴建内祠的故事,也是新兴街先于内祠兴建的根据。①

内祠是林五为奉祀其父创建的私祠。林氏子孙说林五于嘉庆二年（1797）中举而建,并有恩赐"崇孝堂",祠堂外埕竖旗杆座。此说有错。查嘉庆《澄海县志》的"选举"并无林咸惠或林自提的名字,但卷十七《封赠·捐封赠》下有：

林万达　赠朝议大夫

县志记载与林万达墓碑刻字相符,碑文为"原授奉直大夫,晋朝议大夫"。达祖祠外的旗杆应为旌扬"赠朝议大夫"林万达而立,与内祠相配的三座大私宅被命名为"朝议第"的缘由也就清楚了。捐赠的日期可能就是讹传为林五中举的嘉庆二年。四年初建,七年竣工。内祠竣工的时间不能当作新兴街洋行、货栈的兴建期。

乾嘉二朝樟林埠一路兴旺发达,乾隆末嘉庆初则是其最繁华的黄金时代。这个时代的标志便是新兴街的辟建。故新兴街包括达祖祠和三座"朝议第"在内的整体建筑群,具有十分重要的文物价值。有关部门应以长远眼光看待这处清代粤东著名的港口遗址。在义祖祠东南已建樟林古港博物馆,立有吴南生题字、秦牧撰文的古港遗址纪念碑。与此只有一路之隔的古港出海处的水仙古寺已动工重修,若能与新兴街建筑群有机组合在一起进行开发,诚为东南亚华侨寻根访祖的一处颇具吸引力的游览胜地。其地处324国道之旁,交通方便,可作为待开发的旅游区而予以高度重视。在这处旅游资源尚未开发之前,起码要有相应的保护措施。

据新兴街内祠的林氏家族说,他们的祖先还重修过新围的天后庙。

樟林新围天后庙在乡之南郊,樟林港当时的出海口处,本乡人叫"新宫"。其规模雄伟壮观,是全潮最大的天后庙遗址。原有清代大书法家刘墉手书"海国安澜"的巨匾。② 今遗存尚在,正殿犹存。殿内石柱的联语为：

神庥普锡,海噬山陬,咸属湄州赤子；
母德覃敷,波恬浪静,共钦泽国慈航。

---

① 材料来自对林五后代的访问。
② 参见李绍雄《樟林沧桑录》,政协澄海县委员会东里镇联络组、澄海县文学艺术工作者联合会1990年版,第41页。

拜亭石柱还有两对联语今完好无缺。两庑有题捐芳名碑，记录天后庙建于乾隆五十二年，落成于五十六年（1791）壬子（壬子实为五十七年，1792）。

林氏家族传说，早在雍正十年（1732），林五的曾祖（十一世）林仲玙最先出资建新围宫，乾隆五年（1740）重修，最后才有今日规模。神庙委派同姓宗亲负责管理，世代相传。① 至今仅存的正殿已是神人共住了，天后倒变成庙祝的家神。笔者曾访问神庙遗址，与负责管理的老妇谈过话，确是林姓后代在此侍奉妈祖。她亲切地称天后为"姑母"。

由于新围天后庙碑已散佚，今天无法从文字记载上证实林氏家族的传说。《闲堂杂录》所收只有东西两庑"众缙绅善信题捐芳名录"，其导语十分简单，惟"天后圣母告示盖建新围宫"一语。恐怕还有记载建庙缘起较详细的碑石，但只能期待本地考古的发现了。

今就现有资料做些探讨。

新围天后庙建于乾隆五十二年，除樟林港这时十分兴旺发达的经济环境外，还有特殊的政治大气候背景。清王朝于此年平息了统一台湾之后的一次重大的农民起义。台湾彰化天理会首领林爽文于五十一年（1786）率众攻克彰化，建立政权，年号为顺天，翌年败亡。时乾隆帝派兵征剿，二月，渡台清军"屡受风信阻回"，乾隆于是"斋心默祷，叩天虔告，以祈神佑"，不久闽浙总督便奏报"风水顺利""克期进剿"。乾隆帝便令总督李侍尧"即亲诣天后宫虔申报谢，以答神庥"。② 清军顺风渡台全属偶然，但乾隆大肆宣扬其统治得神之助却大有政治目的。皇帝令总督祭天后必会在沿海造成政治效应，令各地仿效。另外，顺利进剿台湾起义的消息也极大程度地鼓舞到台湾贸易的樟林港的洋船商人。我们从乾隆时附洋船到台湾的移民有"由广东澄海县偷渡"③ 的实例可以看到，台湾发生起义不能不影响这一航路的生意。嘉庆年间不过是海盗与台湾个别地方的贼匪滋事，就造成"商船贩运自稀"的严重情况。④ 洋船商人于乾隆五十二年四月兴工建新围宫，除上述政治因素外，还有洋船商人想庆祝顺利进剿台湾起义的原因。人的意愿即神的意愿。在洋船商们的"怂恿"下，天后告示建新宫，因此新围宫动工的日期就不单单是巧合了。这是我们讨论樟林新围天后庙时应该注意的。

从天后庙缙绅善信捐题芳名录来看，新围天后庙肯定不是由林氏家族独资

---

① 材料来自对林五后代的访问。
② 参见《清实录》卷一二七五，中华书局1986年版［据乾隆五十二年（1787）本影印］，第58页。
③ 《清实录》卷一四二五，中华书局1986年版［据乾隆五十八年（1793）本影印］，第64页。
④ 参见《清实录》卷一五七，中华书局1986年版［据嘉庆十一年（1806）本影印］，第27页。

所建。但考虑到林氏家族的传说，愚见以为林氏家族可能是这次盖建的主要策划人和主要捐资者。

据嘉庆《澄海县志》记载，新围宫建于乾隆二十二年（1757）丁亥至三十六年（1771）辛卯，与芳名录纪年大相抵触，也不合林氏家族传说的乾隆四年（1739）。如何解释这个问题？它们之间有什么关系？

樟林乡有多处天后庙，有的仅存遗址，有的早已湮灭。如新围宫之东不远的外陇埔，原也有天后庙。《闲堂杂录》辑故老相传载：

> 该庙建于何时已不可考。乾隆五十七年壬子，新围天后庙落成，外陇宫遂废弃。
>
> 铺上原住有居民，与天后同姓，系南砂林氏支流。其所以创业外陇者，故老皆言为侍奉天后肃清洁敬而来……
>
> 公历一千九百二十二年岁次壬戌六月初十日，飓风挟海潮，肆虐潮汕沿海，废弃之外陇天后庙，一夜之间被夷为平地。今埔上居民烟址已荡然无存，惟神庙之黄瓦碎片犹得见于土层中。①

嘉庆《澄海县志》记载新围天后庙与庙中芳名录纪年的矛盾已被《闲堂杂录》指出，是将乾隆五十二年误为丁亥的差错，可是又否定有三十二年（1767）丁亥至三十六年辛卯的另一个客观的事实。二十二年应为三十二年，或转抄之误。建庙起止5年，说明有一定的规模。嘉庆县志重修时可能将三十二年兴建的天后庙资料当作五十二年新围天后庙的资料而载入县志。三十二年修建的天后庙抑或是指外陇宫？其规模大到要林氏人家专门负责管理，修建数年才竣工较接近实际。樟林乡在乾隆二三十年代掀起一股建设大公共工程和神庙的热潮：二十四年（1759）建新陇国王宫，二十六年（1761）建城内社仓，二十七年（1762）重建塘西国王庙，三十四年（1769）建仙桥街大石桥，三十五年（1770）重修南社山海雄镇庙。② 这个时期在南郊洋船入海处附近建天后庙是可信的。

那么，《澄海县志》所记载丁亥即三十二年兴建的今不知所在的"外陇天后庙"与五十二年所建的"新围天后庙"之间有无关联？县志给我们留下两

---

① 黄光舜：《闲堂杂录》，见汕头市政协学习和文史委员会、澄海区政协文史资料委员会编《红头船的故乡：樟林古港》，香港天马出版有限公司2004年版，第357页。

② 参见黄光舜《闲堂杂录》卷二《年表》，见汕头市政协学习和文史委员会、澄海区政协文史资料委员会编《红头船的故乡：樟林古港》，香港天马出版有限公司2004年版，第317～318页。

庙之间存在着某种关系的线索。二庙所奉祀的天后金身或许就是同躯。

樟林南郊两处相距不远的天后庙都是由林氏子孙驻庙管理，历史上又存在新围宫成而外陇宫遂废的巧合。新围宫之建缘于"天后圣母告示盖建新围宫"，说明原已有发告示的天后，人们据神之告示选地建于新围。从所有这些蛛丝马迹来看，已废的外陇宫很可能即为县志所载二十二年兴建的所谓"新围天后庙"。二庙之间存在旧址新迁关系，致使嘉庆二十二年重修县志时误将三十二年的天后庙与五十二年的天后庙张冠李戴，造成交代不清的失误。加之丁亥纪年与庙号纪年不符的差错，使人疑惑。县志所记录的还有竣工日期辛卯，与丁亥尚可衔接，"二"讹为"三"是容易发生的错误。不能轻易否定嘉庆县志此处的记载。即使是新围宫芳名录碑刻，壬子为五十六年也同样误记一年。我们必须全面考虑问题，方不为小误所惑。

而林氏家族历代出资建天后宫的说法应是可信的。其实沿海一带的天后宫有的规模甚小。如樟林石壁头的娘感宫，本地人称娘宫仔，是一间只能给神像避风雨的小屋，除供案外，人几乎不能入内。林氏家族在雍正十年（1733）以渔户身份大概只能建这类小庙；到了乾隆五年（1740），林氏已转为商船户，重修的天后庙颇具规模，开始委派同姓宗亲管理庙宇。林氏家族一直认为他们的祖先出资修建新围天后庙之说并非空穴来风，有其历史的事实依据，但是他们抹杀新围天后庙演变的过程，将新围天后庙的前身，早期在他处修建的天后庙当成后来的天后庙，也将今址新围宫当作他们家族建成的。

经过上述剖析，大概可描述出新围天后庙历雍正、乾隆二朝数次扩修、迁址，最后定址于新围的过程。前两次的初建和重修为林氏家族独资完成，其后两次即外陇、新围天后庙的大规模扩修便非林氏家族独资包揽，但以其在樟林的地位、声望以及历代修建天后庙的虔诚，林万达、林五分别作为三十二年外陇天后庙扩修、五十二年新围天后庙兴建的策划人和主要出资者是合理的。而其家族夸大了祖先的作用，故有林氏家族建新围天后庙的传说。

如此的解释能否把樟林南郊已废的外陇埔天后庙即为县志所记载乾隆二（三）十二年修建的所谓"新围天后庙"、林氏家族修建新围天后庙的传说、今尚存遗址的新围天后庙几个纠缠在一起的问题涵盖而统一起来，使县志的记载有据，新围天后庙与林氏家族历修天后宫的传说的关系弄清？作为乡人，笔者提出陋见，祈望方家指正。

三

长期以来，林氏家族囿于感情，对二林案的认识明显有所偏颇，这是应该辨正的。

家族的传说毕竟缺乏当时的文字记录为依据，不免有掘井得人的讹传，其中张冠李戴的自然也不少。然而，传说总能传下史有其事的信息，至于主角是谁与细节，与史实可能出入甚大，如上文论及的林五嘉庆二年中举、林氏家族建新围天后庙之事。

在这里多辨二三事。

据林氏家族称：吴道台向林泮借巨额银两，遭再三拒绝，吴道台便构以通盗罪名而拘捕之。林五上省为义兄申雪，也遭吴道台陷害。继而派人上京托蔡新之子上御诉。平反未至，吴道台先下毒手。①

所述事件史有其事，就是主角人物对不上号，以及把对林五暂缓正法的谕旨讹为"平反"。其实事件真相已在上文引述的几个文献中说得很清楚。

现在必须证实林五为何必上断头台。

案中对林五的控告虽有挟嫌的因素存在，但林五通匪总是事实。刑部驳议孙玉庭时都不敢否定其通匪之控，只指责孙玉庭不合会审程序而"先行斩决"，有灭口之嫌；怀疑吴俊是"先行斩决"的主张者，使"该抚轻听其言率意定案"。这些都是最具攻击性而无实据的怀疑。作为最高司法机关的刑部竟出此莫须有之辞，即使在我们今天看来，也甚为诧异。尽管刑部在此案中给吴俊、孙玉庭找麻烦，也丝毫不能减轻林五触犯王法的严重性。

清乾隆嘉庆二朝东南沿海海盗十分猖獗。嘉庆帝为平息海盗伤透脑筋，发出"粤东洋匪最为难办"②的哀叹。清政府的海防政策主要是用来对付海盗而非反击外来的入侵。嘉庆帝十分赞同吴熊光"从来有海防而无海战"的战略思想，竭力制止沿海群众、商渔船户向海盗提供物资，并指出"其道总在编查保甲，严杜接济。如果一切水米火药及桅篷及器具之类无一出洋，则盗船虽各处奔逃，自足制其死命"③。由于经济上有利可图，沿海居民不以海盗为患，甚至出现海盗"与沿海居民久相浃洽"④的现象。这就导致政府的海禁政策越来越严厉，别说重要物资水、米、火药、桅篷、器具之类，就连将水果卖给海盗也会获重罪。如两广总督百龄曾判处一名叫萧式爵的通匪犯，因其"贩卖西瓜，偷运出洋，拟发黑龙江为奴"⑤。而林五的罪名是"私铸炮位""交结盗首，接济洋匪，尤为罪大恶极"。尽管林五是位富于航海经验的洋船商人，他的洋船可以绕过暗礁，却无法回避海盗的压迫而触上法律的礁石，最终

---

① 材料来自对林五后代的访问。
② 《清实录》卷一七二，中华书局1986年版［据嘉庆十一年（1806）本影印］，第236页。
③ 《清实录》卷一九一，中华书局1986年版［据嘉庆十三年（1808）本影印］，第525页。
④ 《清实录》卷一一八，中华书局1986年版［据嘉庆八年（1803）本影印］，第570页。
⑤ 《清实录》卷二一八，中华书局1986年版［据嘉庆十四年（1809）本影印］，第934页。

沉没。

从吴熊光复审林五案件中揭发出一事：投诚的海盗帮主郑老童供认出林五与他和另一大海盗朱渍的关系。其先，林五的洋船被朱渍帮扣留，用银赎回；后林五反与帮主朱渍、郑老童成好朋友甚至成为其买办，代收港规洋税。

朱渍是一个什么人物？朱为福建人，啸聚海上，是活动于福建、广东、台湾之间的海洋巨盗，势力仅次于蔡牵集团。嘉庆帝曾出"擒朱渍者赏银一千两"①的悬格。朱渍后来想向朝廷投诚，因联络不周被官军击沉座船淹毙。其弟朱渥继作帮主，还在澄海莱芜与官军交战过。②他再三恳求朝廷允其投诚。嘉庆帝要他生擒蔡牵作为投诚条件，同时"准免朱渍戮尸而许埋葬"。最后朱渥率众投诚时尚有3300余人，船42只，铜铁炮800余门。③

朱渍生前想在广东澄海县投诚。嘉庆十年十一月，"澄海县报：朱渍不愿回闽投诚，愿归澄海受抚"④。说明朱渍在澄海有一定的社会基础。

朱渍就是这样的江洋大盗。林五与之交往并为代办，为他们提供补给也是情理中事。在嘉庆屡促沿海大臣严厉剿匪的历史时期，林五被诛是必然的，其罪按江洋大盗律论处。《大清会典事例·刑部·刑律贼盗·强盗》载：

> 凡响马强盗执有弓矢军器白日邀劫道路，赃证明白者，但不分人数多寡，曾否伤人，依律处决，于行劫处枭首示众。其江洋行劫大盗，俱照此例立枭斩示。⑤

林五触犯王法的事实，才是嘉庆十年澄海二林案必办，二林必处死的原因所在。不管案发之前吴俊的家人何玉林有无敲诈勒索，都不会影响对二林的判决。从文献来看，二林案中，林泮只在孙玉庭的上奏中被提过一次，虽未经会审而被斩枭，但朝廷并不追究；而林五牵涉的人竟如此之多，关系也错综复杂，可见他才是轰动潮州一时的大案的主要人物，绝不是林氏家族传说所言，因为替林泮申雪而受牵累。

据文献记载，林五系狱期间，家族曾派林英上京控告吴俊家人何玉林，结

---

① 《清实录》卷一五八，中华书局1986年版［据嘉庆十一年（1806）本影印］，第45页。
② 参见《清实录》卷二一五，中华书局1986年版［据嘉庆十四年（1809）本影印］，第892页。
③ 参见《清实录》卷二二一，中华书局1986年版［据嘉庆十四年（1809）本影印］，第986～987页。
④ 《清实录》卷一五二，中华书局1986年版［据嘉庆十年（1805）本影印］，第2096页。
⑤ 托津等编：《钦定大清会典事例》（嘉庆朝），见《近代中国史料丛刊三编》卷六一九～卷六二七《刑部》，台湾文海出版有限公司1992年版，第2023页。

果林英被押回广东归案一起审鞫。而林氏家族史却传说林氏家人上京托蔡新之子上御诉，天子圣明而获平反，可惜吴道台先下毒手。

此事文献与林氏家史可互证，只是真假参半。林家托蔡新之子上御诉应可信。蔡、林两家有交情。蔡新有一子名本俊在京做官，曾得嘉庆帝的特别恩赐。如嘉庆四年（1799），嘉庆帝得知"蔡新有子蔡本俊系内阁中书，现在入场未经中式"，因"蔡新在上书房行走年份最久，朕与诸昆弟俱经授读"，又念蔡新"老成谨慎，以大学士予告在籍，年已九十有三，伊子蔡本俊着加恩一体殿试"①。结果蔡本俊中三甲进士②，入翰林院。林氏想利用蔡本俊与皇帝的特殊关系，委托他上御诉尚有可能，而蔡本俊是否敢提着脑袋去为林五辩护又是另一回事。以蔡本俊的本事至多到刑部活动，从刑部议驳孙玉庭的上奏似乎可反映出来。刑部只怀疑而无实据，但其导向已影响了嘉庆帝，所以他才下"将林五暂缓正法"的谕旨，还要追究孙玉庭单衔审案及吴俊是否有纵容家人的责任。这就是林氏家族传说的所谓"平反"的真相。

不管二林案的案情有多么复杂，林五被当作重大钦犯，与江洋大盗同律被处决却是千真万确的，绝不属误杀。不可囿于家族的感情而不去正视这段白纸黑字的历史事实。此案中也夹有冤情，但绝非冤案，这是可以肯定的。读了《清实录》嘉庆朝的这段记载，笔者反而怀疑林泮是否因林五而受株连。

或许有人还想了解澄海古港樟林新兴街林氏后代如今的情况，在这篇文章结束之前，略做介绍如下。

嘉庆十年林家吃了官司之后，新兴街林氏洋船家族受到十分重大的打击，再也没有东山再起的能力。此后十年里，这个曾经兴旺显赫的家族的经济已经难以维持，不得不向亲戚借贷支撑，最后负债累累。至嘉庆二十年（1815）家族立合约均还债务。合约书说：

六房众等缘乙丑年间遭家不造，数年以来用费不敷，借贷姻戚花边银叁仟玖佰员（圆）……

林氏于康熙年间来樟，由普通渔户发展为粤东有名气的洋船商，对樟林的发展做出过积极贡献。历五世，由此案走向没落。

不过，从现存文献看，二林家产的处理似乎有别。诸种县级文件如尹佩绅

---

① 《清实录》卷四十二，中华书局1986年版［据嘉庆四年（1799）本影印］，第511页。
② 参见朱保炯、谢沛霖编《明清进士题名录索引》1～6，见《近代中国史料丛刊续辑》第七十九辑，台湾文海出版有限公司1981年版，第2755页。

《解买二林充公田屋产钱价禀》《禀二林抄产悉照部价卖竣解清》，都谈到二林抄产问题。而其他文献中多次提到的只是林泮的田屋产。林五新兴街的洋行、货栈、洋船、私第应在抄家没收之列。但其私第尚未被充公却是事实，其子孙仍世代居住在内祠的"朝议第"内，直至20世纪50年代初期。林五家族的财产未悉数没官，是否与蔡新之子的活动有关，不得而知，但文献明明是"解买二林田屋产"。此处与吴俊是否纵容家人何玉林敲诈勒索林氏的银两一样，是这一历史事件留下的尚不能解释的疑问。

至今又历190年，内祠六个房派在产业方面确无大的发展。人间正道是沧桑。林氏的子孙都已成为自食其力的一般劳动者。有的在沦陷时期已沦为赤贫。如为本文提供资料的第十九世林圣渠先生就是林五嫡裔。时父在南洋，全无音讯，一家在饥饿中挣扎。母离家为佣，饿死一妹。至新中国成立前夕，年轻的林圣渠先生也与广大劳苦大众一样渴望解放。土改时其成分被评为贫民。今闲退而皈依释氏。古人云，君子之泽，五世而斩。其言不诬也。

附记：本文在写作过程中得到林氏十九、二十世孙林圣渠、林圣旭、林修伟先生的帮助，提供了家族谱牒、立约，还专门整理出家族世代的口传材料，从家族史的角度为林五就是樟林新兴街创建人的说法提供硬证。

笔者还访问了张守臣医师、姚春喜先生，他们皆为本文提供可贵资料。调查时还得到林解放先生的大力支持协助。

谨向诸位先生深表谢意。

1995年12月

附一：

咸惠公与新兴街

林圣渠　林圣旭　林修伟

说粤东古港樟林者必谈新兴街，但本地文史撰述多偏重洋行货栈的描述，对新兴街及其创建人的历史的了解尚不够全面。今将家族世代口传的材料整理出来，以备研究者参考。

从号称金仙桥之仙桥街往南走，便可看到碧波粼粼的南社港。临港有一古榕苍郁的开阔地，是为"蟳堆脚"，乃古港码头。向东而望，远见一道栅门，上有看守更楼。栅门上嵌大石匾,刻有"新兴街"三个字体丰润的漆朱大字,进此门便是"新兴街"细卵石道,至慈悲娘宫、福德祠一段称顶街,稍折东行玉石坊,号为下街。石坊大匾面街题"紫气东来",面村外大海题"新兴街"。全街长约 200 米,曾是清代乾嘉时期洋船行和货栈之区。

其实,新兴街的整体范围还包括石坊右边的永定楼,本地人一直称其为观海楼,一方面反映建楼人的愿望,另一方面反映宏楼的景观。过永定楼顺大堤一段折南转西至外祠,沿青园板桥头月畔池至坞仔便转入内祠。内祠是咸惠公嘉庆二年中举,为其父万达公而建的,恩赐为"崇孝堂"。埕外旗杆与内祠相呼应,有三座朝议第。这一片包括洋行货栈的街道,有民居宅第共 200 多间。建筑物基本被完整保留下来。

新兴街原叫棉头围,或称棉布围,是拥地百亩的海滩农田围。约于清乾隆末年嘉庆初年,内祠派咸惠公在继承先人事业的基础上,经过一生的奋斗创建新兴街,名闻遐迩,传说至今。

咸惠公讳自提,乡里称为提爷,庶出排第五,又名林五。父万达公生六子,三子与六子早夭,后抱养补足六个房脚。公于众子之中最钟爱五子自提。自提自幼聪颖好学,长而远谋深虑。建造内祠之前,因其地为海滩田地,基础不实,故咸惠公每逢洋船满载而归,当答谢神庥,便大做其戏,引来乡亲观看踩踏,年复一年,为建祠踏下坚实的基础。从此小事可略见惠公的谋略。咸惠公受诗书之训,嘉庆二年中举,今可见其文笔者,唯新兴街东门石坊"紫气东来"四字。知其子莫若父,万达选择咸惠接其事业,因兄弟数人舍咸惠公无能继承家业者。主持林氏商务之后,咸惠公遂弃科举仕途。其经营有方,且具胆略,管理井然。在咸惠公手中,林氏振发行迅速发展,红头船从一号增至三号,曰:万昌、万盛、万隆。万昌号是当时一艘负有盛名的大洋船。200 年后樟林人还把万昌的中桅作为高大的象征。振发行经营范围包括将潮州陶瓷、咸菜、菜脯等土产运往南洋诸港,又把暹罗大米以及东南亚各埠的苫籽、洋藤、优质木材(俗叫牛柴、甜瓜年)、胡椒等物运回潮州,来回皆获利不薄。

咸惠公不辞辛劳,曾亲自参与远洋的航务和南洋各地的商业活动,红头船年间往返暹罗等港两次。不少内地无业乡亲移民东南亚的暹罗、实叻、安南等地,便是同咸惠公一起坐万昌号远航的,所以咸惠公颇赢得乡里贫穷人家的好感。

公乐善好施,不以富凌人。他为祭祀万达公建达祖祠,于崇孝堂神龛前两旁开列木屏风,楷书写上朱子格言的训子孙篇,末还附识云:

来吾村住皆四方人也,当入孝出悌,不管王黄蔡吴、颜柯郑胡、陆谢陈郭、余李杜洪，或有归林，皆吾村民，宜一视同仁，遇纠还以公道，毋负吾意。

是可反映咸惠公品格的一个方面。

咸惠公办事公平，待人和善，亦深得雇员爱戴，其洋船的船工全是隔村的月窟乡亲，与咸惠公亲如一家，为林振发行发展贡献其力。

我族原非樟林本地人氏，远祖系闽省莆田乌石人，很早以前便移民来居澄海南砂乡，创永思堂。

我家系永思堂派下义存公三房三支派，十一世祖宪锡公仲玙公于清初康熙三年（1664，甲辰年）移来樟林（今塘西）风伯庙一带，搭寮捕鱼为业。历几十年艰苦耐劳、勤俭朴素的奋斗，至淑滋公、万达公父子，稍有余积，在乌石宗亲的指导帮助下，弃渔而从事货船贩运。时大约在雍正乾隆之交。经淑滋公之子万达之手，林氏家族慢慢发展起来，为咸惠公扩大家业打下坚实的基础。咸惠公上承祖业，继往开来，恰逢清朝奖励到暹罗购米者的历史机遇，事业蓬勃发展，在乾隆嘉庆之际选棉布围创新兴街。

樟林古港另一话题是新围的天后宫，据祖上传说，我家公祖为求妈祖保佑而修建天后宫。传说最初建于雍正十年（1732），乾隆四年（1739）二度出资建庙祭拜。最后才建成今留存遗址的新宫（在今樟林观一）天后宫。庙宇委托林姓宗亲管理，世代相传。另外，在新加坡亦建庙拜祭妈祖，并委托樟林新兴街林定荣之祖守管。行船人拜妈祖，修宫建庙当是自然之事，因论及祖上之德附言此说，或有助于研究历史。

嘉庆初年，我家的振发行处于最兴盛时期。嘉庆二年，咸惠公中举，后建达祖祠，一片富贵景象。然而天不从人愿，嘉庆十年乙丑家遭不造，咸惠吃了官司，被清廷查办，落得家破人亡，时咸惠公还未过花甲。

此场官司与咸惠的义兄林泮有关。咸惠与同乡的林泮甚友好，嘉庆二年同中举人，并以同姓结拜为盟兄弟，原住左右比邻。咸惠有一次为考妣做长生功德，客人甚众，借泮爷厝屋宿客。此事樟林乡留下了一句常话："提爷富是富，着个泮爷借大厝。"林泮亦福建莆田人氏，祖为茶商大财主。他看好樟林有发展经济的前途，又爱斯地风土人情，便来樟林创业，兴办洋船，建大夫第（后没产改风伯庙，即今苏北中学旧址），并筑潮州有名的苏式园林别墅——西塘。

时有吴道台，向林泮一再借巨额银两，为泮拒绝。吴道台卑鄙恶劣，报其交结海盗，做其"贼堆家"，押狱查究。林泮之妻告知咸惠，述其始末，请义叔为夫申雪，还以清白。咸惠公为人义侠刚直，以举人身份上省为盟兄申冤。

申诉无效，又派人上京拜托蔡新之子上御诉（蔡新之子与林泮拜盟）。咸惠抢救义兄的举动惹怒了吴道台，其矛头转而推向林五，是以被吴一起查办。谁知京畿平反未到，吴先下毒手，处二人以极刑，还予抄家。林泮的厝屋被没收充公，私第被拍卖改为风伯庙，有的卖给陈元兴其祖，别墅卖与南社洪氏。不知何故，我家的厝第尚存。

我家咸惠公出事之后，为打官司，变卖产业及部分厝屋，并向亲友借贷，用银不计其担，几代人的创造终毁于一旦，诚可悲也。十四世吴氏妈气愤至极，开祠堂龛门诅咒发誓，自今之后凡吾子孙勿与吴姓婚嫁，成了一条族规。

以上是我们几个同宗叔侄（六房内五房脚）回忆先人的传说而整理的。从前因祭祖常有聚会，故常听大人谈论祖宗的往事，而后星散多无联系有40多年了。祖宗似乎没给我们遗留下什么好处，而他们的历史也只能让世人去评价。我们的回忆整理，算提供一点线索吧。事隔200多年，有误传差错，在所难免，敬请研究者纠正。

附二：

达祖派六房均债合约文书

立合约

六房众等缘乙丑年间遭家不造，数年以来用费不敷，借贷姻戚花边银叁仟玖佰员。越今已久，银数繁多，爰请宗亲议将所欠数目酌抹平匀，分为六股，按照各房认还。日后甲不移乙，如有拖欠，与众无干。口欲有凭，立约开明于后，计开：

一、长房尊训认还仙岩头陈郎银五百元。前溪陈三婆银百伍拾元。

一、二房尊智认还涂城杜丈银伍百元。溪西陈贵老奶银壹百元。春逢姐银五十元。

一、三房尊谨认还石龟头陈斑老爹银五百元。前溪陈三婆银百五十元。

一、四房尊勇认还鹤浦许璧爹银百伍元。信宁家利香老爹银百五拾元。

一、五房尊启认还前溪陈三婆银二百五拾元。南畔洲蚁诵老爹银叁百元。信宁家利香老爹银伍拾元。春逢姐银伍拾元。

一、六房命仁认还石龟头陈斑老爹银伍百元。信宁家利香老爹银百元。前溪陈三婆银五拾元。

签见宗亲　谦发　怀文

代书房　元辅　（画押）

五房　尊启　（画押）

三房　尊谨　（画押）

长房　尊训　（画押）

嘉庆二十年四月初五日立合约

二房　尊智　（画押）

四房　尊勇　（画押）

六房　命仁　（画押）

附三：

樟林新兴街林氏达祖派六房均债立约书的说明

均债立约书是嘉庆二十年万达公属下六房头子孙分摊欠债所立下的协约。立此协约的10年前，即立约书中所说"乙丑年间遭家不造"，是指嘉庆十年我们的十四世祖咸惠公因海盗案株连而被朝廷查办，抄家没产。我们的大家族从此走向没落。曾经显赫一方的大族，为竭力支撑门面，向亲戚借贷维持，家族遭变后10年间就借了三千九百元花边银。每房平摊六百五十元。借贷给我家的亲戚遍及全县各地，包括信宁、前溪、溪西、仙岩头、石龟头、涂城、鹤浦、南畔洲等处。在人情薄如纸的社会中，我们家族在遭查抄之后，尚有这么多亲戚慷慨借贷，应该说明我们家在兴旺时曾对这些亲戚有过相当的提携。

这纸保存了190年的发黄的家族立约，竟能逃过劫数，留存至今，真不容易。它是记录咸惠公被查办事件的历史文物，或者对于研究樟林古港新兴街史有所帮助。今公之于众，特做简单说明。

十九世孙　林圣渠　林圣旭

二十世孙　林修伟（执笔）

1995年11月

（原载潮汕历史文化研究中心、汕头大学潮汕文化研究中心编《潮学研究》第5辑，汕头大学出版社1996年版，第113～141页；又收入汕头市政协学习和文史委员会、澄海区政协文史资料委员会编《红头船的故乡：樟林古港》，香港天马出版有限公司2004年版，第406～432页。）

新兴街上街的建设

——从嘉庆二十四年一张厝契谈到蟳墩脚广场的变化

新兴街分为下街和上街两条货栈街段：下街，以今娘祠、福德祠为界。街东面出口有一座牌坊，牌匾大书"新兴街"，背书"紫风东来"四个大字。街段笔直整齐，风格一致。1943 年之前，在娘祠东侧原也存在一座与东石牌坊对称的西石牌坊，惜毁于 1943 年农历八月初八夜的大台风。陈汰余先生的《樟林乡土志略》记载了这夜的台风险情："八月初八夜，大飓风，海水飞涨入东社大池，风中有火光，鼎内（樟林东郊田野地名，老地契写为'汀内'，传承有据，因'鼎'、茭萣即红树林的'萣'字与'汀'潮方言音近而讹混）田禾尽没。"① 下街西石牌坊也被这场台风摧毁。而东石坊两旁民居建筑违章，或因居民有意识的保护，东石牌坊与民居墙壁连为一体，增加了牌坊墙体的稳固性，因此在八月初八的台风中幸存下来。1960 年，东里建大桥，新兴街所有的石坊全部被拆成建桥石料，东石牌坊因与民居连体又躲过一劫。如今下街失了西石牌坊，若能重新补立，我们也能一览下街当年的风貌。

建于嘉庆初年的新兴街，以娘祠、福德祠为神社，向南直出月畔地，以这条向南直路为界，东边为林氏家族居住的一个完整社区。直路以西，古码头渡口以西街段，当时除了原先已有的长庆里，尚属港面地带，后来建成上街则是道光以后的事了。

新兴街上街与下街的建筑风格迥然不同。上街段的街道略弯曲，远不如下街道笔直。在探讨这一问题时，有必要补述一份可作佐证的历史文书，即嘉庆二十四年（1819）澄海知县签署、二十五年（1820）樟林镇司加批示后拍卖林泮林五官没承买执照。

数年前，笔者在蟳墩脚辨认陈元兴家族开设的"元兴饷当"牌匾时，承邻舍拍索内户主陈绍逊先生邀请，观阅其先人留下的承买执照，至民国时期，他家还拥有门前空地的产权。我们以出租文书为据，探讨了原执照所写"门前涂埕东畔有一半的产权"这一问题。执照还附有四至地界图形一张（分别

---

① 陈汰余：《樟林乡土志略》，见林远辉编《潮州古港樟林——资料与研究》，中国华侨出版社 2020 年版，第 395 页。

见图1、图2、图3）。

图1 执照文字复原图

特调澄海县正堂加三级记录六次随带加二级记功三次又记大功一次卓异候陞尹为给照事案照查抄林泮林五入官田亩房屋……又倒塌铺基柒间又东头临河荒地一块与陈协利均分应得一畔又铺后洋畔田尾荒地一块按照从前委员丈定四至图形界址管业需至照者计粘四至图形一纸

加插樟林镇司批据：

勘得该业户与陈协利合买林泮充公土名洋畔田东头空地一片妥协商渔船只出入要地难令据为己有应准各船众缴买承赔以备公用兹据该业户恳请承买情愿照旧作为公所日后不敢有建盖铺屋栽种树木阻塞排勒等事尚属可行除据情详覆外合就所给执照指明以杜争说

嘉庆二十五年六月初一日樟林镇司高当堂批据
即陈在利

嘉庆二十四年六月二十九日给
右照给业户陈兴利准此

县　　　　　　　　　　　　　行

图2 地界图形后说明文字复原图

一陈兴利承买林泮充公土名洋畔田铺一间又倒塌铺基柒间又东头临河荒地一块与陈协利均分又铺后洋畔田尾荒地一块

（附一九四八年樟林中心国民学校租约）

兹向陈合利号租借蟳墩脚厝前涂埕作本校第贰佣场每年租金由本校酌送。

此订

澄海县樟林乡中心国民学校

37.9.8

嘉庆十年（1805）樟林二林通匪案事发之后，樟林港的发展虽遭重创，但还未到衰败的境地，新兴街上街建设就是在这一时期完成的。四至图中没有通向新兴街的道路，但仙桥街方向却修了横向经过陈兴利、陈协利门前的灰路。道光年间澄海一帮文士为县令尹佩绅治澄时的文书编纂了《凤山记序》，其中《谕招闽商运米和粜禀》一文记载了米船运台湾厦门两处米粮来潮，在樟林东陇入口，单计东陇口所进米船就有118号，潮郡各属俱来采买。而入口

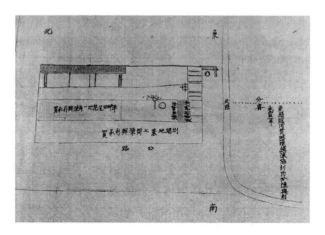

图3 执照所附地界图形

米船常遭守口兵役勒索,上级令澄海官员亲赴樟林东陇各口岸严查,还特发银牌百面,交樟林司易巡检每日亲赴各口开导的来船,有奉公运米到郡者每船赏银牌一面,以示鼓励。① 又尹佩绅呈府宪称:"樟林、东陇进口米船,关系合郡民食。如果兵役不索小费,断不致商贩裹足。仰速实力查察,广示招徕。遇有阻遏以及囤积诸弊,随时究禁,勿托空言。仍将上郡米船,按五日一报。"② 由上述两则文书记载可知,嘉庆末年樟东港口的运输仍然十分繁忙,樟林港仍有建设货房米栈的需要,新兴街还要扩展补建。补建的街段即后来的"上街"。

上街后建可从四至图中得到证实,陈兴利、陈协利共有的涂埕没有直通新兴街的大路,涂埕至东所临的河道,虽然已不能详知宽度,但在执照中写明是商船排勒(列)的河面。即使200年以后,长庆里与塭仔马厝巷张家大院临池的围墙之间也至少有30米宽,嘉庆末年或更宽些。至改革开放前,从蟳墩脚(执照中的涂埕)入新兴街上街,要过一座高高的水关涵闸,这显然是后来为方便从仙桥街进入新兴上街而填河修筑的桥涵水关。从四至图推测,上街应建于道光初年。

从蟳墩脚入新兴街,要过一座高高的水关涵闸,东面正对新兴街上街栅门,西面正对嘉庆地契承买户陈兴利,即今之拍索内大门。大概为了阻挡煞

---

① 尹佩绅:《凤山记序》,见林远辉编《潮州古港樟林——资料与研究》,中国华侨出版社2002年版,第198~199页。

② 尹佩绅:《凤山记序》,见林远辉编《潮州古港樟林——资料与研究》,中国华侨出版社2002年版,第199页。

气，入门处设置了一块八卦屏风。该屏风如今还挡着门口，不失为一道具有中国特色的摆设。上街栅门—水关涵闸—拍索内大门三点连成一直线，恰好与嘉庆二十四年（1819）地契执照中陈兴利、陈协利共有的涂埕至河边的界线重合，在当时的四至图中并非道路标志，只是一条虚线，这也可作为嘉庆末年前无路可从蟛墩脚直通上街的证据。

最近发现的光绪二十八年（1902）"重修南湖堤捐款"的芳名牌，使笔者联想起四至图中一条从北往南向今塭仔方向而去的"灰路"。樟林郊外的灰路灰堤，多建于湿地低洼地带，如石壁头下过草洋到客旺头的灰路、灰堤。新陇莉巷口外往碧砂稻田中的灰路，多是驿道遗迹。四至图中横向经过洋畔田（今称"蟛墩脚"）陈兴利、陈协利门前的"灰路"便属于这类驿道。古时新兴街、塭仔以南一带，是北溪与樟林北郊莲花山南麓各水汇合的樟林河入南社的港口。几十年前，塘西樟东路的三合桥南安里、植之里、德和里一带似连似断的河汊池塘，是古时河道入海口处的遗迹。几十年前塭仔林厝祠左侧还有一条石桥、一道栅门，门外还有一段灰堤过长庆里里门通向月畔池，与娘祠前南向的直路交会出尾园埔。娘祠前南向直道以西的居民聚落叫"长庆里"，是先于新兴街的新填地。"新兴"对"长庆"，命名相有关联。笔者当年在苏北中学尾园校区上学，对这个地段非常熟悉。尾园埔至红肉埔前，有一段南湖灰堤可接东里渡口（即占的仙市渡）。以上所述的灰路灰堤，可追溯到嘉庆末年四至图的灰路，这与光绪二十八年重修南湖堤是有历史关联的。惜此碑的前言拓本不清，无法知道南湖堤修前的历史记述。

自从可以从仙桥街直入上街再进入新兴街，娘祠西侧古驿渡口的横渡功能就被弱化，货运能力得到增强。上街的栈房简陋，不及下街的笔直整齐，可称道者只有"新兴街"三个笔画稳重、清晰的大榜书字和民国三十七年（1948）新建的供老县长居住的西式别墅而已。进入新兴街需先从新兴街上街栅门进入，因此后建的这段街道反被称作上街就不难理解了。

四至图附樟林镇巡检司批据表明，陈兴利、陈协利共有的门前至河边的空地不必商渔船后承赔，而是仍由原承买两家所有，但不准盖铺种树，阻塞商渔船的出入。此空地当年称"洋畔田"，今称"蟛墩脚"，也可证实古樟林八景并无连理榕，更不可能有林泮、林五二人因通匪被朝廷正法，其首级于15年后枭示于连理榕上的传说，二事应予改正。连理榕应植于道光之后也是确凿无疑的。

澄海畲人遗址追踪

《汕头史志》编者按：本文从语音学、地名学的角度论证已废的澄海陶畲原先是瑶畲村，证明"澄海山中有畲户"之说有据。畲族自认为粤东凤凰山是其祖居地。粤东以至闽南等地，都有不少汉化了的畲村，只是很多已被历史尘封了。进一步弄清昔时畲瑶的行踪及汉化情况，以及其对潮汕文化的影响，对于深入研究潮汕历史必有帮助。我们期待有更多这方面的研究，并希不吝赐稿。

读了陈训先先生的《"南峙山"考》，我注意到了家乡一处山坳——陶畲。嘉庆《澄海县志》卷八《都图》："陶畲，城北三十里。""樟林，城东北三十里。"二处地望接近。卷十《茔墓》："赠大中大夫郑汝明墓在苏湾都陶畲之南。""赠大中大夫郑宗耀墓在苏湾都陶畲之西。"① 从这几条记载可知陶畲在苏湾都樟林附近。实际此地在樟林、鸿沟之间，今乡下称其"羊城内"。县志反映嘉庆年间此地还被列于"都图"之中，是一个山中村落。陶畲的地名含义究竟是什么？

这个问题还得从明末清初番禺人屈大均的《广东新语》说起。其书卷七《人语》"畲人"条云："澄海山中有畲户，男女皆椎跣，持挟枪弩，岁纳皮张不供赋，有畲官者领其族。"② 究竟近世畲人曾经居住过的"澄海山中"在今何处？明清之际的"澄海山中"大概不可能在南峙山，因为这一脉山丘犹如海中孤岛，在潮澄韩江口冲积平原上突起，构不成屈氏所说的"山中"的地望；只能从澄海地界内可称为山的莲花山地带考察，并利用人文地理的知识来选择最符合条件者，便是上文所提到的"羊城内"。

陶畲系莲花山南麓一处三面峰峦拥抱的山坳，其南有出口，俗称庌布坑，可通外界，直趋南海之滨。遥想未开发的榛莽年代，这里甘泉沃壤，林木秀茂，可耕、可猎、可渔，是畲人休养生息的理想地方。南宋时代，这里便有畲

---

① 〔清〕李书吉等修、〔清〕蔡继绅等纂：《澄海县志》，台湾成文出版社1967年版［据嘉庆二十年（1815）刊本影印］，卷八，第78页；卷十，第90页。

② 〔清〕屈大均：《广东新语》卷七，台湾学生书局1968年版，第94页。

人聚居，叫陶畲村，大有世外桃源之景象。鮀江贤士陈肃避乱于此，结庐讲学。① 20 世纪 60 年代初笔者曾到此采拾柴草，还亲自领略过其自然景状。当年还存一处人居遗址，颓垣断壁，柱础犹在，山涧清流汨汨绕旁而过。午间，耕作的农夫、采薪的樵夫、放牧的童子多在此破址生火造饭，略事憩息。由于从前少数民族受到轻视、压迫，居于此地的畲人或向纵深的高山内地迁移，或在大多数汉人包围的环境下被同化。至今，澄海山中已无畲户了。

要想证实陶畲曾是畲人的聚居地，必须从有关地名的文字资料来论证。澄海县志称此地为陶畲，"陶"潮音有二读：一为"头"，一为"瑶"。这里的陶字不读"头"而读"瑶"。传说中东夷族的领袖皋陶的"陶"就要读这个音。徐灏《说文解字注笺》云："瑶陶语之转。"② 是"陶畲"即"瑶畲"，俗称"羊城"的本字。瑶畲写作陶畲大概是为了典雅，乡民不知缘由，加上这一带的地名常加后缀"内"字，表示族居点，如某厝内，因此音变而称为"羊城内"。好究原委的人都试图去解释这个地名的来历，最流行的说法是昔时这里有姚、佘、赖三姓人氏聚居，故称，讹而为"羊城内"。苏联地名学家 B. A. 茹奇克维奇在《普通地名学》中说："居民地名则往往是反映社会经济现象，有时也反映人们本身的姓和名。"③ 推测"羊城内"是姚、佘、赖三姓聚居地的地名倒也符合地名学的理论，可惜这种推测离开县志文献，置陶畲二字于不顾，自然不能真实反映历史。原来，陶畲乃指南方的一个少数民族——畲，因其居住在这里，便以居民的种族而名其地。这完全符合县志文献的记载和地名命名的常规。少数民族的瑶常与畲并称。因瑶、畲皆以盘瓠为始祖，长期以来人们视之为同源。"从史籍看来，往往畲瑶是相通的。畲族族谱自称瑶户。"④ 顾炎武《天下郡国利病书》就称"潮州府畲瑶"。澄海人却称为"陶（瑶）畲"。无独有偶，福建龙岩有洋畲，永安有东洋畲，与澄海俗称"羊城"的叫法几乎相同，也是瑶畲的讹读，实际情况应与澄海的陶（瑶）畲一样。与澄海陶畲同名异文的有福建明溪的瑶畲。⑤ 另外还有一种异文作"窑畲"。《广东新语》："归善（今惠东）有瑶畲。"⑥ 屈大均所说的是畲族的一种，非

---

① 参见李绍雄《樟林沧桑录》，政协澄海县委员会东里镇联络组、澄海县文学艺术工作者联合会 1990 年版，第 5 页。

② 〔清〕徐灏：《说文解字注笺》卷一上。

③ 〔苏〕茹奇克维奇（B. A. Жучкевич）著、崔志升译：《普通地名学》，高等教育出版社 1983 年版，第 36 页。

④ 〔清〕顾炎武著、黄坤等校点：《天下郡国利病书》第六卷，上海古籍出版社 2012 年版，第 3330 页。

⑤ 参见何光岳《百越源流史》，江西教育出版社 1989 年版，第 434 页。

⑥ 〔清〕屈大均：《广东新语》卷七，台湾学生书局 1968 年版，第 95 页。

称地名。由此看来,闽粤二地以瑶畲命名地方并非个别现象,瑶畲或畲族中的一支。至于用"畲"命名地方就更加普遍,据《百越源流史》所介绍,在湖南、广东、广西、福建等地,地名带有畲字的共计七十几处(实际何止 70 多处?——编者),作者何光岳据这些带畲字的地点来考察畲族迁徙的轨迹。澄海陶畲尚未被该书列为粤东带畲字的一处地方,大概与该地村落已废,当地人都叫"羊城",而"陶畲"又不标于行政区域图上有关系吧。

用人的群体或个人来命名其居住活动的地方或山川,古今皆然。商代甲骨文有浇水,是因"浇水近于羌人居住地,才命之曰浇水"①。再看一个活生生的例子,就在陶畲内南面大岭下与公路交界处,被樟林、鸿沟乡民叫作长裕的地方。长裕者,樟林乡东社人,在此处搭一篷棚摆卖糖烟、水果、凉茶。长裕这地方就因有长裕其人在此活动而以此名之。笔者将地名命名的例证顺便揭于此,也可让后者知其来历。一个贩夫的名字可以做地名,与中山因出了伟大的孙中山而称为中山一样,皆合乎地名学的规律。

综上所论,陶畲因畲人居此而得名,乡民呼之为"羊城",乃同音代替的结果,是最为普遍的地名讹变语言现象。澄海畲人遗址的追踪,就全靠这条地名的语言文字资料了。

"澄海山中有畲户"已成了历史,但往事仍存于一些著述的记录中,约计有:屈大均《广东新语》,李调元《南越笔记》,邓浮《岭南丛述》,范端昂《粤中见闻》。几种著述的记录如出一辙,颇有一大抄之嫌。作者未必都亲游澄海而记其所见,大概仅记其所闻而已。然他们的记录必有所本,因此记录了澄海这个滨海之县曾经有畲人在此生活的史实,已废了的村落所留下的陶畲遗址便是明证。

(原载汕头市政协文史办主办《汕头史志》1993 年第 2 期,第 52～53 页。)

---

① 罗振跃:《甲骨文水名研究》,中山大学中国语言文学系 1991 年硕士学位论文。

古港拾贝

樟林是我的故乡，但我出游将近一甲子；离开她那么久，我怀乡依旧，每年回乡必然穿街遛巷去重温旧梦。如今樟林古港因修复南粤古驿道及举办定向大赛等项目，把只剩下一湾臭水的古港遗址、曾经行人罕到的新兴街打扮得分外妖娆可爱。小时随大人到南社宫拜三山国王之后，转书斋前古渡口老榕树下候渡过新兴街拜阿娘（南海慈航观音）。其时古港尚宽。现在拾级登上码头入新兴街，那任人踩踏的石阶只残留下三级，被隆重镶嵌上有机玻璃罩当古董，环境肃穆起来，俨然成古码头遗址了。

前些年偕朋友游古港北岸，至"行忠公祠"前旷埕时，发现有刻字铺埕的石碑。经释读，乃与另一块早些年发现的政府禁示碑同是乾隆朝石碑，我在综合考察二碑后撰写了一篇谈乾隆中期樟林渔船业蓬勃发展的文章。

每次回乡，游八街六社总有心得，我曾比喻为在樟林的历史长河边偶然捡得一些亮丽的贝壳，十分庆幸。去年高秋时节又回到故乡，继续在古港拾贝。只要努力考察访问，自有收获。兹将所得数则飨于家乡父老弟兄，并乞指谬。

古港墘蟳墩脚地名变迁

出新兴街上街西栅门前，过旧时涵闸，今大道以西有一片空地旷埕，俗称"蟳墩脚"。此地名源自清末，但嘉庆年间的文书和地契上，却称"洋畔田"。

"洋畔田"之称，应比新兴街还早。昔时这一带应属韩江末流入海河汊交织的滩地，经过垦荒筑围成为外畔田。古港北岸南盛里前身叫"布袋围"，对面南岸新兴街前身叫"棉头围"。附近还有塭仔，也是塭田，实为围垦之田。"洋畔田"应属此类田野，即大片平坦海墘田地。樟林也叫外畔，指外畔田园。樟林西北面还有一大片田地叫"西畔洋"。外畔田、"洋畔田"、西畔洋，称法大抵相类似。

嘉庆澄海知县尹佩绅《凤山记序》中的《拨充风伯庙祀祭香灯章程碑记》及陈协利私家地契都曾出现土名叫"洋畔田"的地方，且有具体可寻的地标建筑。一处是今苏北中学旧校址内的风伯庙，即林泮故第——"林泮充公土名洋畔田祠屋右住屋一所三进计三十间"①。另一处是今蟳墩脚民居拍索内，居者藏有祖遗嘉庆二十四年（1819）澄海知县批准厝契，拍索内就坐落在洋畔田临港之西。

不只尹佩绅签署地契称上述地方为"洋畔田"，嘉庆十二年（1807）一份民间控告文书也如是称。事记嘉庆四年（1799）正月，"土豪林泮恃横妄法，将弦（李绍弦）祖遗粮池强行霸占一亩余盖凉亭、书屋（即西塘园林）"，其位置即"坐址塘西乡前土田洋畔田"地方的池塘。②

从三件历史文书中，我们可以知道嘉庆时期樟林塘西乡外土名洋畔田地方的大概范围：东起今蟳墩脚，西至今洪家别业，著名园林塘西的西塘，都在洋畔田的范围里。嘉庆时塘西铺仔下街道东面的池塘以东地方在塘西乡外。洋畔田的南北范围因历史文书无涉具体地标建筑，不好确定，只能从今时的巷名做大约的推测：起码北至樟林教堂，南至塭仔、张厝内、德茂里、植之里一带。这几处新村，百年前还是田洋，当属洋畔田。

上文是因今蟳墩脚拍索内一陈姓居民的祖遗地契上有"洋畔田"的地名，而谈到当今塘西界内一大片地方是清代中前期的"洋畔田"，随着樟林港的崛起而逐渐发展起来。

大约至汕头开埠后，同治光绪年间，樟林港渐渐衰落，那块陈协利地契上注明"商渔船只出入要地"的空旷涂埕，即新兴街西栅门外、连理榕北侧的旷埕有了特定的名字——蟳墩脚。据陈汰余《樟林乡土志略·乡土变迁》所载："蟳墩脚，旧即灰窑堆蟳处，故今又沿用旧名曰蟳墩脚。""今之荥阳里，昔是烧灰之窑地。后来大塘筑涵，灰窑遂徙出水仙宫外。"③ 世事沧桑，后来没有堆贝蟳，名仍袭旧。当年的灰窑即后来郑姓的荥阳里。其临街里门的蓝字灰匾笔者从前还见过，但人们不称"荥阳里"却称旧名"灰窑内"，即今元通街北侧，由中山路西转进入的一小片民居。这是地名学的一种现象，以行业命地名。蟳墩脚亦因堆过贝蟳而得名。

言归蟳墩脚地名的演变。洋畔田的一片空地原为"商渔船只出入要地"，

---

① 尹佩绅：《拨充风伯庙祀祭香灯章程碑记》，见黄光舜《闲堂杂录》，见汕头市政协学习和文史委员会、澄海区政协文史资料委员会编《红头船的故乡：樟林古港》，香港天马出版有限公司2004年版，第342页。

② 参见《塘西乡民李绍弦呈文》，见黄光舜《闲堂杂录》卷三，见汕头市政协学习和文史委员会、澄海区政协文史资料委员会编《红头船的故乡：樟林古港》，香港天马出版有限公司2004年版，第337页。

③ 陈汰余：《樟林乡土志略·乡土变迁》，见汕头市政协学习和文史委员会、澄海区政协文史资料委员会编《红头船的故乡：樟林古港》，香港天马出版有限公司2004年版，第190页。

之后曾堆过贝蛴。在没有堆贝蛴的70年前曾做过佣场。笔者小时候见过它做番葛的交易场所。今拍索内厝主保留的一张1948年的契约合同书，可说明新中国成立前蛴墩脚曾做过佣场——番葛佣场：

兹向陈合利号（笔者按：应为嘉庆地契中陈兴利裔孙辈）租借蛴墩脚厝前涂埕作本校第二佣场，每年租金由本校酌送。
此致

　　　　　　　　　　　（民国）37.9.8 澄海县樟林乡中心国民小学

该校的前身为萃英学校。这份租借合同除了说明新中国成立前夕这所国民学校经济上比较拮据，用租场收佣金裨补学校费用外，还证明蛴墩脚前一半空地那时的产权属于拍索内一住户所有。后来空地一度做过垃圾收购场，将垃圾堆积发酵腐烂成为肥料，再行出卖。今空地上杂草丛生，似无从前宽阔。但未知其地契在新中国成立后有无重新登记，将嘉庆澄海知县尹佩绅批准的地契换成新中国政府签发的新契，以继续拥有蛴墩脚临港厝前一半空地的权益？

发行樟林铜镭票的林二榕何许人也

樟林古港新兴街西门前，有连理古榕，被人列为樟林八景，无人不晓。但如果民初新兴街富商林二榕当年没发行林二榕镭票，他的名字就会像历史长河的沙子一样被淘尽而消失。笔者因对南粤古驿道樟林港"古税口"遗址有所质疑，去访问新兴街老居民，才知道此处地方乃林二榕的故业。

林二榕之父为螺蛉子，只生林二榕一男。两代单传，特别娇贵。二榕出世后，其父请算命先生推演。为保二榕平安，卜者让婴孩长大后食长斋念经，做出家人。谈何容易！家财万贯，只此独苗，岂可无后？其父求算命先生代为折中祈福，算命先生曰可筑斋堂供奉佛祖，请人代为食斋，并于南畔洲置斋堂田产以供长久。当年的斋堂即今新兴街下街东门牌坊下"古税口"标识牌斜对面的"三德堂"是也。

樟林"古税口"旧址质疑

南粤古驿道樟林古港"古税口"遗址标示在永兴街下街东门牌坊左侧第一间。据地方文化人士说，根据的是汕头海关的记录。笔者走访本街老居民，答复是从未听此叫法。口传的地名是实际存在的反映，实亡而名可传。试问樟林的石桥头、大塘安在？今只能据地名找遗迹遗址。而樟林南社港墘"关部脚"却多人知晓。笔者少年时常到此挑水饮用，每当潮涨，韩江淡水倒涌入南社港，港水暴涨几与路平，极易汲水。此处即今汝南世家大院西大门附近。这一带至蓝伟烈故第、伯爷公宫附近，都叫"关部脚"。"脚"者，即土语"脚头"（附近）之意。笔者多年来经常在古港边徘徊，从港墘路东头向书斋前沿港边走行忠公祠、连洲别墅、环港书斋、汝南世家大院一周，始终找不到有衙门模样的古建筑。访问周遭居民，言之最凿者确多指曾经做过合作医疗站的环港书斋。从汝南世家大院西门北行出港墘路，背港北向的建筑，除行忠公祠、连洲别墅、环港书斋后壁外，在新中国成立初期这一带还有不少商铺建筑，在乾隆朝曾是新填港区的繁华商业街，《樟林游火帝歌》歌词有句"洋货交易在外溪"[①]，即指这里，地属南社青云厂。

今能言清末民初南社青云厂故事者实难找到，有关故事皆传说而已，只好求诸文献。请阅陈汰余《樟林乡土志略·乡土变迁》："南社青云厂港滨自昔所设关部（即税局）每年收入数尚不少。至于民国初始废。"[②]汰余先生家在南社翁厝池，距青云厂不远，当知清末民初青云厂的故事，所记可靠。他称樟林南社港税口为"关部""税局"，是在"港滨，自昔所设"，即古已有之。我们只能从港滨，濒临港墘、面港的地方开设征税衙门的思路去寻觅税口遗址。田野调查取民众口传之说，实地考察遗址残迹，再结合文献来复述历史。看来樟林税口应该是以环港书斋及附近为中心的地方。今乡民多指环港书斋为"关部"。笔者曾入内考察这二层楼的建筑，发现其格局小巧，楼上有点西洋风味，楼下因改造较大，只剩一些石构件，总体而言毫无税口衙门的气派。环港书斋是西侧汝南世家大院的附属建筑。大体潮汕一带，大厝多配套建书斋，为阿舍们悠闲会客读书的地方，与大厝内家眷分开。经了解，其实连洲别墅也属汝南世家族内别业，却与环港书斋不相连，中间隔一处属于他人产业的建筑。笔者访问今屋主得知：汝南世家建大院时，此处业主就是不卖给汝南世家一统盖建。由此可推知汝南世家大院配建书斋的计划无法实现，致使环港书斋与连洲别墅分隔在一间平房的两头。环港被人称书斋，保留了当年汝南世家大院建大书斋计划的信息。了解这段历史之后，可知民国初年从行忠公祠至汝南世家这一大片南社青云厂港滨的清代建筑群曾被颠覆性地改造了。樟林港的税口湮灭了，只留下地名"关部脚"。关部、税口遗址即在以今汝南世家大院、环港书斋为中心的范围内。那么樟林古港应标此地为旧税口遗址才合适。

---

① 陈训先：《潮汕文化源》附录，中国文联出版社1999年版，第126页。

② 陈汰余：《樟林乡土志略·乡土变迁》，见汕头市政协学习和文史委员会、澄海区政协文史资料委员会编《红头船的故乡：樟林古港》，香港天马出版有限公司2004年版，第190页。

寻找古港今存名号的栈房——安平、远合、永合、芳兰内

樟林古港遗留下来的至今还能看到门匾或有名号的栈房建筑，除了新兴街下街的"安平栈"外，还有下街的"远合栈"，离下街石牌坊不远。"远合"匾额的篆书浮雕灰字可读，原栈主即今下街古港刻印主人林秀绵先生的祖上。在下街有三座"远合栈"，包括行台住家。

樟林古港的清代栈房，几乎都同一风格，临街有一石门框，临河港的后门比当街前门宽阔，以便装卸货物，无窗户，适合防盗。二三十年前在古港南岸的南社五路头有几间，今都被改造为一般住居。

栈房有题门匾的还存一处在洽兴街。门额用灰匾，栈名题字为双钩填色，是陈殿迎先生祖遗产业。前门临洽兴街，后门临通古港河沟，栈名为"和×永合"。笔者从前经过时常观望这有字迹的老门匾，只认出"水合"字样。殿迎先生纠正我的错读，以祖辈所传告诉我，应称为"永合栈"。我对他说：末字绝对为"合"字，"永"字水上一点不清。一经指点，甚确无误。但我坚持以实物为准。"永合"之前还有两字，匾额才能对称，非"永合栈"三字之匾。近日再度经过，主人略清扫过匾额，第一字"和"字露出，第二字仍然不清。若能爬梯亲抚双钩走向，释读应无问题。寄望主人再剔污洗清匾额，让这座古港栈房门匾再现原先面貌。

论栈房，今仙桥还有旧迹可寻。改建前如恒发灰店、德盛酒坊之建筑，皆有临街小门而无窗户之特点，皆从前货栈遗存。最有名者为当年洋船商蔡彦藏资楼大货栈群，但早已焚于火，残存的建筑物"过街楼"摇摇欲坠，像一个垂垂老矣的老人在风雨中苦苦支撑。望有关部门好好保护维修，供游客观赏当年样貌。另一处是仙桥街栈房合居舍的老建筑，人叫芳兰内，整体狭长，有前后二门，中开天井，楼楹巨大密布，以承货物之重。临街部分基本完好，后半部分已倾倒。芳兰内是后门无临河道的货栈。

元兴饷当

新兴街出西门过马路是蜡墩脚，在连理榕后北侧有一无遮拦的石门框，上面叠有一道明显断折的灰墙，苔衣覆面。若细心观看，字痕依稀可辨。

其实这是一间老当铺外大门的门匾。从前听人说过是"元兴当铺"。笔者多年来路过时常要瞻望一番，但无法确认灰匾文字。跨过门第便见当铺，是一座单独建筑，有嵌瓷门匾，年久风化脱落，不明四个蓝字的内容。宽阔院庭，倒像一座书斋，或者是当时的行台及内库。

近日专门拜托元兴家族熟人把当铺外门的灰匾清扫，现出残存的一半字

迹,据笔画推定当铺的全名为"元兴饷当"。

何谓"饷当"?傅崇毅《福原饷当》一文有相关的介绍:

> 为了保障安全,福源当店向当时的政府注册登记,按月缴纳饷款,并遵守政府的规定。这样,算是合法经营。政府发给证件,受政府保护,如遇见有人捣乱,可向政府报告,由政府出面干预或保护,所以称为"饷当",挂上"福源饷当"的大招牌。除饷款,每月还要缴交名目繁多的捐款,例如巡逻费、防匪费、保安费等。①

饶平澄海与诏安均乃闽粤接壤之地,法例大致相似。我们还在清末一部传教士斐姑娘编著的《汕头方言辞典》中看到"饷当"一词,可印证诏安饷当的性质。其对"饷当"一词的释义为"有执照的当铺",例句为:"伊个是饷当,阿是号当?"有一种别于饷当的当铺叫"号当",无政府执照。"饷押主人个利息少,小押主人个利息加。"②大概"饷当"纳税多,押物主人利息就少,但风险也少。"小押"大概指私家无执照的当铺"号当"。从这些资料中可以了解清代潮汕当铺的一些常识,由此也得知"元兴饷当"是一家响当当的大当铺。

"元兴饷当"是塘西陈元兴家族所创,资本雄厚。这个从潮安上甲陇来樟林古港创业的大家族,拥有系列建筑:祠堂、宅院、书斋、大当铺,还有提供保卫的武馆。从蝎墩脚当铺西折至元兴祠,再北折有大夫第、书斋等家族宅院,几乎占了一条巷道。其地处于古港新兴街、连理榕、风伯庙、西塘园林之间。元兴家族系列建筑尚完整,若能把"元兴饷当"的门庭重修,补足一半招牌,或清扫残匾,钩出尚存足供辨字释读的双钩笔痕填色,也可为樟林古港多添一道景点。

洋船商蔡母百寿坟

过新陇仙园街节孝亭,出旧时刺巷口栅门外水泥桥,转南百几十公尺,在居民区的一片空地中,有一座重新修建起的清墓,碑文曰:

皇清　例封安人　诰封宜人　一百寿蔡母王太宜人之墓

---

① 傅崇毅:《福原饷当》,载政协诏安县委员会、文史资料研究委员会编《诏安文史资料》1991年第13期,第64页。

② [英]黎力基、卓威廉:《英汉汕头方言口语词典》,英国长老教会1883年版。

当地人称其为百寿坟。经过几十年的变迁，原来的景致变异到笔者几不认识。新中国成立初笔者在苏北区中心小学读书时，站在校内大塘边大刺桐树下，望对岸，绿丛中一座蜡黄色的古坟特别醒目。墓东向，墓后种半围刺桐，如一扇半圆形的天然屏障。民间传说那是风水宝地，以地貌称为"蛤虮腾流"。因地处大塘Y字形的岔口，风景倒也秀丽。

墓主是乾隆年间樟林红头船商蔡彦的母亲王氏。20世纪80年代这一带的墓地埔园被开辟为宅基地，成了新居民区。墓地这块空地非城市小区建筑，就建作悠闲花园。其时有一匪夷所思的怪事，分到这墓址做宅基地的户主，家中死了人，被认为是触犯墓主之故，此后不敢兴工起厝，宅地一直荒凉空置。周遭居民心有余悸，在墓地上供奉香烛，祈求平安。蔡母百寿坟于是被异化为显妈灵坟。近年墓主后人贤子贤孙慎终追远，在百寿坟原址重修建蔡母王宜人墓。模式按故坟复原，故物唯有摆手中的一块墓石，其蜡黄古色与新坟石新旧分明，让人感到沧桑变化。

百寿坟碑单行碑文，只有蔡母，不镌蔡公，不知其故。其子蔡彦是樟林港有名洋船商，说是从程洋岗来樟林发展，其故宅在南社中巷的蔡厝内三进大厝。蔡母能以命妇封号入碑，应是得其子的旌扬，大概是以捐赠封而得名号。

蟳墩脚连理榕何时断连

连理榕乃古港埠蟳墩脚一景，不知何时，形如三脚蟾蜍的连理榕断其前脚，委实可惜！有关断脚之事，访邻左乡亲，说法竟然不同。有说被垃圾堆腐蚀致使根烂腐朽而断，有说遭台风摧折，又有说雷击折断，可谓众说纷纭。[①]

笔者特地专访新兴街刻印之家印主林秀绵先生。林先生则告余曰："大概二十多年前某日，不见有台风，大概有阵风，我早饭后到市里开工做事，路过发现连理榕东畔树干根部离地。"此树毕竟是樟林古树，新兴街老人组颇为重视，找过移树的专业熟手来诊视辅植的可行性。答复是可以的，要用拉链葫芦吊起根部，用稻草打绳浸泥浆固定保护根部再行重植，全部费用约200多元。当时这笔费用是个不小的数目，老人组无力承担费用。汇报大队，再上报镇政府，批示是：当地负责。谁也想不到今日有修复古驿道，发展乡村旅游事业的盛举，当时镇政府没有前瞻意识，虽也谈不上失职，却让这棵老榕得不到及时的保护，成了今状，至为可惜！不过，尽管连理榕变成"两脚榕"，仍然是蟳墩脚一处景点，近年还有人将它列入"樟林八景"之一。

---

① 参见陈群歆《梦回樟林品八景》，载《羊城晚报》2010年10月21日地方版，第yd02版。

莲花古寺今昔

近些年来，樟东、莲华的水仙、莲花二佛寺的发展变化有目共睹，除了弘扬佛法之外，对未来旅游业的发展也将做出贡献。

论历史古远，当推莲花古寺，有元朝至元己丑开山立石为证。但当初开山的佛寺为何名？无法考究。数百年后清代嘉庆十二年（1807）重修该寺。

旧寺在扩大重建工程中遭拆除。旧址的开山立石碑、古马槽、龟掌刻石、古银杏、涅槃城、张夒墓神道碑等文物尚在，这些都是莲花古寺的历史积淀，弥足宝贵。

大凡后来重建重修之佛寺，总要冠上"古寺"以示其古，乃为一种追忆的命名。莲花古寺初创之名不可考，因位于莲花山西南麓，以一郡文峰之名命寺，不失古雅。而若是千古传承至今的佛寺，多无以古自命，君不见潮州开元镇国禅寺，中国最古的洛阳白马寺，皆不带"古"字，却是原汁原味的古寺。

樟东十五乡人叫莲花古寺为庵，代代相传，说明它从前只是一个小寺庙。我们依据"庵"这个在历史上曾另有含义的名称考察其遗留的文物。在原庵前左侧百数十步果园中，有一弃置的石马槽，年代久远，风化严重，没有刻铭，不知凿制的准确年代。其形制与潮阳灵山寺、饶平林姜寺的马槽相似。马槽旁有一道古建筑的石基，说明这是古代人们生活的一处场所。

马槽高约56厘米，长约276厘米，阔约83厘米，厚约11厘米，是固定在石条上（近有人剥离槽下土层发现）的饲马石槽。马槽告诉人们：此地古时是人们东来西往的一处驻足地。其功能不外是旅舍或驿亭，而古方志就指明此处有白沙铺一驿。

明代嘉靖黄佐的《广东通志》所载饶平驿舍有白沙一站[①]，与今天碧沙乡民间叫白沙铺不谋而合。从白沙铺往西走府城，还有铁铺、平福铺，往东有饶平的林姜铺，皆为古驿亭的所在地。从莲花庵北面的红涂岭铺设的石板岭道大型工程看，这绝非为樵夫牧竖而设，乃是政府行为。老一辈的白沙铺人仍称红涂岭为大官路，是为古驿道的佐证。

---

① 参见〔明〕黄佐《广东通志》，广东省地方史志办公室1997年版〔据嘉靖四十年（1561）刻本誊印〕，第852页。

从潮州府往福建方向至饶平的驿铺，今还保存两处有石马槽的古驿铺故址，一为白沙铺，一为林姜铺，后来都变为庵寺。

由驿铺变庵寺，涉及南宋驿亭制度的改革。绍熙年间，从潮州通往福建的驿路上，为了加强邮亭驿舍的管理，采用由僧人住守并给予田地作为资用的办法。以僧人管理驿铺大概是为了减少扰民，对混乱低效的驿铺管理做改革，所以驿铺也叫庵，庵驿并称。① 元朝以后，传驿制度比较健全，庵驿的功能分开，庵便失去驿传的功能。但庵在、佛在、和尚在，有的就演变成纯宗教的庵寺，故《三阳志》记载宋代某些庵驿亭铺时，特地注明："今为庵。"② 随着古代驿传制度的消亡，曾经与庵同为一体的庵驿，有的变成庵一直存在至今，如莲花古寺、林姜寺，还保存着为驿时的石马槽遗物。古驿白沙铺作为古村落的村名流传至今，而地方群众仍称莲花古寺为庵。

上述就是莲花古寺的前世今生。

下面，笔者凭记忆讲讲莲花庵60年前的景象。

孩童时代清明到东山埔扫墓挂纸，我的眼光总投向崩下岭下树荫围绕的莲花庵。庵里可数罗汉。庵是嘉庆年间重修的，山门石匾额题"莲花古寺"。因屡遭劫难，民国年间又重新修建。一进山门我便被东西两壁上顶天立地的"福""寿"二字镇住，我还从来没见过这么大的字！庵已残旧，与乡里的普通院宅无大别。供奉佛座无龛案，完全安放在泥灰垒成的形如北方的土炕上。殿上两旁各九位罗汉，共十八罗汉，神态各异，造型谈不上艺术。传说按年龄数罗汉，可测命运。入门还讲究哪只脚先跨进。数罗汉者多是小孩，点数时很虔诚。稍长，便觉疑问：随着年纪增加，命运岂不年年不同？同岁数的人命运皆相同？小时莲花庵游与学校组织的远足野餐相连在一起，附近还可游石瓮仔的石洞。孩童游庵是件大乐事，深刻地留在我的记忆中，至今不忘。

莲花庵中给我另一深刻印象的是一位住寺的和尚，不知他的法名外号。人们客气地称他邱师父。听说他与水仙庵的定根师为同门师兄弟。他外貌短小、精干机灵，两眼炯炯有神。笔者小时最钦佩他超大的胆子。他常下山到樟林购物，有时逗留至夜晚九十点才上山。他常在永兴街头三合兴烟酒店喝茶，晚了，背一市篮回庵。道出新陇刺巷口栅门，穿越西畔洋水田间的村道，至白沙铺北折行铁钳堤，经五丛榕上莲花庵。夜里竟敢走荒冢林立、鬼火明灭的鬼魅之区，我心想他一定法力高、道行深，鬼邪不敢近身。后来，在一场肃清一贯道会门的"镇反"中，与师公不同道的邱师父竟也被揪上苏北区中心小学的

---

① 参见陈香白辑校《潮州三阳志辑稿》卷九《铺驿》，中山大学出版社1989年版，第43~44页。
② 陈香白辑校：《潮州三阳志辑稿》卷九《铺驿》，中山大学出版社1989年版，第46页。

露天会台上批斗。他夜行荒野的浩然正气哪儿去了呢？和尚低着光溜溜的脑袋，与被斗地主一个模样。邱师父在我心中垮掉了。几十年后，我想起邱师父，觉得他可能不怕鬼，只怕人。不过，他住庵时，倒也体现禅门怀海禅师提倡的"一日不作，一日不食"的禅风，在庵周围种作。其时信众不如今天宽绰，没有多余的钱财种福田，寺资拮据，不日作日食不行。其种作的农产品多余的可变卖做补贴。

改革开放，政府落实宗教政策，庵寺恢复宗教活动，莲花庵由碧砂乡农会制茶工场恢复后，日子也过得紧巴巴。我的印象中莲花庵一直是个穷庵。但我在20世纪80年代末重游莲花庵时，发现它已一扫昔日破烂景象，焕然一新。进山门欢喜佛上方悬一匾，是中山大学古文字学家商承祚用他研创的秦隶体书所题"皆大欢喜"四字。从开元寺摹来，走神失真得厉害。因商先生是我的老主任，我竟在家乡见他的手迹，有一种特别的亲切感。院庭格局大为改观，大殿有檐门隔开，佛座供在龛中。东廊立有重修碑记，庭中植大缸莲花，其他厅堂都如旧翻新。相信这是莲花古寺历史上辉煌的一刻。尽管如此，住寺僧人还略有怨气，对我诉说不平，说人们宁花那么多钱拜老爷，却不太肯拜佛祖，他们的油是从开元寺拨来的。我听出弦外之音：穷！我时时想，佛寺清贫可能是正常的，不穷和尚怎么去化缘呢？怎么以苦行感化大众脱离苦海呢？

一晃又二三十年过去了，随着经济的发展，人富而思善乎，于是莲花古寺开始勃兴，走向历史更辉煌的时代，或将成为粤东的名刹。山门外广场，前期工程已初具规模，环寺大路已开通，绿道成荫。镀金的观音大士塑像耸立在莲花山麓的环山中。然而，稍有遗憾的是原嘉庆版的莲花古寺已化为乌有，数百年佛寺历史留下的古色给抹掉了。幸好散落下来的石马槽、开山立石、龟掌刻石等几处符号还能闪烁些古迹余光。

附记：民间传说莲花古寺曾是九十九间的大寺，建后即遭兵燹。古方志无此记述。附近如水寨左边的白塔寺，塔毁但留下"塔脚"这地名，明清方志皆有记载。元初开山立石所建佛寺，是否被反元复宋的民间组织利用来做掩护？所谓龟掌镇石的符号含义也不清楚。佛家似无此物，抑或是道家符箓？既为元初故物，与民间帮会旗帜或许有关，故有兵燹之灾？

［原载东里镇文化服务中心主办《东里之声》2013年第3期（总第25期）。］

残碑古驿石马槽

——澄海樟林一带乡间田野调查数事

年间回乡下，遥望苍翠的莲花山南麓，路过乡中比比皆是的古建筑，邂逅曾是乡中望族大姓的后裔，引起了我对了解历史的渴望，产生利用故乡的人文地理环境寻找能与文献相印证的遗物的想法。尤其像家乡樟林，曾为潮州海防要冲、粤东对外贸易的重要港口，总会在历史的长河中沉淀下点什么吧。

功夫不负有心人，我的努力终有回报。当然，成功离不开给我提供各种线索的乡中父老兄弟。姚春喜叔台曾批评说："谈古港不讲新兴街林，岂非怪事！"他这一句话，激发我写《嘉庆十年澄海樟林二林通匪案》的热情。樟林中山路乌手茶庄经理张泽明先生热心为我搜罗荒郊野外的断碑残碣，为拙作《澄海畲人遗址追踪》提供难能可贵的本地新实物证据，还带我披荆斩棘地寻找一个弃置于草丛中的古代驿站石马槽。我真不知如何感谢他们的热肠古道，在此再次向他们表示深切的谢意。

多年来探幽访古，我一方面得到一点新材料，另一方面想及时向家乡文史工作者提议：历史的遗迹有的侥幸存留下来，在这开发迅猛、自然地貌急剧变化的年代，应该抓紧时间调查考察，别让其长眠地下或毁于不自觉。有一个例子很能说明问题，即黄光舜先生的《闲堂杂录》所记的清康熙年间澄海知县王岱题碑的失落：

康熙二十三年甲子（1684）二月，邑令王岱为西社岁贡生郑以勋书神道碑，碑高丈余，宽一尺八寸。文为六寸真书，曰"清岁进士铁侯郑先生神道"。上款："康熙二十三年甲子仲春。"下款："文林郎知澄海县事年家弟湘潭王岱拜书。"该碑竖于仙陇后埔铁侯墓地入口处。①

郑铁侯神道碑幸免于做东里人桥的基石，20世纪60年代尚立于路旁竹丛中。笔者在仁荣小学念书时常到学校北面的后埔玩耍，知道这里为郑氏家族墓

---

① 黄光舜：《闲堂杂录》，汕头市政协学习和文史委员会、澄海区政协文史资料委员会编《红头船的故乡：樟林古港》，香港天马出版有限公司2004年版，第314页。

地，如今记忆犹新。后来后埔辟为民居，神道碑大概于 80 年代被迁走，光舜先生最先发现此碑迁于象鼻山下做桥板，后又发现它被搬移至公路旁灰窑附近。今不知所在。因光舜先生做过测量和记录，故能详其形制与碑文，且载其著录之中，幸而留下了清代一位主修澄海县志的县令王岱题碑的记载。笔者拜访光舜先生时，他说起此碑的失落，尚不胜感喟。类似这样有价值的历史文物，如果失诸征集，岂不可惜！

言归正传，近年在乡间调查而可记者数事，今记述如下。

一、大岭黄吴两姓山坟协议碑

碑原立于何处不详，被发现时已作荔枝园下山涧的阶梯石级。宽 52 厘米，高 106 厘米。碑文记光绪二十八年（1902）黄吴两姓为争坟地所有权的纠纷，在宗亲的调停下双方和解，立碑为证（碑文从略）。

该碑的记事虽然谈不上有什么重要的史料价值，但可以使我们了解清代澄海乡间随意"混葬"的"官埔"与私家宗族墓地的区别。而此碑将"陶畲"一地称为"洋畲"，则恰好与拙作《澄海畲人遗址追踪》一文所引用福建畲人遗址地名的叫法相同，这对少数民族史及方言研究是有用的。闽省与潮汕地方将"陶畲"二字音转为"洋畲"的语言现象是相同的。① 碑文的第一句这样写道：

启者此山土名莲花山脚洋畲黄厝山是也。

清代嘉庆澄海县志称"陶畲"，到光绪年间民俗口语叫"洋畲"，而百十年来樟林乡民口语又变为"羊城"。其语音变化规律还是让语言学家去解释吧，在此不赘。

这里还要顺便说一句，在乡间调查时，我得知一家族文书与黄吴协议碑一样，皆称"陶畲"为"洋畲"。此家族文书即樟林新兴街达祖祠派五房后裔所保存的祭祖蒸尝田产册：

……（上略）

一、洋畲内鸡急坑、佛肚埔等处共田一百五十亩，园（旱地）二十五亩，

---

① 参见黄光武《澄海畲人遗址追踪》，载汕头市政协文史办主办《汕头史志》1993 年第 2 期，第 52～53 页。

又田三亩三分，园一亩并寮寨一所。①

以上所得两条有关"洋畓"的地名材料，都是从乡间保留下来的文物或田野考古调查所得，如早些时候获得，可为拙文提供直接的文献依据，但现在也不失为很好的补充材料。

二、暹罗、安南、石叻华侨芳名录

在樟林乡北的鼎脐山下，一片翠绿欲滴的林檎园中，过沟踏石中有残碑二方。

这两块碑刻是为樟林乡某处公共工程捐资的芳名录，其一是暹罗、石叻华侨商人的题捐，其一仅存"寓安南徐学仁"等人名。

第一残刻碑文简介如下：

（上缺）……暹罗众商捐款列明：
二百末（潮语中泰币单位读为［P'uak］，其音与末近是，抑或铢的误刻）
陈常记（商号）
……（下从略）
石叻众商捐款列明：
陈常记　五十元
……（从略）
二元（商号从略）

第二残刻碑文简介如下：

（上缺）……
寓安南
徐学仁……（下从略）
光绪三十二年岁次丙午葭七月
董事李佳臣等

以上二残碑反映出樟林乡华侨在南洋群岛多集中在暹罗、安南、石叻三大港从商从工的实际。他们关心家乡的公益事业，往往慷慨解囊，其爱国爱家乡

---

① 樟林新兴街林圣旭先生提供。

之情跃然反映在这两块残碑之上。

然二残碑今被抛弃野外,有关单位不妨收集起来,就近送当地文物部门如樟林古港陈列馆保存,可增加陈列馆的历史实物,充实展品的内容。

三、莲花古寺石马槽与古驿铺

莲花山西南麓有莲花古寺,山门前数十步外果园中,有弃置石马槽一个。其形制大体与潮阳灵山寺、饶平林姜寺的石马槽相同。据笔者测量,其高约56厘米,长约276厘米,阔约83厘米,厚约11厘米。由于长期露天,日晒雨淋,风化程度甚于灵山寺与林姜寺二槽。因已无可辨的铭刻,不能知其凿制的准确年代。旁边还有一道古建筑的石墙基。

莲花古寺石马槽及古建筑石墙基向我们说明了一个问题:莲花古寺这里曾经是古驿铺的遗址,马槽以石料凿制,说明是固定饲喂马匹之用。虽然传说这一带曾是南宋末年陈吊眼组织抗元活动的地方,然陈吊眼毕竟是流寇之属,绝无可能携带沉重的大石槽四处流窜。一般官方驿铺才设置这类马槽,如今林姜寺的石马槽就是当年林姜铺的遗物。莲花古寺前所遗留的石马槽,也应该为当年驿铺的遗物。而莲花古寺西南方向有乡村碧沙又名白沙铺,恰好与明嘉靖黄佐的《广东通志》所载饶平驿舍的白沙一站[①]不谋而合,这就更具体证明莲花古寺旁石马槽乃古白沙驿故址的遗物。

依据黄佐志的记载,白沙铺曾为驿铺是无可置疑的。但初建驿的准确年代还不大清楚。这个问题可以利用南宋末期闽粤驿路庵铺制度[②]来推测。

早在南宋绍熙年间,从潮州通福建的驿路上,为了加强邮亭驿舍的管理,采用由僧人住守并给予田地作为资用的办法。以僧人管理驿铺大概是对当时混乱的驿铺管理做的改革,所以不少驿铺也叫庵,庵驿并称。[③] 元以后,传驿制度比较健全,庵驿分开,有的庵驿作为驿铺的功能虽然没有了,但庵在、佛在、和尚在,不少驿庵就改为纯宗教的庵寺,所以《三阳志》记载宋代某些庵驿亭铺时,特地注明:"今为庵。"[④] 古代驿传制度已消亡,而曾与驿铺同位一体的庵寺,有的却一直延续到现在,如饶平的林姜寺。莲花古寺加上附近的石马槽,其情况与林姜寺相似。莲花古寺在当地群众口语上不称寺而称莲花庵,也是莲花古寺的前身应为驿庵的佐证。至于庵名不与白沙一致,这应该是

---

① 参见〔明〕黄佐《广东通志》,广东省地方史志办公室1997年版〔据嘉靖四十年(1561)刻本誊印〕,第852页。
② 参见陈香白辑校《潮州三阳志辑稿》卷九《铺驿》,中山大学出版社1989年版,第43~46页。
③ 参见陈香白辑校《潮州三阳志辑稿》卷九《铺驿》,中山大学出版社1989年版,第43~44页。
④ 陈香白辑校:《潮州三阳志辑稿》卷九《铺驿》,中山大学出版社1989年版,第46页。

后来庵驿分开，庵寺重建后的新命名，与民间传说此寺建于元代也比较一致。驿虽不存，但石马槽在焉，驿名白沙铺还因乡名而传至今天。据澄海莲上涂城杜氏族谱记载，其祖杜十郎于宋元丰年间经三迁，才完成由闽入潮最后定居今址，其中第二迁便居白沙铺。①

由此可知，白沙作为驿铺时代已久，大体驿铺建于南宋末年，应在白沙铺建乡之后，符合其乡于宋元丰之前就存在的历史。驿名白沙应因乡命名。现在口语仍称碧沙乡为白沙铺，实为古驿铺的文化遗留。凡地名而称铺者，古时多为驿铺。从白沙铺向北走府城，至今仍保留铺字的地方有铁铺（即方志中的陈衙铺）、平福铺，都是古驿站的所在地。

在探索白沙铺历史之后，还得进一步解释几个问题：为何《三阳志》中潮州东路没有白沙一铺，而到明代黄佐《广东通志》饶平驿上才出现？为什么古驿铺白沙与今碧沙不在一处？小江与白沙古驿相距不远，为什么还要在它与鹿景铺间增加白沙这样一站？

从地望上可以肯定，黄佐志中的白沙，即今澄海莲华镇碧沙乡，从其驿路位置上看，白沙在今饶平林姜寺与潮州铁铺之间，向南与小江连接，向西与鹿景相衔接。而小江在今澄海东里镇内，鹿景在铁铺境内②。黄佐志饶平这一段驿路大体与《三阳志》中潮州东路庵驿相对应，只是走向相反而已。③

古代潮州驿路，就明清而言，大体沿袭南宋的路线和站铺。我们今天所能见到的《三阳志》中潮州东路驿铺，是从典籍中辑佚的，不能保证准确全面。黄佐的《广东通志》所描述的饶平驿舍是在嘉靖年间，尽管年代稍晚，但恐怕也不能反映当时的驿路实际。其重要原因是到明嘉靖时，海阳析饶、澄二县，城镇乡村的布局大体与今相同。莲花山麓一带的民居，此时已完成往海边堆积地的迁徙，驿道也应随民居的迁移而改变，再也不会走如林姜铺那样的山路。从前不少方志的编撰，很多是利用前代的驿舍材料，而没有进行实地考察，相信黄佐志也存在这种情况，其有可能只是把前代记录过的驿站悉数转载，如采用宋代驿舍材料进行编纂，不一定准确反映明代嘉靖间驿舍的实际情况。

白沙铺到明代黄佐志才见诸文献，或许是为《三阳志》所遗漏，直到黄佐编志才补上，但实际上该铺南宋就已存在了。

---

① 参见澄海市政协文史资料委员会、澄海市莲上镇涂城管理区合编：《涂城春秋》，1994年版，第1页。

② 据李绍雄先生考证，鹿景为今铁铺某乡。

③ 参见〔明〕黄佐《广东通志》，广东省地方史志办公室1997年版〔据嘉靖四十年（1561）刻本誊印〕，第850～853页。

潮澄饶在宋代同属海阳，往福建东驿路上有小江铺。按当地实际情况，从州城至平福可东折向莲花山北入三饶地界，直奔分水关入闽。由小江过九泷再接林姜，明显改走莲花山南麓的海岸线，绕了一个大三角，从《三阳志》的小注可以看到：鹿景、小江、九泷三铺是曾噩所增建。小江的位置十分重要，是全潮由海路抵达州城最近的入口处，可溯北溪而到广济桥下。水寨是重要的军事要塞，其所在与小江同为一处，为了随时向上通报情况，接受上级的指示，水寨建立之后，增建小江驿是事理的必然，而小江偏于州城南边一隅，所以又增平福之南的鹿景一铺，小江之东的九泷一铺，使其与饶平的林姜铺衔接起来。小江之东的九泷，今没有村镇名与其对应，但明清饶平接澄海的驿站却有九溪桥一站，地名上有"九"字相同。九泷大概反映此地山涧河道之密，"九"字不一定实指有九条，虚数而已。九溪之义近似。由九溪桥接林姜铺，从路线上看也十分合理。

为什么离小江不远之北还要多增设白沙一站呢？此站为什么不在今碧沙乡的白沙铺，而位于碧沙乡北有石马槽的莲花古寺旁呢？从今天来看，设站是在远离人居的莲花山麓上。在宋代，今樟东莲华一带，除水寨城，小江驿的军政要地必须建于地势较高的高地上，其他地方多属海滩水泽，那时小江东上福建的驿路不可能过今樟林沿山下的平阳路线。宋时潮惠下路驿道常受南方雨水或洪水的阻滞，若遇"春霖秋潦，横流暴涨；行人病涉，往往多露宿，以待涸而后进"①。即使到了明代，大体上也没改善多少。别说宋元之时，即使到了20世纪50年代，这一带春夏还是经常洪水泛滥。可以设想在宋元时期，今东里、莲华一带，若遇普通的洪水，必定汪洋一片。也许小江之北山坡上的白沙铺是为了解决洪水期驿传任务而临时增设的，实行小江铺的临时职能，至黄佐的《广东通志》，白沙铺与小江并列为一站了。白沙铺到明代时是否为实际驿站，还未可知。

我们还可以以田野调查做补证。

今碧沙乡之北莲花古寺西有一石铺大工程的山岭——红涂岭。这道铺石的岭路，绝非为樵夫牧竖所设，应是政府所铺，乃古驿道也，碧沙乡人今仍称红涂岭为大官路，这就是古驿道仍流传于民间口头上的佐证。古驿白沙铺向西接红涂岭大官路，再接鹿景、平福等至潮州城；向东过东山埔，下食饭岭，上龙地大坑旁的大岭，过大人家、狗山，下陶畲大岭往东接九泷驿，再经饶平林姜铺，直奔福建。这条驿路与明清以后莲花山南麓山坡下平阳的官路大体平行，

---

① 〔宋〕林安宅：《潮惠下路修驿植木记》，见陈香白辑校《潮州三阳志辑稿》卷十二，中山大学出版社1989年版，第77页。

比较符合宋代这一带驿道多在山坡上的实际情况。

　　古驿白沙铺应在石马槽处的山坡上，这与几百年来这一带的地理变迁有关。沧海桑田，海岸线向南推移，村落多从山坡原址转移到海滩堆积地。如隔乡的樟林，元代时居民还散居在山坡地，到明代迁往海滩平地，创立新乡。再看林姜驿，即今饶平的林姜寺，从灰寨北望，当年的通衢大道上的驿铺，现不正位于山坡上吗？由此可见，碧沙乡初创时也应在今乡北的山坡莲花古寺附近。逮至元时，迁至五丛榕处，移居今址应在明代。从山坡地带向山下海边平地移居是这一带乡村变迁的普遍现象，碧沙（白沙铺）也是如此。

　　上述白沙铺驿东西两端的驿路，是根据方志、古庵、石马槽以及这一带大型铺石山岭等做出的综合推断，尚待更多的本地文献材料或出土文物来证实。

　　莲花古寺旁的石马槽所在地明显是一处古建筑的遗址。今露出土面有石墙基数米长，甚宽厚，只要略剥去覆盖的表土，就可以观察建筑遗址的规模。近日莲花古寺正在进行扩建工程，石墙基在扩建的范围内，希望市文物部门能借此机会对这一古遗址进行科学的清理，说不定可以找到宋、元、明等朝代的文化遗物，为研究这一带古驿道的历史提供可贵的实物证据。

　　笔者寡闻，在潮汕地区所见过的古代石马槽只有五个，其一竟在家乡之北的莲花山南麓一处野草丛中，至去年方有所闻而赶赴现场考察一番。希望有关部门予以重视、爱惜和保护，起码将其迁入莲花古寺，免其再遭风化。今不乏耗资百十万元所盖的仿古道观或庵寺，难道它们比货真价实的石马槽更具文物价值吗？这值得我们反思。

　　（原载广东省澄海市人民政府侨务办公室、广东省澄海市政协文史资料委员会编《澄海文史》第 17 辑，澄海市人民印刷厂 1998 年版，第 175～183 页。）

新瑞德亭记

曩昔，自饶邑南下经樟林有东、西二官路，明清驿道也。西路至茗巷韩文公庙前分道，有岔口旷埕，是商旅行人驻足憩息之地。为躲避风雨烈日，必有篷棚寮亭。此亭虽不知始建于何时，然代代相继，逮至清光绪十九年（1893）樟林镇巡检司官俞旦，于韩文公庙西侧修建雨亭，饰以亭联："行路难，无妨小坐；流光速，勿误前程。"① 民国改元之初，吾乡西社郑国南先生重修斯亭，更换亭联："劳讫小休，且喜此间堪住足；行无久坐，须知以外有前程。"② "抗战"光复后，郑氏后人再修斯亭，缅怀先人郑瑞勋恩德，名亭曰"瑞德"，且以二字冠联："瑞日方长，何妨小坐；德门尚远，莫误前程。"匾书于亭内西壁，"瑞德亭"三字为双钩填蓝。联刻于临路南北石柱，皆当时苏北中学校长王鼎新所书。前后三亭联旨劝世人奋斗不息，劳逸有度，颇具哲理，而始终以俞联为基调焉。

历经挖蟳及凿苏农干渠、治韩工程，原樟林古驿官路、韩文公庙、瑞德雨亭诸古迹早已不复见。世事变迁，河山改貌，昔之通衢，今为里巷。改革开放之后，乡民不忘韩文公教诲之恩，于原址复建韩文公祠纪念拜祭。不忘乡贤爱乡利人美德，尊重历史，重建雨亭，不弃旧名。新亭远胜旧亭矣。新亭虽不及旧亭避风雨烈日之功，然不失居民休闲之胜也。斯亭之复，传承爱乡利人美德焉，不亦赋"瑞德"之新义乎。

新亭记已在四年前刊石，立于亭内。

附记：俞旦，清监生，安徽婺源（今属江西）人，光绪十九年（1893）补澄海县樟林镇巡检。与当时丘逢甲、黄士陵等名士交厚。黄士陵为俞旦刻印数十方，俞曾钤黄穆父篆刻赠苏笔虎，留下俞旦金石体的笔迹。可推测，樟林韩文公庙西侧初建雨亭应有俞旦的题款。

---

① 转引自陈汰余《樟林乡土志略》，见林远辉编《潮州古港樟林——资料与研究》，中国华侨出版社2002年版，第396页。
② 转引自陈汰余《樟林乡土志略》，见林远辉编《潮州古港樟林——资料与研究》，中国华侨出版社2002年版，第396页。

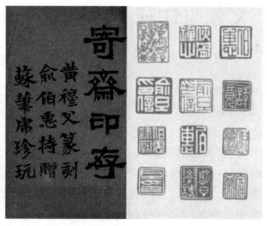

图1　俞旦像①　　　　　　　图2　《寄斋印存》书影②

另据黄光舜编著《闲堂杂录》丙子年（1996）春自印铅印本卷一《楹联注》、卷二《年表》记载，齗风斋为温展华创于清代咸丰年间。③ 王为桢日记中说画像为"樟林温君"所绘。④ 此温君是否为当年仙桥街齗风斋装裱室主？经访问，其后人不敢肯定，但其子孙后人仍在原址继续从事装裱工作。

---

①② 画像及书影照片转引自王为桢《双松馆日记》第九册，见桑兵编《清代稿抄本》第九册，广东人民出版社2007年版，第45页；又见余可贾辑录《樟林旧事新事》2020年12月2日《从清代莅潮官员日记看樟林"火神会"》。

③ 参见黄光舜《闲堂杂录》，见汕头市政协学习和文史委员会、澄海区政协文史资料委员会编《红头船的故乡：樟林古港》，香港天马出版有限公司2004年版，第290页。

④ 参见王为桢《双松馆日记》第九册，见桑兵编《清代稿抄本》第九册，广东人民出版社2007年版，第45页。

文献与注释：1923年《澄海樟林市之调查》

作者：陈通和
注释：黄光武

《澄海樟林市之调查》是中山大学博士生张坚新发现的一种记载20世纪初樟林社会概况的历史文献资料。原文刊登于《商业学生丛刊》1923年第28期第12～15页，作者署名为陈通和。《商业学生丛刊》是广东省立岭东甲种商业学校学生丛刊社编辑的一本刊物，在汕头外马路学生丛刊社发行部发行。本文将原文抄录如下（用楷体标出），并对个别地方进行注释（用括号【】标示），借以了解90多年前樟林的社会概貌及其变迁之历史。

《澄海樟林市之调查》比1936年国立中山大学社会学系出版的《樟林社会概况调查》还早10多年，是利用现代社会学方法进行的社会调查。虽然比较简单，但已勾勒出当时樟林的轮廓，具有提纲式的作用。《澄海樟林市之调查》可以说开樟林社会调查之先河，是我们了解民国早期樟林社会形态的重要材料。

《澄海樟林市之调查》对当时樟林的评价是"民力颇富足""澄海县属精华所萃""饶澄两界附近之贸易中心地"。

（一）位置 樟林在澄海县之东北，距县城三十里。北枕莲花山，与饶平境相接；南临韩江下流之北溪，及毗邻东陇；东【毗】连鸿沟乡而临于海；西界饶平之隆都，与龙眼城相对。

【樟林在地理上不临北溪，其水经莲华之隆城乡（即文中的"龙眼城"），在乡南设分流之隆城关，起排涝灌溉之用。樟林不与隆城相对，中间隔月窟、梅陇二乡。西北有碧砂、东浦、西浦诸乡，旧隶饶平之隆都区。】

（二）地势 本市地势平坦，惟东南部稍洼下，有河沟一，长凡里许，名曰樟林涧，通于海；此涧闻古时甚深，现已日就淤塞，然船舶仍可驶入。

【"河沟"乃初建樟林寨护寨河,今仅存一段遗迹。乾隆初铺盖河面建河沟铺,东向为古新街,中段为顺兴街,西向为长发街。20世纪70年代填平,今合称中山路。樟林港("涧""港"二字音义不可通,或方言同音所误)俗称南社港,自清代繁荣鼎盛时期如此称名,港面因填建而缩小。至新中国成立前,小电船、大帆船乘潮可入。港区湮灭前曾是樟林农业运输通道,至海墘田园甚便。】

(三)沿革 本市自明初,设有寨城,以防寇盗;附近樟木颇多,故名樟林,至于今日,此木极少。在汕头未开埠以前,本市实为韩江流域人民出入海洋之第一孔道,其港口为旗岭港,凡海舶皆集于此,人民之往南洋群岛与各省沿海各地者,须投本市候船,故商业颇称繁盛;及汕头商埠一开,火轮船不能入旗岭港,从此商业尽移至汕,本市乃顿形冷落矣。然而今土地日辟,人口日繁,且民力颇富足,尤为澄海县属精华所萃,亦饶澄两界附近之贸易中心地也。

【樟林因有樟树而命名,旧说皆多望文生义。陈汰余所著《樟林乡土志略》"物产"也无樟树记录。① 询之老辈,近百年皆不见有樟树,也没有樟文化流传。若作为因此盛名的物种,岂有绝迹之理?近20年来为副乡名之实多有栽植。樟林本乡及邻乡之人称乡里皆读若"庄林"(zeng^{1}nim^5)(明万历潮州戏文《重补摘锦潮调金花女大全》中即有"今使你去庄林买二个海味"②一句对白)而不读"樟树""樟脑""樟柴"之"樟"(zien^1);另外潮汕地区乡里地名中表示树木成片的"林"均读为白读音"篮"(na^5)(如"柘林""竹林")而不读如姓氏之"林"。因此,因樟树成林、盛产樟脑而称"樟林"之说值得怀疑。

即使在樟林港鼎盛时期,大洋船也不能入港,而要停泊在柘林港,再由大船驳转入内港,文献有载,更遑论现代火轮。樟林港始终是个补给转运的港口。

樟林于明嘉靖年间建寨,设寨围,有六门。清康熙初建樟林城堡,拆于1923年,今城基石条遗迹尚存西门横街。"一战"前后,樟林大兴土木,建家

---

① 参见陈汰余《樟林乡土志略·乡土变迁》,见汕头市政协学习和文史委员会、澄海区政协文史资料委员会编《红头船的故乡:樟林古港》,香港天马出版有限公司2004年版,第188页。
② 吴南生编:《明本潮州戏文五种·重补摘锦潮调金花女大全》,广东人民出版社1985年版,第791页。

族新村，以"某某里"命名，如植之里、德和里、垂庆里、三儒里等 10 多处。可说是乾嘉后樟林又一春。】

（四）市区　本市城内外面积约二里许，所属田园地塘等计东西约十一里，南北约二十里。共分六社，曰：东社，西社，南社，北社，塘西社，仙陇社等是。各社民居栉比，间有少数商店。而全为商店者，有八街，曰：长发街，永兴街，广盛街，顺兴街，仙园街，仙桥街，西门街，元通街。另有新兴街，洽兴街，虽名为街，而大半为民居。全市商店，总共五百余间，闻古时有千余间，后多改为民居云。

【文中所谓"西门街"不叫"西门街"，有西门地方而不称街，其实乃古新街北段，还有西段及南段，以前是热闹的街区。主要商业街道还有长发街、永兴街。】

（五）交通　本市原扼江海之要冲，虽自汕头开港后，海上交通之权，已全为汕头所夺；今诏安饶平之沿海等处，输入内地之盐柴船，仍多过此；而河道属于韩江下流之三角洲，亦四通八达；但本市交通之目的，仅以汕头潮城为主要地而已。陆路计大道有三：（一）东北至黄冈，出分水关，入闽漳；（二）西北由龙眼城或店子头市，至潮城；（三）西南由东陇经县城而至汕头。现樟东间，正在开辟公路，将来汕樟轻便车路全通（已由汕头通县城），则交通之益便利，可以预期也。

【至 20 世纪 30 年代已开辟安黄公路（潮安—黄冈），不用经隆城、隆都到潮州城，樟林乃汕樟公路与安黄公路的交汇点，地理位置十分重要，是潮澄饶交通的枢纽。】

（六）商业　本市商业，现以米、糖、洋杂货、布匹、棉纱为大宗。输出商品之重要者，如糖、鸡卵、牲畜、果实、蔬菜、萝、菔等是。输入商品之重要者，如油米豆类、洋布、铁器皿、杂货、纱、棉花等是。输出，大半往潮城，小半往本县属与饶平县属之各乡市；输入，大半来自汕头，小半来自潮城。

【糖，本地产红糖。"萝、菔"应连读，即萝卜，地方称"菜头"。20 世纪 30 年代樟林是邻近地区蔬菜的集散地，樟林人善种蔬菜，即使专培育菜苗

的苏南人一早也要挑来樟林马路顶集市,一直至新中国成立初期。】

(七)物产 本市土产,以糖、甘蔗、林檎、地瓜、荖、龙眼、樟薯等为多;而林檎之生殖,为全潮第一主产地。米虽本埠出产不少,而因人多,尚不足食,须采自他地。

【物产中的荖叶最负盛名,清代已载入广东通志县志。今留下植荖地方叫"荖巷"的地名。民众以为韩文公教人吃荖叶驱御瘴气,在荖巷建韩文公小庙祭之,中有韩文公神像手执荖叶,今庙为后所重建。荖叶衰落之后植"樟柑",为出口名牌产品,20世纪60年代曾有重新种植出口换化肥之举。1922年风潮后柑业衰败,植林檎,又获盛名,至今仍大量种植。樟薯,非地瓜之番薯,乃染料之薯,藤生,根块似芋仔,染渔网耐用。渔民多用以染衣。60年前常见,今似绝迹。】

(八)货币 本市交易,以汕直银为本位,而潮属各埠纸币,在本市皆可通行;本市亦有三数银庄出票,如明福裕庄、蓝昌记庄、顺昌庄等是。顺昌庄,系由股份创立。

【民国时期樟林与潮汕各埠头一样,有自行发行货币的历史,如本调查列举的三例。从光复后至新中国成立前,樟林古新街曾有十家有实力的商户合印代银券以便交贸。当时古新街商店繁多,今可追溯者,有德盛、耀盛、和丰、锡富、海源、合利、楚江、两富、端合、端利、喜利、先源、益大、勤发、源馨、顺辉、锡清、创茂、利发、本通、伍昌、长兴堂、健宁堂、道生堂。
1949年至1951年,樟林市面曾启用清代铜币(俗叫"铜镭")作为货币流通使用。因大额沉甸难以携带,竟有樟林铜镭票代用券。收藏家张美生就收藏过这种铜镭票。这些货币流通现象是改朝换代的短暂趣事。】

(九)街路 本市仍属古式,街道狭小,去岁八二风灾后,经警署饬令修整铺屋者,均须折宽,现有数处略可观;但沟渠浅狭,有二三低处,每逢下雨时,则秽水满溢难行。至于街路之建筑,在商品区内,皆用小石铺砌,于住户社巷,则多用灰造。

【在乾嘉兴盛时期建设的街道是用卵石铺砌,后来新开辟路段便无。如永兴街宫前股段,今称永兴东街,就没有用卵石铺砌。后路面垫高,都被铺上水

泥，卵石路不可复见。今个别地方尚可见些遗迹，如古新街、广盛街头还可见卵石路面。】

（十）市政　本市各社，咸有一绅士，以处理一社之事；更于全市立一民团局，举局董数人以任职务，各社必出壮士数人，以为民团队；局内附立一水龙局，以消防火灾。另由澄海县设置第四区警察署，于樟林城内，民团局及警察署经费，均由本埠殷户商店负担；外又有各项杂税，系由警署征收。

【水龙车至新中国成立后还使用过，停在同益善堂、义心善堂内，年间也有组织演练。市政之陈述可参考《樟林社会概况调查》，数字甚详。民间组织的更馆最具特色，樟林有号称三十六馆之设（《樟林社会概况调查》称三十八馆）。今尚保留旧址者有东社犁云、西社义育、南社雨来居、北社如李数处。民国十六年（1927）时参与活动轮值至有2000多人。】

（十一）人口　按本市辖内人口，合男女计，现有二万七千余人。

【据《樟林社会概况调查》记载，1933年樟林人口总数为25393人。[①] 这一时期樟林未遇特殊天灾，经济如本文第（二）部分所说"民力颇富足"。从1923至1933十年间，为何减员2000人？原因应是"人口日繁"，又有1927年史称"红白派之争"的武装斗争，樟林被红派包围40多天，对社会或有一定影响。居民可能到东南亚过番谋生而致本"人口日繁"反而人口不增。】

（十二）民业　市民男子，营商业者为最多。除在本市外，分往外埠及南洋群岛经商，家族戚友，互相引带，盖民居咸以营商为特性；故市中殷户亦多由外经商而回者。余则为农为士，惟工业颇少。女子多纺织缝衣，近年来织番布（即抽纱）业颇盛，大抵每白番纱（即线球）一粒，约织数日，可得工银十毫以上；故一般年少女子，作此业者，约有数千人，每年收入工资额数不少。

【往南洋过番，多去暹罗、马来亚（凡到这一带皆称"实叻新加坡客"）。

[①] 参见陈国梁、卢明《樟林社会概况调查（节选）·人口状况》，见汕头市政协学习和文史委员会、澄海区政协文史资料委员会编《红头船的故乡：樟林古港》，香港天马出版有限公司2004年版，第209页。

抽纱（俗称"绞花"）加工乃樟林一项大的行业，能手辈出，从前家庭靠二三支绞花针过日者有之。织网加工也是樟林一项民业，老少咸宜。樟林渔网从清代就出口南洋，顺兴街的杨萃和最负盛名。】

（十三）教育　本市学校，现有高初两等小学三校，如萃英、树础，系由私立；广智则系由樟林市立。三校学生，共六百余人。国民学校，则有基督教所创立之真光学校，外如奠国学校、广德学校，亦共有二百余人。其外则有蓝氏国民国校，张氏金鉴学校，附设夜学，黄氏植之学校等；更有数校私立者。女学校则有明德女子学校，学生数十人，系由私立，总共男女学生约在千人以上。

【"广智"即广智学校，1931年改名为"区立一高"；"基督教所创立之真光学校"，应是1915年创立的樟光小学。当时樟林的文化教育事业比前后乡里更为发达，有樟林出教书先生之称。左近小乡多聘樟林先生。废科举之后，办新学者是广智和养正学校，开风气之先。后公立之萃英（前为养正学校）、树础学校是樟林教育重点学校，培养人才众多。文学家秦牧曾就读于萃英学校。

旧时樟林学校林立，多私办，设于祠堂。每逢祭祀祖宗，在大厅开龛门，陈设俎豆、祭品，香烟窜入课室，教学与祭祀并行不误。从前还有一种私人教育叫"读老书"者，由老先生招大龄青年，开班人数不多，授以《古文观止》《秋水轩尺牍》《幼学琼林》等一类选本。塾师最有名望者为陈汰余先生，亦有潦倒寒士授徒。】

（十四）宗教　近世各国人颇多来此传教，如美国浸信会之基督教堂，男女教徒约百余人；法国之天主教堂，教徒亦有数十人。惟大多数，仍崇儒信佛。

【1872年，北美浸信会传教士进入樟林传教并创立樟林教会。法国天主教堂在故城东北角，拆樟林城后所建。教堂分教堂和神职人员住宿两部分，教堂已塌，大门及宿舍建筑至今完好，内有奠基石碑，由樟林茶商蚁兴记族人捐赠。基督教在新中国成立前买塘西李氏祠堂行礼拜活动，今改建为有十字架尖顶的新式教堂。】

（原载汕头市澄海区文联主办《澄海》2017年第10期。）

日寇侵樟罪迹

——记1939年樟林仙园日机掷弹血案 及1944年7月东社黄厝祠昭和年号刻字

今年是中国人民抗日战争胜利70周年，值得隆重纪念。然而，当年日寇留下的罪迹还历历在目，一直提醒着我们要铭记历史，不许日本军国主义复活。

一、仙园街双通门巷口炸弹壁

仙园街有陈姓聚居的双通门巷，其巷口的大屋南墙面临仙园街。大屋约建于清嘉庆年间，墙体灰沙夯筑，厚实坚固。在离双通门巷口数米远处，有两片灰衫（批墙灰层）不规则地剥落。这绝不是墙体年久老化的剥落，而是日机当年轰炸樟林留至今日的罪迹。日机当年投下两枚炸弹，死伤20多人，这是日寇对樟林制造的大罪行。下面让还健在的受害人后裔——陈潮森先生来口述77前的惨痛往事：

当年我11岁（1939年），农历五月时，我在大塘埔掌牛。上午10点多钟，忽听有爆炸声，不太响，声音沉闷，当时我还不懂这是飞机掷炸弹。天知道，过不久，有邻居熟人慌张地跑来找我，说："你父母被日本飞机炸死！快回家！"我飞奔来到双通门巷口时，见我父亲斜歪在角落里，已断气了！家中房子倒塌。母亲被压死。当时还有邻居在一起织网，一人的头被削去，手中还紧握线团，惨不忍睹。我的家没有了，我孤苦伶仃！当时还有一个姿娘仔，叫阿珠，长得水灵可爱，抱着邻居的女孩阿耀，到双通门巷口买草果，也被弹片击中，从肚入从肩出，当场毙命。怀中阿耀右掌被击中，掌断后只连着一层皮肉。急忙送到永兴街廖旭亮诊所抢救，无奈当时医术尚欠高明，只好截除，陈耀残疾至今。她今年78岁。笔者访问她时，她对日寇的暴行还愤恨难消！炸弹还伤及离双通门巷口20米处吴厝祠脚一男孩，名叫阿炮，他被炸弹炸伤，终身残疾并绝后，近年才去世。在双通门巷口，有个叫卖草果的小贩，南社人，面上鲜血淋漓，吓得魂飞魄散，舍去草果担奔跑回家惨叫中弹了，手一抹，乃他人的皮肉附贴在脸上。虽捡回一条性命，惊魂却久久未定。

是日的大血案，死伤共 20 多人，被抬去城内天后宫埕施救。此惨案是日军未占据樟林之前的一次暴行。日寇的军事目的是要偷袭潮澄饶抗日自卫队总队长洪之政及其部队。

1938 年夏，洪之政参加了抗击南澳日寇的军事行动，揭开潮汕武装抗日的序幕。洪是绿林出身，至抗战军兴，他在抗日大旗下走上行伍仕途。后来他成了共产党死敌。洪之政当年是日寇的眼中钉，日寇欲除之而后快。时洪之政带领部队驻扎在樟林新陇陈氏昌文祠，自己另住附近仙园街双通门巷口西侧一处房屋。这是酿成仙园街血案的原因，洪之政才是日寇轰炸的目标。这件事说明当时日伪的谍报非常灵通，间谍、汉奸能刺探到如此准确的情报，炸弹爆炸离洪之政住宿之处不足数米，洪逃过一劫。

笔者翻阅了 20 年前为纪念中国抗日战争胜利 50 年，澄海市政协文史资料委员会编印的《不愿做奴隶的人们——澄海人民抗战纪实》一书，作者多经历过抗战的苦难岁月，但对樟林仙园街双通门巷口惨案却没有记载，本短文可补这一缺漏。

二、用刺刀刻出昭和年号

樟林东社垂庆里黄厝祠右巷，一处墙壁上有以生硬的笔画，如篆刻冲刀之手法，刻画的日本天皇裕仁的年号"昭和拾九年七月三十一日　福君"，下面还有好些横画。在中华的大地上，侵略者曾肆无忌惮地用刺刀刻下日本天皇年号。除了记录日寇占据樟林的确凿日期外，我们不晓得这个张狂骄横的日本鬼子当时怀着什么目的在此胡乱涂鸦，既不像一般顽劣无知"到此一游"的题字，也不是"武运长久"的狂言叫嚣或"日中亲善"的欺骗宣传，也不像附庸风雅题下十七字的日本俳句来抒发恋家愁思。其下一画一画的乱刻，是历史的铁证。其他我们无法猜测。但是，昭和十九年七月，即公元 1944 年 7 月，却是东亚战场太平洋战役中日军节节败退，开始加速走向坟墓的时刻。

1944 年 7 月，日军在塞班岛惨败，日舰队司令南云忠一自杀。美军占领塞班岛。这是太平洋战役的大转折。接着在琉璜岛、冲绳岛，日军战无不败。这个用刺刀刻写昭和年号的鬼子，或许得知昭和十九年七月日本舰队在塞班岛的海战中覆没，美军占领塞班岛的消息，而后哀鸣般地记录下这个该诅咒的日子吧？一年之后，日本无条件投降成为事实。

工夫茶与工夫茶道

在中国茶文化中，工夫茶是流传于闽南、潮汕一带饮法独特的茶道，乃从长期制茶、品饮的实践中发展而来，至今盛行不衰。本文试图对工夫茶的含义、发生、发展等问题做探讨，并就正于方家。

一、工夫茶的含义

阅读茶文化的文献，我发现工夫茶这一名词的含义有不同的解释，或指茶叶的品类，或指品饮的茶道。清人对工夫茶如何理解已有些困惑，如道光时的《厦门志》云"'工夫茶'，或曰'君谟茶'之讹"①，只得借用音训的办法来解释。这当然是一种猜测。清代才产生的饮茶法距离宋代的人事太远了。在探讨工夫茶时，必须弄清工夫茶这个在文献中有多重含义的概念。

1. 作为茶类品种的红茶

红茶是清代首先在福建茶区制作出的新茶叶品类，以武夷山崇安县的星村乡桐木关所出的小种红茶为正品，称正山小种。它处如政和、坦洋等地所出为外山小种。小种红茶是一种发酵茶类，汤红味浓。红茶制法最先传到安徽，所出称祁门工夫。后普及到全国其他茶叶产区，所出皆称工夫红茶。除祁门工夫外，还有滇红工夫、川红工夫、宁红工夫、宜红工夫、湖红工夫、越红工夫等。而正山小种及外山小种均属闽红工夫，此类茶有时也直称工夫茶。② 道光时在广州十三行的美国商人亨特所著的《广州"番鬼"录》《旧中国杂记》就有关于中国出口工夫红茶的记录，与作为青茶类的乌龙茶分得十分清楚：

茶的种类繁多，主要分为红茶和绿茶两类。只是最近55年内才有乌龙茶和安溪茶输出，主要运往美国。……红茶则包括武夷、功夫、小种和包种。③

---

① 〔清〕周凯：《中国海疆旧方志·厦门志（道光）》卷十五，蝠池书院出版有限公司2006年版，第1292页。

② 参见陆宗懋主编《中国茶经》，上海文化出版社1992年版，第119、213~220页。

③ 〔美〕亨特著、冯树铁译：《广州"番鬼"录》，广东人民出版社1993年版，第68页。

亨特在书中谈及一首叫《乌龙茶》的诗篇，也同样把中国出口茶叶分为三类：

> 功夫茶（Cogo）、珠茶和屯溪茶（Twankay）之争，比宗教战争还要激烈一倍。
> 香醇的乌龙茶可不一样，你只被很少的人知道和欣赏。……①

诗中的功夫茶即红茶，珠茶和屯溪茶即绿茶，加上鲜为人所知道和欣赏的乌龙茶，共同构成中国出口的三大主要茶类。

功夫茶也写作工夫茶，即亨特的著作中所说当时中国主要出口的商品红茶，东印度公司贩运的"茶叶主要是武夷茶和工夫茶"②。

以上材料表明，红茶可叫作工夫茶。

至于红茶为何称为工夫茶，亨特在其著作中的解释是"做工者的茶"③，这大概只是这位在马六甲英华书院仅学过一年华文的洋人望文生义的理解④。文献中还未见确切解释红茶为什么叫工夫茶的其他材料，只好付诸阙如，以俟贤者。

2. 作为茶类品种的乌龙茶

乌龙茶是清代在福建茶叶产区最早出现的、用特别加工方法制成的新型茶类，因产地、茶树不同而名目繁多。民国八年（1919）重修福建《政和县志》卷十《货物》介绍了乌龙茶的制作过程：

> 采（茶）置筛上转之，令去水分，谓之走水；复炒于釜中，以手揉条；更以火燥干，味香而色乌，名"乌龙香"。

乌龙茶由于有以手揉条的工艺，制成后的茶条卷曲，俗称"螺蛳肉"，状如蠕虫，或以"龙"美称之。光绪年间郭柏苍《闽产录异》中所说的乌龙，特指外山岩茶的一种，产于瓯宁县的大湖、小湖，"能除烦、去腻，真者亦难得"⑤。现在茶学分类把乌龙茶当作一大茶类的总名，而武夷岩茶是乌龙类的

---

① [美] 亨特著、沈正邦译、章文钦校：《旧中国杂记》，广东人民出版社1992年版，第68～69页。
② [美] 亨特著、冯树铁译：《广州"番鬼"录》，广东人民出版社1993年版，第24页。
③ [美] 亨特著、冯树铁译：《广州"番鬼"录》，广东人民出版社1993年版，第68页。
④ 参见陈胜粦《旧中国杂记·中译本序言》，见[美] 亨特著、沈正邦译、章文钦校《旧中国杂记》，广东人民出版社1992年版，第6页。
⑤ 〔清〕郭柏苍著、胡枫泽校点：《闽产录异》，岳麓书社1986年版，第17页。

一种。从文献看来，这种制作考究、炒焙兼施的茶叶，早期称岩茶，今称乌龙，实同物异时的称呼。

文献又表明，武夷岩茶又称作工夫茶，其制作与乌龙茶的制作工艺大体相同，乌龙类的工夫茶，最早见于雍正年间作过崇安令的陆廷灿所撰的《续茶经》，比嘉庆俞蛟所记工夫茶要早100年左右，《续茶经》引《随见录》：

武夷茶，在山上者为岩茶，水边者为洲茶。岩茶为上，洲茶次之。岩茶，北山者为上，南山者次之。南北两山，又以所产之岩名为名，其最佳者，名曰工夫茶。工夫之上，又有小种，则以树为名。每株不过数两，不可多得。①

为什么武夷岩茶中最佳者称作工夫茶？《续茶经》另一处辑录了王草堂《茶说》的一段话，是武夷岩茶被称为工夫茶的最好注脚：

……松萝、龙井皆炒不焙，故其色纯。独武夷炒焙兼施，烹出之时半青半红，青者乃炒色，红者乃焙色。茶采而摊。摊而摝，香气发越即炒，过时不及皆不可。既炒既焙，复拣去其中老叶枝蒂，使之一色。释超全诗云："如梅斯馥兰斯馨，心闲手敏工夫细。"形容殆尽矣。②

同书又引摘《随见录》云：

武夷造茶，其岩茶以僧家所制者最为得法。③

工夫乌龙茶应是寺院僧人、道观羽士长期积累制茶经验而发明的，熟悉工艺的释超全诗中"工夫"二字，即对其制作精工细致的最好概括。

其他著录也称武夷岩茶为工夫茶：嘉庆《澄海县志》载邑人嗜茶，所用武夷茶有"工夫中芽"④ 者。

董天工《武夷山志》：

第岩茶反不甚细，有小种、花香、工夫、松萝诸名，烹之有天然真味，其

---

① 〔唐〕陆羽、〔清〕陆廷灿：《茶经·续茶经》，中国工人出版社2003年版，第233页。
② 〔唐〕陆羽、〔清〕陆廷灿：《茶经·续茶经》，中国工人出版社2003年版，第95页。
③ 〔唐〕陆羽、〔清〕陆廷灿：《茶经·续茶经》，中国工人出版社2003年版，第95页。
④ 〔清〕李书吉等修、〔清〕蔡继绅等纂：《澄海县志》卷六，台湾成文出版社1967年版〔据嘉庆二十年（1815）刊本影印〕，第62页。

色不红……①

茶汤不红且有天然真味说明非工夫红茶,而是乌龙类的工夫茶。

道光年间梁章钜所著《归田琐记·卷七·品茶》,转述道士介绍的武夷名茶,总结为"即泉州、厦门人所讲工夫茶"②,也是属于乌龙茶类。

郭柏苍《闽产录异》卷一介绍武夷寺僧制作岩茶,品分奇种、名种、小种、次香、花香、种焙、拣焙、岩片等,还专门介绍一种制作特别精工的"工夫茶":

又有就茗柯,择嫩芽,以指头入锅,逐叶卷之,火候不精,则别色黯而味焦。即泉、漳、台、澎人所称"工夫茶"。瓿仅一、二两,其制法则非茶师不能。日取值一锾。③

按其说茶叶逐片制作,珍贵自不待言,价值应在诸岩茶之上。但在陆廷灿的列品中,工夫茶还在小种之下。各家品次差别甚大。总之,《闽产录异》把特制的工夫茶列于岩茶之中,即乌龙茶类无疑。

从茶学文献中可看到,工夫茶有时指红茶,有时指乌龙茶。各家著录对岩茶种类的解释、品第优劣的界定也时有抵触,这正如茶学界所言,我国茶学文献的茶类概念有时非常混乱,有的甚至释义相反。

从发酵与烤焙的工艺上看,红茶与工夫乌龙茶最大的区别在于发酵的程度:红茶全发酵,而工夫乌龙茶半发酵且烤焙时间更长些。笔者推测红茶制作工艺的发明先于工夫乌龙茶,这从前期文献有时把工夫乌龙也当作红茶看待这一点就可以看出,而且美国人亨特也说"红茶则包括武夷、功夫、小种和包种"④。只是工夫乌龙茶的风韵大别于红茶,因而有能力与红茶分庭,另立品类。工夫乌龙茶得到普遍的赏识而大行其道之后,便从红茶这个门类中独立出去自立门户了。道光年间当首批乌龙茶运到美国时,其风味就征服了美国人,称"神仙的茶,帝王的茶!不是浓烈的绿茶,也不是武夷红茶,而是纯正的乌龙茶"⑤。故上文所引亨特书中说"只是最近55年内才有乌龙茶和安溪茶输

---

① 〔清〕董天工:《武夷山志》,见陆宗懋主编《中国茶经》,上海文化出版社1992年版,第220页。
② 〔清〕梁章钜撰、于亦时点校:《归田琐记》,中华书局1981年版,第145~146页。
③ 〔清〕郭柏苍著、胡枫泽校点:《闽产录异》,岳麓书社1986年版,第16页。
④ [美] 亨特著、冯树铁译:《广州"番鬼"录》,广东人民出版社1993年版,第68页。
⑤ [美] 亨特著、沈正邦译、章文钦校:《旧中国杂记》,广东人民出版社1992年版,第68~69页。

出，主要是运往美国"①。这就证明了工夫乌龙茶是后出。

3. 作为精致小巧的品饮方法的茶道

现今人们称工夫茶者，多指品饮的方法：用小壶、小杯，以乌龙茶为冲剂瀹泡。准确地说这应称为工夫茶道，是借用研究者现成的命名②，非指文化精神之道。这样可与作为茶叶的工夫茶相区别。

由于记叙工夫茶道的著述经常可看到，方法较烦琐，本文不加引述。而且一般著录的介绍，茶具、用茶、选泉、火候、斟法、品尝等方面均超乎民间品饮的实际，如炭要榄核炭之类，在今天燃料结构大改变，家用电器较普及的时代，谁还用木炭、小炉，执扇鼓风，弄得满室火星？况且现在很难买到小茶炉了。至于用茶、用水，民众所用也远远达不到著述所说的一半要求。总之，当今流行的工夫茶道，不大可能遵古法制，只是大体保存基本的方法而已，这样也足以显示瀹饮他法所无的特色。

如何理解工夫茶道的"工夫"？庄世平先生说："把潮州茶叫作工夫茶，这工夫二字值得研究。"③

茶学界对工夫茶道确实存在不尽相同的理解。如"由于冲泡时颇费工夫，故而被称为饮工夫茶"④。"由于古时在泡工夫茶时，共需煮沸三铫水，非常费时、费事，所以称之为工夫茶。"⑤ 有的以为因"这种饮茶方式讲究品饮工夫"⑥ 而称。或解为费时费工，或解为艺功。还有一种解释说工夫茶是精工细致的品饮，这种解释最为确切。它说工夫茶"喝得那样认真，那样精益求精，几乎登峰造极"⑦。有论者把制作精巧的潮州菜称为"工夫菜"⑧，与工夫茶并称，也是这个道理。

精致小巧为工夫茶道的特征，前人也是这样理解的。如嘉庆初年俞蛟《梦厂杂著·潮嘉风月·工夫茶》特别指出其"器具精致"，茶盘写画"极工致"，"杯小"，用"细炭"，饮时"细呷"，"非捪战轰饮者得其风味"。⑨ 新

---

① ［美］亨特著、冯树铁译：《广州"番鬼"录》，广东人民出版社1993年版，第68页。
② 参见张华云《潮州工夫茶道》，见《潮汕文化论丛初集》，广东高等教育出版社1992年版，第225～231页。
③ 芳信：《庄世平、饶宗颐先生谈潮州饮食文化》，载《通讯》1994年第9期，第4页。
④ 陆宗懋主编：《中国茶经》，上海文化出版社1992年版，第590页。
⑤ 李明坤：《历代茶礼大观：记台中市的一次"茶文化与生活"活动》，载《通讯》1994年第9期，第30～31页。
⑥ 刘昭瑞：《中国古代饮茶艺术》，陕西人民出版社1987年版，第139页。
⑦ 秦牧：《中国茶道》，载《潮汕乡讯》1986年5月24日。
⑧ 杨方笙：《简说潮菜特点》，载《通讯》1994年第9期，第19～20页。
⑨ 〔清〕俞蛟：《梦厂杂著》，上海古籍出版社1988年版，第186页。

《辞源》"工夫茶"一词据此释义，甚为准确。又如道光《厦门志》卷十五《风俗》篇称工夫茶"器具精小"①。施鸿保《闽杂记》："漳、泉各属，俗尚工夫茶，……饮必细啜久咀。"②潮州著名学者詹安泰有"请君来试玲珑杯"的饮工夫茶诗句，自注云："以小壶配小杯，玲珑精致，亦吾州独尚。"③詹安泰先生也以为茶具玲珑精致是潮州工夫茶独特之处。饶宗颐总纂《潮州志·丛谈志·事部》的"工夫茶"条引《茞蓿集》诗注："潮人嗜茶，器具精细，手自烹瀹，名曰工夫茶。"④

以"工夫"修饰名物，我们可从考古的发现找到例子。宋人也用"工夫"形容事物的精细。如1959年在江西高安宋墓出土一把菱花铜镜，镜铭曰："建康府茆家工夫镜。"⑤此"工夫"意为细致精工。在宋代，凡手工精工细致的生活用品莫不冠上"工夫"二字。如"济南刘家功夫针铺"⑥的针，"建宁府王承宅工夫"⑦的陶瓷器。今潮州话中，"工夫"的语义为细致精工，在生活中经常使用，还是活语言，如某某做事工夫云云，即用此义。工夫茶道从茶具到饮量，皆以小为特征：小炉、小壶、小杯、茶汤少；俗称茶具为风炉仔、茶炉仔、茶盅仔，皆有小巧之意。一言以概之：小而精是工夫茶道的特征。

据上所述，精细小巧乃为工夫茶道的特征，工夫茶道的命名实本于此，这与本文论述工夫茶叶的含义时，引释超全赞武夷工夫岩茶制作精工细致的诗句中所说的"工夫细"是一致的。

近见有关"工夫茶"与"功夫茶"的争辩文章⑧，笔者以为意义不大。单字"工"与"功"是有差别的。《说文·工部》："工，巧饰也，象人有规矩也"；"功，以劳定国也"。⑨从字词的发展上看，先有"工"，后有"功"。甲骨文已有"工"字，从周代金文至今，"工"字的形体没变，至战国，还未有"功"字，假借"工"字为之。"工夫"与"功夫"义近有别。若是称名物，则可通，如"工夫茶"与"功夫茶"。这可从考古得到证明，出土宋代器

---

① 〔清〕周凯：《中国海疆旧方志·厦门志（道光）》卷十五，蝠池书院出版有限公司2006年版，第1292页。
② 〔清〕周亮工、施鸿保撰，来新夏校点：《闽杂记》，福建人民出版社1985年版，第154页。
③ 詹安泰：《鹪鹩巢诗集》卷九《茶》，见《詹安泰诗词集》，香港翰墨轩出版有限公司2002年版，第294页。
④ 饶宗颐总纂：《潮州志》卷六，潮州市地方志办公室2004年版，第2945页。
⑤ 《文物工作报导（九则）》，载《文物》1959年第10期，第85页。
⑥ 张宝红：《济南刘家功夫针铺铜牌》，载《文物天地》2005年第5期，第35页。
⑦ 栗建安：《福建陶瓷处销源流》，载《文物》2004年第5期，第12页。
⑧ 参见郭马风：《亦谈工夫茶与功夫茶》，载《潮州市文化研究》2006年第1期，第49页。
⑨ 〔汉〕许慎：《说文解字》，中华书局2013年版，第95、293页。

物有工夫镜、功夫针、工夫瓷。在这种场合"工夫×"与"功夫×"是通用的。至于地域性的使用习俗差异，不能说明它们有什么本质上的差别。

二、工夫茶道产生的大体年代

作为一种品饮方式的工夫茶道，究竟起于何时？这个问题，目前还看不到有明确记录的文献，因此只能根据有关文献的记载，大概考察其形成的年代。首先必须从工夫茶道的重要材料乌龙茶的产生来推断。

新的茶叶品类的产生，带来新的品饮方式，产生了新的工夫茶道。工夫茶道应是清代初年乌龙茶这个新品类问世后才产生的新饮法，大大丰富了我国茶文化的内容。其产生年代大约在康熙雍正年间。雍正年间陆廷灿所著的《续茶经》介绍武夷岩茶时引用《随见录》的材料，第一次提到工夫茶。我们还可以从几种乌龙茶种植、生产的时间多在乾隆以后来证明。

（1）铁观音。国营安溪茶厂"安溪名茶铁观音"的广告称"已有二百多年的历史"（约乾隆初年）。

（2）亨特《广州"番鬼"录·茶叶》说："只是最近55年内才有乌龙茶和安溪茶输出，主要是运往美国。"①

（3）台湾乌龙。《台湾通志》称嘉庆年间移植武夷茶种于台北文山。

（4）台湾崇顶乌龙。因咸丰年间移植福建青心乌龙于崇顶山而得名。

（5）黄金桂。据说产生于咸丰年间②。

以上几种乌龙茶产生的年代表明，乌龙茶在乾隆以后大力发展。

乌龙茶应自康熙雍正年间才开始有著录。故新茶叶品类新饮法的工夫茶道也应出现于这个时间前后。凡讲工夫茶道者，莫不引用乾隆时名士袁枚的《随园食单·茶·武夷茶》。因其是重要材料，文字不繁，故摘录如下：

余向不喜武夷茶，嫌其浓苦如饮药然。然丙午秋余游武夷，到漫亭峰天游寺诸处，僧道争以献茶，杯小如胡桃，壶小如香橼。每斟无一两，上口不忍遽咽，先嗅其香，再试其味，徐徐咀嚼而体贴之。果然清芬扑鼻，舌有余甘。一杯之后，再试一二杯，令人释躁平矜怡情悦性。始觉龙井虽清，而味薄矣；阳羡虽佳，而韵逊矣。③

---

① ［美］亨特著、冯树铁译：《广州"番鬼"录》，广东人民出版社1993年版，第68页。
② 参见陆宗懋主编《中国茶经》，上海文化出版社1992年版，第231页。
③ ［清］袁枚撰、周三金注释：《随园食单》，中国商业出版社1984年版，第144页。

这段记叙除少涉瀹泡的细节外，其余皆合工夫茶道的品饮实际：乌龙类的岩茶加精巧的茶具，细嚼细咽。袁枚于乾隆丙午年（1786）以70岁高龄游武夷山，品尝工夫茶，改变以往对武夷岩茶的偏见，并说龙井、阳羡的绿茶比之有所不及。这说明武夷岩茶得法于僧道的工夫茶道。袁枚以前或以别法瀹饮武夷岩茶，久泡只能得药汁之苦，故不能从工夫茶道中体验工夫茶之妙韵。

袁枚的著作最早最详细记录了乾隆丙午年，闽北武夷的寺院道观中流行的工夫茶道品饮方式，离《随见录》谈工夫茶约60年，而距记录工夫茶道流传到潮州的俞蛟的《梦厂杂著》只有十几年。当时品饮工夫茶范围大约很小，仅限于文人学士、僧道、富商、官僚。

由于工夫茶道得到名士的赞赏和播扬，在社会上逐渐兴起一股模仿追求的风潮。嘉庆时以"物产珍奇，岭表诸郡，莫与之京"① 的潮州中，在韩江上专门为宦游商旅的官僚、富商、名士服务的六篷船（有妓女招待的游船）马上得风气之先，把费用高昂的工夫茶引进其奢靡的消费项目中，其事反映在宦游广东兴宁的山阴人俞蛟所写的《梦厂杂著·潮嘉风月》里，书中有一则专门介绍工夫茶道的文字。这条材料表明，工夫茶道在嘉庆时已传到潮州地方。这是关于工夫茶道的重要文献，节录如下：

工夫茶，烹治之法，本诸陆羽《茶经》，而器具更为精致。炉形如截筒，高约一尺二三寸，以细白泥为之。壶出宜兴窑者最佳，圆体扁腹，努嘴曲柄，大者可受半升许。杯盘则花瓷居多，内外写山水人物极工致，类非近代物。然无款志，制自何年，不能考也。炉及壶、盘各一。惟杯之数，则视客之多寡，杯小而盘如满月。此外尚有瓦铛、棕垫、纸扇、竹夹，制皆朴雅。壶、盘与杯，旧而佳者，贵如拱璧，寻常舟中不易得也。先将泉水贮铛，用细炭煎至初沸，投闽茶于壶内冲之；盖定，复遍浇其上；然后斟而细呷之，气味芳烈，较嚼梅花更为清绝，非拇战轰饮者得领其风味。……②

俞蛟比袁枚更具体更明确写出"工夫茶"三字及其操作过程，是有关工夫茶道在潮州流行的最早最详尽的记录。

然而工夫茶道流行之初，在潮州地方还不十分普及，一般还是以碗茶（指盖碗）的瀹饮，最明显的证据是嘉庆《澄海县志》卷六《风俗》篇的记载：

---

① 〔清〕俞蛟：《梦厂杂著》，上海古籍出版社1988年版，第182页。
② 〔清〕俞蛟：《梦厂杂著》，上海古籍出版社1988年版，第186页。

或嗜食茶，以武夷小种为上，拣焙次之，工夫中芽又次之，产安溪者为下。锡瓶磁（瓷）碗，精洁整齐，时勤拂拭，俗谓茶具。①

《澄海县志》所载表明一个事实，嘉庆年间像澄海这样对外贸易非常发达而兴旺富庶的地方，饮茶还是以旧式的瓷碗为主，工夫茶道的品饮属少见，以此推测潮州其他地方应该更少了。

迨至道光年间周凯《厦门志》卷十五《风俗》篇则比较详细地介绍了闽南地区流行工夫茶道的情况：

俗好啜茶，器具精小，壶必曰孟公壶，杯必曰若深杯。茶叶重一两，价有贵至四五番钱者。文火煎之，如啜酒然。以饷客，客必辨其色香味而细啜之，否则相为嗤笑。名曰"工夫茶"，或曰"君谟茶"之讹。彼夸此竞，遂有斗茶之举。有其癖者不能自已。甚有士子终岁课读，所入不足供茶费亦尝试之，殊觉闷人。虽无伤于雅尚，何忍以有用工夫而弃之于无益之茶也。②

看来道光时厦门一带工夫茶道较为普遍，但一般群众恐怕还是少行此道，与潮州地区的情况大致相同。

乌龙茶发展到道光年间，其制作已达到相当成熟的程度，产量也十分可观，已可供出口。其香醇韵味与红茶、绿茶截然不同。它不但得到国内官商士子的欣赏，连碧眼红须的外国人也大加叹服。当首批乌龙茶运到美国后，为纪念其到来，一个洋诗人这样赞美道：

喝一口神仙的茶、帝王的茶！
不是浓烈的绿茶，也不是武夷红茶，
而是纯正的乌龙茶……③

与《厦门志》时间相近，谈及闽南、漳、泉、台、澎品饮工夫茶的著录，上文已介绍过，因无实录性的描述，不赘。

在清初乌龙茶还未产生之前，潮州在茶具制作上颇有地方特色，以精巧著

---

① 〔清〕李书吉等修、〔清〕蔡继绅等纂：《澄海县志》卷六，台湾成文出版社1967年版［据嘉庆二十年（1815）刊本影印］，第62页。

② 〔清〕周凯：《中国海疆旧方志·厦门志（道光）》卷十五，蝠池书院出版有限公司2006年版，第1292页。

③ 〔美〕亨特著、沈正邦译、章文钦校：《旧中国杂记》，广东人民出版社1992年版，第68～69页。

称。如明清之际的广东著名诗人陈恭尹在其《咏物集》中就大赞来自潮州的茶炉、茶铛。其《茶灶》有这样的诗句：

白灶青铛子，潮州来者精。
洁宜居近坐，小亦利随行。①

白灶，即白泥烧制的小茶炉；青铛，即涂上黑釉的小水锅。因干净小巧，可置于身边，旅行可随身携带。当工夫茶品饮传入潮州之后，乌龙茶因其为少汤量的欣赏型品饮，再加上当地精巧的小炉具、茶具，终于形成细致精巧的潮州工夫茶道。

相信要到晚清，工夫茶道才在闽南、潮州一带普遍流行。如爱国诗人丘逢甲曾以工夫茶事入诗，《潮州春思》写出当时工夫茶大概蔚为风气：

曲院春风啜茗天，竹炉榄炭手亲煎。
小沙壶瀹新鹪嘴，来试湖山处女泉。②

如上所述，可知工夫茶道最先于雍正、乾隆年间在闽北武夷山的僧道中流行，嘉庆、道光年间渐渐传到闽南、潮州，但尚不普遍，比较普遍是晚清以后的事情了。纵观工夫茶道流行至今已有200多年的历史了。

三、工夫茶道应是清代僧道改造明人饮茶法发展而来的

工夫茶道是吸收、改造前人煮茶器具形制及瀹饮方法而有所发展，终成为独具一格的茶道的。

工夫茶道是我国南方饮茶实践长期发展形成的。任何一种文化都存在继承发展的关系，工夫茶道也如此。有的论者好袭用俞蛟对工夫茶的记载，把清代才形成的新的品饮法工夫茶道说为本诸陆羽《茶经》，过于虚漫。陆羽最早总结中国茶文化，著《茶经》，只总结至唐代的茶事。到了宋代，就有人批评陆羽的《茶经》不能反映宋时茶事的实际。如黄儒的《品茶要录·后论》就说：

昔者陆羽号为知茶，然羽之所知者，皆今所谓草茶。何哉？如鸿渐所论蒸笋并叶，畏流其膏，盖草茶味短而淡，故常恐去其膏。建茶力厚而甘，故惟欲

---

① 〔清〕陈恭尹撰、郭培忠点校：《独漉堂集》，中山大学出版社1998年版，第622页。
② 〔清〕丘逢甲：《岭南海日楼诗抄》卷四，上海古籍出版社1982年版，第47页。

去膏。又论福建为未详，往往得之，其味极佳。由是观之，鸿渐未尝到建安欤？①

及至乾隆时编四库全书，《续茶经》的"提要"对陆羽《茶经》的指导性、权威性做了更加深刻的批评：

自唐以来阅数百载，凡产茶之地，制茶之法，业已历代不同，即烹茶器具亦古今多异，故陆羽所述，其书虽古而法多不可行于今。②

条茶的瀹饮法，到了明代中后期才十分考究，尤其一班文人，以茶事为风尚，相应论茶的著述很多。茶具的制作也很有特色，江苏宜兴紫砂壶就是在这个时期创制的，而工夫茶道采用的茶壶就是苏罐孟臣壶。而类似工夫茶道的小杯少汤量的饮法，崇祯年间与张岱同时的安徽茶事闵汶水早就有所实践了。他善于烹茶，不少名士登门拜访，以一品闵汶水亲烹之茶为快。《福建通志·物产志·茶类卷》引《闽小记》，记述友人到闵汶水家品茶的情况："其水火皆自任，以小酒盏酌客，高自矜许。"③ 看来其品茶法是独家自创而具特色，才有"高自矜许"之神态。闵汶水以小酒杯品饮，与后来的工夫茶小杯少汤量细品完全一致。

明洪武年间，朝廷废贡团茶，条茶兴起，泡瀹条茶的方法才讲究起来。这种瀹饮法才是工夫茶道的源头。但新型的乌龙茶类未产生之前，无论如何，不能把凡用紫砂壶冲瀹条茶的饮法号为工夫茶道，否则就抹杀了茶艺发展的阶段性。只有冲瀹乌龙茶，加上小壶小杯少汤量的品饮，才是工夫茶道的基本方法，是其形成的重要标志。

笔者以为武夷僧道改造明人饮茶法而成工夫茶道，因武夷僧道泡武夷岩茶用小杯品饮，令袁枚对武夷茶刮目相看，这种明显与传统泡瀹绿茶不同的感受，彻底改变了他"向不喜武夷茶，嫌其浓苦如饮药"④ 的看法。

武夷僧道对制作武夷岩茶是有贡献的，尤其是僧人。在现存的茶文献里，最早记录乌龙茶、工夫茶，被陆廷灿采纳入《续茶经》的《随见录》，推崇武夷僧人制造岩茶的高超技艺：

---

① 〔唐〕陆羽、〔清〕陆廷灿：《茶经·续茶经》，中国工人出版社2003年版，第158页。
② 〔唐〕陆羽、〔清〕陆廷灿：《四库全书·茶经·续茶经1》，中国书店2014年版，第68～69页。
③ 沈瑜庆、陈衍等纂：《福建通志》卷十一，江苏广陵古籍刻印社1986年版。
④ 〔清〕袁枚撰、周三金注释：《随园食单》，中国商业出版社1984年版，第144页。

武夷造茶，其岩茶以僧家所制者最为得法。①

又《闽产录异》作者郭柏苍还记录了武夷僧大规模经营茶业之事：

苍居芝城十年，以所见者录之。武夷寺僧多晋江人，以茶坪为业。每寺定泉州人为茶师。清明后，谷雨前，江右采茶者万余人。②

在福建方志中，多处记录名种茶多为寺院僧人所制。

僧人与茶关系甚为密切，是中国茶文化的一大特点。这与僧人枯燥的生活有关，茶有提神作用，而对于坐禅，茶的功用就更大了。据统计，《全唐诗》中涉及茶事的诗作，是僧道写作，或是在寺院道观和僧道饮茶的诗作竟占近五分之一。在唐代，僧人道众不但是茶的鼓吹者，也是茶艺、茶道的创造者和实践家。③

僧道制茶品茶的历史传统一直保留下来，所以茶产区武夷的僧道研制工夫茶新品类，改造明人小杯小壶的沏茶法，综合而成工夫茶道完全是可信的。袁枚游武夷品茶就是工夫茶道最早的记录，也是武夷僧道创工夫茶道的一个有力佐证。虽然袁枚并未记录洗杯浇壶、关公巡城、韩信点兵一类的操作细节，但说其茶具"杯小如胡桃，壶小如香橼"及"细呷慢咽"的情态，④已基本勾勒出工夫茶道的内容。

对嘉庆年间传到潮州的工夫茶道，俞蛟的记录比较详细，基本与今法大致相同，不同之处是茶杯无定式。今工夫茶道用杯，二、三均可，以四为极。这个极数是以流行的成套茶具的茶杯为准。而《梦厂杂著》中说"惟杯之数，则视客之多寡"，莫怪茶壶"大者可受半升许"，其容量非今小孟臣壶或小盖瓯所能比，茶壶与今制确不同。茶盘"类非近代物。然无款志，制自何年，不能考也"，说明当时还无配套的茶具。⑤ 又清人张心泰《粤游小识》介绍潮郡工夫茶道的若琛杯"高寸许，约三四器"⑥，茶杯之数合乎今法，高寸许就不同今制了。

---

① 〔唐〕陆羽、〔清〕陆廷灿：《茶经·续茶经》，中国工人出版社2003年版，第95页。又见刘昭瑞《中国古代饮茶艺术》，陕西人民出版社1987年版，第139页。
② 〔清〕郭柏苍著、胡枫泽校点：《闽产录异》，岳麓书社1986年版，第15页。
③ 参见陆宗懋主编《中国茶经》，上海文化出版社1992年版，第22页。
④ 参见〔清〕袁枚撰、周三金注释《随园食单》，中国商业出版社1984年版，第144页。
⑤ 参见〔清〕俞蛟《梦厂杂著》，上海古籍出版社1988年版，第186页。
⑥ 〔清〕张心泰：《粤游小识》，见陆宗懋主编《中国茶经》，上海文化出版社1992年版，第579页。

清人所记工夫茶道,壶必称孟臣,但几十年来,潮汕的工夫茶道用壶也不是非苏罐不可,或以带托小盖盏,俗称盖瓯者,用的壶实际上也在改革。盖瓯的优点在于出茶汤比苏罐为快,但追其根源,也是采用盖碗,将其小型化而已,实为改进而非创新。

另外,今人还借鉴明人洗茶的专门茶具"茶洗"的性能,改造当今的潮汕工夫综合茶具,很有特色。

陆廷灿《续茶经》说:"茶洗,式如扁壶,中加一盏,鬲而细窍其底,便于过水漉沙。茶藏。以闭洗过之茶者。陈仲美、沈君用各有奇制。"① 制造茶洗之器也与造紫砂壶一样,名家辈出。几十年前,潮汕工夫茶具也有"茶洗"之物,形如大汤碗,或有艺术造型,以装茶渣水而非洗茶叶之用。自20世纪六七十年代综合茶具出现之后,从前的茶洗慢慢变成如今综合茶具的下部分,其状如圆柱体。本文称现今流行的潮汕工夫茶具为综合茶具,是因为它把从前的茶盘和茶洗结合在一起,尽量缩小茶具所占的空间位置,是以工夫茶道精巧细致的精神对工夫茶具的一大改造。明人讲究茶叶要干净,先洗茶然后入壶。现在的工夫茶道也吸收了这一程序,不过没有专门洗茶的"茶洗"之具,而是在第一次冲泡时不饮,当作烫杯之用。据笔者所知,40多年前尚无此举,今已程序化,实也古法之再现。不过古之洗茶为漉沙,今之洗茶的目的在于冲洗残留在茶叶上的有害物,倒也与时俱进。

自20世纪90年代下半期以来,工夫茶具又有所变化补充,吸收台湾茶具加以充实。如今流行的一整套茶具,除冲罐、盖瓯、茶杯外,还配有一长筒状小杯,曰闻香。有茶匙,用以取茶装茶;有漏斗,便于茶叶入壶;有竹木簪、匕,用以通冲罐的壶嘴、掏清茶渣;还有竹木镊子,用以夹杯,使冲洗茶杯不烫手,因不用手颇合卫生。从茶匙起五种配具总称"茶道"。有所谓公道杯,或称作"茶海",用以承接冲罐冲出的茶汤,上加铜丝滤网,可滤去茶渣碎屑,使分出的茶汤无因先后分配而有酽薄之分,还可减去旧法所谓"韩信点兵""关公巡城"的烦琐操作。冲罐、盖瓯、茶杯盛于一茶船之上。茶船也是近年才有,做得很考究,竹木为质,木者多为高级木料,镶螺为纹饰。上置茶杯、冲罐,中有隔板,剔空可通洗壶烫杯之水,下部承贮废水。整体为长方形,多为福建所出,颇为雅致,是潮州综合工夫茶具的大型化,不如综合茶具小巧精细。近年还出现一种改造形的"侧壶",将冲罐与盖瓯合而为一,特点是出茶汤快,又不烫手,也是新茶具。还有潮州所出的以大树头为座的茶案,除笨重占地之外,还有破坏生态、弄巧成拙之嫌,似不宜提倡,也难以推广。

---

① 〔唐〕陆羽、〔清〕陆廷灿:《茶经·续茶经》,中国工人出版社2003年版,第116页。

如今茶具款式繁多，不可胜数。笔者曾参观第 5 届广州国际茶文化节博览会，得到广州市芳村茶叶市场"玉龙轩茶艺"公司的产品广告册，其中展示该公司茶壶、侧壶、茶杯、茶洗、茶碗、茶海、茶道、茶盘、茶罐等，或为单件，或为全组系列近 400 种产品，洋洋大观，集各地茶具之大成，大体代表了当今最流行的茶具，而其中以工夫茶具为主体。从茶具这个侧面反映了工夫品饮已成为当今茶艺主流。

根据文献考察 200 多年来工夫茶道在器具和用茶、饮法上的异同，表明工夫茶道是清初武夷僧道在吸收明人饮茶实践的基础上产生的，经后人不断改进，向小型化发展，近年又有所变化才形成。可以说，工夫茶道是我国饮茶艺术发展到较高水平的产物。

四、工夫茶道的文化内涵

工夫茶道发展到如今，集瀹饮优点之大成，甚合乎科学。在人文精神上，它继承了明代文人茶人以茶会友的精神，变为今天普通群众的聚会形式，发展为群众茶人文化。

（1）工夫茶是在乌龙茶问世后才产生的新饮茶法，用茶考究，不能随便用绿茶、红茶代替，非乌龙茶不可。而乌龙茶虽然可如他种茶类一样瀹饮，但用工夫茶道的品尝效果为他法所无。乌龙茶与工夫茶道的结合，使乌龙茶的风韵发挥得淋漓尽致，尽善尽美，体现了工夫茶道合乎科学性。

工夫茶道有两点特别之处：茶具小型化、即冲即饮，暗合饮茶的古道。为何壶、杯要小型化呢？道理在于保香。这种观点明清茶人深有体会，以冒巢民等人之论为高妙，可谓知茶。冒巢民说"茶壶以小为贵"，"壶小则香不涣散，味不耽迟"。① 壶小确易集中地挥发出香味，又及时与茶汤冲出。周高起则说"茗壶宜小不宜大，宜浅不宜深……汤力茗香俾得团结氤氲"②。如壶过大水多，温度不易下降，会焖熟茶叶，使失去清淳香味；壶小易散热，才能保茶香。这就是工夫茶道采用小壶的科学性。为何要即冲即饮？也如冒巢民所说："况茶中香味，不先不后，恰有一时。太早或未足，稍缓或已过，个中之妙，清心自饮，化而裁之，存乎其人。"③ 这段话似乎玄虚，但常饮茶的人应能体会。工夫茶道冲泡时间由于受到程序限制，一般掌握得较好，先冲茶叶，后烫杯烧壶，洗杯既毕，需时大约一分多钟，然后均匀斟出，因杯小茶汤有限，能

---

① 〔唐〕陆羽、〔清〕陆廷灿：《茶经·续茶经》，中国工人出版社 2003 年版，第 115 页。
② 〔唐〕陆羽、〔清〕陆廷灿：《茶经·续茶经》，中国工人出版社 2003 年版，第 116 页。
③ 〔唐〕陆羽、〔清〕陆廷灿：《茶经·续茶经》，中国工人出版社 2003 年版，第 115～116 页。

一饮而尽,最能体现冒说"不先不后""一饮而尽"之法。如久泡在壶,斟出茶汤既苦且涩,香味大减,是违工夫茶道之法。

工夫茶道还有浇壶之法,要求在茶叶发香时,通过热水浇壶来增加温度,只是短时间加温,不至长时间高温,达到既发香,又能保护茶叶香味之目的。

类似壶小之论,冯可宾、徐渭等人也有所论,可知在当时已有共识。

工夫茶道所涉及的核心问题是冲泡的水温、水量适当,茶具小型化,及时斟酌,尽量保持茶香,所有这一切都融合在整整一套程序之中,确有其科学性。这是中国茶艺长期实践的结晶,属于中国茶文化的重要组成部分。

(2) 在明代中后期,失意于科场宦海的士子、隐者,亲自研制茶叶,亲手烹品,以茶会友,用品饮清茶的茶事形式,联系友朋,探讨文艺学术,抒发人生意志,结成超凡脱俗的清流集团。他们的品饮有别于群众以消渴为目的的喝茶,是其修养人品的重要手段。[①]

明人把品茶当成一件很高雅的事,极端推崇饮茶的气氛和环境。如"茶以芳洌洗神,非读书谈道,不宜亵用"[②]。又如徐渭认为只有"翰卿墨客、缁衣羽士、逸老散人,或轩冕中之超轶世味者"[③] 才宜饮茶。徐渭甚至提出十六种宜饮茶的清幽环境。[④] 最有意思的是,明人反对一本正经又有烦琐礼节的饮茶。冯可宾提出茶忌"冠裳苛礼"[⑤],要求自由自在地品赏。饶宗颐先生说:"我们中国人饮茶一般只出于需要或加以欣赏,还没有建立多少理论。"[⑥] 明代文人茶人属于欣赏派,强调品茶的环境和气氛,要求虽然很高,对饮茶确实没有什么玄机妙理。多数茶书所述总超不出产地、制作、制度、品赏,包括环境、泉、水、器具一套,比较务实,不离茶事本体。有时虽也借茶喻志,但绝少悟出什么哲理来,只是朦胧反映出个性解放的要求。

今天的工夫茶道不存在明代文人茶人集团那样的政治色彩,但吸取其以茶会友、联络感情的形式。除极个别上了茶瘾的人外,工夫茶若是独饮十分乏味,俗谓"茶三酒四",正说出工夫茶道以茶会友的形式。可以说,工夫茶犹存明代茶人文化之风流余韵。今天潮汕地区很多群众的聚会、闲聊,甚至商量工作、洽谈生意,以工夫茶为最常见的联系纽带,一变"过去饮茶的人有两

---

① 参见吴智和《明代的茶人集团》,载《传统文化与现代化》1993年第6期,第48～56页。
② 〔唐〕陆羽、〔清〕陆廷灿:《茶经·续茶经》,中国工人出版社2003年版,第161页。
③ 〔唐〕陆羽、〔清〕陆廷灿:《茶经·续茶经》,中国工人出版社2003年版,第158～159页。
④ 参见〔唐〕陆羽、〔清〕陆廷灿:《茶经·续茶经》,中国工人出版社2003年版,第158～159页。
⑤ 〔唐〕陆羽、〔清〕陆廷灿:《茶经·续茶经》,中国工人出版社2003年版,第161页。
⑥ 芳信:《庄世平、饶宗颐先生谈潮州饮食文化》,载《通讯》1994年第9期,第4页。

种：一是祠堂里的闲人，一是做生意的有钱人"① 的局限，在近四五十年里很快在群众中普及开来，成了潮汕地区民间生活不可缺少的一部分，形成具有特色的生活习俗。从这个意义上看，莫怪今天人们称工夫茶道为潮州工夫茶了，工夫茶已经演化为潮汕饮食文化的重要组成部分。

工夫茶从前只在闽南、潮州一带流行，其他地方并不太欣赏。即使在外经商做官的潮州人士用这种品饮方法招待宾客，也总是得不到认同。如清末民初著名诗人、潮州揭阳名士曾习经任京官时，家居虽生活简朴，但饭后必啜工夫茶。藏书家伦明回忆在曾家做客时的情景：

> 每造访，必留共饭，食老米，不下咽，馔亦不适口。饭后，饮所称工夫茶者，杯极小，湿仅沾唇，余绝不识其味。②

工夫茶的饮品方法，今已从潮汕地区逐渐辐射开去，在其他地方也得到了推广。广州地区的茶艺馆、酒楼中的雅座，便设此饮。2003年11月第3届广州国际茶文化节的开幕式中，千把遮阳伞下，万名好茶之客聚集在珠江之畔的会展广场品味各种茶叶。最令人瞩目的是，500张茶桌上均配备工夫茶具一套，用以欣赏乌龙的韵味。③ 而2004年第5届茶文化节博览会上，不少展销普洱、绿茶的档口也用工夫品饮的方式接待客人，可见工夫品饮方式的范围不断扩大，渐渐得到国人的接受。而电视剧中也多见工夫茶具的摆设，说明此式已几遍国中，成为时尚。

五、余论

（1）讨论工夫茶道时，我们要正视一个问题，工夫茶道是否完美无缺？正如世间很多事物总带有两面性一样，工夫茶道也有其不足之处。

其实，前人对工夫茶并非都如袁枚那样赞扬其美味风韵，文士中认为它是不值得提倡的东西的大有其人。前期阶段清人眼中的工夫茶是一种极为奢侈、令人消磨意志的玩事。俞蛟宦游广东，记录韩江上的风流韵事，作《潮嘉风月》，意在劝世，把六篷船上的妓女、鸦片与工夫茶视为一物，可令人"裘敝金残"，"船中所尚者唯武夷，极佳者每斤需白镪二枚，六篷船中食用之奢可

---

① 芳信：《庄世平、饶宗颐先生谈潮州饮食文化》，载《通讯》1994年第9期，第4页。
② 孙淑彦：《诗笔瑰丽　岭表名家——曾习经先生评传》，见伦明著、雷梦水校补《辛亥以来藏书纪事》，上海古籍出版社1990年版，第122页；又见陈三鹏主编《第三届潮学国际研讨会论文集》，花城出版社2000年版，第419页。
③ 参见《羊城晚报》2003年11月22日A5版报道。

想见焉"①。而《厦门志》的编纂者以批评的语气提到工夫茶：

> 茶叶重一两，价有至四五番钱者……彼夸此竞，遂有斗茶之举。其有癖者不能自己。甚有士子终岁课读，所入不足以供茶费亦尝试之，殊觉闷人。虽无伤于雅尚，何忍以有用工夫而弃之于无益之茶也。②

前人尚俭，对高消费的工夫茶有这种看法是不奇怪的。即使在今天，也只有极少数人能品尝最纯正的名种好茶。而普通茶叶一般人还是能负担得起的，比起其他消费，恐怕还是较为省俭的消费。工作之余，不失一乐。古今异时，不可同日而语。不过通过这些材料，我们得以了解工夫茶在历史上曾经有过声誉不甚佳美的时候。

（2）潮人论工夫茶道者，有人对其情有独钟，有人却出不可理喻之怪论。如有冲罐里的茶垢宝贵之说，且有"假力洗茶渣"的嘲骂话和故事。想来是以讹传讹之言，不可轻信为真。旧的茶壶比刚烧制的新壶好用，无火气，新壶带化学物质，比不上旧壶，尚属可信，与种花讲究用旧盆同理。但是，历来论茶，洁具是茶事一个最起码的条件。记载不胜列举，略引数例。王梓《茶说》："器具清洁，茶愈为之生色。"③ 许次杼《茶疏》："茶注、茶铫、茶瓯，最宜荡涤。饮事甫毕，余沥残叶，必尽去之。如或少存，夺香败味。每日晨兴，必以沸汤涤过，用极熟麻布向内拭干，以竹编架覆而庋之燥处，烹时取用。"④《澄海县志》也说："锡瓶磁（瓷）碗，精洁整齐，时勤拂拭。"茶渣的厚薄，除了证明冲罐年代的深浅之外，别无他用。假力洗茶渣之传说，或出于破落子弟的炫耀心理，或出于古董商的故弄玄虚，论者不可不慎，勿为误导。古人饮茶重清洁茶具，完全合乎卫生，也助雅兴。工夫茶道确有一弊，即共杯现象：茶杯由三四人或五六人共饮，轮番推让，唾液均沾。洗杯只有热杯之功，全无卫生之效。一家人或熟客老友，即使彼此了解健康，总不合乎卫生常识。此一不足实可改进：认杯定人。工夫茶道是不断改进的，故不必在共杯上遵古法制。

另外，泡饮绿茶有观赏的价值，于盖碗或玻璃杯中，可看到绿茶缓缓绽开，还原为碧绿可化的细芽嫩叶的全过程。但由于工夫茶道在冲泡中无透明

---

① 〔清〕俞蛟：《梦厂杂著》，上海古籍出版社1988年版，第183～186页。
② 〔清〕周凯：《中国海疆旧方志·厦门志（道光）》卷十五，蝠池书院出版有限公司2006年版，第1292页。
③ 〔唐〕陆羽、〔清〕陆廷灿：《茶经·续茶经》，中国工人出版社2003年版，第115页。
④ 〔唐〕陆羽、〔清〕陆廷灿：《茶经·续茶经》，中国工人出版社2003年版，第133页。

度，就没有饮绿茶那样赏心悦目的观赏价值了。

（3）如今议论茶事的文章，有人总把饮工夫茶论得玄之又玄，好似这样才能体现中国茶文化的深奥。其实，喝茶悟道是件难事，要能喝出什么义理的多半是哲学家们借茶发挥而已。

笔者最欣赏有人提出的饮茶境界：能"在滚滚红尘中辟出一方绿洲净土"[1]，于呷啜清甘香醇的茶汤中，暂时忘记生活的烦恼，享受片刻的宁静。这倒也体现了茶事于物质享受之外，还有幽雅的情趣。除此之外，很难与《易》理、中庸、德俭、明伦、谦和等玄学哲理和伦理道德发生任何联想和关系。反其道的例子倒是有。我从前在乡下，看一堆人饮茶，能饮上头、二、三冲者，多为出茶资或较体面的人物，出不起茶资者稍后才敢动手。如它也能体现中庸、谦和、德俭等，则予所不知也。

他国有饮茶的一套礼仪形式，是否要引入现代中国的茶事，还可讨论。我曾看过工夫茶道的介绍，觉得一些操作过于夸张，近于舞台动作，全属花拳绣腿，实为不必。

事实上，就是会喝茶也不易，一杯入口，首先要品味茶水是否香甘，其次才是更高的品味，如武夷道士所说的"活"的品味，就不是一般人能体会的，能否享受茶的甘香还要视各人的缘分。对茶的体验因人而异，如有的人嗅觉、味觉不甚灵敏，好坏茶汤都是一个味，还有什么茶道可言？正如鲁迅所说，"有好茶喝，会喝好茶"，"其次是练出的特别感觉"[2]，即要培养品茶的能力，如袁枚初饮工夫茶如药汁，后来在武夷山一饮而称奇。鲁迅的话是行家之言，就茶事而论茶事，并无寓深高之意，确实是喝茶经验之谈。

（4）随着改革开放后经济发展，人民的生活水平普遍提高，喝茶的人数大增，因需求关系，茶叶产量也猛增，但茶叶质量近年来反而呈下降之势，最突出的问题是香味低淡。于是出现人工加添香精以补香味不足的取巧行为。笔者曾在茶叶市场碰到一个档主声言某盛产名乌龙茶之区，加香精茶叶占百分之几十，听后甚觉愕然。

乌龙工夫茶有自然花香，如董天工在《武夷山志》中所说的"天然真味"，那是极珍贵的品种。清代梁章钜在《归田琐记·卷七·品茶》中，说他游武夷到袁枚当年曾在那里品工夫茶而啧啧称奇的天游寺，与静参道士论茶。静参介绍奇种乌龙茶，香味"如雪梅、木瓜之类"，山中不可多得，武夷"三十六峰中不过数峰有之"。各寺观所藏，每种不能满一斤，珍重保存，有名流

---

[1] 何菁：《家居的茶艺》，载《羊城晚报》2004年5月2日B4版。
[2] 鲁迅：《准风月谈·喝茶》，人民文学出版社1980年版，第122～123页。

贵客，始出少许郑重瀹泡。天游寺的静参解释茶有花香"大约茶树与梅花相近者，即引得梅花之味，与木瓜相近者，即引得木瓜之味，他可类推"①。将"近墨者黑，近朱者赤"的道理引入茶叶有花香的解释是十分牵强的。茶具花香乃茶树品种的天然特性，故少而贵，名为"奇种"。若引得梅花、木瓜之属就近间种于茶树之旁就可得花香，则武夷之茶皆可为"奇种"矣。故道士之解释不可轻信。

以笔者亲历之事，可证茶香纯得于天生。

笔者有一嗜好，常采揉植物之嫩芽以闻香。如揉番石榴之心蕊，可得清香。曾偶得一小树的嫩芽，闻得杏香而有过之，回即瀹饮，其味果为杏香。便学神农氏之尝百草，饮有时，而无害，邀曾宪通、陈伟武诸位先生共品，无不称绝。后介绍给我友张泽明君，他懂得制作茶叶，按工夫茶制作指法加工，经晒、揉、烤、焙之后，与乌龙茶之条形无异，杏香浓郁，不亦得"奇种"乎！惜无能力开发，只得三二熟友品赏，未能造福大众，实为憾事。该无名小树（对不识植物分类的笔者来说）的嫩叶背有绒毛，叶状与茶树相似，说不定也是茶树之属，其左右并无杏树桃李，长于路旁之篱笆中，可知香味乃出自天成。

中国茶加香的做法古已有之，如上引梁文所载静参论茶还提到一种假"奇种"，是用上等的好乌龙茶——"名种"茶叶，"杂以木瓜、梅花等物以助其香，非真奇种也"。现在以玫瑰、茉莉、桂花、玉兰等衬茶，制作茉莉花茶等，也是沿用这种方法。这些花都是绿色植物，属于广义的"茶"的范围。花茶属茶的一个品类。品饮工夫茶非喝汽水，哪能以添加香精增加茶香，这是对中国茶文化的亵渎。

出现上述的香精问题，不外茶农受到经济利益的驱动，大量种植茶树但缺乏合理的指导，过度采摘，留养保护不足，造成茶树衰败，生机减退，老化严重。茶叶生产第一道关口的鲜叶质量已经严重下降。另外，加工多采用机械制作，机制总不及人工精细，而机械不够精良先进使茶叶质量更达不到要求。今用机制加工实属不得已而为之，因为非此不能满足需求，以后只有求助于科学技术改进以缩小其与人工制作的差距，但绝不能加香精。

工夫品饮的用茶还是以闽产为大宗。从前闽产的乌龙茶品类不少，各具风味。嘉庆《澄海县志》载邑人品赏建茶，有"产安溪者为下"②的定位，所

---

① 〔清〕梁章钜撰、于亦时点校：《归田琐记》，中华书局1981年版，第145～146页。
② 〔清〕李书吉等修、〔清〕蔡继绅等纂：《澄海县志》卷六，台湾成文出版社1967年版〔据嘉庆二十年（1815）刊本影印〕，第62页。

指应包括批量生产的铁观音。而今日铁观音占领绝大部分市场。以广州芳村茶叶市场为例，八成茶商来自福建安溪，广州已成为安溪铁观音的主销区。[①] 铁观音原产安溪南岩。传统铁观音乌龙，有闽北武夷与闽南安溪之别。武夷也有铁观音型的茶叶，茶汤比安溪更红些。而当下的铁观音，汤色淡黄，全安溪化。笔者曾在武夷山市的茶庄访问过从业者，说今武夷的制茶不得不向安溪制法倾斜，丢失原有特色。原因无他，只因受国内市场的制约。大凡茶汤偏淡黄者皆因烤焙不足。今主宰乌龙类市场者安溪茶也，所出茶叶清香有余，醇郁不足，看来与烤焙轻火有关。试看当今铁观音冲泡后的茶叶，红边绿腹的效果几乎不见，其状与绿茶无异，风味更接近绿茶了。这种趋势除商业利益外，也与茶叶的需求量大增不无关系。当然，百货合百客，不能一概否定消费者的个人喜爱。另外，一时一局，一时的铁观音可造就一时的爱好者，又造就出潮汕以外的大批工夫茶品饮者。世风之变就是如此。年纪稍大的饮者，仍然喜爱传统的乌龙工夫茶。今市场上的铁观音风格单一，实为机械制茶所造成；其制法受到台湾茶的影响，烤焙不足，纯草青味之清香。不知以后在制茶方法上能否也有百家争香的局面？

其实，近年来在茶叶加工上也有探求新品类的尝试。如工夫品饮的乌龙类兴起一种半加工的新品种，号为"冰美人"。其制作过程是将采摘菜茶只作晾晒去水、炒揉、发酵、簸弄的初期加工，烤焙全免，湿漉漉地放冰箱急冻，故称"冰美人"。用其冲泡出的茶汤碧绿清澈，清香异常；但嫌轻飘浅薄，全无咀嚼感，其风韵远逊传统乌龙香之甘醇馥郁。"冰美人"的新制作是在传统制作上求变，纵使未有大的突破，其求变的精神还是值得肯定的。但由于贮存不便，其前景有限。

在广州，近年常举行国际文化节，业已历数届，其间必有二两凤凰单枞或铁观音茶王价值20万元的新闻。据报道，第5届广州国际茶文化博览会上，"将掀起普洱旋风"。茶文化博览会对弘扬中华茶文化无疑是好事，但在进行商业操作的同时，我们的茶叶界人士，包括种植的、加工的、研究的、销售的，能否考虑以科学发展观、以人为本、服务广大群众为指导，把茶文化精神真正弘扬起来。如今，品饮工夫茶时，我常因碰到假冒名牌的劣质茶叶而沮丧。满天铁观音，遍地白叶茶，包装金玉其外，败叶残枝其中。除了反映出不良的商业作风，还反映出茶质下降的普遍现实。

近年来茶叶的质量问题真让人揪心，不必笔者饶舌，只需搬来报纸醒目的标题，大体便知问题所在。请看：

---

① 参见叶平生《芳村八成茶商来自福建安溪》，载《广州日报》2004年5月24日A3版。

《喝茶喝得让人心惊惊》①

《茶叶太脏，洗过才敢用；一级二级，老板说了算　茶叶真的很"乌龙"？》②

《国产茶叶现状堪忧　"生产方式：哪像产茶大国""质量：谁分得清真假""管理：是否放任自流"》③

《广东茶叶　出口受阻》④

我又想到报章曾披露用龙井茶洗手的消息⑤，后来又读过徐城北先生的文章⑥，开始觉得中国茶道，包括工夫茶道在内，确实要在茶字上下功夫，否则会变得只存茶道的操作形式。茶之不存，道将焉附？

附记：陈伟武先生为本文提供有关材料，谨致谢意。

本文作于1994年夏，载《中山大学学报》1995年第4期。2006年清明节重新订补。

（原载《中山大学学报》1995年第4期，修改后刊于中山大学古文字研究所编《康乐集：曾宪通教授七十寿庆论文集》，中山大学出版社2006年版，第349～364页。）

---

① 叶朝明：《喝茶喝得让人心惊惊》，载《广州日报》1999年5月21日B2版。
② 吴小攀：《茶叶太脏，洗过才敢用；一级二级，老板说了算　茶叶真的很"乌龙"？》，载《羊城晚报》1999年7月12日C1版。
③ 温原、周立文：《国产茶叶现状堪忧　"生产方式：哪像产茶大国""质量：谁分得清真假""管理：是否放任自流"》，载《广州日报》2005年9月1日。
④ 姚志德：《广东茶叶　出口受阻》，载《羊城晚报》2005年9月1日。
⑤ 参见《两则茶的消息　一个绝妙的讽刺》，载《羊城晚报·书报摊》1994年4月3日。
⑥ 参见徐城北《自尊与自毁》，载《羊城晚报·品戏斋随笔》1994年6月27日。

澄海樟林民俗

樟林远在宋代便有居民在此地劳动生息，明代嘉靖年间建制，清代乾嘉时曾是粤东的重要港口，直至汕头港开辟之前，一度兴旺繁荣。几百年的文化传承，积淀了不少民俗活动。无论是潮汕地区民众最普遍的习俗，还是本乡本里独特的习俗，都值得被记述。

1934年10月至1935年1月，广州国立中山大学社会学系的学生陈国梁、卢明承担太平洋国际学会在潮汕一带做社会调查的任务，他们眼光独到，选择了澄海县樟林乡作为调查对象，调查了樟林的政治、经济、人口、文化教育等各方面内容，于1936年1月出版了《樟林社会概况调查》一书。由于该书调查的重点对象是海外移民，民俗调查只是当作全面调查的一部分而设，故不能像专门的民俗调查那样全面，不少民俗活动不及记录，这就给本文留下了进一步深入的空间，我们尚可在民俗调查的田野中捡些谷穗、翻点番薯，草此《澄海樟林民俗》。

就题目而言，顾名思义，原本应全面记录樟林的民俗事象。但笔者考虑到樟林的大部分民俗在一般潮汕民俗著作中已有记述，故本文只专事挈拾捡漏的工作，可说是"拾遗""补遗"吧，所以在定题目时，颇费推敲，十分踌躇，因本文所收凡30余则确确实实是澄海樟林的民俗，于是苟用此题，请读者谅解。

本文侧重点在于尚未见于记录的樟林民俗，尽量避免重复。至于和已出版的潮汕民俗著作所提及有不同或记述过于简略的，则对其做补充，稍加评说。总之，作为一个非民俗学专业的文化工作者，我有责任将一些已消失或行将消失的民俗活动记录下来，让后之乡民知道从前乡里遗事，或者给民俗学专家提供研究的资料。

一、社会、宗教

（一）日头纹坟碑

乡之北郊山岭间，常见一种古坟碑，碑之上端无朝代名，不为宋、不为元、不为明、不为清，只刻一日头，下衬祥云。

上述这种坟碑制度与厦门的一种明墓碑制有极相似之处。近读《南方文物》得知："厦门明墓还时常可见到一类特殊的墓碑形式，即碑体正面呈盔形或半球形，中央浅刻象征太阳的大圆圈，两侧或下方浅浮雕祥云及瑞草，碑面均无文字，此类墓葬地表墓冢及墓围和地下墓室形制均具一定规模，这种隐姓埋名崇尚光明的奇特墓碑是否与当时宗教信仰（明教）或神祇崇拜有关，值得探讨。"① 这种特殊碑制的坟墓被定为明墓大体不误，但失之笼统。明代墓碑是以"明墓"为常式作为时代标志的。参证樟林乡北有一种石碑的日头中大书"明"字的明墓，如陶崟山间有日头中篆书"明"字的墓碑，可见无字的日头纹碑与有字的日头纹碑之间有承传关系。有确切年代的篆字日头纹碑是饶平观海寺山下一处余氏祖墓，立碑在崇祯己卯年（1639），离甲申年（1644）明亡只有5年，说明此类碑制明末曾在潮州地区流行。由此可见，日头祥云碑墓可以断定为明末清初之墓葬，反映明清交替时期人民的特殊心态：明朝倾坠，流亡的南明政权尚在苦苦挣扎，人们既怀恋旧朝，又恐惧新朝的镇压，乃寄希望于南明政权一朝恢复。这种犹豫就反映在当时墓碑的形式上，将日头中的"明"字去掉，空剩日头祥云的图像，暗示唯太阳方能大明，颇得隐喻之妙。普通观望的百姓彷徨不知所措，苟以无文的日头形式过渡。这种权变办法，表明民俗深受时局的影响。至于崇尚明教之说未免过于玄秘。

与无字日头祥云碑同一时期，还有一种碑式，日纹中刻上"祖"字。以"祖"代明，应有两层含义：一是指墓中先人为建墓人之祖，二是含有追念亡明的寓意。这种形式在南明被消灭后应该就消失了。

清代，日头纹的碑式仍然存在，唯日头中改刻"清"字。这类形式的墓碑存在于有清一代，如乡北施厝山康熙间任江南布政使的樟林人郑廷槐之墓，就刻有"清"字的日云纹，本乡南社街中被挪作铺路石的宣统年间墓碑也属此类。墓碑刻日头祥云，恐怕为美饰而已，刻碑之人并不一定了解那段改朝换代的历史。清代最普遍的墓碑以"清墓"为常式。

进入民国以后，墓碑的形式又有变化，去掉"清"字，出现"民国"或国字壳中加民字的时代性标志，成了"民国墓""圆墓"的碑式。由于民国是共和政体，仍然采用封建时代的标志形式大概被视为不妥，因此这种形式流行的时间很短，樟林北山间只可看到极少数。后来，民间参照明末清初日头纹中刻"祖"的碑文模式，以"祖"字代替"清"字制作墓碑。最普遍的没有日云纹的"祖墓"的墓碑常式一直沿用至今。而现在又有极少数仿明末清初的日头祥云中刻"祖"字的碑式，易与前代同式墓碑在年代上相混，因此只能

---

① 郑东：《厦门市古墓葬考古综论》，载《南方文物》2002年第3期，第28页。

从墓碑风化的程度来判别古今了。

(二) 方围屋

樟林现在仍然保存着自明末清初至今的各式建筑。黄挺先生在《潮汕文化流源》一书中专列一节，谓"樟林民居的历史序列"①，很有见地。他对樟林明末清初所建的一种方形大院做了详细的介绍，并指出方形大院与潮汕土楼的兴建在时间上是同步的，都是主要着眼于防盗的功能，但对二者之间的传承关系似乎还没有关注。

樟林的方形大院应该属围屋，笔者可以补充一点证据。

从文献上看，围屋于明代后期在潮汕各地，尤其是滨海地方相当普遍。据林大春所著隆庆《潮阳县志》卷六《舆地志》载："神山、练江、浦东三村人众，初犹设土围居之，厥后竟被海寇焚毁。"土围，即围屋。江西的围屋又名土围子②，与潮阳志所载同名。光绪《潮阳县志》以围名村的有很多，如峡山等六都就有54个③。有的冠以姓氏，如杨厝围；有的冠以自然地貌，如沟仔围；有的以吉祥之名冠围，如永丰围：俨然如客家地方土楼之名。不知今潮阳这种围屋建筑物尚存否？潮阳与澄海只隔汕头一水，估计是同类建筑。樟林的围屋是同姓家族聚居的大院宅，一姓一围。如顺兴街的欧厝围，南社和西社区的蓝厝围，北社的陈厝围、吴厝围。塘西有一处叫下围，以围名地，加上方位词，说不定还有上围，笼统指一处有围屋的地方。樟林的围屋现在保存最多且较完整的在北社，近年正在慢慢倾倒。围屋原是客家民居，樟林的方形围屋有可能是客家移民带来的建筑风格与当地原先建筑风格相结合的产物，这可以从方形围屋的墙体材料得到证明。今存的很多方围屋墙表的灰衫已剥落，露出建筑的用料，一般多为泥沙、石块、断砖残瓦、海蜊等，墙体多为夯筑而非砖砌。笔者前年回家乡，路过北社旧城基一方围屋，墙体已剥落到穿洞，令人惊奇的是，从穿洞的墙体中我们发现该墙体由大泥砖砌成，从断砖中还能看到糅杂的茅草。这种建筑材料是客家人最普通的建材，而不是本地化的蜊灰混沙泥的灰土角。当时身边无相机，没法立此存照，隔年备了相机再度造访，可惜屋主已将屋租给外省民工，他们用水泥革了大泥砖的命，令我感慨不已。

土围之名，泥草之砖，均带客家风情，留有客家移民遗习。潮汕有土楼围

---

① 黄挺：《潮汕文化源流》，广东高等教育出版社1997年版，第77～78页。
② 参见万幼楠《赣南客家围屋之发生、发展与消失》，载《南方文物》2001年第4期，第29页。
③ 参见〔清〕周恒重修、〔清〕张其翱纂《潮阳县志》卷四《乡都》，台湾成文出版社1966年版〔据光绪十年（1884）刻本〕，第1～13页。

屋，山区多土楼，海滨多围屋，皆为明末清初之物。樟林的方围屋，虽破旧不堪，却是潮汕平原不可多得且保留下来的早期方围屋，这种珍贵建筑文物，希望有关部门留意保护。

笔者最近经友人指点，访问澄海十五乡镇雅道村，看到一座可与客家围楼相媲美的大型方围屋古建筑，隔乡是溪西村，同类的方围屋名为"闳远楼"。这虽不属本文讨论的话题，但十五乡与樟林的方形围屋的存在，却可证明方围屋在这一带并非孤立的现象，它们也展现了潮汕海滨地方的方形围屋在不同时期不同阶段的规模风格及其结构的发展变化。

（三）杂姓公祠

民间每一姓多有祠堂，每逢时节举行拜祭，怀念先祖。在旧社会，这是族权的象征。而樟林旧城内有同善祠，是由杂姓合建的公祠。

清代樟林为粤东重镇，人口众多，姓氏也多，至新中国成立之初，人口号称3万。来樟历史长，或人丁兴旺，或建有祠堂的有以陈、黄、蓝、李、林、马、宋、吴、杨、张、章、郑、朱（按音序排列）等为姓的家族。若以人口祠堂数量计，首推陈姓。陈氏宗祠有虎祠、白坯祠、朴祖祠、月祖祠、学祖祠、瑞祖祠、武祖祠。祠堂多反映人丁兴旺，陈姓确为樟林第一大姓。陈氏各支派遍布樟林六社，被称为更棚脚陈、北社陈、塘西陈、新陇陈、下水门陈、马路陈、内市陈。樟林陈姓曾成立陈氏家族自治会，为他姓所无。

居民的姓氏变化很大。在明嘉靖三十五年（1556），世居樟林乡北山边的十五姓居民具文潮州知府恳请创新乡。这十五姓是蓝、徐、翁、程、林、马、姚、陆、张、朱、陈、宋、王、李、施①，当时应为樟林大姓。经历500多年的人世沧桑，如今徐、程、翁、陆、姚、施等姓已沦为弱姓，没有宗祠。其中翁、施二姓，几不为人所知，只留下翁厝池和施厝山两个地名。一般大姓每逢冬至行祭，合族男丁到祠堂参加祭典，食桌分胙；清明挂纸，子孙成群上山扫墓，手持大书本姓的灯笼引路，好不威风。而人丁不旺的弱姓，有的一姓只有一二户，零零星星。现樟林居民就有一百零几个姓，小姓如姓角的只有一户。好多人口少的弱姓立不起祠堂。樟林的弱姓群体为争取与大姓一样享有冬至行祭的敬祖权利，求得心理平衡，就集中起来建立联合体的祠堂，名曰"同善"。据八旬翁姚春喜先生说，他家就是同善祠派。他们的祖先曾是恳请建乡的十五姓之一。凡入同善祠，必须资助，在20世纪30年代，捐例为50元至

---

① 参见黄光舜编著《闲堂杂录》卷二《年表》，见汕头市政协学习和文史委员会、澄海区政协文史资料委员会编《红头船的故乡：樟林古港》，香港天马出版有限公司2004年版，第309页。

100元，最多有捐500元的。捐钱多的，家神牌供奉于正殿；捐钱少的，神主供奉在偏殿。一般能入同善祠的，多为有头面的殷实人家。每年冬至行祭，参加祭典的人凭一根木签领取胙肉祭品。

樟林有句口语"三人四姓，拜乜卵（音浪）头阿公"，意为不团结办不成事。不同姓之间有时还会械斗，而樟林杂姓却能共建公祠，这种弱姓群体在一起祭祖的情况实属少见，是祭祀制度的特殊现象，反映弱姓敢向传统的宗法观念挑战的进步，其行为孕育了重视社会联合而不看重同宗的思想，颇有积极意义。

（四）善堂埋葬告示

樟林旧时有两个善堂，一叫同益善堂，一叫义心社，同奉大峰祖师。两个民间组织专事殡葬、救火的善事。两处门口设置黑板一块，公告当日埋葬内容：某社、某氏、性别、岁数。夭者不列。它是研究樟林死亡人口的确凿资料，数据与社会的政治、经济、天灾、人祸密切相关，惜其资料无存。后来，二善堂受冲击而解散，收尸抬棺皆由本地基层单位或生产队自理。但此等事宜，还是善堂较专业，其富有收尸经验，处理腐尸、无主尸责无旁贷；还储有募捐的义棺，多为薄板简陋棺木，提供给无主尸或无力收殓的穷苦者。

（五）庙宇佛道共处

樟林的北社、南社、西社三处神社，羽流释氏兼容，主宫设道，偏宫尊佛。北社七圣夫人宫旁设宝林庵，南社三山王国庙旁设观音堂，西社玄武宫后设准提古庵，故称后庵。宗教之间互相尊重，共存共荣，同享香火。每逢老爷生，拜祭神仙时，佛祖同受拜祭。

广东他地也有相似情形。如顾颉刚同容肇祖1928年调查东莞民俗，记录该县的城隍庙诸神，"除城隍一家，还有十殿阎君、包公丞相、救苦天尊、退病大王、金花夫人、财帛星君等五十名神位"[①]。其中阎君即释氏尊神。

（六）猪肉铺挂雷公牌

从前樟林的私家猪肉店有拜祭雷公之俗。其神位是一块木牌，画有雷公尊容：束发簪缨、獠牙鸟嘴、后背长翼、左手执凿、右手执斧、双足踏云。木牌下端设有插香小铁管，晚间上香。肉店自宰销售，大概为提高本店不卖死猪的

---

① 于彤：《民俗学纵横探》，见王文宝《中国民俗学论文选》，中国民间文艺出版社1986年版，第213页。

诚信度，故发恶誓：如卖死猪，当为雷劈！雷公为鉴。老喜利号便挂雷公牌，该店的猪肉粽驰名远近，是有名的佐餐小菜。今其子孙仍操此业。

（七）七月半盂兰会大士爷

中元节盂兰会的仪典中有用竹纸扎糊的大士爷。他地也有，如江苏宜兴叫"鬼王头"，丈余高。① 广东普宁地方叫"孤王"，身有四点金之屋脊那么高。② 香港叫"大士王"，说是观音大士派到民间驱除恶鬼的鬼王。因其状如庞然大物，故樟林人常将身材魁梧的人比作大士爷。

（八）饲公猪、挈会钱

公猪，非豢养配种的公猪，乃数家人合养的猪。年初凑钱购崽苗，日后每户人养一天，到年终或宰杀分肉，或出卖分钱。

挈会者，数人组成一会，平日各存其钱，推选一人记账。等到有一定数目，会中成员有急用钱者可借，以济急需。宽余者则以小钱积蓄成大钱。一个会有一定周期，散会时可拿到一笔较大数目的钱办事。挈会能互助互济，颇有意义。

（九）古法卖铜青膏药

20世纪50年代，樟林还有按古法卖铜青膏药的习俗。将炼制好的软如糖饴的铜青膏药黏缠在圆木棒的一端，卖药人扛在肩头，沿街叫卖，有求者即用竹签在棒端搅取，似现在叫卖冰糖葫芦的方式。樟林出卖铜青膏药有两家。一家在塘西宫前，主人满头银丝，被人们称为白毛佬，白毛佬以古法出售膏药，有时也医治跌打伤科之症。另一家在北社长发斋内，主人叫宋剑波，他出卖铜青膏药的方式不尊古法制，而是采用近于现代化的包装。药膏用小方块玻璃纸夹住，呈三角形。或两纸夹药，用时掰开成两片。包装纸上印双剑为记，在附近一带颇有名气。此膏药外贴，专治疮疖糜烂。

（十）九月吃粿头

本乡除了时节的粿品外，农历九月还有一种粿品叫粿头，是不作为祭品的

---

① 参见胡朴安《宜兴之七月望》，见《中华全国风俗志下编》卷三《江苏》，上海书店1986年版，第86页。

② 参见周镇昌《盂兰胜会》，见方烈文主编《潮汕民俗大观》，汕头大学出版社1999年版，第28页。

节令性小食。制作之法：舂米粉时拌入一种名叫鸡屎藤的草药或秋瓜叶，舂后筛出的米粉呈青绿色。然后加米饭、适量食盐，再舂成软团，用手捏成椭圆形粿片，以大铁锅（潮俗称"大鼎"）既蒸且烙。熟透后以鼎心蒸粿水戽湿淋透，待其蒸发干爽铲起，柔韧清香，别具风味。粿头与鼠曲粿果皮相似，属绿色药膳。今多以菠菜、通心菜叶代鸡屎藤，又名青叶粿。此种粿品宜现做现食，若翻烙，则大失风味，平时可常见小贩沿街叫卖，现今常年都有出售，成为一种食品。

二、时节习俗

（一）十五夜撞尼姑庵门、儿童互招尻仓①

正月十五上元节，俗谓元宵，是热闹的传统节日，古时金吾不禁，下至穷乡僻壤也尽情玩乐，文献甚富，不必多说。这里介绍樟林从前的两样习俗：十五夜撞尼姑庵门和儿童互招尻仓。

先说撞尼姑庵门。樟林尼姑庵在旧城东门街，前庵和后庵很大。每至元宵夜，乡中的汉子可到尼姑庵闹事，不过多数是隔门讲些色情话，大饱口福而已。一到十五日下午，庵中的年轻尼姑就纷纷外出到村中人家中躲藏避难。剩下的老尼也早早紧闭庵门，再横上大杉，准备晚间的保卫战。这种习俗，据说可祈兴旺好运。到尼姑庵会吉利的习俗，据施鸿保的《闽杂记》记述，福州有"俗谓士子宿尼，利于科第也"②。樟林平日也有人到尼姑庵讨粿给儿童食以保平安。

当大人们去尼姑庵寻开心的时候，儿童们也在进行与大人们相仿的游戏，他们互相追逐，摸别人的尻仓并高声嚷道"十五夜，招尻仓，赚个钱"，谓之"招兴"。

元宵夜近于荒唐的行为，隐藏着远古时代的严肃主题。与樟林相似的习俗他地也有。

江西萍乡地方，"有恶作剧者常在这天（元宵）偷人青菜，谓之'偷青'，惹人咒骂，说是挨骂，可免一年灾祸"③。又广东陆丰大安镇有"元宵节晚上

---

① 互招尻仓：潮汕方言，互招意为偷摸，尻仓意为屁股。
② 施鸿保：《闽杂记》，见中国南海诸岛文献汇编之五《小方壶斋舆地丛抄》第九帙，台湾学生书局1985年版，第248页。
③ 黄式国编：《萍乡市志》第四十七篇《生活·风俗》第四节《岁时节日》，方志出版社1996年版，第1120页。

被人骂了，来年会吉祥平安"① 的说法。还有广东揭西河婆墟，元宵夜小孩手提灯笼，"结伴到麦田去'翻麦鲁'，将一些长势良好的麦苗，翻得乱七八糟！据说，全身翻来翻去，才不会生疮。被'翻'的麦田的主人，也只是在背后谩骂几句了事，而不多加追究！"②

各地的惹骂、招骂蕴藏着一种内涵③，骂什么呢？最普通不过是你妈的什么什么，跟你妈如何如何，都离不开女阴与两性关系。

这些奇怪习俗都发生在大地复苏、植物待发的春天，与元宵夜开禁放夜、让男女自由交往的古俗同一内涵，符合顺势、模拟的巫术思维，其目的是用两性行为感染植物的生长。其主旨是严肃的，其习俗是认真的。经历漫长的岁月，古人的动机目的早被忘记，而习惯的力量尚在延续，两性接触的行为演变成招人咒骂和儿童互摸屁股的游戏。

（二）二月灯橱

二月火神爷出巡，是樟林的大节日，各种文娱活动都有，可参阅《樟林游火帝歌》，最有名的是夜间的花灯。除此之外，属花灯类还有一种叫灯橱者，就是游火帝歌中所说的"街吊灯橱共灯牌"④，此俗最晚在清代光绪年间就有了。可以说没有游火帝爷，就没有灯橱。其制作成品横约 2 米，高 50 厘米，宽 40 厘米，木架中空，设有灯座照明，外四面糊画纸，悬挂于街心上方，供人仰望欣赏。

灯橱画的内容颇芜杂，各商家任凭所好，有民间故事、流行戏出、廿四孝图、阎王惩恶、剑侠神仙、妖魔鬼怪，也有本地的风流韵事，以及荒诞不经颇涉低级趣味者。灯橱画多以诗配画，争奇制胜，颇吸引人眼球，下面列举数例。

1. 讽某公吸食鸦片图

樟林塘西有林某者，先人富有，传至此公，染吸食鸦片恶习，先后将祖遗地产、房屋以至儿子变卖为吸资，最后老婆离他回娘家，本人终于困毙。

村人将其败家事迹画在灯橱上：一人卧烟床之上吞云吐雾，有田地、房

---

① 易建成：《元宵夜越被骂越吉祥？小青年恶作剧被警方拘留》，载《羊城晚报》2003 年 2 月 17 日。
② 梁水良：《大安元宵夜奇怪的"讨骂"习俗》，见陆丰宣传文化网（http://www.lfxcw.gov.cn/9539.html）。
③ 参见刘天一《浅谈"三山国王"与揭西县河婆镇民间诸神》，见劳格文主编《客家传统社会丛书》，国际客家学会 2002 年版，第 199 页。
④ 佚名：《樟林游火帝歌》，见陈春声《从〈游火帝歌〉看清代樟林社会——兼论潮州歌册的社会史资料价值》，见《潮学研究》第 1 辑，汕头大学出版社 1993 年版，第 89 页。

屋、儿子、老婆四样东西导引入烟枪中，配四句隐语——铰布（指田地一块块如布匹被剪去）、移龙宫（指房屋被卖给他人）、所金佛（指卖儿）、伯爷奶回庙（气走老婆）。

2. 讽官匪同家图

画一人劈柴，柴被劈成两块，一大一小。大片的柴上写一"官"字，小片的柴上写一"匪"字。

樟林人贬称同流合污者为"同块柴礼"，因此画面用不着太多的解释，人一看便知是官与匪同一物之寓意。

3. 惧内者求伯爷公解救图

惧内者：

> 入庙香烟霭霭，老婆欺我数载。
> 神公为我解救，他日报答神台。

守庙小鬼见情示意：

> 小鬼顿首顿首，此愿实不敢当。
> 爷爷被奶赶走，至今尚未回来。

伯爷公回答：

> 小鬼说话真通，其实神与人同。
> 你是畏妼治子，我是畏妼神公。

4. 田主收租图

一田主往佃户家收租，时值中午，佃户留客，取网出门捕鱼佐餐。回家见门紧闭，往后窗窥探，听有笑谑之声。其妻说少爷肥白靓仔，俺夫乌黑粗鲁，嘴阔如鲈鱼……用餐时，佃户含沙射影，极尽揶揄。

佃户讥讽：

> 拿网溪墘行，房内有笑声。
> 肥白身顶过，鲈鱼门脚企。

田主惊答：

> 此事人人爱，望你来遮盖。
> 欠租卅石外，一粒不敢欲。

佃妇面有喜色答：

> 好田免用阔，一块巴掌大。
> 布秧一撮仔，收成卅石外。

5. 才子偷看帘内佳人方便图
配诗：

> 十指尖尖挽绣裙，狂风吹破海棠春。
> 绿荫树下莺藏舌，青草池边蚌露唇。
> 银线丝丝非细雨，珍珠点点湿轻尘。
> 隔窗才子偷看见，惹起相思入梦魂。

6. 寒儒吟诗退贼图
一盗潜入寒儒之家偷窃，被寒儒发觉。寒儒并不慌张，吟诗告贼云：

> 细雨蒙蒙月色昏，累君贵步到寒门。
> 案头尚有书千卷，囊中绝无银半分。
> 好去莫惊黄犬吠，徐步休损绿苔痕。
> 更深不及披衣起，心送高贤往别村。

贼闻声而应：

> 闻得君家富有余，今晚特地造华居。
> 既然囊内无钱物，不要君家万卷书。

不是所有的灯橱都有诗，有的近似漫画，让观众去理解破读。如画两只猴共抬一根大贡香，画面是香下猴。"香"与"乡"谐音，意即乡下猴，挖苦乡下人。这种大乡主义似有传统，百多年前的《樟林游火帝歌》就把来观游神的外乡人的服饰外表奚落一番："头毛赤赤目汁流，辫后编条红棕索，染薯裤世（音瓜）赤衫头。"还把外乡来做客看游神的亲戚比作"一群蛙米龟"①。

此外，讥讽僧尼也经常是灯橱画的内容。

笔者小时唯一见过的灯橱是猪肉店端合号所挂的灯橱，围观的人甚多，其内容今无法记起，画面是现代女人的形象，烫发旗袍，隆胸肥臀，在樟林灯橱中最为标新立异。由于好揭人阴私，其店所制作的灯橱常于更深夜静时遭人毁坏。所以樟林人借用端合号灯橱的现象创作出一句歇后语"端合灯橱——唔过夜"，形容事物存在的时间甚短。

灯橱画出于乡镇业余美术爱好者之手，从艺术性来说，属于下里巴人。由于它画得粗糙，题字潦草，樟林人从灯橱诗画引申出一句口语"画龙画符画灯橱"，即乱涂鸦之意，可见灯橱的艺术造诣之低，其民俗性高于艺术性。

灯橱出于樟林这个曾繁荣一时的粤东古港，是有一定文化背景的。洋船贸易带来了一些海外自由思想和国内其他族群的习俗。就上面介绍过的《田主收租图》，三人以诗互答，读起来倒与客家山歌有几分相似。在清代时凡客属民众要到南洋过番，必须顺韩江水系下樟林出口，也有不少客籍人在当地从事商业、手工业，这给樟林带来了客家文化的因子，山歌文化也许在这时便产生了影响。商业社会中的小市民的意识，本地较高的文化教育水平也在灯橱诗画上留下了痕迹。总体看来，灯橱诗画基本上还是以传统的内容为主。

灯橱最初应是供人娱乐的，但又有一定的社会效应，不少内容涉及乡里轶闻韵事，暴露人隐私，鞭挞某些丑恶行为，有警世的作用。樟林乡有句口语："你勿做到被人画落灯橱！"此语对那些顽劣无赖、不孝泼妇有一定的约束力。

灯橱是悬挂展出的。从前樟林街道较狭窄，多为3～4米宽，古新街南段今日还是那么宽。灯橱四角拉绳索结扎两旁商铺檐下，悬于当街中心。日本侵略军占领樟林时，曾火烧长发街，到新中国成立前夕有个叫陈卓凡的专员主拆河沟铺，建中山路，于是樟林最主要、兴旺的商业街道长发街只剩下一侧，变成一条小型马路，即使有灯橱，也无从挂起。笔者小时观看灯橱是在其他街道上。樟林灯橱渐渐式微，其衰落的最主要原因还是经济的影响。作为出口海港的樟林，后因河道淤塞及汕头被开辟为通商口岸，经济地位慢慢让步于汕头港，经济开始萎缩。后被日军占领，经济更加萧条。灯橱是由商家操办的，故其兴衰与商业经济有直接关系，在20世纪40年代跌入衰落期，到新中国成立后不再游火帝爷，灯橱就寿终正寝了。

灯橱不受物质条件的限制，又可被当作一种新的宣传媒体，除揭露丑恶，

---

① 佚名：《樟林游火帝歌》，见陈春声《从〈游火帝歌〉看清代樟林社会——兼论潮州歌册的社会史资料价值》，见《潮学研究》第1辑，汕头大学出版社1993年版，第90页。

还可做正面的宣传。近年来较开放，游神渐渐成为一项民俗活动而有限度地恢复，故灯橱的恢复还是有希望的。

游火神爷歌还说有挂灯牌，但据父老回忆，就他们所知的时间樟林已无灯牌展出，倒是邻乡东里寮尾街在新中国成立前有此习俗，内容是方世玉拳打雷老虎。然笔者小时有一年在广盛街的义心社至古新街头看到十几块灯牌。灯牌是用高约80厘米、横约100厘米的木板制成，上贴彩画，供人日间观赏。樟林那次挂的灯牌，可能是某喜庆日从东里借来的。

（三）绕桩龙舟赛

中国龙舟赛已成为国际体育项目，人皆知之，不用多说。这里要介绍的是樟林式的龙舟赛。与若干只龙舟一起比赛不同，该赛制捉对绕桩竞赛，别具一格，可观性强。《潮汕民俗大观》载方菲《惠来县龙舟赛》①，其中介绍的赛制也属绕桩赛，可惜介绍过于简单，语焉不详，是否与樟林龙舟赛相同，不得而知。今对樟林龙舟赛做详细描述，或能补充惠来绕桩龙舟赛的具体内容。

1. 形制

龙船状若织梭，如榄之剖半，俗名"吊瓜仔"，长9米多，宽1.1米，船身可油漆任何颜色，吃水甚浅，无龙头龙尾之饰，只在船头船尾饰以红布。

2. 人员

全船共14人：击鼓1人，掌舵1人；桡手5对10人，分头桡1对，二桡1对，肚桡2对，尾桡1对；中间船肚扣钦仔1人，以少年任之，可减载重；戽水1人。而惠来县龙舟单桡手就有16～24人，从人数可知与樟林龙舟赛制不同。司鼓和舵手时执藤条吆喝桡手，或纠正某桡手动作，兼指挥协调全船运作。

3. 赛则

航程没绝对长度，各村根据乡里池塘的大小而定，以三圈为数。左右立4个桩，航线不能相混。中点处设龙门，一般以木梯为之。梯之中间插锦标，以带叶青竹为杆，三角红布为旗。先抢到者为胜，即夺标也。从前，龙船除绕桩时，不能把舵当橹使用，将船身漂浮，以利快速，俗称"偷撬舵"，这是违规的。后来规定可撬舵三次，但比赛过程中很难监督。今任凭撬舵，当作合理动作，也是龙船赛赛制的一项改进。总之要调动全船所有参赛者的本事进行竞赛。

---

① 方菲：《惠来县赛龙舟》，见方烈文主编《潮汕民俗大观》，汕头大学出版社1996年版，第209页。

4. 比赛

开始之前，先抽签定对手。多为淘汰制，少循环制，以短赛时。

（1）比赛开始，监证者驶小船至龙门处，召竞赛二船进入龙门两侧，拈阄选择水路（航线）。水路深浅不同，选航线多选水路深者。往往选了水路深的航线要让长，使二线路得平衡，以示公允。

（2）行①（确认竞赛有效前的预备阶段）、订鼓（确认本次比赛有效的标志）。在所谓"行"的时刻，二船从龙门同向出发，有鼓不击，有锣不敲。唯有司鼓用藤条使力鞭击船头舷处，与桡手扒水的声音同拍，发出"即即"之音，船头冲起雪白浪花。整个过程听不到锣鼓声，全场肃静。一方认为有利，即击鼓敲锣，谓之"订鼓"，确认比赛开始有效。只要另一方不"订鼓"响应，两船就要重新驶回龙门，进行第二次"行"与"订鼓"。可以有三次不"订鼓"的机会。到第四次就要通过两船尾结绳断索来公决，此时只有力争上游，别无选择。

"行"与"订鼓"过程中，双方斗力斗智，力争在对方之前"订鼓"。如对手弱于己方，为使不拖延"订鼓"，可以骗对方先"订鼓"，如佯装落后或有意让先，等对方"订鼓"，随即响应，然后再赶上。整个过程扣人心弦。而过分计较，反复地"行"，迟迟不"订鼓"，会使人厌烦，观众会起哄喝倒彩。

（3）抢标。今龙舟赛，参赛龙舟一字排开，号令一响，比赛开始，直冲终点线，先到达为优胜。若速度接近则看仪器分胜负，与田径赛跑一样。樟林龙船赛胜者以抢到青竹红旗标为准。遇到实力不分伯仲，二船头并奔龙门的情况，取胜就全靠司鼓抢标的本事。司鼓可以用双脚钩住船头内一种龙船构件的洋藤，纵身翻侧腾空飞出船头，先对方夺标。樟林人美其名曰"鹭鸶翻莲"，是轻盈灵活敏捷的动作，非一般司鼓者所能为之。二船的司鼓如同时抢标，也可能有双双失手的时候，这时双方任何桡手都可以抢，如标失落水中，则所有的人都可跳下船去捞抢，打起水战，抢到就是胜利。这种情况当然是极少的。

笔者见过不少地方的龙舟赛，确实比不上樟林龙舟赛刺激可观。大概这种赛制最为好看，因此 20 世纪 30 年代潘载和新编的《潮州府志略》特为澄海的龙舟赛记上一笔："澄海五月五日，插彩旗于江心而悬以银牌，听龙舟竞取，谓之夺锦标。"② 这说明从前澄海这个江河池塘遍布的海边地方，在长期的龙舟竞赛活动中创造出的樟林式龙舟赛，很有特点。

自 20 世纪 80 年代以降，乡间池塘河汊多填地盖楼，韩江流量也不如从

---

① 行：潮方言读若寒音。
② 潘载和：《潮州府志略·风俗·时岁》，汕头文艺书店 1934 年版，第 306 页。

前,以致水源不足,在不少村庄中划龙舟已成历史。今樟林只剩下东社大池勉强可划龙舟,要真正划龙舟,不得不到东里溪去,这大大限制了当地这项普通的民俗活动的发展。

樟林乡有句与赛龙船有关的口语"龙船扒上官厅",指乡间龙舟赛往往发生纠纷甚至互相斗殴,引起诉讼,对簿公堂。这与公平竞争的体育精神就相差太远了。

三、歌谣

(一) 驱鸟歌

> 砰夷鸣,
> 趬鸟过别丘。
> 只丘哩唔食,
> 许丘食到冷鲁鲁①。

第一句以驱鸟声起兴。趬,音饶②,义为驱赶。

清明,正是樟林官路两旁吊瓜、黄瓜开花结果的时节,瓜农深受鸟害,便扎各号假人,加以各色纸条小旗,遍插瓜园中,清风徐来时颤抖摆动。起初还有惊鸟之效,但这些东西毕竟属纸老虎,久了不免黔驴技穷,起不到阻吓作用。最有效的方法是用人驱赶,到瓜园敲打破锣破鼓或白铁桶旧面盆。吾乡北社巷头有添伯者,善唢呐,守瓜时高奏潮州弦诗,赶鸟与娱乐相结合,为田园一景也。而掌瓜童子,于无聊寂寞之际,往往引吭高唱上述驱鸟歌,歌声在田野中飘荡。歌词率真质朴,直抒自私之情,毫无顾忌,比唢呐赶鸟更具野趣。几十年前赶鸟护瓜的情景,于今尚历历留记心中。

驱鸟歌虽是即兴之唱,相信自有其文化背景和历史渊源。远古时代,人们为避免自然灾害,希冀丰衣足食,会进行腊祭念祝词来禳解自然灾害。如《礼记·郊特牲》的《腊辞》:"土反其宅,水归其壑。昆虫毋作,草木归其泽。"这种带有咒语性质的祝词以歌谣的形式出现在祭典上。也有单独对付虫灾、鼠祸、鸟害一类的祝词,如《诗经》中的《硕鼠》篇。还有唐代韩愈来我潮任刺史时为驱除鳄鱼而写的《祭鳄鱼文》,虽用祭文方式,性质却与《硕

---

① 鲁鲁:潮音 [lu¹ lu¹]。
② 饶:潮音 [ziou⁷]。

鼠》相同。以歌以文驱除灾害的文化传统源远流长，樟林的驱鸟歌具同类性质就不奇怪了。

古人相信语言的力量，用祝词的巫术与自然抗争。随着宗教的产生，人们把各种自然现象神化，用敬用媚用求的妥协办法寄希望于以神力消除灾难，驱鸟的祝词就变为祭鸟之俗，如广东乐昌坪石三溪地方，便有二月初一敬鸟神的节日："二月初一，当地称鸟节，要敬鸟神。这天乡民会把过年做的灰水糍粑煮好切成手指粗一块并搓成圆形，一个个粘插在竹枝上，趁天未亮把竹枝插到菜园里，任凭鸟儿去啄食……据说这天鸟儿吃了糍粑就不会再来糟踏庄稼了。"① 比较樟林的驱鸟与乐昌的祭鸟方法，我们还可以看到人类文明发展中从巫术到宗教的蛛丝马迹。樟林驱鸟歌比起乐昌的敬鸟节更野性些，仍保留着原始歌谣的气质。

樟林的驱鸟歌，既是文学的，又是历史的。《诗经》中《硕鼠》篇的性质有很多讨论，有的认为是祈鼠，有的认为是驱鼠，其中涉及"去汝"之"去"一词的训诂。这确实要用谭步云释"去"为"祛""驱逐"的方法来理解诗篇。② 樟林驱鸟歌"趣鸟"之"趣"，与《硕鼠》中的"去"词义是相同的，用樟林的驱鸟歌谣可为"去"训"驱逐"之说做一小佐证。

（二）参参碎碎木仔核

> 参参碎碎木仔核（音佛）。
> 二头尖尖橄榄核。
> 生毛生毛是［suāi⁷］（芒果）核。
> 体哥③体哥杨桃核。
> 圆圆乌乌龙眼核。
> 乌乌粗粗是牛牯卵（音浪）核。

这几句口头谣，儿童常唱着玩。其形式如猜谜语。前半句描写形态，后半句为实物，句句落在"核"字。潮语"核"白读为"佛"。"佛"多如牛毛，疑为妄佛之谣，直如咒骂。小童无知，恐大人制造而煽播之。

---

① 邝岳云：《乐昌三溪主要宗族与民俗风情》，见劳格文主编《客家传统社会丛书》，国际客家学会2002年版，第263页。
② 参见谭步云《〈《硕鼠》是一篇祈鼠的祝词〉补说——兼代陈建生同志答李金神先生》，载《晋阳学刊》1995年第5期，第65～67页。
③ 体哥：潮音［tʰi¹ ko⁵］。

(三) 红猪头

红猪头，摆门楼。
门楼无你摆，去摆东司头。

潮俗祭神供猪头为五牲之一，用颜料涂得红彤彤的。歌谣将装扮不当的脸讥为红猪头，说其不配在当街的门楼前炫耀，还是到"东司头"（潮方言指厕所）去吧。

(四) 金纱姨

金纱姨，跋落池。
无人罛，罛胶己。

罛音孤，潮音，义为捞。金纱姨，即水虫，状似蚊而体大，成群浮跃于水面，动作极其轻盈敏捷，甚难捕捉，若抓到，即分泌出一种类似酱油的气味。儿童临水，捡瓦片或石子掷击，并拊掌唱此歌，会吓得金纱姨扑跃远去，在水面点起一串串圆圆的水花。

(五) 沙夜①四实

沙夜四实，老个奴仔去曝日。

沙夜，潮方音称蜻蜓。实，潮音，义为翅。老，潮音，义为欺骗。从前村中空地甚多，长有野草花，蜻蜓好停歇其间。儿童蹑手蹑脚尾随其后，伸手张开手指欲捏其尾巴，将近即飞，稍移前又停。儿童不断跟随，半天捉不到一只而不辍。似易而难的捕捉，其结果是儿童在烈日下满头大汗，"老个奴仔去曝日"十分形象地描绘了这种场景。儿童见同辈捉不到蜻蜓时，在旁唱此歌作风凉话。

时过境迁，以上二谣所唱的乡村情景今不存矣。

---

① 沙夜：潮音 [sua¹ me¹]。

(六) 秀才才秀

秀才才秀,卵毛曲求①。
三日无食,番葛皮青哩丑②。

番葛,地瓜。青哩,方音有不停、不客气的意思。丑,樟林人称猛饮暴食为丑。此谣讥讽斯文扫地及品德恶劣的读书人。生活于社会底层的穷困寒酸的知识分子,没有什么社会地位,有的做事失去尊严,经常被旧时代民间拿来做讽刺的对象,与鲁迅笔下的孔乙己相去不远,虽被讽刺,尚哀其不幸。此谣似针对无良的读书人。

(七) 青盲扣强③

青盲扣强,树下拉④凉。
橄榄斫橛(音瓜⑤),咸菜配糜。

(八) 个钱橄榄

个钱橄榄个钱姜,个钱银锭个钱香。

以上二歌谣反映下层穷苦群众艰难过日的情况。第一首讲一个残疾卜者一手敲着小锣,一手扶童背走乡串里卖卜,走累了,在树下歇凉。回到家里,以咸菜和腌橄榄送稀粥。第二首讲平日家无所备,急用时才以最小的货币单位一个钱零星购用物。这是笔者小时在乡间常看到的生活片段。从前腌橄榄曾是群众吃糜的主要佐餐菜,而今橄榄身价倍增,非可同日而语。

另据陈尔真先生介绍,他们澄海外砂一带此歌的版本为:"青盲扣强,无

---

① 求:潮音 [$k^h iu^3$]。
② 丑:潮音 [$thiu^3$]。
③ 强:潮音 [$k^h ian^1$]。
④ 拉:潮音 [la^7]。
⑤ 瓜:潮音 [$kue?^8$]。

妱凄凉。欲妱何事？娶来参详。"此歌反映残疾人士生活的另一方面的诉求。樟林版是求生存，外砂版是求发展，实人活在世上的两大要事。

新中国成立前出版流行的"青盲扣强"这首歌谣应与外砂版同源。然有所差异，不妨比较一下。

（1）青盲会叩锃，无妱真凄凉。无母无切要，娶个妻子来参详。①
（2）青盲青盲铙，无妱真凄凉。无母无切要，无妱怎呢有参详。②
（3）青盲扣铿，无妱凄怜。欲妱乜事，欲妱来参禅。③

（1）（2）同类，都有"无母无切要"之句。老婆比老母还重要，大不孝也。欲妱本无可非议，与敬母不背，（3）同外砂版可能以不违背一般社会道德观念对（1）（2）进行改造。如果从修辞角度来看，"无母无切要"可看作强调"青盲"残疾人士强烈的人性本能的手法。相对而言，樟林版的青盲残疾人士更值得人们的同情。

四、儿戏

百年前在西方传教士眼里，中国儿童的游戏十分新奇："孩子们的游戏总是很有趣……这是一座迄今为止还没有被人发现的宝藏。"④ 他们对"剥蛇皮""老鹰抓小鸡"等儿戏进行记录，将其当作一种文化现象来研究。在这里，笔者记录樟林部分儿戏，补充这方面的民俗资料。樟林儿童除"滚铁环""放风禽"等外，还有几项特别的游戏。

（一）排十二生肖

所谓排十二生肖，并非鼠、牛、虎、兔、龙、蛇等都有，而是只取其中几项，这是以偏概全的命名。

1. 牛发角

数人游戏，一人扮作牛。"牛"侧站弯腰，头尽量俯地，二手自然垂下，

---

① 引自《潮州歌谣》中山大学图书馆藏残本第59页，编者佚名，书名为藏者按内容而定。
② 金天民：《潮歌》，南大书局1929年版，第13页。
③ 徐镃庵：《潮属儿歌》，汕头文明商务书局1930年版，第146页。原注"参禅—磋商"。他本作"参详"，为有字可记的口语，作"参禅"倒有歧义。
④ ［美］泰勒·何德兰、［英］坎贝尔·布朗士：《孩提时代》第一部《中国的男孩和女孩》第三节《男孩子们的游戏》，群言出版社2000年版，第44页。

他人按"牛"背而分腿跨越,如当今体操之跳木马。接着"牛"盘腿坐地,两掌伸开贴靠耳部,当作牛角并不停做上下移动的动作,取牛角在生长之意。其他儿童从"牛"的头顶跨越而过,碰到"牛头""牛角"者为输,代替作"牛"的儿童当"牛"。

2. 虎春①脚

扮作虎的儿童猫腰趴在地上,伸右腿,另一儿童背向"老虎",用双腿轻夹伸出的"虎"脚,用手拍"虎"的脚底板,要敏捷离开,否则被"虎"脚蹬触到即输,要代替作"虎"。

3. 兔仔望日头

扮兔的儿童盘腿坐地,面仰天,小伙伴顺序跨越,碰到"兔"脸为输,代人作"兔"。

4. 蛇剥壳

此项难度较高。参玩的儿童排成直行仰面而卧。从最后的儿童开始,手与脚都撑起,仰天爬行,跨越众人身上,至越过最前一人卧下。紧接着倒数第二人、第三人……依次仰面爬越。如人多,力气小的儿童往往支持不住,不能爬越到队首。也有恶作剧者,进行中,当屁股对准下面小朋友的脸蛋时,忽砰然大放其屁,闹得不欢而散。

排十二生肖的游戏多发生于夏天皓月当空之夜晚,是极有趣的儿戏。其游戏规则比起美国传教士泰勒·何德兰在《男孩子们的游戏》中所记录的"剥蛇皮"要复杂得多。

(二)转莲花

此游戏起码应有6人或8人为佳。先找一块放得稳的大石块,然后儿童们手牵手对石块围一大圆圈,梅花间竹一立一卧以双脚蹬住石头,如莲花开放之状。接着,站立的人向同一方向旋转。一般立的人要选力气大的儿童担任。玩这个游戏具有危险性,旋转到一定程度有了惯性,欲罢不能,事不协调就易脱手,弄得花谢萎地,易发生意外。这个游戏与泰勒的记录中叫"转肉团"的游戏同类,但名称文雅得多。

(三)卖红柿

儿童若干人,一人扮卖红柿,上场即高声吆喝:"卖红柿呀!欲买哩来呀!"群儿一拥而上吃光红柿。接着就排成一行,准备赖债。卖红柿者挨个要

---

① "春"在潮方言中有伸义。

钱。队首说:"无钱。"卖柿者喝道:"猴头无钱找猴二。"猴二说:"无钱。"卖柿者喝道:"猴二无钱找猴三。"猴三说:"无钱。"卖柿者大光其火喝道:"无钱掠猴仔!"并冲向排在后面的猴子。队首猴头即张开双臂挡住卖柿者,后面群猴两手搭前者之肩,排成一字长蛇阵,在猴头的掩护下,与卖柿者周旋。卖柿者要突破猴头的阻拦,反复向猴队冲击,捉拿猴仔抵债,来回捉与保。由于卖柿者一人,而猴群人多,首尾不能相顾,冲击一久,队伍就会溃散,卖柿者便可捉到猴仔。被捉的猴仔是下一回游戏中的卖柿者。队首猴头要群儿中个头高大者担任。

这个游戏的形式与其他地方的老鹰抓小鸡大同小异。老鹰抓小鸡是个很普遍的儿童游戏,被泰勒记录入《男孩子们的游戏》中。不清楚其他地方流行卖红柿否?不过,二者之间在文化精神内涵上,却有天壤之别。前者表现不畏强暴,爱护弱小,充满母爱精神;后者却表现出市井无赖贪利损人的恶劣品质。此游戏虽出于笔者故里,但不为其精神境界较为低下护短。买卖要公平,而游戏的情节却是先吃后赖债,个个推诿,到后来集体抗债。而卖柿者的精神境界也高不了多少,虽理在他一边,抓人抵押却不是文明商人的行为。虽然,儿童在游戏时只是玩耍,但游戏的形式总与内涵相关,不健康的形式难保不会潜移默化,对儿童的成长留有负面的影响。近年报端报道了不少因追债而私自绑架债人,当受到法律制裁时又后悔不迭的新闻。你看这类人与卖柿者多么相似。

(四)钱戏

这是樟林十分流行的掷钱游戏。它来源于古代的钱戏,用铜钱作为器具。古有摊钱、颠钱、撞钟等。① 它已成了考古的题材,而樟林的少年儿童还在继承这种古法,其可称为古钱戏的活化石。今介绍如下。

玩具:以清代各省铸造的铜板为主,也有历代的方孔钱,还有日本的宽永钱,颜色鲜红。新中国成立初期铜钱曾短期流通过,一铜板等于今之一分钱,可换十个方孔钱。铜板叫铜雷②,或写作镭方孔钱叫铜薄钱,不够厚重,只有初玩的儿童使用。

玩法:

甲种。先在地上画一个格局,叫作"留",如纸折扇面,中以曲线分为二区,其状似太极图。再由参加者自定远近,一般于五六尺处划一界线。参玩的

---

① 参见赵庆伟《古代钱戏》,载《文史知识》2003年第6期,第32~38页。

② 雷:或写作"镭",潮音[lui¹]。

人数和出钱数无硬性规定。参玩的人不宜过多，2至4人为佳。如只有2人，出的钱可适当增加。开始前要定先后，每人用钱掷向格局，最接近顶线者为先，低者为后。然后进行游戏，掷者将众人所出的钱集在手中，站在界线后，将钱掷入局中。其他参玩者指定某钱为目标，一般选位置处于难击中者。掷者用一钱击目标钱。击中为胜，钱全归他。如击中他钱或出局或过区，算"无份"，失去游戏资格。击不中而击钱不过区，算"有份"，候第二轮再上。玩这种游戏，能击中目标为佳，也可寄希望于同伴击钱时重击或过区或出局而"无份"，坐收渔利。

乙种。玩法大概与甲种相同，只是不画格局，画一横线，在横线上方约二寸的地方挖一小洞，而站位的界线比甲种略远些。掷者瞄准小洞抛钱，凡入洞者归他。他钱也与甲种相同进行掷击。因无格局限制，掷击时，用来击钱的铜钱不能落于横线之下，落于横线下算无份而失去游戏资格。

丙种。叫"斫"钱，架起一块砖头，要有斜度，玩者将钱冲击斜砖而滚动，到一定地方停下，看谁的钱滚得最远。最远者取得先击他人的钱的权利，击中为胜，参玩的同伴要按约定输钱给击中者。

上述玩法最为普通，还有他法，这里省略。

从古到今的钱戏，总是包含着赌博的性质。尽管铜板的价值不高，但毕竟有刺激性，胜者赢钱自然高兴。不过儿童还是玩的成分占主要。当然也不可忽略钱戏能锻炼儿童的观察、判断、控制等方面的能力，有值得肯定的地方。由于铜板钱已退出历史舞台，成为古玩摊上的文物，游戏的器具渐渐难以得到。用今的铝币太轻，一元硬币又嫌小，其质地不宜玩钱戏，这种玩法大体已消失。

（五）寸竿寸只

樟林的儿童会玩挑"寸竿寸只"的游戏。"寸竿寸只"是用硬木制作的玩具，一枝长约20厘米，一枝短约10厘米。二枝合成一对"寸竿寸只"。先在泥地上挖一长形坑，一人将短的"寸只"横架在坑上，长的"寸竿"插入坑中，用力将"寸只"挑抛，飘然落在远方。另一人若能用手接到，则轮到他挑抛。如接不着，原地拾起"寸只"，掷向摆在坑上的"寸竿"，击中为胜。此游戏也可在灰埕进行，画一圆圈，将"寸只"竖立圈中，用"寸竿"横扫"寸只"，令其远远飞去，接"寸只"击"寸竿"的方法与挖坑同。玩者二人，输者要受罚，将"寸只"轻轻抛起，胜者执"寸竿"轻轻拨向左右，输者弯腰捡起，再走近胜者如前若干次。

如选在硬地上横扫"寸只"，有危险性，接"寸只"的人易被击中致伤。

"寸竿寸只"长短不同,由是樟林乡人讥笑身高悬殊的夫妻或恋人为"寸竿寸只"。

上面是樟林几种少见于记录的儿戏。笔者觉得,旧时的儿戏是集体的、团结的、友爱的、有智慧的、能锻炼身体的,其组织是邻里小儿自发的,它是儿童步入社会的人生预习。如今时代变了,这些有益的民间习俗,终究未能保留下来。

五、诀术

《潮汕风俗大观》载陈觅所录口诀二则,樟林也有,尚可补数条。

(一) 三把沙

> 三把沙,
> 三把米,
> 着杉①就脆。

杉,有撒播义。据李新魁、林伦伦所著《潮汕方言词考释》,"疕",潮音读鄙,指疮上甲之薄者。② 口诀的"脆"指人体皮肤伤口结痂脱落。

儿童玩时不慎皮伤流血,就地掬上沙土,一边念上述口诀,一边将沙土撒在伤口上。从卫生角度讲,这是不科学的愚举。但古人相信这是一种古老的巫术疗法,他们联想水来土掩,以模拟的思维来治伤口流血。笔者小时见民间巫医治皮肤病时撒米、豆作法术,并口念符咒,与上述的诀术为同类。至于传统医学,认为土性之药多可用于止血。门臼土、柱下土、梁上灰、烟筒灰、香炉灰,皆可止血,也是依据此类思维模式。③

(二) 捞食捞屎

十五夜,取一条甘蔗,一头啃食,一头却往厕池中搅粪便,口祝曰:

---

① 杉:潮音 [sam^2]。
② 参见李新魁、林伦伦《潮汕方言词考释》,广东人民出版社1992年版,第34、36页。
③ 参见吕微《药学"本草"疗法中的普遍模式、地方知识与民俗表象》,载中国民俗学会、上海文艺出版社编《中国民俗学年刊》,上海文艺出版社1999年版,第255~269页。

> 捞食捞屎。

潮方音"捞"意为足够。"屎"与"使"谐音。祝词希望新的一年有足够的粮食和金钱使用。往厕中搅粪便,未免恶心,却反映农家对粮食的不甚忌讳,何况还有诀术形式。这倒让我想起毛泽东的一名句言,说脚有牛屎的农民比资产阶级的知识分子都干净。① 又譬如樟林人在某些特殊的情况下,脚踩到粪便,会连说数声"屎是财!"避晦气耳。

(三) 目针醒醒醒

人若眼皮生目针,即眼睑长睑腺炎,用谷粒触目针处,口念诀云:

> 目针醒醒醒,胶落井。

然后将谷粒抛入井中,目针可消。据说有灵验,实恐为自消。这种治目针的方法,也属顺势巫术的思维,把目针之肿传给谷粒,随抛入井而转移。

笔者了解过近村有的人不知此俗,而百多公里外的惠来县盐岭地方却有此术,只少口诀。一种民俗的存在有跳跃式的现象,是否受族群迁徙而传播至另一处地方?很值得研究。

(四) 脚痹痹

> 脚痹痹,挽草来禾②鼻。
> 禾鼻鞍,牵牛来上山。
> 山着到(读为倒),脚就好。

禾,潮音义为贴,此术治脚一时麻痹,不知何据。然有一定道理,鼻鞍处为印堂穴,草节贴此,大概可刺激此穴,引血气下行,起消痹之作用。一时脚受压迫而麻痹,解除压迫也能自消,鼻鞍贴草或起有分散精神而减轻麻痹难受之感。

---

① 参见毛泽东《在延安文艺座谈会上的讲话》,见《毛泽东选集》第三卷,人民出版社1966年版,第853页。
② 禾:潮音 [taʔ⁴]。

(五）撌倒东司墙，娶个雅姿娘

这是指潮汕十五夜女子坐大菜的习俗，出版的民俗读本多有记载，也经常见诸报端，在樟林还有男子求偶的习俗。

> 撌倒东司墙，娶个雅姿娘。
> 坐大菜，嫁个好夫婿。

撌，音陇，义为推。坐大菜的分析甚多，不用介绍，但倒厕墙之俗实未明其义。不过能推倒墙头，一定是个壮汉，显示臂力，以争取好女子喜爱之心，这是他能娶雅老婆的好条件。以上为笔者推测而已，并无他证。

六、笑话及其他

（一）后沟乳兄卖蚝短秤

有盲夫哑妻，夫闻邻人相争，使其妻往视。少顷，妻哑哑声回家，对夫比脚划手，传达后沟阿乳兄卖蚝短秤，与人争吵被打的原委，过程如下：妻摸夫尻仓涵，夫良久悟而自语："啊——后沟，后沟何事？"妻牵夫手摸自家胸前。夫良久而悟："啊，乳兄，后沟乳兄。乳兄何事？"妻复牵夫手摸自家下体。夫良久而悟："啊，蚝。后沟乳兄卖蚝。卖蚝又何事？"妻伸手下托夫卵（音浪）脬，旋以拳头频击夫背。夫点头而大悟："啊啊，暗搞秤砣！在秤砣上作弊，后沟乳兄卖蚝短秤该打！"

上面实为十分诙谐幽默的笑话。以触摸身体来比喻人事，转换信息的手段真"不让于庄生、东方之滑稽"①。一个小贩卖蚝短秤的过程，被哑妻简练扼要抓住最关键情节，把一场争执过程通过四个动作明白复述出来。这个笑话有类相声，令人喷饭。或许有人说这是拿残疾人士开玩笑，但我们不妨看作是对残疾夫妻日常生活中沟通的智慧及和谐相处的乐趣的称赞。笑话有地名（后沟地方）、物产喻称（蚝，乡俗喻为女阴）的地区性特点。樟林与隆都镇后沟相隔不远，卖蚝短秤也是常见之事，所以笑话听起来熟悉，简直如身边的事，因此能在樟林及周边地方广为流传。

从民俗学的角度来审视这则笑话，确有记录的必要，科学无禁区，须知

---

① 董作宾：《为〈民间文艺〉敬告读者》，见王文宝《中国民俗学论文选》，中国民间文艺出版社1986年版，第12页。

"学术上是无所谓卑猥或粗鄙的"①。若偏要细细推敲其是否合乎聋哑语言的科学,那就不是民间笑话了。

(二)欲茗找阿应泉

樟林有很多从本乡人事衍生出来的口语,如本文"二月灯橱"中所引的"画龙画符画灯橱"之类,还有事关樟林与茗叶历史的口语。清代的樟林茗叶"可甲东粤"②,"番禺、阳春之茗独不及樟林"③,可见其知名度。当时象鼻山下一带大面积种植茗叶,其地获茗巷之称。今樟林的茗叶已绝种,但大概30年前还有,不过那已不是供人食用的,而是作为入药之物。独家经营此业者是新陇人黄应泉,小量地种在新陇栅门外新拍堤旁的自留地中。笔者路过此地,远远望去,有几个坡上搭遮阴棚架处即是。远近急用于配药者必来寻之,由是引出一句口语:"欲茗找阿应泉。"茗与老同音,潮音义为欺骗。樟林人在日常生活中,如不相信人,便说"(你)欲'老'(我)?",对方便会回敬一句"欲茗找阿应泉"。樟林茗叶已没有了,却于此语中永存。

旧时代樟林还有两句事涉茗叶的话:一是"堵阿堵,堵到漳州府"④,诉说担贩茗叶入闽之艰难;二是"爱就茗,勿就草",意为用得着时茗叶是宝贵的,不用时茗叶如野草一般被贱弃,引申为对人事过于实用主义的批评。

在此顺便提及一首以茗叶起兴的潮汕歌谣,此歌被金天民编入《潮歌》(第189页)中:

> 茗叶缠茗枝,亲仔唔如亲夫妻。
> 夫妻挈钱相共使,共仔讨钱实多知。
>
> 茗叶缠茗丛,亲仔唔如亲官人。
> 官人挈钱相共使,共仔讨钱实艰难。

---

① 北大歌谣研究会编:《歌谣周刊》1922年12月17日第一号,见王文宝《中国民俗学论文选》,中国民间文艺出版社1986年版,第9页。
② 黄光舜编著:《闲堂杂录》卷四《附录·植茗》,见汕头市政协学习和文史委员会、澄海区政协文史资料委员会编《红头船的故乡:樟林古港》,香港天马出版有限公司2004年版,第94页。
③ 黄光舜编著:《闲堂杂录》卷四《附录·植茗》,见汕头市政协学习和文史委员会、澄海区政协文史资料委员会编《红头船的故乡:樟林古港》,香港天马出版有限公司2004年版,第94页。
④ 黄光舜编著:《闲堂杂录》卷四《附录·植茗》,见汕头市政协学习和文史委员会、澄海区政协文史资料委员会编《红头船的故乡:樟林古港》,香港天马出版有限公司2004年版,第358～359页。

笔者疑此歌为樟林人所作，理由有二：一是樟林人以地方特产入歌；二是樟林人今天还有"亲生儿不如自己钱"的口语，而歌谣就是由此语演化而成。今唱起来，似乎还不过时，因其有对养儿防老旧观念的批判。

以上30余则民俗活动，笔者今整理出来并略加一些肤浅的解释。其中不少笔者少年时亦有经历。现通信方便，调查多以电话访问，在初稿完成之后，我寄往故里请父老兄弟帮忙确认，一般说来，叙述应该是比较准确的。

笔者的工作单位中山大学是过去国内民俗学研究的重要阵地，近些年来，钟敬文先生的弟子叶春生教授重扛起民俗学研究的大旗，成立了中山大学民俗研究中心，出版《民俗学刊》。在浓厚的学术氛围激励下，我亦重燃起对民俗学的兴趣。

民俗学者以历史的责任感呼吁修民俗志，因"在今后整代人中，都将会出现民俗传承的断裂现象。因此，今天修民俗志，将意味着传统民俗的最后的储存，从直接调查中来的详备记述，必将有其深远的历史意义"①。不少民俗学家身体力行做了很有成效的工作，如近日看到的国际客家学会等单位组织调查民俗并出版了劳格文主编的一大套《客家传统社会丛书》，记录"有的早已不复存在了，有的正在发生变化或者消失"②的民俗活动。几乎所有的民俗学家都强调实地调查，并有"将实地田野调查放到学术研究的头等位置之共识"③。笔者不是专业民俗工作者，谈不上研究，只觉得儿时一些很有趣的民俗活动不知不觉地慢慢消失了，于是响应民俗学者的呼吁，做一次尝试，产生写作《澄海樟林民俗》一文的冲动。在调查过程中，诚如钟敬文先生所说："中国民间，不但民俗资料俯拾皆是，而且未被发现过，富有学术价值的珍宝，也不难找到。这几年已经有些同志在挖金拾翠。谁只要肯去采访、采集，就决不会让你失望。"④ 不过本文调查到的资料还不算金子和翠玉，只是一堆粗矿石，是否有用，还要靠民俗专家去雕琢、淘洗和冶炼。

在调查的过程中，笔者注意到不少民俗正在发生变化。民俗随时代而不断变化，有些变得莫名其妙，让人觉得不可思议，所以有的民俗专家提出对民俗

---

① 刘兆元：《海州民俗志》，江苏文艺出版社1991年版，第3页。
② 杨彦杰：《闽西北的民俗宗教与社会·后记》，见劳格文主编《客家传统社会丛书》，国际客家学会2000年版，第453页。
③ 马学良：《关于民俗学的研究方法》，见中国民俗学会、上海文艺出版社编《中国民俗学年刊》，上海文艺出版社1999年版，第167页。
④ 钟敬文：《中国民俗采英录·序言》，见丘桓兴《中国民俗采英录》，湖南文艺出版社1987年版，第6页。

要"动态记述"①。尤其在这精神和物质文明急剧变化的今天，新俗、俗变都时刻在产生。譬如樟林的婚俗，现在基本的例俗还保存，但没有哭婚了。从前新娘坐轿出阁，笔者小时还见过，后来没轿，却戴斗笠而打伞或戴帽，虽不断更变，但还是遵守其主旨头不见天的。如果上溯到人类婚姻的初始阶段，这是否与抢婚有关？人类是聪明的，也是最善变通的。如樟林有句口语："三十夜，大鱼凑三牲。"祭而用牲是大礼。甲骨文中就以大小牛羊作祭神牺牲，称大牢、小牢。后来专指以牛作牺牲为太牢，以牛、羊、猪为三牲。三牲就是牢的演化，用牲是较重要的祭礼，而非每拜必用。现在的三牲由鸡、鹅、鸭家禽代替。再变为一家禽、一猪肉、一大鱼。再变为一猪肉，一大鱼，一为鸡蛋或鸭蛋。只有冬至宗祠行祭时才用全猪全羊，较接近大牢小牢，将牛换成猪而已。一般比较隆重的祭典要用猪头五牲，由猪头领衔，五牲包括猪头、鸡、鹅、鸭、大鱼。"大鱼凑三牲"，"凑"就是明知故代。鱼与虫同属，家禽亦非牲也。民间只能如此将就。又，从前拜祭有专门的烛台，今除大寺庙之外，一般用煤油灯代替。物质的变化是民俗变化的一个方面。

澄海近年来移风易俗，改土葬为火葬，丧俗也多有变化，丧礼守孝时间大大缩短。从前守孝要三年礼毕，才算家门清洁，而今几天便完事，贴上红对联，人来客往如常。如今生活节奏快，这也是民俗适应时代发展而做出的让步。

大凡一种习俗，思想行为不至于与今天的社会有太大的抵触，不直接伤害民众（如以前的沉江浸猪笼），那么在物质条件许可下，一般还是会延续下去，如拜祭中用的银锭香烛是容易制作之物，故拜祭用的银锭香烛不至于消失。三牲将来也不会没有，故拜三牲的习俗可传之永久。民俗的动态调查还是有工作可做的。

在本文结束之前，笔者还得重申，调查记录民俗是件细致烦琐而科学的工作，本人又不是专业的民俗工作者，隔乡隔里之事不能尽知，参考之书也不能尽读，重复、疏漏或于事实有所出入者，恐在所难免，祈望方家正之。

调查过程中，得到姚春喜、陈万森、张泽明先生的热忱支持，笔者深表敬意。

附记：本文是为参加第五届潮学国际研讨会而写的论文。今年春节回樟林又做了田野调查，为本文的修订提供了新材料，尤其"日头纹坟碑"一节做

---

① 郭马风：《全面记述和研究潮汕风俗——兼评已见潮汕风俗编著》，见陈三鹏主编《第三届潮学国际研讨会论文集》，花城出版社2000年版，第261页。

了较大的修改，否认崇明教之说。"方围屋""二月灯橱""歌谣""诀术"也有所增补。谨此说明。

（原载潮汕历史文化研究中心、韩山师范学院编《潮学研究》第11辑，汕头大学出版社2004年版，第318～350页；又收入《民俗学刊》第6辑，澳门出版社2004年版；又收入汕头市政协学习和文史委员会、澄海区政协文史资料委员会编《红头船的故乡：樟林古港》，香港天马出版有限公司2004年版，第556～587页。）

蔡武昌与妻陈氏通信回文诗的释读及其史料意义

从友人处得到在澄海民间访得的蔡武昌与妻陈氏通信的回文手布（帕）诗（下称手布诗①），原诗是在手布格纹上书写大小字的诗句。从抄本看来，小字纵横织成方格。小字4字一句，连成方格的每一条边栏。大字在方格里。蔡武昌与妻陈氏来往互答的通信，是用回文诗的形式，作者佚名。

据笔者在澄海古港樟林访问了解，80多岁的老人对此诗还有印象。当年还有文具店印来销售，当作通俗唱本，像潮州歌册一样唱读，故今有的老妇还能依稀念起诗中的句子，可见手布诗于20世纪30年代在侨乡颇为流行。关心此诗的人士多方搜寻，终于在私家的箱囊中觅得，而且向收藏人了解是谁人所写，把诗中所写当成真人真事。笔者看后根据当年流行情况，推测它是民间有文化修养者将侨乡发生的故事，华侨家庭的生活纠纷通过回文诗形式表现出来。写作之人可能当成玩弄文字游戏之作，但它其实是民间通俗文学，也可看作潮汕华侨史的资料。

手布诗实际就是杂体诗中的回文体，按照古代织锦回文诗的形式写作。传说回文诗的发明者是苏蕙，前秦苻坚时秦州刺史窦滔有罪徙流沙，其妻苏蕙织锦为回文旋图诗寄夫。后代学者多有辨其真伪，但其作为一种诗歌形式在宋金以后甚盛，尤多近体。② 这种诗能够顺读回读，有的任举一字开始皆能成读，构思巧妙。大凡回文诗，反复议论则难，写景言情较易。③

其实有的所谓回文诗并不能顺回都成读，如苏伯玉盘中诗。盘中诗"不能回读，唯词序与反复体相似而已"④。《回文类聚》载其读法：自中心起向上右转……出下左转……又出下层右转……自周四角止。⑤ 手布诗的读法与盘中诗就很接近，即不能顺回成读，而是上下曲折，左右旋转，跳跃穿插，止于左

---

① 澄海民间流传一种说法，为不让夫妻或情侣间之事外扬，在有格的手帕上曲折回环地写信，使人不易读通，俗称手布诗。
② 参见何文汇《杂体诗释例》第4章"回文体"，香港中文大学出版社1986年版，第74页。
③ 参见何文汇《杂体诗释例》第4章"回文体"，香港中文大学出版社1986年版，第87页。
④ 何文汇：《杂体诗释例》第4章"回文体"，香港中文大学出版社1986年版，第66页。
⑤ 参见何文汇《杂体诗释例》第4章，香港中文大学出版社1986年版，第65页。

上之角。

在释读手布诗时，笔者对抄本的标题做了改动。本来擅改传世文献是不科学的，但手布诗抄本第 2 页蔡武昌的答复诗题不能概括二诗的内容。以第 2 页内容推测，第 1 页原可能有"陈女士致夫蔡武昌新手布诗"之类的标题。笔者因看不到原本诗文，只好拟用如今的标题，不得已而为之，请读者谅解。

参考流传的回文诗，结合手布诗的内容，经过细细琢磨，反复推敲，选择起句与阅读顺序，笔者初步拟就了手布诗的释文。

为了就教于方家和方便读者，以抄本为根据，以箭头导引阅读方向，显示大小字诗句的阅读顺序，绘图附列于释文之后（见图 1～5）。

蔡武昌与妻陈氏通信回文手布诗

（妻陈氏致书：）

盗贼冤家，尊前叙起。
贱妾陈氏，传书具字，
寄与武昌夫君收已乎。
贱妾陈氏，纸笔提起，
告达冤家，各事知机。
忍泪吞声，五脏惨裂。
想夫当初，太过之时。
世事越分，致离故地。
亦非家贫，亦非取利。
不过暂住，夷邦一年。
归计即回，重整旧弦。
与君临别，叮咛谨记。
妾入夫门，鱼水相依。
意望相守，偕老百年。
如鱼得水，首尾相依。
狂风吹散，猛雨分离。
谁料至今，年又一年。
不思祖宗，不思后裔；
不思家计，不思枕边。
人面兽心，与君何异？
王允王魁，君你可比。

安排外出，前往叨地。
妾也忍苦，待夫团圆。
自有一日，必有道理。
今日方知，夫君不义。
来叨三载，不敢故持。
速召速回，侥情绝义。
良朋美友，叔伯弟兄。
劝你不回，又不寄字。
是夫侥妾，非妾侥夫。
五伦不思，败坏纲纪。
幼年在家，从父扶持。
出嫁从夫，夫你青天。
年老从子，盘古传世。
有身无主，非妾不是。
三春无信，谅亦到期。
况家不敷，生银当地。
母利合共，数十余圆。
饥荒时节，田价贱丕。
四亩之田，值若干钱？
食多用多，物尽人无。
当今时节，不比古时。
如欲名誉，溪井而死。
如肯贱名，谁人不知。
知夫不义，亦难道理。
控官明告，亦难拆的。
人无信无，不得不已。
财命相交，悔之太迟。
兰房野草，非好结缔。
山鸡鸟雀，凤巢非栖。
异邦金卢，蟾宫娇媚。
贪花乱酒，两地共见。
诸人闻觉，将夫笑耻。
信到之日，或合或离。
君子相交，即回一字。

（夫蔡武昌复信：）

愚夫武昌，书复陈氏，
荆妻妆前，详细读起。
武昌执笔，披纸具字。
致书回复，陈氏荆妻。
良言相慰，保重玉体。
追思前事，悔恨不已。
昔者一别，身到蛮夷。
出于无奈，非心所宜。
临行信口，妄定归期。
本思暂住，不敢久时。
离情别语，五中久系。
自卿归我，缔结桐丝。
原期秦晋，永远相依。
上天比翼，落地连理。
岂知好事，不能久时。
蹉跎岁月，误卿青年。
后裔祖宗，非敢忘记。
一切前事，念念不忘。
并非佞心，亦非负义。
妻你何必，芳心多疑。
往叻之事，原有关系。
我卿在家，我亦挂意。
有利入手，即思归期。
谁料妻你，误会生气。
自从离家，不过三年。
纵欲归回，亦无盘缠。
兄弟朋友，亲戚世谊。
虽有相劝，未见赠钱。
无翼难飞，非敢负义。
为人处世，岂忘纲纪。
三从四德，妇道要旨。
从父靠夫，何尝不是。
先贤秩序，千古不移。

心余力缺,莫定把持。
手无寸铁,书信难递。
家里清淡,世上不稀。
移挪借贷,穷必如是。
市情不景,中外无异。
典产求活,从俭维持。
财帛妻子,酒肉兄弟。
时代变迁,人情势利。
自尽短见,实非所宜。
琵琶别抱,或者可以。
只是终身,名节关系。
家庭细故,难动官司。
书信稀少,为因乏钱。
到只时节,任卿主意。
青楼花月,予未染指。
食且不继,安敢拥妓。
烟花酒地,自然华丽。
惟余对此,心正不迷。
诸人乱说,含血喷天。
草头结发,恩义如天。
离合二字,余难主意。
或留或去,卿自把持也。

(上回文诗系澄海樟林吴侠卿先生在民间访得,释读是结合他的意见拟就。谨此致谢。)

图 1　手布诗复原图一

图 2　手布诗复原图二

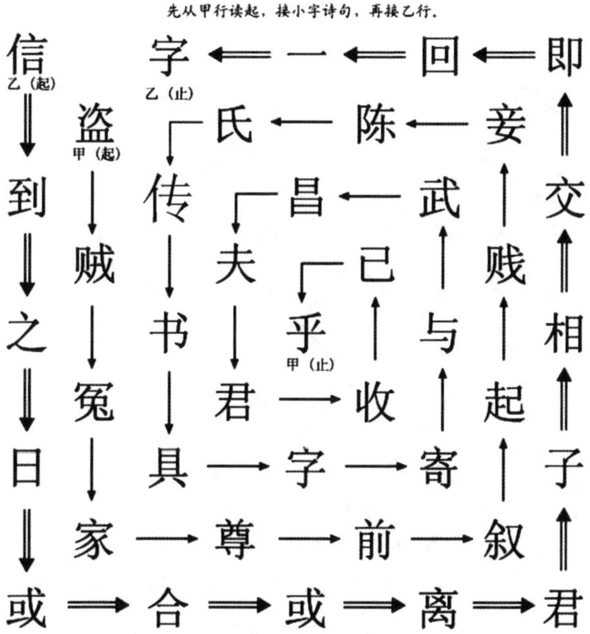

蔡武昌与妻陈氏通信回文诗的释读及其史料意义 237

先从甲行读起，接小字诗句，再接乙行．

信(乙起) ← 字(乙止) ← 一 ← 回 ← 即
↓ 　　　盗(甲起) ← 氏 ← 陈 ← 妾 　↑
到 　　　↓ 　　 传 ← 昌 ← 武 　交
↓ 　　　贼 　　 ↓ 　 夫 　 已(甲止) ↑ 贱 ↑
之 　　　↓ 　　 书 　 ↓ 　 ↑ 　 ↑ 相
↓ 　　　冤 　　 ↓ 　 君 → 收 → 起 ↑
日 　　　↓ 　　 具 → 字 → 寄 → 子
↓ 　　　家 → 尊 → 前 → 叙 →
或 ⇒ 合 ⇒ 或 ⇒ 离 ⇒ 君

图3　手布诗导读图一

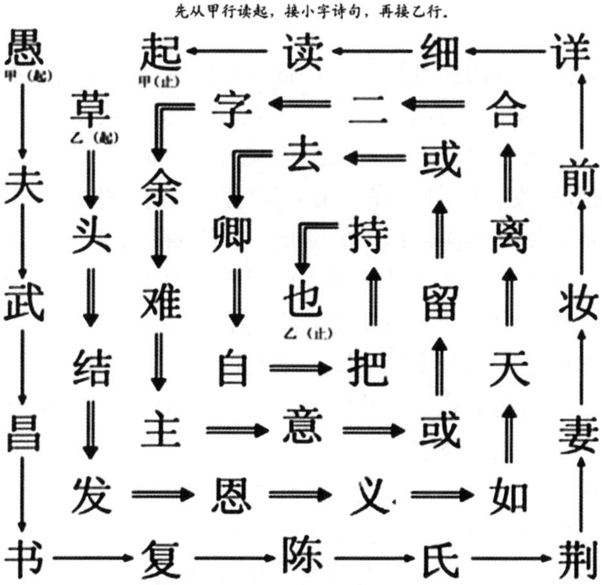

先从甲行读起，接小字诗句，再接乙行．

愚(甲起) 　起(甲止) ← 读 ← 细 ← 详
↓ 　　　草(乙起) ← 字 ← 二 ← 或 ← 合 ↑ 前
夫 　　　↓ 　　　余 　 去 　 ↑ 　 ↑ 妆
↓ 　　　头 　　 卿 　 持 　 离 　 ↑
武 　　　↓ 　　 也(乙止) 留 　 妻
↓ 　　　结 　　 ↓ 　 ↓ 　 ↑ 　 ↑
昌 　　　↓ 　　 自 → 把 → 天 → 如
↓ 　　　发 → 主 → 意 → 或 → 荆
书 → 复 → 陈 → 氏 →

图4　手布诗导读图二

小字阅读顺序

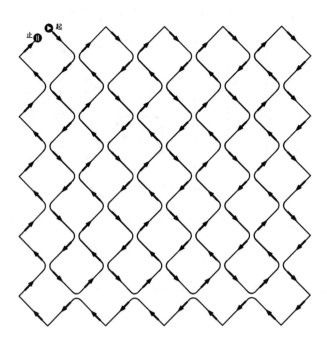

图5　手布诗导读图三

平心而论，手布诗的艺术性平平，算不上佳作。抒情叙事不够完整，谋篇布局不够精练，结构松散，有头无尾。有的事件交代也不明了，如"想夫之初，太过之时"之类。另外，主导思想尚欠统一，陈氏作为民国初年至20世纪20年代的家庭妇女，敢向"侥（枭）情绝义"的丈夫提出"离"字，能如此挑战丈夫，似乎受到新文化运动的影响，但她的脑子却又浸透三从四德的封建道德观念。相比之下，蔡武昌的复信，倒通情达理些，更值得同情。作者主观上是同情陈氏的，但这种同情反而被淡化了。这或许是因为写诗受制于回文体裁，要在一方巾之布局上填写完篇，难度很大，因此叙事难免有戛然而止之嫌。但诗的文字功夫尚属雅正，其中不乏用典。另外，诗中偶杂潮汕方言，出现个别错别字，如"枭"误作"侥"，"垆"误为"卢"。

下面谈谈手布诗的史料价值及社会意义。

从手布诗的内容来看，主人公是一对青年夫妻，其家在潮汕农村，应是个小康家庭，有"四亩之田"。蔡武昌到叻地（新加坡）"亦非家贫，亦非取利"。夫妻还算和谐，"妾入夫门，鱼水相依"。好端端的家庭，颇美满的婚姻，却突遭"狂风吹散，猛雨分离"。究竟蔡武昌因何事而"身到蛮夷"呢？

陈氏致夫书中有模糊的交代："想夫当初，太过之时。世事越分，致离故地。"措辞隐晦，不好理解。

从前出洋过番，大体是以下几种人：革命失败者，为避反动政府的追捕而过番。如侨乡樟林名士陈汰余参加孙中山领导的黄冈丁未起义，失败后避居泰国，改名汰余，自作一联解嘲："汰存笔舌论今古，余下聪明辨是非。"① 1927年大革命失败后潮汕不少共产党员也出走南洋各地。还有因生活穷苦，离乡别井到番畔一搏者；官司在身，举债难还，逃避过番者；行为不端，被逐出家门而过番者；在乡里家族被人白眼瞧不起，赌气离家，如儿歌《天顶》所唱"海水迢迢，父母心枭；老婆未娶，此恨难消"的心境而过番者。② 手布诗写得隐晦，什么"越分""太过"，似不属个人行端之事，或因政治问题而隐晦。蔡武昌过番应与介入当时重大的社会事件有关。这段历史时期，有辛亥革命前清政府追捕革命党人和1927年国民党镇压共产党的重大历史事件。手布诗作者很有可能把他的社会经历体验有意无意地写入手布诗中。由此推测，该诗创作的时间应是在20世纪初至20年代，而广泛流传应在30年代。从内容上看，它暴露了华侨群体的负面行为，时代稍早些的《新造官硕案》③ 也属此类创作。笔者孤陋寡闻，不太了解民国初年潮汕地区的本土人士以华侨题材创作这类文艺作品的概况，但这类作品确有搜集整理的价值。

在手布诗中，不管是陈氏还是蔡武昌陈述的苦楚，都非常典型真实地反映了广大在外华侨及家乡侨眷之苦。海外华侨常遇失业，"食且不继"，"书信稀少，为因乏钱"，"纵欲归回，亦无盘缠"。家乡的眷属则多忍受经济的困苦，如"况家不敷，生银当地""移挪借贷""典产求活"，而"饥荒时节"，"食多用多，物尽人无"。除此之外，还要忍受精神的苦痛，"有身无主"，而丈夫在外移情别恋，"贪花乱酒"，"不思枕边"，"三春无信"，"年又一年"。这描述的不仅是蔡武昌夫妇，也是一般华侨与眷属的苦痛。

20世纪二三十年代之交，华侨不论哪个阶层无不受到1929年的世界经济危机的影响，最受冲击的恐怕还是广大的工人和小商贩。我们看看20世纪30年代中期在侨乡樟林做社会调查的报告：

---

① 汕头市政协学习和文史委员会、澄海区政协文史资料委员会编：《红头船的故乡：樟林古港》，香港天马出版有限公司2004年版，第181页。
② 参见陈国梁、卢明编《樟林社会概况调查》，见汕头市政协学习和文史委员会、澄海区政协文史资料委员会编《红头船的故乡：樟林古港》，香港天马出版有限公司2004年版，第259页。
③ 《新造官硕案》，文学剧本，反映"华侨利益被侵吞及其纠纷的历史情况"。参见潮城李万利藏板、郭马风抄正《抄正〈新造官硕案〉》，见潮州历史文化研究中心、韩山师范学院编《潮学研究》第13辑，汕头大学出版社2006年版，第286页。

> 世界经济恐慌的恶潮袭到各地以后，南洋的工商业相继破产，华侨经济亦就一落千丈了；失业华侨，一天一天地增加。……及至近年来，因为南洋受不景气影响……多没有汇款回乡。①

再过数年，日本帝国主义发动全面侵华战争，潮汕地区相继沦陷，及至太平洋战争爆发，侨批断绝。1943年潮汕又遭逢大饥荒，此时真是华侨家庭的大灾难。不少体面的家庭也做起小贩来裨补生活，以变卖衣物度日。最令人同情的是，有些华侨家庭的年轻妇女在毫无办法的情况下甚至卖身事亲。什么饿死事小，失节事大，在那个非常时期，为了活下去，却是失节事小，饿死事大！听人说起这些悲伤往事，真不忍记录。

即使在和平年代，20世纪五六十年代的华侨家庭状况亦各不相同，若略分类，计有数种：①信有钱有，过得滋润。②信有钱有，批银只限大年节及父母生贺死祭，批银也属象征性，汇款金额很少；或境况好时也尽量寄钱养家，境况不好便信无钱无。③信无钱无，但知人在。④信无钱无，生死不明。大概以第二类家庭最多。潮汕华侨的侨居地大多在东南亚，属第三世界，华侨在侨居地属于贫苦大众的应占大多数。众多海外华侨没有几个能像澄海陈慈黉、蓝金生（樟林清末民初大华侨）那样，他们乃是千万华侨中的精英，不可并论。

手布诗虽然是潮汕民俗文学作品，但其背后反映的普通华侨及其眷属在经济上的艰苦却是真实和深刻的。

上面简略回顾了大多数华侨及其眷属在经济上的困顿，下面主要议论侨眷在精神上的苦痛。这个问题似乎不太被人注意，但是手布诗却强烈地反映出来了。

侨眷长期与丈夫分离，不少眷属过着无性的婚姻生活，俗谓守活寡。她们在婚姻上的悲剧当然是由于贫困而造成海外移民而衍生出来的，是历史的产物。我们要站在人道的立场上予以披露和同情。尽管这种悲剧已成过去，今天还是要为其说句公道话。

人结婚成立家庭，既是人类自身发展的需要，也是民族、国家的需要。而就人自身的天性而言，自古圣人也不否认食、色是普通百姓所求，如潮汕人常说的那句名俗语："为生为死，为着枝'浪'甲嘴齿。"（意为吃饭和男女之欢，是人生的追求。虽然是以男性为中心的口吻，但也包括女性的需求。）在过去的年代，唯独有一群华侨眷属，长年甚至终生不得与丈夫再见，实在太违

---

① 陈国梁、卢明编：《樟林社会概况调查》，见汕头市政协学习和文史委员会、澄海区政协文史资料委员会编《红头船的故乡：樟林古港》，香港天马出版有限公司2004年版，第217～218页。

背天理人情。侨乡俗语常说"嫁着过番翁，有翁当无翁"，无疑是对此的一种控诉。世界性学权威、英国人霭理士很早就指出"婚姻关系之中，性的关系既属中心，但并不是唯一的关系"①，他还引用戴维思女医生的话"性关系无疑的是全部婚姻关系的主要部分"②。性欲是人的自然属性，美国作家安格尔说："性是生活中很重要的事呀。"③ 王小波说："性可以带来种种美好的感受，是人生最重要的资源。"④ 印度思想家阿肖克·高勒克里认为"在我们日常生活的劳苦之中，性交与睡眠一样，都是幸福的，真的是天赐之福"⑤，还说"如果没有性的愉悦，婚内的爱能够存在吗？"⑥ 以上中外性学家、思想家、文学家的话，无非说明人类性事既平常又重要。

失去男性抚爱的孤独女性，其相思之苦，自古以来是文学表现的永恒主题，历代脍炙人口的闺怨、宫词诗都是反映这一内容。这些不幸的女性总能得到人们的同情。不过，她们的悲惨或者还比不上近现代才产生的华侨眷属。与丈夫长期分离的华侨眷属，不仅在经济上，而且在精神上都是穷困的，她们所遭受的是双重的苦痛。

所有在家乡的华侨眷属，都是一群留守妇，她们都有同一个特殊的遭遇，由于长期与丈夫两地分离，望洋兴叹而造成精神上莫大的痛苦，心灵受到极大的创伤。在那男权主义的时代，外出的丈夫可移情别恋，或另置家室，或寻花问柳。而在家乡的妻子，青春年少，空房寂寞，有苦难言。这类几十年不能见丈夫一面的侨眷留守妇，有的丈夫在海外已去世，成了寡妇，但更多的却是活寡妇。在侨乡某村，竟有一条街巷被人称为"十八寡妇街"。是否真的有18个寡妇？不一定。很可能是移用潮剧杨令婆辩本的一句"十八寡妇征西"的唱词，来形容一个住有很多丈夫过番多年未归的侨眷留守妇的地方。等不到与丈夫团圆，虽有婚姻而全无性事的无性婚姻的女性，都形同寡妇，这就是守活寡。

性欲的宣泄是人天生的机制，也是人生的权利，守活寡就是人为造成的性压抑。英国作家劳伦斯对此甚至大声疾呼："压抑性欲才是真正的犯罪。"⑦ 劳伦斯之论是否言过其实不必去费神探讨，其言论足以引起人们的思考。

---

① ［英］霭理士著、潘光旦译注：《性心理学》，上海三联书店2006年版，第237页。
② ［英］霭理士著、潘光旦译注：《性心理学》，上海三联书店2006年版，第240页。
③ 王小波：《王小波作品集·杂文卷》，现代出版社2016年版，第204页。
④ 王小波：《王小波作品集·杂文卷》，现代出版社2016年版，第192页。
⑤ ［印度］阿肖克·高勒克里著、王鹭译：《人性的思考》，中国发展出版社2005年版，第59页。
⑥ ［印度］阿肖克·高勒克里著、王鹭译：《人性的思考》，中国发展出版社2005年版，第60页。
⑦ 香港大公报编印：《大周刊》，2007年3月17日版。

要了解压抑性欲、守活寡在精神上的苦闷和创伤,请参考一下新一代女性性生活感言的调查报告《单身女性调查》,其中一节介绍一个洞房花烛夜丈夫不能人道的活寡妇的性压抑痛苦:"虽然有他(丈夫)在旁边,但我睡得很孤单……(他)总是在我欲火焚烧的时候停了下来。……老天故意折磨我……就这样,一直守活寡。有时心情烦躁的时候,也开始发脾气……还讽刺他是'太监'。"① 以上这番记录是一位张扬主体情欲的女性的倾诉,是对活寡妇生活的诠释。

澄海古港樟林,是有过番的历史传统的,据 1934 年的社会调查报告,出洋的人很多,有 1318 户,占全村户数的 26.5%,而留守家乡的华侨眷属也多。出洋男子中 16～30 岁的青壮年占 80.8%,而眷属中 16～24 岁的占 94.8%,有的结婚不久,有的已有一两个子女。② 他们都是生机旺盛的育龄夫妇。已婚妇女一旦成了华侨眷属留守妇,与丈夫离别,短则数年,长则几十年。她们年复一年盼望番客回唐山,但谈何容易。樟林有句歇后语:"北畔风时过番翁——难等!"③ 还有"嫁着过番翁,有翁当无翁"之俗语。尤其 20 世纪东南亚被卷入多场战争,和国内外一些特殊历史时期事件,使华侨留守妇群体饱受孤独和苦闷。

不可否认,在经济比较困难的年代,信有钱有的华侨家庭曾经是人们羡慕不已的人家,然而物质的满足毕竟不能代替精神的满足,留守妇始终有难言之苦。且听这番对话:

分批叔(送信者):

嫂啊,嫂啊,个你欢喜(向你道喜)!

留守妇:

哎呀!叔啊!钱刕是会呾话(钱会说话吗)?

---

① 吴淑平:《单身女性调查》,天地出版社 2004 年版,第 181～183 页。
② 数据源自陈国梁、卢明编《樟林社会概况调查》,见汕头市政协学习和文史委员会、澄海区政协文史资料委员会编《红头船的故乡:樟林古港》,香港天马出版有限公司 2004 年版,第 214、219、223 页各表综合统计。
③ 当地称夏天雷阵雨为风时雨,一般多从南边的天际而来,至时乌云密布,狂风大作,雷雨交加,短时间而止。这种风时雨少自北而来。当地人用这种天气现象创作此歇后语,喻可望而不可即,或喻奢望之意。

回答里的潜台词交织着对在外丈夫的无限思念和自身空虚的尤怨。也有看人家收番批，吃不着葡萄说葡萄酸，说些近乎刻薄的风凉话："许顶有食，许下哩无食，好地个？"（意为有口福，无"性福"，好什么？）这倒是出自女性的话语。当然说话的老嫂有点倚老卖老，然而非常率真，可谓击中要害，说出本质。也有毫不掩饰追求幸福的侨眷留守妇，通过法律途径单方面要求结束无性的婚姻关系。有关部门认为丈夫月月寄批银，何为离弃？留守妇明白回答："钱银有好使（有得用），肉体无安慰。"当然，这类例子毕竟是少数。

对无性婚姻的女性来说，有三种抉择：①修补关系，创造和谐；②离婚解体；③忍受维持。由于侨眷是一定历史时期的产物，隔着大海的远距离很难有创造和谐的条件，而几十年前在封建道德、家族及社会、经济的影响下，要大多数留守妇选择离婚，谈何容易。生存权高于一切，结果大多数人还是忍受空虚而维持这种无性的婚姻关系。

在维持无性婚姻的状况下，丈夫久久不归，对性压抑的反抗就是消极的红杏出墙。这种有违道德的行为并非多数，却是一个复杂而值得同情的问题。可以从一些例子说明，其出轨确实出于生理的渴求。出轨者选择的不是伟岸俊秀豪富的男子，而是一些有条件与之接触且无人怀疑的男性。对侨眷留守妇来说，番批的投递员、走街串巷叫卖的小贩、天蒙蒙亮可以随便进入人家屋里的买尿倒屎的农民，便是最理想的人选。她们选择的空间很小。在乡下还流传着据说是真人真事的传说，一偷情妇自白说："不是悦伊有钱，也不是悦伊鲜（漂亮光鲜），是悦伊无人疑。"与妇苟合者乃一卖水果小贩，男女情欲之事马虎到如此程度，实在是真正意义上的苟合了。听了上述的事例，笔者觉得不是滋味，难道我们不能站在人道的立场上给予些许同情和宽容？有学者说过："所谓'偷情'，乃是一种情况极为复杂的社会历史现象。其中有难恕之恶，也有难言之隐，实不能一概而论之。"[①]

笔者对上述事例虽然同情，但顾及社会生活的秩序，又无法不批判。莫怪有的学者说："坚持礼法所代表的理性原则，会不可避免地抑制甚至扼杀一些合理的情感欲望。没有了理性原则的规范和约束，又势必导致欲望的放纵和秩序的混乱，在礼法与人情之间，无疑存在着二律背反的矛盾和冲突，怎样寻求一种恰到好处的平衡，大概需要人类作永恒的探索。"[②] 上文提到在几十年前，面临无性婚姻，留守妇是极少用解体这种方法抗争的，但也不是完全没有，像手布诗中的陈氏就是。她因夫"三春无信"，又违"不过暂住，夷邦一年"的

---

① 易中天：《中国的男人和女人》，上海文艺出版社2000年第1版，第276页。
② 段江丽：《礼法与人情——明清家庭小说的家庭主题研究》，中华书局2006年版，第216页。

相约，过着"有身无主"的寂寞生活。在那个社会，为此而"控官明告，亦难拆的"。清官难断家务事，尤其闺房之事，当年恐怕也无三年分居即可提出离婚的法律条例，因此受冷落者提出离婚该有多大的勇气。手布诗中陈氏应该是受过教育、有勇气向不负责的丈夫挑战、寻找自己幸福的女性。

在侨乡樟林还流传着长期异地分居的华侨夫妇互答的民谣。内容是丈夫过番已10余年了，归期遥遥，留守妇按捺不住孤冷，向丈夫提出离婚的通牒；在外的丈夫为安慰在家乡的妻子，回信表示秋风送爽时节回来和好。歌词如下：

妻：
夫你出门年十余，
只内（家中）丘田有草无人除（无人锄草，暗喻空房寂寞）；
你若接信不回当①（转），
我就吊佃（旧时更换佃户之谓）叫人种番薯（暗喻与他人和好）。

夫：
妻呀你勿拼（别吵），
我个番批月月寄。
等到今年秋风当（转吹秋风），
你就来食乌腊蔗（乌腊蔗，一种果蔗，脆皮多汁，这里暗喻男根）。②

夫回信恐为缓兵之计，秋风年年吹，就是不见回。"年十余"都这样过去，还是应了"北畔风时过番翁"那句歇后语——"难等"。难怪从前侨乡的老一辈，看过不少无性婚姻的活寡妇受罪，发出一句令人深省的沉痛之言：生女不嫁过番翁！

读蔡武昌与妻陈氏通信回文手布诗，由于二人在信中的诉苦涉及华侨家庭的普遍性问题，使笔者联系起在家乡时所听到看到的有关华侨家庭情况和种种传闻，拉杂地写下了这篇文字。除了探讨手布回文诗的释读，笔者花更多笔墨论及华侨家庭中的留守妇，她们有的数十年如一日，在得不到丈夫关怀的孤冷

---

① 当：潮音［taŋ²］。
② 其他地方的民谣中，也有类似歌谣，反映家乡的妻子对长期在外丈夫不归的怨艾，可谓人同此心。参见陈焕均收集的《广东凤凰山畲族民歌·寄信》，其思路技法十分相同。载潮州市潮州文化中心编《潮州文化研究》2007年第1期，第26～27页。

中侍奉公婆，抚养子女，甚至在信无钱无的艰苦环境下，苦苦支撑一家的生活。从前华侨在海外打拼，既有成功，也有失败，而芸芸普通华侨大众能长期留居海外，都得到家乡妻子的支持，成功者自然也有她们的一份不可抹杀的功劳，值得人们尊敬。

笔者在侨乡做过田野调查，现特介绍几个极有代表性的华侨及其眷属的经历，当作调查报告以飨读者。

个案之一：某氏，20 世纪 30 年代嫁在同村，与丈夫相聚数月，丈夫便到暹罗过番谋生。夫妻一别悠悠，自此而后，不知消息。其属于信无钱无，生死不明的一类。一个弱女子，靠自己一双手，一副绳索扁担，担柴割草，做小贩来度日。数十年如一日，孤苦伶仃。暮年只能带些香烛纸钱等轻物走街串巷。其身世可怜，村人甚为同情，跟她买物，不找零钱，无疑是一种尊重老妇的施舍。临终缠病无力，忍看窃贼公然入屋搜刮其微薄的积蓄，饮恨而终。某氏作为华侨眷属，她一生忍受了侨眷所遭受的全部苦痛：失去与异国他乡亲人联系的苦痛，失去经济支持的苦痛，孤独相思的苦痛，无性婚姻的苦痛。在某氏的心中，始终存在丈夫还在番畔的希望，她带着希望在沉重压迫中顽强生活。终于在老年时迎来改革开放的春天，断了联系或久盼团聚的华侨回乡探亲成风，其中有与某氏丈夫同时期过番的华侨回乡。某氏辗转打听，得知老翁尚活在人间，在暹罗摆地摊卖鱼为生。然已另组织家庭，有子女。某氏找到一位教师，诉说一生苦情，深深感动了教师，愿代她执笔，把某氏几十年深藏在胸中的无限心事向丈夫倾诉。同情也会产生力量，老教师用一枝生花之笔，将老妇凄楚的经历写得哀怨动情，还用上清末革命先烈林觉民《与妻书》中"泪珠与笔墨齐下"的辞章。信托人转给失去联系的丈夫。这封信成了某氏精神上的救命稻草，她竟然把信默念在心中，愁闷之时诵之，稍解心中块垒。还发展到似鲁迅笔下的祥林嫂一样，把经历念给周围的人听。村中不少人都知此事，且以讹传讹，说是某氏与夫的手布诗。其实某氏与其夫之间不存在互传手布诗的事情，由此可见潮汕民间存在把夫妻倾诉衷情的信当作回文手布诗的观念。

某氏那封凄凄惨惨悲悲戚戚的哭诉信，竟然辗转送到全断消息几十年的老翁手中，并有了回信，还有数量极少的汇款。回信诉说别后深知妻子受苦，曾托过人带信息，托过人带钱，也劝她到暹罗团圆，若不想离乡，可领养小孩相依，等等。可是这一切音讯皆石沉大海！某氏要等到几十年后才接上联系，可为时晚矣！某氏不识字，其先，丈夫将信与钱银委托其小姑转递，但小姑却未转递。这样的曲折改变某氏的一生，岂不悲哉！笔者记录至此，不胜感慨万分！这是一件令人痛心的事。有些人为了小利益，做沉信吞钱的丑事，状如《新造官硕案》的故事。某氏也有同样的遭遇。

某氏一生就只收过丈夫这封信，竟成永诀之言，不久老翁就去世。海外家庭的子女有信讣告，并询老翁生辰，以便按家乡旧俗办丧。老妇还尽礼守丧！此后，某氏近于痴呆，幻想老翁还在番畔，逢人便说"等俺阿番回来，请你食糖"（等我家番客回来，请吃喜糖）。真与唐代诗人陈陶《陇西行》的诗句"可怜无定河边骨，犹是春闺梦里人"异曲同工，堪称凄怆！某氏带着"春闺梦"而逝，年过八十。

在这里，顺笔提及樟林古港从前的华侨家属对海外生死未明的亲人的一种"春闺梦"的情结：海外亲人如没有确凿死讯，一律当生者敬之，年年为其祝寿。又按当地风俗，墓碑上夫妇名字，生者填红，死者填绿。有妻在家乡先逝，只要海外丈夫的生死未明，墓碑上某公之讳仍填红当生者。

个案之二：1947年，第二次世界大战结束不久，大批潮汕劳工移民东南亚，某男士便是这批劳工中的一员。因家中贫苦，其妻卖一子作盘缠，送丈夫到暹罗一搏。结果一去如泥牛入海。可能此公碰不到机遇而沉沦，苦苦挣扎，生活如手布诗中所说"食且不继"，因此无面目见唐山父老，更愧对家中高堂妻小，沦为信无钱无一类的番客。捱到20世纪80年代初，年过古稀，不得已落叶归根。亲友资助盘缠，终于回到久别30多年的故乡。到家中却不是子孙相迎，而是一进家门便遭老妻痛骂。老翁如何赔不是老妻都不依不饶。老妻的怒火倒不是因他不寄批银，而是因他一去杳如黄鹤，无片纸只字回家。老妇与夫不共戴天。子女苦劝无效，老妇拂袖易居。你住大儿家，我住二儿处，弄得某公郁郁而死。老妇实在心如铁石，绝义如仇。从心理分析来说，恐怕是由长期的悲伤渐变为悔恨，再变为复仇！可谓家庭悲剧。

以上二例皆属悲剧，令人伤心。但也有悲剧而以喜剧的形式结局的。

个案之三：某公也是属于第二次世界大战后随赴南洋的劳工，飘蓬海外，出门时家有妻，子女尚幼。一别几十年，音信全无。也在20世纪80年代，壮年离家老大归，还带一妇，即翁另立新家庭之妻子。回到家时，儿子坚决不认其为父。倒是老妻劝儿子体谅其父在外艰难，奔波之苦，也需有人照顾云云。最后曲线团圆。翁与原配妻子办理离婚手续，脱离夫妻关系。因妇比翁年长，行姐弟礼，以此方式和好。这桩事除了老妇善良淳朴老实的品格外，封建伦理的影响恐怕也起到了作用。笔者在赞扬其宽容、以德报怨的善良之际，对封建思想的习惯势力麻醉毒害人的程度又有了深刻的认识；相比之下，上文介绍的那位对极端不负责的丈夫以牙还牙的老妇，笔者对其倒有几分敬意。

个案之四：笔者的一位堂舅父，他也是"二战"后那批出国的潮汕华侨其中一员，一去也是 30 多年，虽有定期寄钱寄信，但更多时候是钱无信无。家乡留下母亲、妻子和一儿一女。家中没有男人，堂舅母便种田、担葱、卖蒜，负起养育家庭的重担，至 20 世纪 70 年代去世。堂舅父在暹罗另立家庭，做小贩为生。而晚年生活极端困苦，近于流浪境地。他在亲友的资助下回到阔别几十年的故乡，一副落魄的酸相，毫无做唐山客的风光。家乡儿子已成家立室，生活也很困难。堂舅父知悉如此境况，既愧从前对家庭做贡献不多，又怕增加儿子负担。归来时值隆冬，由于长期在炎热的暹罗，一时无法适应。再加上高龄的老母对他老大之归颇有怨艾之言，于是，堂舅父竟然放弃落叶归根的夙愿，再度踏上离乡的跋涉旅程，回到暹罗。他在侨居地与故乡各有一个家庭，相比之下，故乡的家还是多些温暖。70 多岁时，因身体衰弱，自知日子无多，他权衡之下，还是愿将老骨归故土，终于在故乡过上一段悠闲的日子。

客观而论，堂舅父是个有良知而老实无为者，断非忘记高堂、结发、儿女的绝情枭义之辈。在外之日，自顾不暇，无力照顾故乡老小，一旦遇境稍好，便"赚有钱银多少寄"。20 世纪五六十年代之交，他曾有一段时间每月都有 100 港元的批银寄回，还寄过食油、面粉以解家乡燃眉之急。他属于第一类华侨的典型。堂舅父做一辈子华侨，别说发财，甚至还远不能实现为家庭改善经济的初衷，却让妻室成为侨眷留守妇。

在调查、写作过程中，笔者深深为华侨家庭的留守妇的勤劳艰辛所感动，也对她们所遭受的精神创伤与人性压抑予以深切同情。

说明：

调查过程中有的当事人表现出回避态度。这是可以理解的，往事不堪回首，其中是是非非尤为复杂，因此笔者多是通过了解实情的第三者、亲友进行访问。内中人物，隐其里籍，隐其姓名，留其事迹。

文中的方言歌谣、俗语，听起来不够文雅，有嫌粗野。但"天下到处都有性欲的概念，也到处都有表示这概念的语文"①，它们都是现实生活中的活语言，生活中与写作的人使用时都是严肃的。这些生活经验的语言能够说明问题，因此不可割爱。科学无禁区，懂得民俗学的人都晓得，这是一句老生常谈，读者应谅解。记录方言时多用同音字的记音形式。

---

① ［英］霭理士著、潘光旦译注：《性心理学》，上海三联书店 2006 年版，第 297 页。

感谢所有为本文提供材料的乡里父老兄弟姐妹。

2007 年 8 月初稿，10 月修定。

（原载黄挺主编《第七届潮学国际研讨会论文集》，花城出版社 2009 年版，第 243～262 页。）

潮剧剧目拾遗

潮剧自明代产生以来，至今约有 5000 个剧目，而能收集到的 2400 个，即《潮剧剧目汇考》所刊者也，虽然只占一半，但《潮剧剧目汇考》（下称《汇考》）的价值已备受重视。饶宗颐先生说此书为近年来潮学研究三部可传世的著作之一。① 其于学术上的意义，诚如吴国钦先生所指出："该书对潮剧史的编写与研究，无疑地将起到奠基的作用"，"将潮剧史的编写向前推进了一大步"。②

看了《汇考》的前言，方知成书经过千辛万苦，历时 30 多年方能付梓，但编著者并未就此止步，还在多方求索尚未发现的剧目，并殷切期望："尚有一半以上的上演剧目遗珠，有待后贤全璧。"③ 他们这种挖掘潮剧史料的执着精神，深深地感动着笔者。

因偶然的机遇，笔者在友人处看到 4 本 20 世纪 30 年代初出版的已发黄的《潮曲大全》（下称《大全》），是《潮剧志·报刊专著》所缺录的。④《大全》有不少剧目为《汇考》所无，尽管不是全本，多为选场折子，但却保留了剧目，至少能为潮剧史料工程添砖加瓦。

在介绍《大全》剧目之前，先谈谈《大全》版本的情况及其史料价值。

笔者所见的《大全》，为 32 开白报版本，分别是再版第 1 集（缺 9 面）、再版第 2 集、第 3 集、第 4 集，由汕头居平马路育新书社印行。由于出版物不规范，没有版权页，版式前后集不统一，出版时间只能从第 4 集吴师吾所作的《潮曲大全序》及《戏剧总论》所署日期知为"民国二十三年春"，即 1934 年春。第 1 集的出版时间不会早于 1931 年，用模糊讲法即 20 世纪 30 年代初期。《大全》与汕头市泰昌印务局出版的《潮曲大观》形式大同小异，是将当时各

---

① 参见饶宗颐《饶宗颐教授在第三届潮学国际研讨会开幕式上的讲话（代序）》，见陈三鹏主编《第三届潮学国际研讨论会文集》，花城出版社 2000 年版，第 1 页。
② 吴国钦：《潮剧剧目研究的丰碑——评〈潮剧剧目汇考〉》，载《广东艺术》2000 年第 1 期，第 49 页。
③ 林淳均、陈历明：《潮剧剧目汇考·前言》，广东人民出版社 1999 年版，第 9 页。
④ 参见《潮剧志》编辑委员会编《潮剧志·报刊专著》，汕头大学出版社 1995 年版，第 344～349 页。

潮剧戏班演出的一些剧目用选场、选段的形式刊印发行。① 据《潮剧闻见录》所载，马风先生珍藏有20世纪30年代刊行的《潮剧大观》第7、第10、第16集。这三集《潮剧大观》中有的剧目与《大全》重复。②《大全》第3集的一则广告称："凡购《潮曲大全》者，其他曲本曲片均不必购买，以后无论何曲均在本书中表出。"这种出版物确实是30年代潮剧的重要园地，与演出活动互为推动，对潮剧的繁荣起到了积极的推动作用。我们在《大全》所附的预告上，还可以从侧面看到当时潮剧在群众中引起的热烈反应：如第3集说"4集《潮曲大全》已在赶印，不日出版……5集在印刷中"，第4集说"2集在再版中……5集在印刷中"。这说明潮剧在当时群众的文化生活中占有特殊的地位，以及潮剧较高的普及程度。

潮剧研究的重要阵地广东潮剧院多年积累的剧本，由于遭受"文革"及1969年"7·28"特大台风而毁坏殆尽。据《潮剧志·报刊专著》所载，1949年以前，拥有大量读者的普及性的潮剧书刊并不多，与《潮曲大观》同时期的《大全》4个集子近400面的篇幅，能保存到今天实属珍贵。4个集子收有剧目共95个，其中《汇考》无著录者竟有57个。与《汇考》已收的同名剧目相比，《大全》本由于有明确的年代，可纠正《汇考》关于某剧产生年代的疏忽。有的还可纠正潮剧史料辗转的传误。如吴师吾，1949年以前他是潮剧界的著名编剧家，而《潮剧志·人物传记》吴师吾条，说他的别号为"苍木道人"。今从《大全》第4集吴师吾序言自署得以纠正，"苍木道人"应为"餐墨道人"，这是潮语"木""墨"同音之误。《大全》第4集的目录很有特色，以某一戏班上演的剧目为目录次序。当时有影响的戏班，如老怡梨春等8个戏班各有拿手好戏。老怡梨春班在那时应该是实力最强的戏班，戏班名之前加上"潮剧冠军"的头衔，颇有广告色彩。当年大概没有专业协会的认可，但作为出版者，这样的称誉应有一定的事实为依据，这反映了30年代老怡梨春班在潮剧界的地位及观众的普遍看法。而《潮剧志·轶闻传说》中三正顺是"潮剧之王"，但《大全》中三正顺之前并未加上"潮剧之王"之冕。③ 又《潮剧志·机构·剧团（戏班）》老赛宝丰班条："1944年吕帐煌以饶平县居豪乡花鼓班为基础扩建而成。"④ 但是，于1934年春出版的《大全》

---

① 参见《潮剧志》编辑委员会编《潮剧志·报刊专著》，汕头大学出版社1995年版，第344页。
② 参见林淳钧《潮剧闻见录·普分潮剧的〈活页潮曲选〉与〈潮曲大观〉》，中山大学出版社1993年版，第262页。
③ 参见《潮剧志》编辑委员会编《潮剧志·报刊专著》，汕头大学出版社1995年版，第344～349页。
④ 《潮剧志》编辑委员会编：《潮剧志》，汕头大学出版社1995年版，第402页。

第 4 集的目录上，已有老赛宝丰班上演的剧目《卖苎》及《红拂归李靖》，《潮剧志》断该戏班成立于 1944 年，或为笔误。

凡上种种，可见《大全》本除有原版珍本的价值外，还多少可以纠正刊行的潮剧研究史料的某些失误。

《大全》本不少剧目是全戏中的一节，甚至删截简约，剧中人有的只知男生女旦的角色和仆人婢女的身份，连姓名也不甚了了。由于笔者非潮剧专家，未能将每个剧目的剧情做系统简介，考证源流，只能就所知在某些剧目下写些按语。今将《大全》本有载而《汇考》无录的剧目开列出来，跟《汇考》相同的剧目，如与"考释"有差异者略加指出，一般相同的剧目从略，供潮剧研究者参考。

一

《汇考》无录剧目：

(1)《邓仲贤》。
(2)《胡素心》。分"叹公""逃脱"二节。
(3)《红颜叹》。
(4)《书生叹》。
(5)《美人劫》。
(6)《金妙容·代父作状》。
(7)《来生福》。
(8)《深闺怨》。
(9)《惠卿女惊梦》。
(10)《银房会》。
(11)《空门贤媳·姜翁嘱妇》。
(12)《鱼腹埋冤》。
(13)《美女自夸》，许不愁作。

据《潮剧研究·潮剧人物传略专辑》介绍，许不愁为潮安县庵埠镇人，二三十年代潮剧编剧，其剧本剧场效果好，各戏班争相聘请，为名噪一时的编剧先生。[①]《大全》第 1 至第 4 集收其署名剧目有 9 个之多。

---

① 参见汕头市艺术研究室编《潮剧研究·潮剧人物传略专辑》，中国戏剧出版社 1998 年版，第 32 页。

(14)《牛郎织女·牛郎分家》。
(15)《织女弄梭》。
(16)《七星沐浴》。[(14)(15)(16)可能同为《牛郎织女》一剧]
(17)《杨贵妃·醉酒》。

《汇考》：20世纪80年代邱金星编剧，揭西潮剧团演出《杨贵妃》。①

(18)《原来是你》。
(19)《活石头》。

据谢吟《潮剧编剧人小记》：旅泰的编剧家陈秋痕专为著名青衣锦乐、老生金泉配搭成台而编写了《活石头》这出戏。② 不过《大全》本的剧情与谢文介绍不尽相同。《大全本》石头是有名的灵石——"闻道此处有灵石，能把姻缘证三生"，而非逃婚少女走投无路撞石自杀，石头裂开，仙翁指点迷津的故事。

(20)《挂名夫妻》。分①"游花园"，②"哭灵"，③"洞房"。
(21)《情鬼艳尸》。
(22)《汉武帝·邹氏发癫》。许不愁原稿。
(23)《杨令婆辩十本》。

该剧唱词脍炙人口，是群众熟悉的传统剧目。《潮剧志·剧目内容简介》称此剧是连台本戏《狄青全传》的一折，20世纪30年代至40年代在东南亚一带演出，50年代初由源正潮剧团首先整理，洪妙主演。而《中国地方戏曲集成》广东卷《杨令婆辩本》提要则说："潮剧名老旦洪妙同志演的《杨令婆辩本》，不但成为潮汕人民最熟悉和喜爱的戏剧，而且远在20多年前就已驰誉于泰国、越南和马来西亚各地。"③ 1962年出版的《中国地方戏曲集成》就收有此剧剧本，注明由"洪妙述录，广东潮剧团整理"。经过比较之后可知，其所收本是以《大全》为底本的，绝大部分唱词相同。上述著录的情况表明

---

① 参见林淳钧、陈历明《潮剧剧目汇考》，广东人民出版社1999年版，第706页。
② 参见谢吟《潮剧编剧人小记》，见广东省艺术创作研究室编《潮剧研究资料选》（《广东省戏剧资料汇编》之二），广东省艺术创作研究室1984年铅印本，第265～266页。
③ 转引自《潮剧志》编辑委员会编《潮剧志·剧目》，汕头大学出版社1995年版，第46页。

对该剧流变的阐述不甚统一，而 70 年前的《大全》已有此剧剧本。

该剧民间多叫《杨令婆辩十本》，与《大全》同。杨令婆的唱词有"一本奏冤情"，皇帝的唱词是"一本奏得明"，并无"十本"。潮剧界大概注意到这个问题，今改为《杨令婆辩本》。或者原剧目之"十"是一个虚数，属于修辞手段，比如"十年寒窗"之类。"十本"或意在渲染杨令婆不怕皇帝，反复殿辩，词锋犀利如连珠炮的情景，表现其大无畏精神。今改为"辩本"，细斟起来，倒怀疑是否有此必要？民间都以"十本"为常了，也有部分研究者和评论文章仍称《杨令婆十本》《辩十本》。

作为一个有影响的剧目，不少著述一谈到洪妙的表演艺术，必谈《杨令婆辩本》。该剧曾二度赴京及上海、香港演出，与《扫窗会》《闹钗》被誉为潮剧传统剧目的"三块宝石"[①]。《杨令婆辩本》的剧目在《潮剧志·剧目表》上著录过，《潮剧闻见录·广东省潮剧团》也介绍过洪妙以演《杨令婆辩本》而盛名。[②] 但《汇考》缺收，实在是一大疏忽。

（24）《薄命妇祝夫》。许不愁原稿。
（25）《收浪子尸》。
（26）《岳飞公遇树怪》。
（27）《三骑牛》。
（28）《笑中缘》。
（29）《上山采茶歌》。

此歌从正月唱到十二月，歌咏一年的景物民俗。每月一节，末尾以"欲帮呵，欲诵呵，帮难上采茶，峻岭又崎岖"为结，反复歌唱，词颇清雅。清代潮州灯节有采茶歌[③]，不知与《上山采茶歌》有无渊源关系？

（30）《秦先生挽青草》之一幕。许不愁原稿。

历数各种草药的药性，从清凉药到堕胎药都有。唱词滑稽诙谐。

---

① 《潮剧志》编辑委员会编：《潮剧志·综述》，汕头大学出版社 1995 年版，第 20 页。
② 参见林淳钧《潮州闻见录·广东省潮剧团》，中山大学出版社 1993 年版，第 296～270 页。
③ 参见萧遥天《潮州戏剧志》第 4 部分"秧歌"，见广东省艺术创作研究室编《潮剧研究资料选》（《广东省戏剧资料汇编》之二），广东省艺术创作研究室出版 1984 年铅印本，第 35～40 页。

(31)《莲花血》。
(32)《恶姻缘》。
(33)《前情》。
(34)《小桃红》。
(35)《仿福德祠》。
(36)《精忠岳传》。分①"岳母训子",②"划地绝交",③"王佐聘岳飞"(上、下),④"岳飞公刺字"(未完,预告《大全》第5集待续)。

《汇考》所载岳飞题材剧目,都是20世纪50年代至80年代的演出本,皆比《大全》本同类剧目晚出多年。

(37)《穷汉扣白》。许不愁作。
(38)《老妇祝佛》。

唱词粗俗。

(39)《褒姒乱周》。分①"宫中饮酒",②"申后闹西宫"(未完,末注"连下在5集中")。
(40)《芙蓉帐里惊春梦·水无声自叹》。

《汇考》有《芙蓉帐》。

(41)《鬼梦兰》。分①"棺中自叹",②"鬼婆行凶",③"人鬼结婚"(上、下),④"责子",⑤"武老问罪",⑥"朱家讨妇"。
(42)《琴胆鸳鸯·秋卿抚琴探情》。
(43)《岭南即事·王大儒风流史》(上、下)。吴师吾原稿。
(44)《潘安艳史·静晖代死》。吴师吾原本。
(45)《少奶奶的扇子·花园邂逅》(未完,注"连下在5集中")。

据《汇考》前言,该剧20世纪20年代由以旅居泰国的潮汕华侨青年陈铁汉为首的青年觉悟社将话剧改编为潮剧。①

---

① 参见林淳钧、陈历明《潮剧剧目汇考》,广东人民出版社1999年版,第4页。

（46）《怕老婆·房中受责》（未完，注"连下在5集中"）。吴师吾原本。
（47）《汉武帝·苗金兰自怨》。许不愁原本。

《汇考》载汉武题材剧目二种，皆20世纪八九十年代本。

（48）《催命花·教子》。
（49）《上海战事》。分①"黄毓金自叹"，②"黄母倚闾"，③"蒋光鼐训词"，④"蔡廷锴演说"，⑤"黄毓金新婚早起"，⑥"黄母责儿"。
（50）《处女祝夫》（缺页）。
（51）《三门街》。分①"史锦屏自叹"，②"洪锦救妹"，③"楚云自叹"，④"桑黛化装"。
（52）《风月僧》。
（53）《胭脂泪·骆红霞写书》。
（54）《宝盒妖仙之无好族老祝白》。
（55）《情场遗恨·丽娟写状》。
（56）《潇湘夜雨自叹》。
（57）《齐王自叹》。

以上57个剧目，是否都是演出本，笔者尚无法确定。如第4集，以演出戏班为序排列剧目，老怡梨春之下，有《玉堂春》等，老梅正兴之下，有《火烧红莲寺》等，这就可以肯定是上演剧目。而像《老妇祝佛》《穷汉扣白》，则无戏班领属，只用"潮州名著"称之，则不能确定是否上演。此类肯定还有不少，一时不能够明确指出。

本文所谓《汇考》无录者，是按《汇考》目录的剧目第一字对校检出。有些同剧异名的剧目，如《汇考》的《放青龟》，《大全》作《青龟记》，若因检字不同而当作遗漏而补遗者，57个剧目中不知有无如此情况，如有的话，则俟高明指出。又如《郎舅二呆》，郎字为8画，《汇考》排在9画①，若因此而不觉，以为《汇考》缺收而作补遗者，待发现再行省去。

二

将不同时期、不同戏班、不同版本的同名剧目进行比较，就能够把一个剧

---

① 参见林淳钧、陈历明《潮剧剧目汇考》，广东人民出版社1999年版，第10页。

目的渊源流变勾画出来，这对于研究剧目历史很有帮助。① 在这一方面，《大全》可以补充《汇考》的一些不足。如同一剧目，《汇考》断为某时期的剧作，而《大全》早已有之，比《汇考》所载的先行多年，产生年代上限还可提前，因此能更准确反映潮剧某剧目产生及变化的历史。

今将《汇考》与《大全》记录同一剧目产生年代及内容的差异列出，以20世纪30年代就存在的文字资料来纠正《汇考》在判断一些剧目的产生时间上的失准，而内容的比较则能反映同一剧目因版本不同产生的差异。

为了直截了当，对比采用表格形式，凡某某年代者均指20世纪的年份，表中不再写明"20世纪"，以免啰唆。

表1 《汇考》与《大全》同一剧目比较

内容\对象\剧目	《潮剧剧目汇考》	《潮曲大全》
郑三舍	40年代演出本。 父将逆子沉江	30年代演出本。 父将逆子手刃
乾隆君游石莲寺	目录（第19页）作《乾隆君游石莲东》，"东"应"寺"之误，正文剧目则无"寺"字。石莲寺沙弥俗名潘禅玉②	第1集目录作《游石莲》，曲文末注："连下游石莲寺"，第2集《乾隆君游石莲寺》，是最完整的剧目，与潮州歌册同名。沙弥俗名为潘蟾玉，寓蟾宫玉兔，更有蕴意
胭脂女	60年代演出本作《胭脂》，30年代有演出本《胭脂告状》。③ 两种内容不同	《胭脂女》全剧分为：①"宿介敲窗"，②"宿介探监"，③"宿介求贤"，④"求师作状"，⑤"作状"。 《汇考》有30年代本《胭脂告状》，应为《胭脂女》连台本中的一折

---

① 参见吴国钦《潮剧剧目研究的丰碑——评〈潮剧剧目汇考〉》，载《广东艺术》2000年第1期，第50页。

② 参见林淳钧、陈历明《潮剧剧目汇考》，广东人民出版社1999年版，第19、1329页。

③ 参见林淳钧、陈历明《潮剧剧目汇考》，广东人民出版社1999年版，第1264～1267页。

续上表

内容\对象\剧目	《潮剧剧目汇考》	《潮曲大全》
西厢记	1935年谢吟编剧。又收录谢吟编剧《西厢记》"围寺""长亭别"二折。50年代玉梨潮剧团曾演出《拷红》	第1集收录《西厢记拷打红娘》一折。此折若与《汇考》所收同年代的"围寺""长亭别"合起来基本是《西厢记》的全剧。《汇考》收谢吟所编《西厢记》剧目三种，实应同为一剧。《大全》所收录或许为谢编《西厢记》全剧中的一折
大义灭亲	30年代老玉堂春、老玉梨春等戏班演出的古装戏。丞相华国宝大义灭亲的故事	《大全》本《大义灭亲》是现代题材，唱词"民国成立十余年，内乱纷纷无离时，都是贪官共污吏……"可证。与《汇考》著录的剧目同名而已
卖苎案	30年代演出本	《大全》作《卖苎·美娥上轿》（一、二），剧中人美娥与《卖苎案》同，剧情大体相似。又《大全》第4集有《卖苎·柑园自叹》，老赛宝丰戏班演出，内容与《卖苎案》不同
白骨美人	30年代本，剧中白骨美人余翠凤，丑角周夜恬	《大全》分"棺中产子""鬼送真龙"二折。白骨美人名艮翠凤。60年代本叫银妃，应有所本，但银与艮本不同音义。剧中丑角周夜哇深夜卖饼，唱词"披星戴月举步不停，街上叫贩"，因其夜间做叫卖生意，故名夜哇。夜哇，鸟类，常夜间鸣叫，其声哇哇然。《汇考》叫周夜恬。恬，潮音作[tiam^5]，义安静。就人物的性格特征而言，夜恬不如夜哇形象。若作括，音与哇尚近，或转抄之失

续上表

内容 剧目 \ 对象	《潮剧剧目汇考》	《潮曲大全》
玉堂春	《汇考》载《玉堂春》戏本子甚多，计4种： ① 30年代林如烈编剧《苏三冻雪》《三司会审》。据《潮剧志·轶闻传说》"林如烈拜师"条："林少年卖身戏班，有志学习教戏。""经过在老正顺和老怡梨班的学习，教戏已崭露头角，特别是《王金龙》一剧，更是显露才华，在潮剧界赢得相当的声誉。"① 此与"人物传记"评述林在潮剧创腔，奠定潮剧板腔体的成就一致，说《王金龙》的唱腔至今仍传唱不衰。看来《王金龙》戏应为林所导演而非编剧。 ② 50年代谢吟编剧《玉堂春》。 ③ 70年代陈创义、林升民、卢志坚整理《王金龙》（又名《玉堂春》）	《玉堂春》是潮汕群众熟悉的剧目。《大全》本1～4集连篇登载，署名"吴师吾原稿"。计9篇：①《青楼定情》，②《裴氏醋海生波》（一、二），③《裴氏自叹》，④《搜楼》（上、下），⑤《袁金龙化装》，⑥《赵昂求情》（上、下），⑦《三司会审》（一、二），⑧《揾雪》（一、二），⑨《玉柯枳哭墓》。《潮剧志·人物传记》"吴师吾"条："20世纪30年代末至40年代，是他编剧的全盛时期，编有《王金龙》……等古装潮剧。"② 今见《大全》本吴师吾以《玉堂春》而非《王金龙》之名发表，编剧时间在1934年春之前。 此外，《潮剧研究·潮剧人物传略专辑》载洪逊也编过《玉堂春》③

---

① 《潮剧志》编辑委员编：《潮剧志·轶闻传说》，汕头大学出版社1995年版，第363页。
② 《潮剧志》编辑委员编：《潮剧志·人物传记》，汕头大学出版社1995年版，第404页。
③ 参见汕头市艺术研究室编《潮剧研究·潮剧人物传略专辑》，中国戏剧出版社1998年版，第238页。

续上表

对象 内容 剧目	《潮剧剧目汇考》	《潮曲大全》
绛玉掼粿	《汇考》作《绛玉掼粿》。陈历明、林淳均《潮剧采罗衣旦五十年概述》一文作《绛玉吊粿》①。20、60、80年代皆有演出本	《大全》本作《降玉奉粿》（上、下），剧情以婢女奉小姐之命，送粿给书生为线索而展开。正文剧目"奉"又作"捧"。奉，恭敬地用手捧着。掼，按李新魁主编《普通话潮汕方言常用字典》，音作［guang³］，释掷、扔之义。② 敬奉书生的粿怎能掼之？不合剧情。作掼，或为地方俗字。大概吊字意化加扌旁，未若奉贴切。字典中掼有明确之义，不可勉强混用。掼，《汇考》大概作提之义，读居早切。似应以《大全》本作奉或捧为准。 婢女降玉，降为绛之误。绛玉更有美意，应从《汇考》
江占龙	30年代演出本	《大全》本《江占龙·被提公堂》，应为剧中一折
卖牛开厅	有20、50年代本及70年代泰国本	青楼妓女之父原知府金兴仁。《汇考》20年代本叫张荣丰；50年代本叫金殷仁，与《大全》本音近。剧情大体相同
玉梨魂	20年代本，1～4集	《大全》第1集《玉梨魂》，第2集《玉梨魂·梨影葬花》，何梦露遇梨娘，向梨娘诉衷情。第1、2集的次序不顺，《梨影葬花》应在前。此剧编者为郑正秋。《潮剧志·轶闻传说》郑正秋与潮剧文明戏条："辛亥革命后，他的作品《孤儿救祖》《玉梨魂》最早由电影改编为潮剧，轰动艺坛。"③

---

① 参见陈历明、林淳均《潮剧采罗衣旦五十年概述（1900—1949）》，见广东省艺术创作研究室编《潮剧研究资料选》（《广东省戏剧资料汇编》之二），广东省艺术创作研究室1984年铅印本，第115页。

② 参见华南师范学院中文系《方音字典》编写组编、李新魁主编《普通话潮汕方言常用字典》，广东人民出版社1979年版，第213页。

③ 《潮剧志》编辑委员会编：《潮剧志·轶闻传说》，汕头大学出版社1995年版，第377页。

续上表

对象 内容 剧目	《潮剧剧目汇考》	《潮曲大全》
秦雪梅	20年代本，"考释"指出潮剧此本系多集本	30年代本，分《见驾》《听琴》《吊孝》3集
杨贵妃	80年代本，邱金星编剧，揭西潮剧团演出	30年代本已有《杨贵妃·醉酒》剧目
秦凤兰	有20年代、50年代、80年代本	《大全》30年代本的内容似《汇考》20年代本的第2集
无艳女	40年代本，陈名振编剧。60年代本，李志浦编剧	30年代本，许不愁原著，分2集：《姑嫂踏青》《迫君》
秋红卖疯	30年代本	《大全》本作《秋兰卖疯》
杜十娘	40年代本，谢吟编剧。50年代本	《大全》30年代本作《杜十娘怒沉百宝箱》
孟丽君	有20年代、50年代、80年代本	《大全》30年代本有载，《潮剧研究·潮剧人物传略专辑》："谢吟根据潮州歌册改编成《孟丽君》……等。"①
郎舅二呆	40年代（残本）	《大全》30年代本有此剧目
秦德避雨	30年代演出本，另名《骗妻记》。又50年代魏启光编剧本	《大全》本作《秦德宿雨》
黛玉葬花	50年代李志浦编剧	《大全》30年代本已有此剧目
黛玉焚稿	80年代谢吟编剧	30年代有"吴师吾原本"分1、2两集，前冠"红楼梦"
杜翰林	30年代本	《大全》第4集作《杜翰林巧计诱美》，末注"连下在5集中"
人道	30年代谢吟编剧	《大全》30年代本未署编剧者，有6集：①《联欢游园》，②《饥荒疼哭》，③《赵翁惨死》，④《柳女自叹》，⑤《勒路寻夫》（上、下），⑥《中计责赵》

---

① 汕头市艺术研究室编：《潮剧研究·潮剧人物传略专辑》，中国戏剧出版社1998年版，第303页。

续上表

剧目\对象\内容	《潮剧剧目汇考》	《潮曲大全》
空树活尸	30年代本，吴师吾编剧	《大全》本分头集①《朱若花游花园》，②《花园订婚》。第4集署吴师吾原本
莲香取仙草	20年代本	《大全》本作《莲香采药》，剧中人孙郎《汇考》简介作桑郎
孤儿救祖记	30年代末谢吟编剧	《大全》第4集，1934年春刊本，作《孤儿救祖·蔚如哭墓》，或其中一折。编剧郑正秋，见《玉梨魂》解释
火烧红莲寺	80年代林英聪编剧	《大全》本已有此剧目，题《火烧红莲寺·甘家思逃》，末注"连下在5集中"
放青龟	20年代本	《大全》本作《青龟记》
凤凰山	古装戏，唐玄宗时渔女李凤姐故事	《大全》本该剧为《凤凰山》全剧的1折，与《汇考》所载《凤凰山》同名，但剧情与《汇考》介绍不同。《大全》本讲的是龙王庙降乩占主娘。剧中之女名凤，被龙王所点，若不去伴驾，怕惹恼众乡民，父女逃亡。《潮剧研究·潮剧人物传略专辑》载《凤凰山》（即《赵少卿》下部），为苏醒寰、苏竟寰兄弟一起编写，共10余集。因无全本做比较，不清楚与同名剧目《凤凰山》之间的差异
红拂女	50年代赛宝潮剧团演出	《大全》本有《红拂归李靖·东岳庙求梦》，未完，注"连下在5集中"
明太祖	30年代本	《大全》本有此剧目，内容与《汇考》不同
双玉鱼	"考释"指出演出剧目为《姜通上京》一折，姜通偕子赴京应考。柳家仆人名刘世传①	《大全》本为《双玉鱼·宿店》，剧中姜通为仆，随主上京考试，非父子关系。剧情与《姜通上京》相同。柳家仆人名为世保

---

① 参见林淳钧、陈历明《潮剧剧目汇考》，广东人民出版社1999年版，第274页。

续上表

内容剧目 \ 对象	《潮剧剧目汇考》	《潮曲大全》
卓文君	50年代源正潮剧团演出,又30年代林如烈编剧《卓文君听琴》	《大全》本有《卓文君》全剧,分:①"司马相如自叹",②"卓文君自叹",③"卓文君听琴"。《潮剧研究·潮剧人物传略专辑》载洪逊编过《卓文君听琴》

附一:

从《大全》第4集的序言来看,吴师吾很可能是这套普及性潮剧读物的编辑者,他在各集中发表《潮曲大全序》《戏剧总论》以及有关自家经历的《编剧家吴师吾自叹》《体育家吴师吾宣言》等文。吴师吾曾活跃于三四十年代的潮剧界。这几篇文字都是研究吴师吾很好的材料。除表述他的戏剧观点外,还可解他的身世。吴曾到南洋谋生,从师学习编剧,成为一个职业编剧家。吴师吾又自称体育家,炮制跌打药、活血酒,在乡间悬壶,可知吴师吾兴趣广泛,多才多艺。今选《编剧家吴师吾自叹》①《潮曲大全序》② 附于文末,以飨读者。

编剧家吴师吾自叹

【二板】(唱)株守家乡,兴味悄然。所学不就,吾愿未偿。推人惟岁月,寒命怨文章,忆昔守窗十载,不啻面壁九年。只望兴基立业,欲效揭地掀天,岂料坐破蒲团依断简,磨穿铁砚伴残篇。岂料到,醉心许久,方寸之内,依旧茫然。一事未成人将老,追思先人宁不惭愧心肠。又值当家之候,囊橐空空,拮据非常。炊常数米家屡困,卧每抱薪体不强。叹人情之冰火,嗟物态之炎凉。穷士贫儒谁为恤,旧雨绝迹,门第寂然。求助朱陈之好,费唇舌而未获分钱;乞援于管鲍之交,劳心力而不见一面。近为目(自?)立之计,博取蝇头

---

① 吴师吾:《编剧家吴师吾自叹》,见《潮曲大全》第3集,汕头育新书社1934年印行。
② 吴师吾:《潮曲大全序》,汕头育新书社1934年印行。

微技偶炫，只幸得糊口有方，料可以御饿鬼狂猖。虽无珍馐美味，藜藿蔬菜亦可充肠。粗衣淡饭心自乐，胜于求人有万千。时而稚子绕膝，乐叙天伦何等欢畅。或则老妻齐眉，畅谈时事，自乐怡然。

意中自有真乐趣，心里岂无离恨天？（白）鄙人吴师吾，原籍潮安县银湖乡。不幸椿树早凋，且喜慈竹晚翠。幼而从师，长而废学。生于穷巷，不识不知；居于陋乡，何闻何见。承先既无书香，启后又少铜臭。兼之天性拙劣，遇事过后即忘。年龄虚增，见书当前不读；虽入学数年，未晓字墨纸白。及出洋数载，惟知柳绿桃红。幸遇海外之异人，得授个中之秘术。朝夕餐墨，文意始通；旦暮嚼书，字形方晓。近因口腹之谋，托生涯于翰墨；迩为衣食之计，寄微技于笙歌。代人作嫁，从蜗角以争名；求业营生，向蝇头而觅利。探怪搜奇，一生心血用尽；描古写今，半腹之墨水倾枯。呜呼！读书至不幸之事，莫如此也；人事最难测之情，有若是乎？

附二：

图1 《潮曲大全》封面，汕头育新书社印行

潮曲大全序

　　春院更阑，更长似岁。草堂漏静，漏永如年。挑残烛以观书，佳词不解。拥衾而就榻，好梦难成。皓皓桂魄，照在窗前。馥馥花香，来自篱下。时听蛟矢频催，适在壶中滴漏。忽闻兽环乍响，何来月下推敲。于是纳履徐行，启扉延入。来者谁人，却是当年旧雨。授者何物，原系近日新书。阅其卷首，知为潮曲大全。观乎书中，悉是妙词佳作。墨迹淋漓，写数千年君民之遗事。文情曲折，绘几十代朝野之余情。词锋精锐，触眼立破愁城。笔路整齐，入眸即登乐景。余亦无端技痒，握笔自知涂鸦。有愧才疏，挥毫何敢题凤。不过略书数言，聊助该卷之生色。粗沥几字，以博斯文之垂青。是为序。

　　民国二十三年餐墨道人吴师吾氏撰于潮安银湖乡白云山庄之餐墨草堂

（原载潮汕历史文化研究中心、汕头大学潮汕文化研究中心编《潮学研究》第10辑，花城出版社2002年版，第55～72页。）

澄海东里月窟刘氏永思堂残联补缺

我镇月窟乡刘氏永思堂的大厅西壁有联语，在灰墙上双钩填墨。由于年久失修，个别字墨色损褪，今能看到的为：

> 桃种元都观；
> 藜辉禄□□。

月窟老人组曾委托友人转来抄本，问能否恢复原联字句。由于之前未到现场观摩原联脱落情况，便闭门造车，以天对地的常法，拟了几条，但心中没数。后回乡，顺便到永思堂现场观摩，将原先所拟的补字统统推翻。

就残联的具体情况来看，缺字尚有蛛丝马迹可寻，不至于瞎子摸象。下联缺失的第4字右边一半完好，字体为行草，应是"门"字壳，"门"中所包的部件半边也笔画完好。老人组还说有人做过补缺："藜辉禄阁祥。"第4字为"阁"字应无误，末字为"祥"就有点勉强。"禄阁祥"对"元都观"对不上号。"元都观"是道教庙宇。"观"读为 guàn（仄声），不读 guān（平声）。第5字的残痕依稀可辨，笔画密集，虽模糊，然中部冒盖头右边的折角及下部的横画和悬空圆点比较清楚。考虑到联语的行草笔法，推测为繁体"台"字较为合理。综合联语用典实际情况，残缺二字可能为"阁台"。全句应为：

> 藜辉禄阁台。

这就与上联"桃种元都观"对合贴切。全联便为：

> 桃种元都观；
> 藜辉禄阁台。

恢复残联的有利条件在于用典，用典就能限制乱补。"藜辉禄阁台"借用晋人王嘉《拾遗记》刘向校书天禄阁夜遇太乙真人吹藜杖明烛的故事。这纯属神话，哪有神仙下凡为人明烛赐书的事儿？不过是古人对刘向在文化上所做贡献的赞扬。事同愚公移山，褒扬一种坚持理想的精神。又如潮州的广济桥，今桥碑尚在，可人们仍流传其为韩湘子所造，这也是夸奖造桥者的智慧力量如神仙。秦始皇焚书坑儒，销毁了很多先秦典籍。汉兴之后，劫后流传下来的典籍有的是传世留下的，有的是口传相授的，用于记录典籍的文字书体又经历了从小篆到隶书的变化，因此典籍之间出现异文，亟待清理。于是有刘向、刘歆父子这样学识渊博的大学问家进行校证。"以刘向、刘歆为首而进行的校书工作，是中国历史上第一次由政府组织人力、指派专家、负责整理文献的一次规模较大的学术活动。对当时和后世所起的影响和作用，极其巨大。"① 了解了这段历史背景，便明白汉代学者在整理先秦典籍上做出的贡献。人们自然十分敬佩像刘向这样的学者，于是编造他在天禄阁刻苦夜读的精神感动神仙，产生了《拾遗记》这样的神话小说。刘向校书天禄阁的故事后人用来比喻刻苦勤奋夜读书。所以"禄"字之下"阁台"意就有所着落。"禄阁台"就对得上"元都观"，合乎平仄，对仗工整。

刘姓后人以刘向校书天禄阁引以为荣，天禄阁也自然成为其祠堂的堂号、堂联内容。

中国文化艺术出版社 2005 年 4 月出版的《中华百家姓氏典列——中华百家姓氏堂号堂联大观宝笈》中，刘氏的堂号为"藜照堂"，堂联有"藜阁启书香"（不知何时，出何人之手，"藜阁"欠通）之语②，与月窟永思堂之堂联用典皆出同源。

说来也巧，后来笔者游南雄珠玑巷，这个前代中原人移民迁入广东珠三角一带的落脚点、中转站，近几年来大兴土木，海内外在此处分枝散叶的各姓后代之裔孙慷慨解囊，兴建各姓宗祠，金碧辉煌，争奇斗伟。其中有刘氏宗祠，门联为：

天禄家声远；
彭城世泽长。

此联可与月窟刘氏宗祠的堂联"藜辉禄阁台"互为印证。二处皆以"天禄阁"典故入联。月窟联作"禄阁"，珠玑巷为"天禄"。或省"天"字，或省"阁"字。汉代刘向的故事是刘姓后人津津乐道的话题，用来标榜门风，

---

① 张舜徽选编：《文献学论著辑要》前言，中国人民大学出版社 2011 年版。
② 参见姜民彦、韩振刚主编《中华姓氏典列——中华百家姓氏堂号堂联大观宝笈》，中国文化艺术出版社 2006 年版，第 4 页。

成了宗祠对联的套语，便十分自然了。

校书天禄阁是读书人刻苦的典范，诗人墨客也经常以此自勉，用于诗词和书法的创作。如《书法》杂志2002年第8期刊登韩国均的书法对联：

> 海鸿戏墨朝临帖；
> 藜火凌云夜校书。①

下联的用典与月窟永思堂对联相同。

笔者经过反复推勘比较，以为拟补极大程度接近原联之貌。话虽如此，那毕竟是已剥落多年不清楚的联语，尚须广泛征询社会贤达、乡里前辈，不可贸然确定。前人的联语复原要十分谨慎，不能自作聪明。补联易通而难准，即使勉强补上，若非原联，也怕有辱前贤，有欺今人后者。故笔者之心仍未减忄隹惕焉。

所谓补缺，不是用著录过原联的文献做校雠补缺，而是据联语的用典，以其他地方刘姓宗祠联语和一般书法联语内容相同者作为补缺的依据。这篇小文敢冒昧刊出，意在抛砖引玉，或许其他刘姓祠堂也有这对联语，那就有了准确无误的校补底本。笔者但愿如此！

本文主要思考下联缺字的问题，花笔墨力求补缺。但既然是一对联语，还得介绍上联的典故。这样对全联才有全面的了解。

"桃种元都观"讲的是唐代刘禹锡因诗被贬而不屈不挠的故事。

刘禹锡21岁中进士，后又中博学宏词科，进入政界。刘禹锡于唐顺宗永贞元年辅佐王叔文执政，推行政治革新，失败被贬，谪为朗州（今湖南常德）司马。9年后被召还都，但被逐的愤激之情难平，写了游玄都观的诗，睥睨新贵："玄都观里桃千树，尽是刘郎去后栽。"因此，惹怒执政，再贬为广东连州刺史，后又再贬到夔州、和州当刺史。14年后被召回京，仍不畏权贵，重游玄都观，写昂扬高歌："种桃道士归何处，前度刘郎今又来。"这体现了他坚持理念、不怕被打击的顽强斗志和乐观精神。二题玄都观的诗是刘禹锡政治生涯的写照，借游观抒志，隐喻明白不晦涩，极可玩味。

永思堂联语写于清代，避康熙帝玄烨之讳，"玄都观"改为"元都观"。

总观全联，内容皆为刘姓前贤脍炙人口的故事。上联歌颂不屈，下联赞扬刻苦，确是一对含意深刻的好联，惜不知何人所撰。

---

① 石剑波：《厚重遒劲，挺秀圆润：论韩国钧其人其书》，载《书法》2002年第8期，第26页。

附录：

"台"字行草字例：

（上5字采自《草字汇》至部）

（上6字采自《中国书法大字典》至部）

（据永思堂残联遗迹"台"字复拟图）

永思堂残联"台"字残画双钩遗迹复拟图中填黑部分为所剩较为清晰的双钩残画。笔者记起月窟有一位老同志对对联尚有记忆，对我初拟尾字为"书"字表示异议，说他认识"书"字，尾字不像"书"字。这是由于尾字上部的笔画繁复，极像"书"字上部而误释。"台"字行草不太常见，故老同志不识。他的异议引起我的重新思考，最后拟为"台"字，比"书"字更为合理恰切。

参考资料：

（1）太乙真人吹藜杖：故事用来比喻夜读或勤奋学习。典出晋朝王嘉《拾遗记》：汉刘向校书天禄阁，夜默诵，有老父杖藜以进，吹杖端，烛燃火明，取洪范五行之文、天文舆图之牒以授焉，向请问姓名，云"太乙之精"。

（2）天禄阁：汉宫中藏书名阁，汉高祖时创建，在未央宫内。《三辅黄图·未央宫》云"天禄阁，藏典籍之所"，《汉宫殿疏》云："天禄麒麟阁，萧何造，以藏秘书，处贤才也。"成帝、哀帝及王莽时，刘向、刘歆、扬雄等先后校书于此。

（3）刘禹锡游玄都（玄都，道教神仙居地）观诗二首：

（一）游玄都观
紫陌红尘拂面来，无人不道看花回。
玄都观里桃千树，尽是刘郎去后栽。

（二）再游玄都观
百亩庭中半是苔，桃花净尽菜花开。
种桃道士归何处，前度刘郎今又来。

[原载东里镇文化服务中心主办《东里之声》2010年第2期（总第8期）。]

火种在 传薪不息

——记吾乡樟林群众潮乐曲艺活动

好多年前,汕头市濠江潮州音乐团莅穗公演,本人第一次在外地欣赏大型潮州音乐演出。粗犷奔放的大锣鼓,悠扬婉转的弦诗,使我陶醉在中原古韵、唐宋遗响的潮州音乐中。他乡遇潮音,别有一番滋味在心头。曾看过中学同窗邱昶先生的一篇散文,内容是他在异乡听到中央人民广播电台广播潮州音乐,不禁如痴如醉,思念起家乡来……有是哉,人同此心!

虽然我坐在友谊剧院的雅座上观赏演出,但闭目凝神听着听着……时间仿佛倒流,我好像坐在家乡河沟墘树下的粗麻石条上听乐。

听弦听曲,在没月光的夜里更有一种奇妙的感觉。乐手们的默契配合最令我敬佩。坐定之后,试试手中的乐器,错错落落发出"上""尺""五""六"等短促而有点杂乱的乐器声。这是演奏前校正弦徽,乡下人所谓和弦。过了一阵,宫商既定,板声响起,领奏的头弦发出尖高清脆的乐音,其他乐器跟着合奏起来。什么《寒鸦戏水》《平沙落雁》,一曲一曲接连演奏。潮州弦诗,特别是头板,有多种变奏,有时平和纡缓如春江流水,有时急促奔放如波涛汹涌。曲终有时如云烟缥缈化入天际,也有时如天崩地裂,戛然而止。

听弦听曲的夜晚通常在夏天,大人们池塘里洗去一身臭汗,肩上还搭着一条方格浴布,找个位置坐下,用熟烟丝卷一条喇叭形的大头尖脚的卷烟,悠然吐出呛人的白烟。一曲弦诗,消解了白日的疲劳,是他们一天中最享受的时光。那时乡村的乐手,我想他们尚不知"为工农兵服务"是文艺的革命使命,他们只是乐在其中。那时的乐手们的音乐常识及演奏水平,无疑比不上如今的乐手,但那时土埕设场的气氛土得可爱。这是情结所系,有如现在尚在留恋小时觉得很可口的家乡小吃一样。

自从有了录音机以后,听潮乐倒也不难,但总不如故乡河边树下无遮无碍的现场直播更有风情韵味,更富于野性淳朴的乐趣。

那时候,故乡的夏晚是潮乐之夜,至今还无限怀恋……

友谊剧院里的潮州音乐,让我回到少年时代。

年间,回故乡樟林探亲。听说现在乡中有多处群众自发组织的潮乐演奏和潮曲清唱。其中吸引听众最多的是塘西头水利沟墘的"益众乐园"那一班。

每逢周五之夜开锣。我如期而赴,选在离演唱不远的拱桥护栏旁,倚栏听乐,下有流水,妙不可言。

时代毕竟在前进,现在的演奏与50年前同类性质的活动相比,真不可同日而语。灯光辉煌,乐器精良,还有西乐大提琴。每个乐手面前都摆有谱架,可读谱而奏。从前只有乐器合奏,今还有清唱,且文武帐齐全,演唱的全部是潮曲选段。我想,若略施粉黛,便是一台好戏。

我询问过演出的资金来源、演出者的身份。知情者说资金是群众自愿捐集的,由老人组组织的"益众乐园"演唱,已兴起了一段时间。如今的群众音乐曲艺会,比从前更有包容性,外乡人甚至县城的人也来加盟。表演者多为本乡人,唱得颇具水平。一次,我听了三个节目:"苏六娘"的演唱者是卖牛肉的中年妇女;"柴房会"的演唱者则是卖蔬菜的小贩,祖孙同台;"张春郎削发"的演唱者是修理电器的年轻个体户,他演唱兼管音响。还有闲退的干部也参演。参加演唱的人没有报酬,自掏腰包,求得自我陶醉。

这里必须介绍"益众乐园"的礼明叔。他酷好潮乐、潮曲,参加业余戏曲活动有年,积累了丰富的知识和经验。演唱的曲源多数来自音像光盘。但要上场演唱,须过明叔这关,由他组织合乐,逐一指点,方能登场。少数唱段没有音像光盘可循,就由他按照曲谱,一板一眼,反复教唱,直至熟练合乐后,方始登场演唱。可以这样说:没有礼明叔,就没有现在水渠边"益众乐园"的演奏活动。这是多年前的事,礼明叔还好吧?

潮乐是中国优秀的地方音乐,被誉为中原古韵、唐宋遗响。其艺术造诣已得到中国音乐界的承认,无须我多嘴饶舌。其传统能一直流传下来且保留完好,皆因有其丰厚的土壤——广大的潮汕民众。

潮乐是群众喜闻乐见的艺术,是他们用以消遣的手段。回到家乡,除随处都可听到录音机放出乐曲之外,还可看到单人独奏,或一家人二三乐器合奏,故优秀的乐手层出不穷。我从前在家乡看到不少能出台的乐手,白天是种田的农民,做买卖的小贩,抡斧斫木的工匠,做佛事的吹鼓手,一到夜间,拿起乐器,就是入门道的演奏手。他们就是乡间潮乐土壤中的种子。

村中有数不清的潮乐爱好者和无名的乐手,他们是潮乐生生不息的火种。我的脑海中永不磨灭的是一个外号"老鸡牌"的叟者的形象,他黝黑而枯瘦,是村中无名乐手之一。听说他年轻时担过摇鼓担,是个走乡串巷的卖货郎。晚年在洽兴街尾开一间小铺店,卖些孩子的玩意儿及香烟糖果。门外挂有自书的"老鸡牌"三个大字。他真正的大名恐怕人们十有九不知。40余年前我偶回乡,晚间访友,必经其铺前。有时已近午夜,街灯已关了。街上甚少行人,只有远处偶尔的关门声。"老鸡牌"也不打烊,店里油灯如豆,一人独吹洞箫,呜呜……沉郁迟滞的箫音一丝丝、一丝丝……仿佛要用力才吹得出来。我以为他的吹奏技巧并不会太高明吧,但静寂的深夜、漆黑的街巷、幽然的灯光、孤独的老人、凄然的箫声,浑然融成一幅绝妙的朦胧图,仿佛"春蚕到死丝方尽"的诗境,我好像在这里找到了苏东坡《赤壁赋》中"客有吹洞箫者"一段文字的场景感受,不由心底暗暗称道:老鸡牌呀老鸡牌,你太玄了!他还会拉椰胡,但我宁愿听他吹洞箫。从老鸡牌吹洞箫的景象,我似乎又悟出,某一种乐器或者艺术形式,最能表现某一种特定的气氛和感情。村中有另一会吹洞箫者,是做甘草摊(腌制水果)的丁来钦。他也常于夜晚摊前吹弄,因在灯火通明、人来人往的通衢大道中,故其箫声就没有老鸡牌所吹奏的空灵境界。老鸡牌这位非洞箫演奏家的乡间无名乐手,给我留下了难以磨灭的印象。我的感受居然得到陈万森老友的认同,他说当年到外畔海墘收割乘船回家,等开闸放水过桥涵,在仙桥候船时,伴着天上一钩弯月,听到不远传来老鸡牌如泣如诉的洞箫声,令他涤尽一天的劳累,陶醉忘返。如今回乡,过其早已紧闭的铺门前,斯人逝矣,壁上还残存"老鸡牌"依稀可辨之墨迹,如丝的箫音好像还从门缝里飘逸出似的。对他的介绍虽然是我的偏爱,但介绍他可让人知道一个无名的普通乐手也是创造大众文化的一员,他们值得尊重。

不论过去和现在,樟林乡总有几组群众性的潮乐、潮剧团体,他们能演出颇有水平的潮乐、潮剧,又与乡中一批较有音乐修养、有造就的音乐团体、音乐人士的影响分不开。

樟林在清代曾经是繁荣的贸易港口,经济发达,其文化积累的过程中产生了一批优秀的音乐人才。

乡中的群众潮乐团体,除土埕设场的街头派外,还有书斋派,即所谓儒家派。听父老回忆,20世纪二三十年代,樟林有址设仙桥街的"白雪"潮乐社,自视颇高,取"阳春白雪"之意名社。塘西味经书斋的"味经潮乐社",成员中有琵琶演奏家朱竹本先生。

除潮乐外,樟林这纯说潮方言的社区,竟还有演唱汉剧音乐曲艺的团体,如长发街的"半云乐社"、中山路的"樟林国乐社"。汉剧在本地被称为"外江"戏。樟林地方为什么会出现外地剧种和音乐社?这应是樟林古港历史的文化遗留。樟林这个作为韩江出海口的海贸商埠,是个有外来人聚集的地方。从韩江上游到此的闽商赣客,兴梅人士,属客籍的商人、船主、水手等均喜听汉剧。每年游火帝时,他们也参加这个普天同庆的节日活动,请外江戏娱神,也娱乐自己,《樟林游火帝歌》唱词"外江三多荣天彩……北社二棚是外江",便是当时樟林做外江戏的写照。如是外江曲艺音乐被引入樟林。笔者小时就听过耀盛号京果铺老板耀森伯哼几句外江曲。不过汉剧曲艺音乐的火种于五十几年前就彻底熄灭了，在樟林后继无人。本文在此离题特记一笔，是从乡中群众音乐组织历史的角度来记载的。

塘西"味经"乐手朱竹本先生是樟林乃至广东、香港的优秀琵琶演奏家。他年轻时在汕头公司做事，业余练就一手好琵琶。后旅居香港，20世纪50年代常在香港电台演奏，声誉极高，并越洋收徒，曾一度打算到广州执教。1958年朱先生即将启程到东南亚巡回演出，但在临行前两天得急病逝世。朱先生英年早逝，壮志难酬。说起塘西，这里真是音乐曲艺人才荟萃之地。前辈有朱竹本，后来有郑建英、郑莎姐妹花、吴玲儿等潮剧名演员。

像"白雪""味经"这类比较儒雅的音乐组织，和像朱先生这类有名望的音乐精英，以及汉剧音乐曲艺的团体，对樟林地方开展音乐曲艺活动，以及提高樟林地方的音乐曲艺水平，无疑起到了积极的作用。这也说明了樟林有深厚的文化底蕴。

上了年纪的人一定不会忘记新中国成立初樟林群众潮剧文艺活动的黄金时期。时四村除了新光（塘西）外，生礼（东、北社）、观平（南社、堤顶）、仁荣（新陇、河美、西社）都组建剧团，至"文革"时还演出样板戏。这些剧团是由当地农会、大队领导的群众性的文艺组织，对欢乐我乡群众功不可没。

改革开放以来，樟林的潮乐曲艺的群众性活动一直非常活跃，从数人合奏潮乐到如塘西"益众乐园"的综合演奏，再发展到私人筹办剧团，则有南社吴亿汉先生的澄海潮剧二团。剧团以地方剧种演出家乡历史题材《红头船》，编剧者是北社宋麟锵先生。这部本乡人演本乡本土的历史故事的剧目，被推荐参加第11届广东省艺术节的演出，获得好评，实为不易之盛事。

对故乡樟林民间音乐曲艺的回忆和现实的考察，自然使我想起一个重要的话题：传统与继承。在樟林的民间音乐曲艺活动中，传统得到恰到好处的继承！尽管乡间人士并没有事先学习过什么文艺理论，但其中不无值得探讨的道理。

近些年来，国家常对某种艺术发出抢救的呼吁，说明其存在受到严重的挑战。一种事物到了要抢救的地步，必陷于濒临死亡的边缘，而潮乐曲艺现又在群众之中默默兴起，社会的号召当然起到一定的作用，但更多是得益于其自身在长久发展中拥有的深厚的群众基础，而众多的乡间乐手及曲艺爱好者，便是火种和土壤。

只要火种在，传薪可行，不用悲观。

附记：此文曾请黄光舜先生指正，今谨以此文纪念先生。

［原载东里镇文化服务中心主办《东里之声》2012 年第 2 期（总第 20 期）。］

樟林民谣
——欲食好酒在桥头

口述：宋如成
地点：樟林乌手茶庄
时间：2005 年 2 月 12 日
记录、注释：黄光武

    欲食好酒在桥头①，
    欲食狗肉挦②阿猴③。

    阿猴无卖行倒转④，
    过来阿孙浮虾卷。

    虾卷浮来真正酥，
    对面是阿耀森胡⑤。

    耀森胡铺内有个肥走仔⑥，
    掺歪⑦拐脚卖蚝仔。

---

① 20 世纪 50 年代末至 60 年代初，樟林的商业活动高度集中在西门宫桥至古新街桥河沟两旁，所有商店都是公私合营或集体性质。一些个体熟食小贩也在这一带贩卖，农民自种蔬菜也在此摆卖。这河沟两旁几十米左右的地段，是当时唯一的商业街。

② 挦：潮音 [tshue^7]，寻找。

③ 阿猴：新陇人金秋的诨号，他以屠狗为业。

④ 倒转：潮音 [to^3 tuɯng^2]，返回。

⑤ 耀森胡：耀盛号干果店的老板，两腮有胡须，能唱外江（汉剧）曲调，是樟乡的知名人士。

⑥ 走仔：潮音 [tsau^2 kiã^2]，女儿。

⑦ 掺歪：潮音 [tsham^3 tshuah^8]，斜对面。

拐脚撮秤①人上恼②,
对面老丁卖樣脯③。

樣脯食着酸咸苦,
向畔对面阿大肚④。

大肚店员大头连,
坐在铺内缚亚铅⑤。

亚铅哩四散缚,
过去是省杂⑥。

省杂阿星歾上晏⑦,
天光⑧蚤起吊裤带。

裤带吊来有长短,
过去布铺阿肥好⑨。

肥好上顶兜⑩,
过去阿如啰⑪卖包。

面包上好食,
过去春喜在做屐。

---

① 撮秤:潮音[tshua ʔ⁴ tshing³],短秤。
② 恼:潮音[lou²],讨厌。人上恼:人们最讨厌。
③ 老丁:原利合号米店老板,粮食统购统销后结业,丁氏原籍潮安深田,新中国成立前在长发街腌芥菜,后因擅长制作蜜饯,故转行卖蜜饯。樣:潮音[suāi⁷],芒果。
④ 大肚:唐朝海的诨号,他是北社人,原开香烛纸钱店,后改卖日用小百货。
⑤ 缚:圈扎。亚铅:英语铁的音译,代称铁线。
⑥ 省杂:乡人称百货店为省杂。
⑦ 阿星:姓吴,樟林最大百货店和丰号的老板,其店设在古新街头。歾:潮音[ŋʔ⁸],睡觉。
⑧ 天光:潮音[thi¹ kɯŋ¹],天亮。
⑨ 肥好:女,南社人,身体肥胖,原在元通街与人合伙摆布摊,合营后在百货店卖布。
⑩ 兜:潮音[tau¹],矜持自大之态。上顶兜:非常傲慢。
⑪ 啰:潮音[lo¹],于句中表正在进行时的作用。

做屐挖阿挖,
过去缶铺卖炖钵。

炖钵样样有,
过去是文具。

文具笔头真正尖,
过去竹篾是阿甜①。

阿甜鼻狮狮,
过去是药材。

药材真怪卵②,
铺内研槽上顶重。

过去钉秤阿硬额,
硬额上顶衰。

生着孔仔③名连科,
连科担水④腰龟龟。

过去收购组,
旧铜斤八角⑤。

过去是油漆,
油漆油到悾⑥。

---

① 阿甜:原为瑞发号木屐竹货店老板,此谣创作时早已去世;此谣所指乃其子郑清泉先生,社会上多将其误称其父之名。瑞发号原店址被征用,郑清泉搬此处时已结业闲居,偶削些竹皮售人搭瓜豆棚,也做些竹器小玩具出售。不久其店也被征用,郑再搬古新街居住。
② 怪卵:潮音 [kuai³ lang⁶],奇怪。
③ 孔仔:潮音 [khong² kiã²],弱智者。其父诨名硬额,在元通街开吴发记钉秤铺。
④ 过去樟林有专为人家到乡北二里处井仔泉挑水的职业,每担一角钱,多为冲茶之用。
⑤ 新中国成立后中山路再也没有收购旧铜铁的商铺。
⑥ 油漆店主名松泉。悾:潮音 [kong⁵],头昏脑胀。

过去是陈德宏①，
德宏眉垂垂，

个月百八理唔开②。
过去合作社卖棕蓑。

还有卖戽斗。
过去三民铺窗有狼狗③。

狼狗尾曲曲，
过去是居竹④。

居竹掠人排到勒⑤，
过去是粮食局。

粮食局啰粜米仔，
过去东司头耗肖影⑥。

肖影耗来真排场，
过去打铁阿鸿阳。

鸿阳个铁焙来真正红，
过去是新火砻⑦。

---

① 陈德宏：塘西人，魁梧、浓眉大眼，在香港学西医，新中国成立前夕开始在家乡樟林开业。广告称"陈德宏医学士"。陈医术高明，在家乡一带颇负盛名。
② 理唔开：开销不够敷抹，经济拮据。
③ 三民：是北社三家人（林武贤、林武顺兄弟、陈旭光）合设的烟纸作坊，以狼狗为商标，产品销至澄海及邻区。公私合营时三人已离开三民，回家务农。
④ 居竹：原为私人行台，新中国成立前夕国民党军队偶尔路过时，长官常在此歇脚。新中国成立后常做地方政权的治安办事处，经常有犯法之人扣留在此。
⑤ 掠人：潮音［liah⁸ naŋ⁵］，抓人、扣留。排到勒：潮音［pai⁵ kau³ lek⁸］，排成一行。
⑥ 耗：潮音［ho⁷］，摄照。肖影：潮音［siou² iã²］，照片。耗肖影：指美彰照相馆。
⑦ 新火砻：指新中国成立后仙桥街的新火砻。因早在林正记火砻出现之前，20 世纪 30 年代樟林已有永兴街本记、城内兴隆两家火砻。林正记火砻并非结业，而是合营后搬迁他处。

火砻开唔成，
过去是徐耀廷。

徐耀廷①行医真心共真意，
过面维乔做车扇。

车扇做来真正如，
对面灰铺是阿涂。

阿涂个灰烧畚熟②，
过去和尚仔卖猪肉③。

猪肉大只肥，
过去起卸工人擎竹槌。

起卸工人心上清，
一日个竹槌、索我在伯爷宫④。

伯爷公真正圣⑤，
对面有海卖腊蔗⑥。

腊蔗真正热⑦，
过去松潮翁姐全个矮捕厂⑧。

---

① 徐耀廷：樟林有名的西医，曾任澄海医院院长。
② 畚熟：灰烧不透。
③ 卖猪肉：指仙桥街猪肉铺，店号嘉利。
④ 一日：非时间单位，专指白天。我：潮方言与靠同义。靠置停放。新中国成立初樟林的搬运工会设在仙桥街的土地庙内。货船从东里溪入南社港，进河沟，在南社蓝厝祠前对面起货，送市内各商家。
⑤ 真正圣：很灵验。
⑥ 腊蔗：甘蔗。
⑦ 热：生意火红。
⑧ 翁姐：潮音［ang¹ tsia²］，夫妻。捕厂：潮音［puh⁸ tshiak⁸］，缀于矮后是乡间常语，形容长得矮。

过去乌古拍石奇空却①，
乌古拍石裤力力②。

过去是苏北，
苏北学生操练擎童子军槌③。

后门出去是下围④，
下围阿龟卖水真正如。

跍⑤在涂下当如个尿壶。
到此为止，后会再起。

附记：歌谣中所记商铺人物全是实录，带有调侃玩笑成分，有的描述为了押韵，冒犯了个别人。据说当时就引起歌中人的不满，造成纠纷。这已为记录者所注意，但从民俗学角度来说，歌谣必须如实记录，而那些与事实不符的说法，会在注释中尽量澄清。希望读者能将歌谣看作老照片，它保留了樟林20世纪五六十年代之交的商业历史风貌。其中人物将永久留存。今尚健在的歌中人或其后人，乞望谅鉴。

本歌谣虽是实录商店人物，但对时代及地点的排列次序却非常随意，把公私合营前的商业活动同个体工商业、手工业改造后的商业活动混淆起来。如肥好卖布，其下述阿如卖包，再下述春喜做屐，这在情节上就发生了时间和地点的错乱。肥好卖布在元通街，阿如原在西门宫，只卖饺面，后转到中山路饮食合作组才卖包，而此时春喜已不在原铺做屐了。

1959—1961年是樟林商业最萧条的时期，几乎所有的商业活动都集中在古新街头与西门宫前两桥间左右的路段。饥饿难忍下，人们在两桥上买卖非政府统购统销的小青蛙、麻雀、老鼠肉及土制卷烟等，地瓜粮制品的地下黑市交易则集中于僻静的内市潘厝街巷头。

这篇歌谣的创作年代应当在1961年以后，因为是年笔者尚在家乡念高中，

---

① 奇空却：潮音 [khih⁴ khok⁴ khiak⁸]，打石的拟声词。
② 力力：潮音 [lak⁴ lak⁴]，裤头松露状。
③ 苏北：苏北中学。童子军槌：童子军是存在于新中国成立前的少年学生组织，其成员手操木槌。
④ 后门：指苏北中学的后门。下围：塘西地方。
⑤ 跍：潮音 [khu⁵]，蹲下。

初秋才离开樟林,家距两桥只有数十步之遥,其时市井里巷绝无此谣流唱,记忆尤凿凿。2005年笔录时未询问宋如成先生的创作时间,也未录音,疏漏当自可惜。

本文承蒙张坚先生拟音,在此表示感谢!

黄光武
2005年7月

澄海苏北中学琐忆

一、未考上苏北　已在苏北读书

我于1955年秋考入澄海苏北中学读初中。在这之前，在同窗学友郑佳桐君的怂恿和带动下，我每周六下午溜到苏北中学图书馆"读书"，主要看画报。这种阅读令我耳目为之一新，与平时省一二分钱租翁仔册（乡下叫古册，即小人书）的感受大不相同。画报有《人民画报》《解放军画报》等多种，图文并茂，鲜活生动，政治、经济、文化、军事、外交等什么内容都有，但我尤其喜欢军事、体育、民俗、史地方面的内容。摄影的图像让我了解世界之大、祖国之广、山川之美、物产之富、历史之古、民族之多、习俗之异，也打破了我的井蛙观念。小时总以为最北是莲花山，最南是汕头，最西是府城，最东是南澳与海。小小心灵的屏扉被新阅读打开，阅读确有知识启蒙之功。至今我仍记得管理图书馆的老师。他讲国语，圆脸，皮肤白皙，走路时脚步不利索，常双掌撑着脸，双肘支在借书的长台上，友善地看着我们，不赶我们走。我们也识趣，只静静翻画册，十分规矩。他就是宽厚的孔斌老师。

后来才知道，孔老师是南下干部，从军队转业到中学任职，山东人氏，说不定是孔府的若干代子孙。他遵从孔老夫子的教导，有教无类，相信开卷有益的古训，所以才让校外的小朋友在馆内翻书。他似乎有先见之明——资源共享的认识。这是近来才提出的文化建设的新思维，是认为学校设施可以共同分享的新概念。

二、我的两个班主任

我在苏北中学读书时先后有两个班主任。初中班主任是柯顺老师。他年龄不到三十，风度翩翩。走起路来一本正经，正视前方，旁若无人，带思索状。后来才知道他双耳重听，故有一般聋态特征。他教我们历史课，不客气地说，他没给我留下好印象。他管理学生采用宝塔式，少与学生交流，用学生管学生。开班会老批评人，冷僻少人情，我辈学生敬而远之。他教学远不如他的太太——教我们地理的杜乐瑜老师。她手执教鞭，触动地图，指点江山。语言铿锵激扬，滚瓜烂熟地讲授祖国山河大地上的省份、城市、铁路、物产……其情景至今犹历历在目。相比之下，柯老师讲课枯燥些。他常双手反交背后，眼睛直望中脊檩。讲述中常用"然……而……"的连词，拉着长腔，为掩盖思绪的断路。"然……而……"的前后语句通常并无转折关系。班里有个俏皮的东里镇同学李诗民君，趁一次提问，大胆模仿老师拉长腔，调门昂扬宛转，一声"然……而……"，引起哄堂大笑。柯老师仍泰然凝视中脊檩，似细听模样。等到他发现学生的笑态，颇有疑惑，然不知其由，只好招手示意李君坐下。这恐怕是柯老师任三年班主任给我留下的仅有的难忘回忆吧。

2010年，柯老师的外孙陈椰考入中山大学攻读哲学博士学位。他以同乡之谊访我，谈话中知其乃柯老师外孙，倍感亲切。之后我们交往颇密，他经常到寒舍，品茗之余常谈起柯老师往事。陈椰告诉我，其外公已谢世。柯老师去世前与其外孙的谈话，可当作沉痛的临终遗嘱。人之将死，其言亦善。他告诫外孙：凡世事"看在目，记在心，勿呾①出！"柯老师总其一生，得此九字真言，传授外孙作防身之术。痛哉斯言，不胜悲切！我不能生慰老师，只愿他冥福。他的灵位寄于故乡水仙古寺，以后有机会回乡拜祭父母之时，必定要在其灵位前三鞠躬！

高中的班主任是张介周老师。我离开苏北之后，与老师虽无鸿雁来往，但心中一直惦念着他。老师也没忘记我，碰到舍弟仍呼我名。老师退休后重继家学，以其曾祖父的《潮声十五音》为底本，新编《潮声十八音》。初稿既成，托负笈羊城中山大学读书的陈伟武送我一册，封面有题签："光武学棣教正 张介周。"惜我不谙音韵之学，未能为老师提出意见。这册老师题签的油印本一直为我所珍藏，于今已有30多年。1980年，我因公差从上海回穗，取道厦门，途经家乡逗留数天。得知张老师复出，在盐鸿中学执教，即往探望，相谈甚欢。

认识张老师是在考高中的考场。考生正襟危坐等候，一阵敲钟声响起，步入考场的监考人是位中年人，略胖，平头，发已花白，眼袋沉重，身着挺直咖啡色西服。一个多月后，在迎新班会上，我觉得老师似曾相识，原来是考高中时的监考人——我们的班主任张介周老师。他还是主考时那身行头，由是推测老师应受过高层次的教育。他的容颜已刻上他人生旅程的记号。50多年前张老师在迎新会上讲话的内容有一句还铭刻在心。他颇严肃地说，不要"奉父母之命读书"，鼓励我们立志读书。除少数人之外，我辈何尝有此境界？20世纪五六十年代之交，时局艰难，无业可从，学生姑且读书以待时，真离老师所言甚远。学生只望努力读书，将来若能升入大学，毕业后由国家分配工作，大

---

① 呾：潮汕方言，意为"说""讲"。

体如今日考公务员之路。

上高中时,我的生活十分困难。那时中学设有助学金,补助家庭经济困难的学生,在农村多为贫下中农子弟所得,一般乡镇居民子弟,或因家庭有一份少得可怜的工资而少能获得。笔者五口之家全靠父亲每月25元工资过日,还要供我兄弟二人读书。张老师很体谅我家困难,帮我争取得一份月有5元的助学金,使我能安心上学,让我感恩一辈子。张老师所教的英文课,我也特别用功,坚持早读,争取好成绩,不令老师失望,但愿将来高考得中,以报师恩。可惜高二时在校招兵,我应征入伍,投笔从戎,与张老师阔别了。

张老师很有人情味,与学生交往十分融洽,有时甚至忘记身份。那时学校已贯彻与劳动相结合的方针,到生产队帮助农活。老师不是在讲台上课,而是一起劳动。有一个冬天我们帮生产队搞农田水利建设,老师休息时食烟"嫩衬"①。老师嗜烟,或吸完忘带,就会找到暗里吸烟的同学卷一支"的打标"的红烟过过瘾。在那物质短缺的特殊年代,这与为人师表并不矛盾,学生谅解他,觉得融洽无间。

老师对学生宽容体恤,但也不乏严肃,宽严有度,甚得学生尊敬。学生若有小错他也不会苛责。1960年春某星期天,我与同学到莲花山后割山草,途避暴雨山洪,至天黑无法回家,和同学投奔盐灶农场亲戚借宿。翌日才归家,因耽误上学而旷课。老师了解具体情况后也无特别苛责训斥。而对可教之才稍有偷闲嬉游的行端,他也决不纵容,严格要求,循循善诱,好言规劝。"文革"后他重出执教鞭于盐鸿中学,有一心爱学生陈伟武,在临近高考时刻,竟夜走十几里路到东里镇看电影,事后被张老师叫去训话。平时张老师将自己的藏书借给他阅读,开拓学生的知识领域。陈生果不负老师之望,考入中山大学,本科毕业后继续深造,以优异成绩相继获得硕士、博士学位。今已成为教授、博士生导师和长江学者,是古文字学界颇有成就的学者。

我作为张老师的学生,唯一一次见他板起面孔训斥我们是在1959年冬,余锡渠开始建澄海三桥大工程的时候。那时使用人海战术,土法上马,中学也要参加建桥。苏北中学师生进驻苏南许厝祠。苏北中学的任务是夯桥基。分配施工的桥基在莲阳河北岸第三、四墩,日夜三班轮换。人执方头木棍,排成若干横排,来回不停夯舂,反复加灰土,有人验看。时值隆冬,工课粗重,食实有限,累饿交加。最使人眼馋的是开饭时候,看到邻近生产队的社员不限食的番薯饭,我们口水直往肚子里咽。我们还要走回许厝祠开饭,餐餐萝卜丝糜。一只大木桶,二把铁饭勺,几十号人马轮番接力打捞,饭勺无空置之时。我们

---

① 嫩衬:潮音 [luŋ² tsʰiŋ³],意为御寒。

的张老师站在一旁无从下手，又不好意思加入抢勺子的战斗行列。看着看着，未免怨从中起，气鼓鼓地，两只眼袋越发沉重。偶有一二个识趣的学生手下留情，让了一个空隙，让张老师装上一口盅。到了晚上集中训话，讲到夯桥基的正经事情之后，他就话锋一转，要大家注意生活作风问题。其中一句话让我几十年不能忘怀——"食品看人品！食品看人品！"重复了两遍。饿与品的选择，在非常时期，难有选择的余地。乡语说："死罪敢当，饿罪难当。"连古人都说过，衣食足而后知廉耻。对一群饥肠辘辘的青年仔，老师发出无奈的批评，尽量避免教不力的责任而已。到了明天用餐，食相依旧。

笔者也不为贤者讳。张老师教授我们英语的水平委实一般，没给我留下深刻印象。他之所以教英语，应属无奈的选择。

张老师于1940年考入中山大学法学院的经济系。时已抗战，学校搬迁到粤北，学习条件艰苦。1944年毕业，他毅然回到故乡从事教育。70年前他以毕业于中山大学的资历，先后受聘于金中、澄中、苏北、隆都等中学，还参加过创建鮀浦中学的筹备工作，并任校长，后调任隆都中学校长。

谈到张老师大学经济系毕业后，毅然放弃投身金融事业的事，就要追溯老师一段不寻常的历史。这是老师的哲嗣张卓伦先生告诉笔者的。前文曾说张老师告诫学生"不要奉父母之命读书"的语重心长的话，他自己其实就是不奉父母之命择业。老师出身书香门第，其曾祖父张世珍是《潮声十五音》的编者。到了老师这一代，还是受到良好的教育，先就读于汕头礐光中学。逢抗战爆发，在南洋的父亲叫他转到新加坡继续学业。随着国难加深，老师响应陈嘉庚在南洋的号召——华侨青年回国参加抗战，后随抗日救国华侨青年到了重庆。重庆是当年的政治中心，各种政治势力、各种思潮都有。但当时担负起武装抗日主要力量的只有蒋介石的国民政府和中共两家。两家虽已联合抗日，然天下抗日者不归蒋必归共。而老师觉得抗日大后方的重庆乱哄哄，他对老蒋无信心，辗转万里到达重庆，却不执干戈卫社稷，而是进学校读书以图救国。国家于危难之际也不能断绝文脉，救国不忘读书，读书不忘救国。西南联大就是一面旗帜。老师考取了中山大学。抗战胜利后，他不奉父亲之命到新加坡一家银行任职，却投身于启蒙人智的教育事业。教育救国兴国也是中国近代的一种思潮，恐怕张老师是崇拜这一派的信徒，否则无法解释青年时代张老师抉择的道路。从几十年来中国历史发展的轨迹来看，我真钦佩张老师这批老一辈知识分子的自由民主思想。

老师后来从隆都中学校长任上调至苏北中学当普通英语教师。凭借中学、大学时代的优秀英语基础，老师教授当时高中才上英语课的学生绰绰有余，但英语终非老师读大学时所学经济学之所长。而且当时也不重视口语，因此口语是他英语教学中最薄弱的环节。笔者觉得张老师的口语略带乡音乡调。几十年前一堂英语课上学生不准确的发音使一个同学得了一个绰号的笑话，也是令我难忘的一段趣事。有个同学把意为红色的单词（red）念为近似乡音"笠喘"的发音，引起大笑。因当时乡语有"笠歪"这个粗俗的口语，经俏皮同学一扭曲搞笑，那位同学便得了"笠歪"的花名。又一事是从舍弟处得知的。一次英语考试，题目有误。舍弟询问老师，老师点头觉得不妥，小声说，避免影响秩序，将错就错，酌情评分。

所举小例子是说明老师的英语教学不尽如人意，但对我们这班高中才进行英语教育的学生来说，其启蒙之功实不可没。

在张老师的带领调教下，全班40多个学生中很多先后考入高等院校，单计重点大学，就有考入北京大学、武汉大学、中山大学、华南理工学院、华南师范学院、广东中医学院的共15人。入武大、中大英语专业有2人，成绩斐然。

与张老师分别后，晤面仅三次。有一次我回樟林省亲，竟在东里大街上见到老师。我上前向他问好，站在街边谈别后经历。近午，边谈边送他回家，一直走到寮尾溪墘才惜别，目送他一脚高一脚低地慢慢走向隆城乡……后来1991年暑假，我和陈伟武，还约了几位老师的老学生，专程到隆城府上拜访张老师。时老师已退休，孤居乡下，但依然满口国事，赤子之心可见。噫！这次晤面，竟成永诀！

值得安慰的是，老师任过两届政协委员，且子女事业有成，足慰晚年。直至今日，我还记得最后拜谒介周老师时他侃侃而谈天下大事的模样，其音容笑貌时时还浮现在我的脑海中。

烬余道在须传火

——简介一幅特殊的金文书法作品

我们看过数人合绘的画，或画家书家诗画合璧的作品，却少见数人合作的书法。本文介绍的就是六人完成的金文师遽簋铭文条幅，作者是著名古文字学家、曾任广东省书法家协会主席的容庚先生以及他的学生。这幅特殊作品的来龙去脉，陈永正先生在跋后说：

一九七九年冬日，容师希白先生于古文字研究室临写金文，甫一行，兴尽，弃去。时光武兄侍侧，遂卷而怀之。越廿年，诸同门偶集，因出此纸，丐为足成。振林教授欣然书次行，竟，搁笔，示不敢越逾也。稚雏教授继作第三行。初生教授补末行五字。桂光教授题器名。时公元二千年元月二十八日。陈永正识于康乐沚斋。

回忆容先生暮年临摹金文，无意追求，全凭一生熟看与摹录的功夫，已达炉火纯青的境界，随写随好，全属天成。所写的铜器铭文，若字数有限者，偶因纸大字少，造成布局失当，即毅然弃之，那是极少数的例子。如一次我请他写扇面，内容是李白的《静夜思》，他从最右端写起，未到中间，诗句已完，便摇摇头对我说："不署名了，浪费你一张扇面。"而本文所介绍的条幅，容先生为什么写了一行而搁笔？据陈初生推断，大概纸不佳之故，使容庚先生的雅兴顿失。

有时一个偶然的缘故，却会造出另一个有趣的故事。这幅六人合书的书法作品就是如此。遥想当年，笔者把这张纸收藏起来，不外想有机会再请容庚先生完卷。容先生为人临摹金文，多为二三十字，较少如此之长篇，原应为好友而作。此卷第一行，容先生写得流畅雅正，实属晚年少有之作；第二行紧跟其后，力步其韵趣；第三行不如第二行工整，然放开随意，朴拙可人；第四行意气旺盛，只有五字，笔墨饱满而殿于末，字虽少而不觉空疏。题铭文出处用的是庄重秀丽的楷书。跋后是苍劲沉实的行书，有独立特行的风格。总览全篇，虽出众人之手，体现各家书风，且时间跨度为 20 年，然而整体协调，既不杂乱，也不呆滞，艺术效果大大出乎笔者之意料。

由容庚先生师生六人先后完成一幅金文书法作品是书坛的雅事，同时也象征着容庚先生学术后继有人。追随容先生之后，完成其未竟之作的是五位教授。他们都是容庚、商承祚先生的弟子，今天在古文字领域都有一定的成就和影响。薪火相传，他们如今都带了研究生，并主持过国家重大课题项目，把老师传给他们的知识再传给年青一代。

五位教授不但继承老师古文字的学术研究，还承传了老师的书法。半个世纪以来，书写殷甲卜辞、周金铭文的书法大家，首推广东容庚与商承祚二先生。容先生所书的金文古朴刚强，直追周秦，而行楷端庄。近日出版的《颂斋书画小记》，除了其书画史的价值外，还可当作容先生行楷书法作品来欣赏。商承祚先生所书甲骨文结构紧密、姿态秀丽，几超其师罗振玉。商老还兼擅铁线篆。晚年揣摩秦汉简帛，自创商氏秦隶。二老在中青年时篆刻亦不俗，但因近几十年来无暇操刀，几被人忘记。由于他们的书艺篆刻是学术之余事，具一般人所无的素质，故能超逸。在这一点上，后续师遽簋铭文诸君，正与二位老师相同。

（原载陈永正主编《书艺》第一辑，岭南美术出版社2000年版，第5页。）

忆 容 老

容庚先生作古了，但他的音容笑貌宛在眼前。他卧病之前，几乎每天都步行到研究室，读书之余，常和我们话说当年。他点燃一支烟，慢悠悠地追忆自己的治学生涯：如何学篆刻书画、辑录金文、北游京津、教书著述。从容老的谈话中，我能悟出他在学术上成功的原因之一，就是不为虚名所误。

容老谈往事，最引以为豪的是，他在北京大学研究所国学门毕业后，曾辞去中山大学高薪之聘，到文化古都的燕京大学当襄教授的事。讲时，其矜赏之情溢于言表。这段历史往往成为他谈旧事的主题曲，有时一月之中我们竟可恭听一两次。他表现出一般老人晚年所共有的神态，颇能说明他对影响自己一生的重要的一步是如何刻骨铭心。这种选择，对于一个意在殷甲周金、秦钟汉鼎的学者而言，也许是对的。在北京那段时期，他先后完成其重要著作《商周彝器通考》，重订《金文编》和多种彝器金文图录，这是他学术成果的丰硕期，并一举成为古文字学、考古学界鼎鼎大名的学者。每逢他讲这段故事，总会笑嘻嘻地说："嘿嘿！正教授不当，当襄教授！"言下之意是，他不慕虚名，方有今日之成果。

容老著书立说，也不尽是为了出名。晚年有人催促他整理手稿出版，他似乎意颇淡薄，曾说"80多岁了，还去争名吗？"。有不少手稿为他所割爱。人们多知容老善书法篆刻，但很少知道他还擅作画。我有幸看过他的花鸟和山水长卷。他认为这些"不是我的主要工作"。即使是他出过的有影响的著作，他也常持自我批评的态度："现在检查起来，错误不少，误人子弟。今老矣，无能为也矣！"其言虽过重，却能说明他更不愿意将他那"非主要工作"的书画篆刻行世的原因。不争名、宁缺毋滥，大概这也是至今不见容老艺术类出版物和其他杂著的原因吧。

容老在学术上不图虚名，在生活中也不为虚名所惑。作为一位有影响的学者，他难免成为记者们的"众矢之的"。四凶垮台、文艺复苏，写知名人士一类的报告文学应时而起，欲传容老者也不乏其人。然而他多谢绝之。他觉得写而欠实不好，不要"说大话、空话"，总是严肃地说："算了，别夸大。"曾有一位记者专来写容老，住在中大与容老谈心多日，但最终未见报道。其中除种种原因外，当然还有他老人家谦虚谨慎、不爱宣传自己的缘故。后来偶见报纸上报道他的文章，如果要征求他的意见，我敢说他是不会苟同的，更何况个别文章颇类小说家之言呢。

现在，我们再也听不到容老谈当襄教授的故事时慢悠悠的声音了，但他那不为虚名、勤奋治学的精神和严肃为人的品格，依然深深地激励着我。

（原载《深圳特区报》1983年4月11日第四版。）

交流学术　保护文物①
——记容庚先生收藏青铜器

容庚先生（1894—1983年）字希白，号颂斋，广东东莞人，著名古文字学家、考古学家、金石书画收藏家。

容先生出身于书香世家，青少年时代受篆刻家舅父邓尔雅的影响，酷爱金石学。1922年容庚先生北上求学，进北京大学研究所国学门当研究生，毕业后先后在燕京大学、北京大学任教授，其间曾兼任北平古物陈列所鉴定委员。抗日战争胜利后南下广东，任岭南大学教授。新中国成立后任中山大学教授。他一生著述宏富，《金文编》《商周彝器通考》则是其影响深远的学术名著。

容庚先生在其学术生涯中，还有为了交流学术、保护文物而收藏青铜器的故事值得一记，其爱国精神，亦值得我们学习。

容庚先生早年丧父，家道中落，生活清贫。据先生回忆：儿时，兄弟姐妹七人，"尝得三小钱，购一三角糕剖而食之，默念苟能月得三十元者，则余富矣"。其昔在家乡教书时，虽喜篆刻，然所需金石文字资料，也只能买些普通著作，根本谈不上收藏铜器。容先生在燕京大学任教后，生活稍为宽裕，才开始收藏青铜器。著名的古文字学家唐兰先生在为容先生《颂斋吉金图录》所作序中，曾谓容先生对古器物之收藏，乃"节衣缩食以蓄之"。

容庚先生收藏青铜器的原因，除职业、爱好之外，还受强烈的爱国感情所驱使。20世纪二三十年代，军阀混战，人民生活困苦，青铜器每有出土，多被外国人所购，流出海外，容先生对此十分痛心："环顾宇内，干戈扰攘，所出日多，政府莫能禁，有博物馆出而购求者乎？无有也。此种种者不流出海外，将安所归？抱残守缺，亦余之责也，嗣是厂肆时所游踪，力所能购，间取一二；金有所不足，或舍旧而求新，即易儿鼎亦不能久存；若留信宿计无所出而还之，与德父夫妇同惋怅者比比也。"容先生不遗余力以尽保护国家文物之责任，他所购青铜器，即使不能保存长久，也力争印成图录，供同好研究，传播中华文化。由是有《颂斋吉金图录》及《颂斋吉金续录》的出版流行，并开金文著录摹拓花纹与文字并列的先例。容先生深感保护包括青铜器在内的古

---

① 本文内容参考容庚先生、商承祚先生以及曾宪通先生的文章，不一一列注。

物,自己的力量有限,"非一人之力所能尽及,嘤嘤求友,和之者众",遂于1934年与同仁发起、组织、成立考古学社,出版《考古社刊》、集刊、丛书。容先生几种青铜器图录就是考古学社所印行的集刊。

容庚先生收藏的第一件青铜器是前文所说的易儿鼎。此器1928年4月得于北京古玩店式古斋,乃容先生藏器之始,惜未能久存,亦未收入《颂斋吉金图录》中,只在《颂斋吉金续录》陈述其他铜器时,特地说明其第一次收藏青铜器的时间地点。

容庚先生毕一生之力,收藏了多少青铜器,只要我们查数一下先生自藏器的两部著录,便可一目了然。《颂斋吉金图录》及《颂斋吉金续录》共载173器,加上后收而未著录者,总数不过200器,容先生自谓"得商周彝器百数十事",大都是在抗日战争前收藏的。1937年北平失陷后,先生工作环境日趋恶劣,曾在《倪瓒画之著录及其伪作考序言》中说:"战争频年,币制日紊,教授月俸,曾不足以易百斤之米,或一吨之煤。八口之家,何以为生?斥卖书籍彝器之属,忍死以待时清。金石之干燥无味,终不若书画之足借怡悦,于是治书画之日渐多于金石矣。"抗日战争胜利后及南归广东直至解放,容先生就少再收藏青铜器了。除了转让给朋友及变卖些外,至将所藏捐献给国家时,计有150余件(现分别藏于北京中国国家博物馆和广州博物馆)。

容庚先生收藏的青铜器中,最负盛名的是一件错金工艺的最早期实物——春秋中期晋国大夫栾书所铸的栾书缶(现藏北京中国历史博物馆)。错金铜器,以兵器居多,而铭文字数较少。栾书缶不仅是铜器制铸中的上乘品,而且缶之器铭和盖铭共有48字之多,故容老对此器绝为珍爱(缶之铭文拓片见图1~2)。

容庚先生的客厅挂有一匾,即陶北溟手笔"晋缶庐"三字。《容庚自传》也只举"错金四十字之春秋栾书缶"作为藏器的代表,足见栾书缶在容先生心目中的重要地位。容庚先生还刻有"晋缶庐"三字之印章,以记栾书缶的收藏,偶尔在书法作品上盖用。栾书缶收藏时已在《颂斋吉金续录》出版之后,故最先被容先生的好友、著名的古文字学家于省吾先生收入《商周金文录遗》中,铭文的照片与摹本并存。因为刻辞是错金铭文,无法椎拓,容庚先生乃请北京著名书法篆刻家金禹民摹刻拓墨,即《商周金文录遗》所载者。

除栾书缶外,还有不少精品,如王成周铃。容先生说:"周铃之有文字者,昔人未有著录,唯此一器而已。"1932年秋,容先生得山西长子县出土的乍宝鼎,色泽甚为特别,"五色相宜,斑驳陆离,然以红绿黑三色为多,蓝及灰白色次之,黄色罕见。此鼎色如蒸栗,口耳有蓝斑,尝见古彝器数千,未有若斯者也"。

容庚先生收藏青铜器，并非为收藏而收藏，而是为研究古文字、铜器学提供实物材料。若是单看别人的著录，有时是发现不了问题的。容先生通过对自己藏器的细心观察，发现问题，甚至纠正他人的失误。例如他在研究仲姬鬲时，发现从前著录的铭文因铜锈而造成误释，指出《愙斋集古录》《善斋礼器图录》将"姬"字误为"汝"字，并纠正《三代金文著录》错将此器判为伪器之误。容先生还根据汉代鼎器耳旁及盖有铭的特点，经过细心去锈，发现所藏楚器王蔑鼎二耳皆有凿铭，为之狂喜，因为这一发现，为研究楚文字提供了新的材料。

容庚先生的《商周彝器通考》至今仍是研究商周青铜器的圭臬。容先生在青铜器考古研究方面的成就，也与他长期利用藏器与文献相结合进行对比研究分不开。容先生曾观察过所藏的周文簋，发现"腹内残留饭粒"，因此认为《仪礼》注曰"簋，黍稷器也"并不符合实际。"初疑簠、簋用异，簠（音 fǔ）盛稻粱而簋盛黍稷。观此实物，可知簋（音 gǔi），亦盛稻粱也。"如果没有对自己收藏的研究，哪能得出这样的结论。

容庚先生收藏青铜器，在研究之余，也能调节自己繁忙枯燥的学术生活，陶然自得，暂得少憩，增加生活的情趣。容老曾得诸儿觯（音 zhì，古代酒器），原是善斋的藏器，因"善斋藏器富，其于花纹铭文未加暇洗剔。比归余斋，浴以清泉，敷以山楂，绿锈去而铭文显，焕若神明，非复旧观矣"。若遇到制作特别精致之器，虽不属商周秦汉之物，也摩挲不已，怡然自乐。先生所藏银质鸡彝背负尊，中空可载酒，贾人言出于洛阳某宋墓中，古器铜制者多而银制者少，此器形制精巧，案头清供，颇饶逸趣。有时因得到某器，与清宫藏器和名收藏家做比较，竟毫不逊色，荣幸之情油然如生。如先生曾得 5 件有铭的商代铜爵，而清宫所藏，据《西清四鉴》所著录不过 10 件。清代达官、大学者阮元曾对朱为弼得 3 件而羡慕不已，说："商器得一已足宝贵，况乎其三……何曰坐'经注经斋'，持此三爵而饮之耶？"容先生说自己得了五器，"视朱氏所藏过之，宁非幸耶！"，为此引以为豪，获得精神上的满足。

容庚先生在收藏青铜器的过程中，有不少有趣的故事。或出旧求新，或朋友间相互索让，或多年后收回旧藏，其中有买假古董的教训，更有破杯重合的巧遇。

曾有人向容老出售有 34 字铭文的孙叔大簋，恰好是他搜寻 10 年而未得的簋之有铭者，贾者索价颇高，先生乃斥卖觚觯二件，以 330 元购得。容庚先生与老朋友商承祚、于省吾先生之间，常交换、索让心爱的藏品，既交流了资料，又加深了情谊。容老先后收藏了两个同铭的叔龟爵，其中一个原是商承祚先生收藏的，后容先生又得一件，"乃向商君索让，遂以归余，其雅意足感也"。1931年秋，容先生在式古斋购得陕西出土的越王剑，"剑锷廉利，犹可杀人"，双面有鸟书八字。当时，于省吾先生已藏有攻敔王夫差剑，乃向容先生索让越王剑，遂得二剑，并用来命名斋号，曰"双剑誃"。到了1937年，容先生从善斋购得师旂鼎。于先生又向容先生要求转让。容先生讲条件："必归余故剑，鼎乃出。"于省吾先生爱鼎心切，对越王剑只好割爱，才得到师旂鼎。岁月飘忽，数载有余，越王剑又重归容先生了。

　　古有破镜重圆之说，这不过是小说家编造的悲欢离合的故事。而容庚先生收藏一只一分为二的汉代耳杯却是生活中实实在在的真事。那是1931年，容老在古玩摊上购得残杯半只，有铭"丞不败利"4字。后来又在琉璃厂得到另一半，有铭"厚世"二字。合起来乃一完整铭文："丞（承）不败，利厚（后）世。"此杯能得"重圆"，实属天作之合。此杯形拓、题记后在中山图书馆列于先生家属新赠处，若得早观，尚可详细记述。

　　容庚先生收藏青铜器期间也有买假古董的教训。据商承祚先生回忆，20世纪30年代初，他在北京任教时，经常和容先生一起欣赏鉴别铜器，为辨真伪，有时竟争得面红耳赤："我说假，他说真。有一次他正在鉴赏一物，上镌四字，高兴之极，见我去，兴致勃勃地大谈此物的妙处。我说，几天前见过，因是器真字伪而未买。希白不信，又争论起来。我举证此四字是仿自某钟的，于是当场查阅该器，证明确伪。他不能不服。过了半个月，希白兴奋地对我说：'我把那件假古董卖了。'我为之莞尔。"后来，容先生在所著《商周彝器通考》中，盛赞商先生关于彝器伪字的研究"证例甚详，有独到处"。容先生还说，1927年自己曾任古物陈列所鉴定员，摩挲几及三千器，互参形制、文字、花纹，真伪渐辨，然而对刚出土生坑彝器的鉴别，还是茫然。编《宝蕴楼彝器图录》时，真伪不尽辨，当编《武英殿彝器图录》时，经验较富，伪器用稀。这跟他曾收藏过伪器，有了实感性经验是分不开的。

　　容庚先生为了探讨学术，传播中华文化，保护祖国珍贵文物，节衣缩食，尽力收藏青铜器。为了同样目的，亦无私地将自己心爱的珍藏全部捐献给国家。新中国成立之后，容先生开始思考一生所收藏的铜器，是否会因自己离开人世而散失的问题，并明智地认为应该献给国家。这种思想容先生在捐献书画时说得十分深刻："聚与散是矛盾的，有聚就必有散。历史上无论收藏家的资力多么雄厚，搜罗多么宏富，很少能维持到第三代。聚实不易，散则何难？与其身后任其散失，不如现在就完整献给国家，让更多的人在前人研究的基础上做出更好的成绩来，自己几十年的心血也算没有白费了。"容先生最先捐出的收藏品是青铜器，后来把书画也捐献了。较之有的收藏家，还来不及到第三代散宝，已经同室起衅，对簿公堂，容庚先生的做法实在高明。容庚先生置国家利益于个人家族子孙的利益之上的高贵品格，是值得我们歌颂和怀念的。

图1　错金栾书缶器铭

图2　错金栾书缶盖铭

［本文原名《交流学术，保护文物——记容庚先生收藏青铜器》，载于《收藏》1995年第6期（总第30期），第7～9页；又以此题名刊于杨才玉主编《名人与收藏》，西北大学出版社1999年版，第214～221页；又以此题名收入东莞市政协编《容庚容肇祖学记》，广东人民出版社2004年版，第121～126页。］

每愧人称作画人

——读容庚先生次韵和徐宗浩诗作

马国权先生曾撰文介绍书画篆刻家徐宗浩与容庚先生的一段友谊,刊登了容庚先生没有公开发表过的诗作,但不明所出。① 笔者近日整理容庚先生及家属捐赠中山大学和古文字研究所的书籍资料,发现容庚先生的手稿《颂斋读画记》中有记载明代刘钰《安老亭图卷》条,记录了图卷的式样尺寸、作者及诸文士题字、题诗,应是容先生作为评论书画资料的储备。但后面多了一段有趣的徐、容唱和的记事,证实了马氏介绍的容庚先生的和诗并非向壁虚造。《颂斋读画记》记载:

此卷(《安老亭图卷》)藏武进徐宗浩家。卅三(1944)年二月廿七日余从假观。入夜亲来索归。后寄余诗简云:日昨承示诸画,极赏心娱目之乐,口占二绝寄奉颂斋仁兄吟正:

　　　　论画评书意独亲,十年同浣洛京尘。
　　　　足音空谷跫然喜,君亦平生爱竹人。

　　　　癖画成痴亦可怜,乱离供养只云烟。
　　　　荷君相谅防微意,免损衰翁一夜眠。
　　　　　　　　石雪居士初稿　甲申二月时年六十有五

余次韵和之云:

　　　　水竹云山记偶亲,廿年投笔走京尘。
　　　　评量金石寻常事,每愧人称作画人。

　　　　书画搜藏只自怜,里居沦陷半成烟。
　　　　如何君竟痴于我,假去完庵未得眠。

徐容二人唱和之诗表达了惺惺相惜的情怀,倾诉了同浣洛京尘的艰辛。徐

---

① 参见马国权《近代印人传》,上海书画出版社1998年版,第149页"三六 徐宗浩"。

引容为知己,发出"君亦平生爱竹人"的欣幸感叹。徐氏曾因请人题赵孟頫真迹《淮阳书院记》导致原作失窃而悔恨终生,为慎重起见,竟夜叩容门索画,诗中为此事深表歉意,以"免损衰翁一夜眠"的诙谐诗句解嘲。

可贵的是当年徐宗浩寄容庚先生的诗笺完好无损地夹在《颂斋读画记》的稿本中,让我们得以欣赏徐氏脱俗的书法。

徐宗浩二绝句与《颂斋读画记》的记录一致无误。

但是容庚先生稿本的和诗,与马氏所引的容诗比较,出入较大。下面分列出做比较,异文笔者用着重号标明,右侧为马氏所引容诗:

(一)

水竹云山记偶亲,廿年投笔走京尘。
评量金石寻常事,每愧人称作画人。

书画搜藏只自怜,里居沦陷半成烟。
如何君竟痴于我,假去完庵未得眠。

(二)

水竹云山笔偶亲,廿年焚砚走京尘。
评量金石甘残抱,愧尚传称作画人。

南望胡尘劫可怜,故园书画半成烟。
如何君复痴于我,借出刘图竟损眠。

可以看出,马氏所引容诗的诗句有几处异文,谅马氏未敢斧正先师原作。徐氏诗画齐名,民国十五年(1926)有《石雪斋诗稿》行世,马氏引容诗或出徐氏后来修改的手笔也未可知。"投笔"改"焚砚"更明确,不致歧义。容先生毕竟在大学任教授,以笔耕为业,容诗的投笔或意指投下画笔,不从事绘画。"寻常事"改"甘残抱"似合乎容先生著述一向矜慎的著述风格。他曾于《金文编序》自言"唐兰先生批评此书是过于保守,这是很恰当的"①。但这未必合容诗本意。容先生的舅父邓尔雅有《题容庚兄弟同辑〈东莞印人传〉》,诗中有句云:"我家篆刻寻常事,不断相传有印人。"此处"寻常事"意为研究金石古文字、篆刻是家学,相传不断,传人也包括外甥容庚、容肇新。容诗"评量金石寻常事"或借自舅氏诗句。② 第二绝前二句改得更蔑视日寇,凸显民族感情,区区收藏确几乎成烟。有书为证:"廿七年春……八月东莞城陷,七妹乃使人携余所藏书画往香港,遭劫失去。辗转购求,数月乃归。扇册失去三十余纸。"③ "完庵"改"刘图"更合事实。稿本《安老亭图卷》记刘钰

---

① 容庚:《金文编序》,见曾宪通编《容庚杂著集》,中西书局2014年版,第55页。
② 参见邓尔雅著、东莞市政协编《邓尔雅诗稿》,广东人民出版社2007年版,第314页。
③ 容庚:《容祖椿画扇册题记》,见曾宪通编《容庚杂著集》,中西书局2014年版,第361页。

"自题云：'完庵为□复初进士作。'"完庵是刘钰斋号，归还的是《安老亭图卷》。总之，笔者将马氏所引容诗与手稿比较，顺做简单注释，以为大体无悖原作，可惜马氏未说明容、徐唱和诗的来源，始终是个疑问。若刊布容庚先生诗作，应以《颂斋读画记》为准。

容、徐二人在竹画绘作及竹画史专题上有共同语言：徐氏著有《竹影述要》《画竹人传》，墨竹作品名世；而容庚先生则有《记竹谱十四种》之作，文中还表示欲集录各书之说及图为初学者示范为上卷，复从各地博物馆与私人所藏真迹珂罗版中选辑南唐之李颇、宋之文同、元之赵孟頫、明之文徵明、清之郑燮诸家为下卷，庶几集竹谱之大成。① 徐宗浩深情引容庚先生为同志，称"君亦平生爱竹人"。然而，容先生在和诗中向世人明确表白：莫把我当作画人，我自己所追求的事业还是"评量金石寻常事"。

虽然，容庚先生从小爱好书画，跟随"从兄康泰，从叔父祖椿学画"②，打下了厚实的国画基础，但由于他真正领会到书画艺术的真谛，深知"书、画、篆刻非变不足以传，而余之资禀钝不足以言变，遂乃舍去而专治古文字"③，故有北上求学之举。

容庚先生立志做传世之事业，于1922年偕弟容肇祖北漂古都燕京，此行成就了他"专治古文字"的夙愿。由于他"早年感于列子'大道以多歧亡羊，学者以多方丧生'的话，故于金石以外，不敢多所旁骛"④，故"比来北平，不言书画者十有五年"⑤。容先生一心扑在金石古文字的研究上，成就斐然，至1941年的20年间，先有《金文编》，后有《商周彝器通考》两大著作问世，成为治古文字、铜器考古的圭臬。

正当容庚先生在学术道路上踌躇满志时，日本帝国主义侵华，东北、北平先后沦陷。在燕京大学关门之前，容庚先生的治学已深受干扰，备受挫折，遂破"不言书画"的戒律。他下笔如是说："北平沦陷，燕京大学以国际之故，虽可苟安，亦苦压迫。排忧解愠，莫逾书画。"⑥ 并重操画笔，于1938年"十月，仿张宏画牛册十二页，是作画之始"⑦。"（一九）四一年十二月，太平洋

---

① 参见容庚《颂斋述林·记竹谱十四种》，香港翰墨轩出版有限公司1994年版，第204～205页。
② 容庚：《颂斋吉金图录序》，见曾宪通编《容庚杂著集》，中西书局2014年版，第63页。
③ 容庚：《甲骨集古诗联序》，见曾宪通编《容庚杂著集》，中西书局2014年版，第90页。
④ 容庚：《历代名画著录目录》，见曾宪通编《容庚杂著集》，中西书局2014年版，第112页。
⑤ 容庚：《颂斋书画录序》，见曾宪通编《容庚杂著集》，中西书局2014年版，第106页。
⑥ 容庚：《颂斋书画小记序》，见曾宪通编《容庚杂著集》，中西书局2014年版，第108页。
⑦ 容庚：《颂斋自订年谱》，见曾宪通编《容庚杂著集》，中西书局2014年版，第36页。

战争起,余移居上斜街东莞新馆,百无聊赖,以书画遣日。"① "日本宪兵接收燕京大学",燕京大学停办,容先生赋闲在家,翌年四月才受北京大学教授之聘。② 教学之暇他还研究画史,作长篇论文《倪瓒画之著录及其伪作》,而绘事"自一九三九年起,至一九四五年止,七年之间,得画一百卷轴;曾以一夕之力,临沈周《苕溪碧浪图卷》"③。由此可见,容庚先生虽以书画遣日,却不但遣兴,也遣出些成绩来。他本人也冷暖自知,如致萧项平关于《颂斋书画录序》所说,批评书画"不无一得之见"④。其绘画有人以吴窭斋相比较,容先生则说:"余之造诣,奚止于此!"⑤ 又如对《倪瓒画之著录及其伪作》的学术价值,他更加矜持自信。辨伪洋洋凡二十九款,文末对其文充满严谨至确的自我评价,发出"若誉为画史之董狐,则余岂敢"⑥ 之言,实以谦逊句式自誉为画史之董狐也。至于对容庚先生绘画的评估,于省吾则曰:"君于绘事之孟晋,殆未可以测其所至也。"⑦

容庚先生以书画排遣,肯定会影响其金石古文字的研究,自然会引起学界同仁的误解。如老友于省吾当时就认为他"近数年来,忽殚研六法,昕夕临摹,孜孜不倦。余尝戏谓君曰:'业贵乎专,苟吾之所业,不足以抗衡古人,睥睨一世,虽勿为可也。况近世画家林立,咸有师承,致力专且久,君虽聪敏迈人,而仅以岁月旦夕之勤,与之品高下,角优劣,君其望尘轨追景迹而莫之逮乎?'君曰:'否!否!余幼学绘事于从叔祖椿,嗣以从事金石著述,因而中辍者二十余年。兹复理旧业,苟岁月有待,当有所就。且微此无以发吾胸中之奇,岂与俗史争短长乎!'余默尔无辩"⑧。容庚先生婉答于氏,画翁之意不在画,浇胸中块垒耳。

从中国文化传统的角度来看,绘画美术始终不能登入最高的文化殿堂,只被当作技艺,地位还在书法之下,更无法与经史诗文相比。即使容庚先生本人,也弃画而选择金石古文字的研究。一旦成为金石考古古文字学家,却因环境压迫将绘画当作遣日的游戏,致使于省吾先生婉劝他"业贵乎专"。几十年后,于先生的高足吴振武教授还是把容先生的绘事称作"前辈大师学术生涯

---

① 容庚:《丛帖目序》,见曾宪通编《容庚杂著集》,中西书局2014年版,第104页。
② 参见容庚《颂斋自订年谱》,见曾宪通编《容庚杂著集》,中西书局2014年版,第37页。
③ 容庚:《容庚自传》,见曾宪通编《容庚杂著集》,中西书局2014年版,第3页。
④ 容庚:《致萧项平书》,见曾宪通编《容庚杂著集》,中西书局2014年版,第424页。
⑤ 于省吾:《容希白传略》,见曾宪通编《容庚杂著集》,中西书局2014年版,第6页。
⑥ 容庚:《颂斋述林·倪瓒画真伪佚存考》,香港翰墨轩出版有限公司1994年,第323页。
⑦ 于省吾:《容希白传略》,见曾宪通编《容庚杂著集》,中西书局2014年版,第6页。
⑧ 于省吾:《容希白传略》,见曾宪通编《容庚杂著集》,中西书局2014年版,第6页。

以外之'艺术人生'"①，终究把艺术定位在学术以外。但从文化史的角度来看，学术与艺术都是人类的文化结晶，没有高低之别。不过在中国，学术高于艺术的传统观念却是不争的事实。最典型者莫过于被誉为"北宗山水第一人"溥心畬的夫子自道："与其称我为画家，不若称我书法家；与其称我为书法家，不若称我为诗人；与其称我为诗人，不若称我为学者。"②溥心畬画重当时，但出版过《寒玉堂画论》《四书经文集》《毛诗经义集证》等论著，所以他宁愿人称他为学者。由是可见"学者"在文人心目中的地位。容庚先生就是一位有贡献受人尊敬的大学者。

上述冗论之后，还是回到容庚先生那句"每愧人称作画人"的诗句上来。前此，除了马氏引容庚先生的和诗外，未闻容先生有公开发表的诗作。从与徐宗浩唱和的诗作可看出诗如其人，平实率真，通过和诗表达抗日战争那段时期以书画排遣实属无奈的心情，但他的目标始终是金石古文字的研究，未忘初心，要"为《殷周秦汉文字》一书"③的撰写而奋斗。

解读容庚先生的和诗，必涉及其书画研究的问题，自然不能不谈及容庚先生《丛帖目》《颂斋书画小记》两部著述的写作和意义。

《丛帖目》的写作始于容先生对《鸣野山房帖目》之校补。他于沦陷间假观或选购，得丛帖500余种，作《丛帖目》。1949年以后，假观或选购得丛帖300余种。至1964年作序时说：陆续增订，涂乙狼藉，距始作30余年，"此亦精力所聚，未忍捐弃，聊集存之。它日复有所见，当为续补云"④。其后之增补工作还被列入中山大学古文字研究室1965—1970年的研究计划。但直到"文革"结束，1980年才由中华书局香港分局出版第一册，容庚先生在新出版的《丛帖目》第一册上高兴地题签"分赠古文字研究室 一九八〇年四月 容庚"。在容先生归道山之后3年的1986年9月，才把《丛帖目》4册全部出版完毕。⑤冼得霖评价其学术意义说："补书学所未备……则以金石家而编纂是书，允能详审可信……其于学术贡献岂小补乎？"⑥

容庚先生另一部"亦十年精力所聚，未忍听其湮没，聊笔记之"⑦的《颂

---

① 吴振武：《容希白传略·跋》，见曾宪通编《容庚杂著集》，中西书局2014年版，第7页。
② 转引自刘国松《溥心畬》，载《艺术家》（台湾）1996年第6期。
③ 容庚：《金文编序》，见曾宪通编《容庚杂著集》，中西书局2014年版，第50页。
④ 容庚：《丛帖目序》，见曾宪通编《容庚杂著集》，中西书局2014年版，第104页。
⑤ 参见曾宪通编《容庚杂著集》，"前言"第9页。曾宪通先生回忆：中华书局香港分局负责人李祖先生来到容先生家中洽谈有关出版事宜，容先生指着垒得高高的《丛帖目》稿本深情地说道："李先生，我这一百多万字的手稿是一个字一个字写出来的，每一个字都是一笔一笔写成的。"
⑥ 冼得霖：《颂斋丛帖目·序》，见容庚《丛帖目》，中华书局香港分局1980年版，第5～6页。
⑦ 容庚：《颂斋书画小记序》，见曾宪通编《容庚杂著集》，中西书局2014年，第109页。

斋书画小记》，则在容先生逝世17年后于2000年出版。《颂斋书画小记》乃广1936年印行的《颂斋书画录》之作，容先生对《颂斋书画录》"自惭寒俭，颇有续收之志"①。增至1948年，材料十倍于前。张伯英在序言中高度评价其合谱录、传记、收藏为一体，博观约取，鉴别严谨，是画录中善之又善者。②《颂斋书画小记》书稿一直增补，收画至入容先生法眼，小他50岁的忘年交、受他青睐的青年画人吴静山。至1967年，历时40余年后增作后序。若从《颂斋书画录》的写作算起，《颂斋书画小记》完篇历时64年，逮至2000年4月才出版。容庚先生虽未能亲睹其梓行，亦足慰九泉之下。

容庚先生上述两部著作，耗时最长，精力所聚，钟爱所在，不忍湮没，增订不断，历尽坎坷，终能面世，代表其书画研究的最高成就，与《金文编》《商周彝器通考》一并成为容先生生平治学标杆之作。曾宪通先生是这样评价其学术意义的："容庚先生博大精深的治学领域，即以金文为中心的古文字学，以青铜器为重点的考古学，和以丛帖目与书画录为特色的目录学，均为我国相关学科的奠基之作，在学术界具有深远的影响。"③

容庚先生诚然是个大学者，虽擅国画，然其生平从未以画名世，这就是他在和诗中辩白的真心话："每愧人称作画人。"

（原载陈伟武编《古文字论坛》第三辑，中西书局2018年版。）

---

① 容庚：《颂斋书画小记序》，见曾宪通编《容庚杂著集》，中西书局2014年版，第108页。
② 参见张伯英《颂斋书画小记·序》，广东人民出版社2000年版，第1～2页。
③ 曾宪通：《容庚杂著集·前言》，中西书局2014年版，第1页。

容庚先生晚年趣事

1984年容庚先生逝世一周年，应《深圳日报》记者之约，我写过一篇忆容先生的小文，讲他晚年念念不忘在燕京大学那段称心惬意的日子。现补其他琐忆，纪念容先生逝世三十周年。

我在中山大学古文字研究室行走，与晚年的容先生接触较多，记录他老人家日常的一些琐事，可从一个侧面反映容先生的性格及学术、艺术倾向，以供敬慕容先生的人了解其为人，于笔者而言也是一段温馨的回忆。

我管理古文字研究室的图书资料，每天都上班。容先生除天气不好外，都会到研究室。他家住在大钟楼对面，这里之前住过陈寅恪先生，现为陈寅恪故居。古文字室位于马岗顶西侧，在嘉庚堂北邻，离容家约四百步。他垂暮最后几年的身影常在这段路上来回出现，一般是缓缓而行，冬着毛呢中山装，夏着白府绸唐装衫裤，一手提塑料方袋，一手挂着黑布伞勾柄。他来到研究室门口，我在楼上就能听见他布鞋拖地的声音，上楼便给我打声招呼，我叫声"容老"。他先开自己的办公室，放下提袋雨伞，再到我办公的书库，在我桌旁的椅子上坐下，掏出"555"牌的香烟，问我："烧一根吧？"书库本不能吸烟，尊他老，让他独抽，有我在呢。他来室不喝茶，我也不用替他张罗。他边抽烟边聊天，不断重复两个话题：一个话题是当年不受中山大学教授之聘，宁到燕京大学当襄教授，神情十分矜持，自赏正确的人生选择；另一个话题是那么大年纪了，不给退休，光挂牌不唱戏。后一话题逢每月10号领工资之日，会重复几次，带有白居易"今我何功德，曾不事农桑。吏禄三百石，岁晏有余粮。念此私自愧，尽日不能忘"的愧疚感。老人自以为不授课，无研究，无功受禄，故几乎天天坚持到研究室走走，算应个卯吧。看书也好，开会也好，走很远到西区研究生宿舍看看研究生也好，总算是受到责任感的驱使吧。容先生的责任感对当下拿老专家当花瓶的现象应有所启示。

其实容先生到研究室看书，也是随手观看而已。有一次，他看到上海古书画出版社出版的上下二册的《历代书法论文选》，要我代他向出版社购买。我即写了一封信，让容老签个名，发出去。不久，收到出版社寄来赠送容先生的二册文选。

有时他在我办公桌旁一坐就半天，看书很入神，动都不动，烟也不抽。一次，我悄悄勾勒下他的肖像，形有四分相似，神态却有七八成相似。背后还设计添挂一幅日历，标下年月日。这张画像是我与容老最亲近时刻的见证，后来被斯鹏兄拿去收藏了。

自从研究室搬到马岗畔后，独立一栋小楼，来找容老求字的人多了。至容老逝世前的三四年里，近水楼台先得月，我得到好些容老的墨迹。往往在容老写完字送客后，我求容老就熟不用再查选临写的金文范本，就按刚写的内容，用剩纸余墨赐我一张。这要看他的情绪。凡我敢开口时，多无推辞。当然不能超过回家用餐的时间。回想起来，最不好意思的一次是，有次他为朋友写鲁迅"横眉冷对千夫指，俯首甘为孺子牛"的诗联后，我看他意兴很高，就求容老再来一对。他便折纸濡墨挥毫，过了12点才停笔，而我的女儿，就在牛年午时呱呱坠地。我很珍惜这一副特殊时间所写的诗联，值得留念。

容老给人写字多是金文，从《三代吉金文存》里选一器的铭文临写。一般二十几字者为多，少长铭文。一次我求他写曾是他珍藏过的栾书缶铭。他道破天机说，你就是想写字多的吧？他算是给我面子，写了。有时裁纸留下些边角，不成规格，便有他随便写一行《论语》或一首唐诗之类。

我这样求容老写字会不会引起他老人家不高兴呢？一般不会。但我替人求字，容老就可能显得不耐烦。这种情况也只有两次。第二次他写后说，以后你的朋友的朋友就不写了。我心里想：容老，我还敢有下一次吗？惹他老人家不高兴令我很惭愧！可后来卢叔度先生的太太托我求容先生在一把大概一角钱的日用折扇上题字。因卢先生与容老有交情，我知道容先生不会推辞，故敢代转。容老按指定内容写了"手动风来"四字。卢太太好高兴，而我觉得真可惜，好好的字写在一把劣质的扇子上。

我在容先生身边数年，见缝插针求到好些墨宝，也从容先生废弃的字纸捡了不少，或写一行，或只写数字的皆有，多被我用来练字浪费了，多可惜。唯有一次他写较长的师遽簋铭，写了一行就放弃。好好的，不知何故？我捡起来随手搁在书架上，一放就十几年。等到1997年研究室搬迁，从架上掉下，我打开才记起。纸角已被虫蛀。后来请孙稚雏、张振林、张桂光、陈初生几位教授补足铭文及出处，由陈永正教授写了长长的一段跋语，真别开生面。笔者还写了一篇小文记述这张师徒先后合写的古文字书法作品的写作经过，刊于《书艺》上。我还捡到一张容先生为东莞市教育局题匾试笔的楷书，只有"教育局"三字，无款。

说起求容先生墨宝，究竟难不难？说难也难，说易也易。有一回本校外语系一位老师手里提一盒南园酒家的蛋糕，来找容老求字。见到容老便恭敬地自我介绍一番，说来问候他老人家。因要移居海外，想请容老写几个字留念云云。容老也不推辞，开笔即写。可是有位历史系的教授求字，说他喜欢容老写的金文。容老说，你喜欢（字），我不喜欢（写），拒绝了他。

我有一次见到容师母带一个亲友到研究室看容老写字。容老问客人：要不要一张？客人不好意思开口。容师母捏客人的手怂恿他要一张，还敦促说，有人拿都拿不到，快讲要！确实如此，曾见过容师母大概转达亲属求写墨迹的事吧，容老似带有情绪地说，我有无我爷爷给我写的字？我挂的是舅父的字。

容先生写字下款的署名，最后几年都一本正经写"容庚"，而不是常署的"宲甹"。早年他提倡过一种简体字，编过《简体字典》。"宲甹"应是从简体字中来的。最后二三年的署名，以后可以为鉴定容老这一时段的书法作品真伪做参考。

至于请容先生题字，亦难亦易。如美术学院陈卓坤先生要开个人书画展，跑来请容老题字。容老推辞不过，便出个难题说："你会画画，你要我写字，我们交换吧？"陈先生应声说："好！"隔天上班不久，陈先生挟一画轴找容老换题字来了。一言既出，驷马难追。容老二话不说，即写即交换。陈先生客气道谢下楼。陈先生刚出门，容先生拿着画轴笑嘻嘻地对我说："光武，给你吧。"打开一看，画的是两朵着色的牡丹写意画，与常见繁花茂叶的牡丹图不同，孤单清冷，毫无富贵之象。

亦碰到拒题字的事，且还是亲人、学生呢。某日，容老的女婿梁世雄先生拿一本空白册，请容先生领头题字，大概是为某一学术或书画艺术的活动吧。容先生就是不题。他说，我不敢为先，谁知后面题的是什么人？若黎（雄才）、关（山月）二人画了，我再题，尊敬他们俩。翁婿二人沉默相对，梁先生不好马上告辞，尴尬场面令我转入书库，不敢出来。后来不知如何收场。另一次拒题是马国权先生带来上海书法名家李天马的狂草作品，请容老题识。马先生慢慢将卷轴打开，容老观看一下，婉言谢绝说："我看不懂，不好乱写。"这恐怕与他的艺术观有关吧。还有一次，马先生拿了一幅署张大千的画来求题字。画一人坐石上，背后是芭蕉竹丛。容先生看后说，蕉不像蕉，竹不像竹。我题不能增加其分量，不如不题。可能容老认为不是上品或为赝品之故。然而，连登先生请容老题钟馗图时就有说有笑。连登先生说："此图价值几何？"容先生马上说："好价立即出手。"气氛很融洽。其实，愿意题识就是一种认可或鼓励，为连登先生的画题字大概属于后者。连先生作画神速。在连先生等候容老时，我与连先生闲话，问："多久可画一个人物？"他说："构图想妥很快。"我说："试一试？"拿出纸笔墨汁。他果真两下画出一幅李白醉酒图送我。急就之作，至今还未用章呢。

也有闻名而来求指导者，虽容老与之素不相识，也耐心倾听，热心鼓励指导。一次，来访者是一位青年，怀一长卷图画请教容先生。画的是缩地山川图，以珠江为线索，从虎门画到广州。容老看完友善地说："后生仔（年轻人），你最好买台照相机，把风景拍下来，参照参照。"大概说他还要多野外写生，多走多看，使胸中存山水丘壑，才能创作有气势的山川长卷。"后生仔"满足地点头告别。

容先生不使人做私事，待人客气。他到研究室看书写字，往往比我先回家。他不嫌我小辈，临下楼时总向我招手说："光武，我行先（先走）。"我起身回礼目送他下楼。或因事到他家，总是让座，倒上一杯茶，有时还有糖果招待。他请研究生搬书，就要请他们吃饭，补偿他们的劳动。1979年第二届古文字学研讨会在广州召开，研究室是主办单位，容先生也找来旧稿捧场。他要我雇人誊稿。我说："区区小事何必请人，让我誊正好了。"清稿交他时，他连声说："唔该①！唔该！"某年，四川大学数人来中山大学古文字研究室，征求编纂《汉语大字典》的意见，容老宴客南园酒家。此事陈炜湛先生在忆容老的文章中已有记述，我也忝列宴席。席中我先给容老上汤。容老连忙说川大同志是远路贵客，要我先敬川大同志。我原以为容先生年最长，要先上。这使我懂得待客的规矩。我第一次上南园吃大菜，才知失礼。

我在古文字室，掌书库之钥。容老每为人书多写铜器铭文，除求书者能自找内容、自查金文者外。他写古文不爱写凑偏旁的字，一般都用《三代吉金文存》为范本。他星期天也经常到研究室，找《三代吉金文存》不便，老人家就要我为他配一把书库的钥匙。我反复说明掌门乃我之责，敬请原谅。终得他体恤下情，不再坚持配钥匙。而我把全套《三代吉金文存》搬到大厅的书橱里，不上锁，让容老随便使用。这套善本，在容老的使用下，多年来不虫不蛀。后来中华书局出了翻印本，善本入藏书库中，不数年就出现虫蛀了！

容先生办事认真，需要时会亲力亲为帮你一把。朱老总逝世后，中文系编了一本纪念朱德同志的资料汇编。封面的美术设计是苍松倚崖。已准备付印了，大家围在一起正在点评，恰好容老也探头观看。然后他袖手一旁，笑嘻嘻地说，这也是松树吗？因封面的松树用通俗的版头画，松针不是针状，而是重重叠叠的扇形状。我说："是美术版画。"容老来劲了，说道："我带你去请人画棵靓松树吧。"我问："谁？"他等闲地说："找黎雄才。"并马上出发，到南校门对面坐上了25路公共汽车，直奔同福路红卫医院站，下车转个弯到黎宅。叩了一阵门，没人回应。恰黎先生不在家，无功而返。容老想了想，指着河北方向，说："找吴灏去！"一老一青再转10路车，在泰康路下车，转珠光路，

---

① 唔该：广州方言词，客套话，相当于普通话中的"谢谢"。

找到一座木楼。他前我后，爬上狭窄的、黑乎乎的楼梯。吴先生在家，招呼两个小孩叫容老公公，叫我叔叔。我们坐下，吴先生却跑到后面，一会就端出二碗藕粉糊招待我们。容先生说明来意，吴先生连连称是。我就去看小姐弟二人描团扇绢画。容、吴二先生则谈他们的话……过两天，容先生把挺拔的苍松图交给我。吴灏先生是容老赏识的后辈，在《颂斋书画小记》中有条目介绍。至今我还经常想起容老带我坐公共汽车，在市里辗转半天求画的往事。

直接到研究室拜访容先生的客人不多，经常来的有王贵忱先生。后来看到容先生题识字画的书，有不少与王先生有关的，可见两人过往颇密。来多了就认识。王先生知我是潮汕人，他在汕头地方工作过，夫人又是潮阳人。他曾手拓所藏潮阳砖并题跋送我。吴静山先生也来过。容先生对他很客气，与他是忘年交。莫怪《颂斋书画小记》中介绍吴静山说"（吴）少余五十岁。后生可畏，前途无量也"，他是《颂斋书画小记》中能入容先生法眼的年轻者。容老还竭力向有关部门推荐他呢。

与容先生接触数年中，偶听到容先生赞扬人事，其中之一是赞陈炜湛、曾宪通合评罗振玉的学术地位一文。我亲眼见他边看边击节称赞说，好文章！早就该写了。他还说："想辑罗先生的序言题跋，都做不成。"容老非无能力，环境有顾忌也。他一度心情较好，还关心过中文系的大计，说系是可以做些事的，漫评到中文系会写文章者，有楼栖先生。

《颂斋自订年谱》记载："（1922年）7月3日至天津谒罗振玉，以所著《金文编》稿就正，颇蒙奖饰。"① 又，1940年6月19日罗振玉去世，他悼罗的挽联为：

<blockquote>
探殷墟之瑰奇，精鉴远过刘原父。
眷楚国而憔悴，孤忠高似屈灵均。②
</blockquote>

容先生在年谱中，凡认为重要的国事、家事、己事，都精确记年月日。上二事就如此。可见罗振玉在容先生心中的位置。"文革"后思想解放，学术界对罗振玉的学术贡献有了客观的评价，容老积压了多年的感情释放了，大赞陈炜湛、曾宪通二人合写的文章。因罗振玉是容先生步入古文字学术殿堂的领路人，所以才有那句出自肺腑的心里话："没有罗振玉，就没有我今日的容庚。"其实容先生早在多年之前，就用另一种表述抒发他对罗振玉的感恩之情。

---

① 容庚：《颂斋自订年谱》，见曾宪通编《容庚杂著集》，中西书局2014年，第32页。
② 容庚：《颂斋自订年谱》，见曾宪通编《容庚杂著集》，中西书局2014年，第37页。

1979年中山大学古文字研究室主办第二届古文字学术年会,容老为会议捧场,用了一篇题为《略评〈书画书录题解〉》的旧稿参加年会,我替容先生誊稿。容先生把一段感恩罗振玉的文字删掉,说明他心里还有余悸。这小段文字是容先生把1922年在天津拜谒罗振玉的那次晤面喻为千里马之遇伯乐:

吾生属马,而命亦属马。少趹弛不羁。南粤多山,无以展其逸足。乃北至冀北之野,得伯乐一顾,范以驰驱,日致千里,曾为人所矜赏。世无骅骝绿耳,则驽骀称先。

我曾写过一篇《〈金文编〉序言漫议》投《中山大学学报》,引用过这段文字,也被编辑删去。若今而后有收集先生文者,倘能将因时避嫌而删去的文字补上,不亦全容先生作文之初衷乎。

容先生一生著述丰富,研究室在容老逝世后,编了容庚先生著作录。容老每当填写个人履历表格,著作一栏总是填"《金文编》《商周彝器通考》等"10个字。这说明两部大书是他的得意之作,可代表他的学术水平。从填表可见大家之气度风范。

容先生对书画的收藏鉴定则有《颂斋书画小记》、4卷《丛帖目》的研究成果,享誉中外。一次他与我谈起书画的话题时,颇感慨说,我看过的东西算什么,人家《壮陶阁书画录》① 才是一流!容先生自愧弗如,十分谦逊。

研究室大厅挂有阮元家藏格伯簋的全形拓图,渲染研究室的古色古香氛围。容、商二老也各写一幅字来增添气氛,挂在格伯簋图两旁。商老写的是自创秦隶体,句为"古为今用,推陈出新"。容老写的一幅是楷书,句为"百花齐放,百家争鸣"。内容十分匹配,形式却有些别扭,好像反映他俩不同的风格。

容庚先生桀骜一生,自称无人能御的野马,无人能开的鬼锁。到垂暮之年,鬼锁不砸自开,野马不宰自驯。时也老矣!

(原载东莞市政协莞城区办事处编《东莞地方文献与东莞学人研究文集》,齐鲁书社2015年版,第55~61页。)

---

① 文中笔者转述容先生赞裴景福《壮陶阁书画录》所录书画,凭一时印象记音而已,一直没有核对书名。谢谢章文钦先生赠他所笺注的《吴渔山集笺注》,集后"征引文献目录"有裴景福《壮陶阁书画录》。无误。

忆刘益先生

吾乡塘西刘益先生，自号钱痴。曾对余炫耀其收藏古币宏富，且拥有珍品，可补中国货币史所缺，极具价值。余将信将疑。

1989年夏余为刘益先生治三印，得其嘉许，并欲以所藏古钱为谢。未几，刘先生果慨然如余所愿寄赠可组吉语之宋钱四种。另加"太平""大观"等凑足12枚，且施拓装为一夹。其诚可感也。噫！本有刁难之意，却成抛砖引玉。

数年后，回乡途经刘益先生家门，不见其往日蹲坐门第喷烟观街景之象，赫然见门额贴"驾鹤西归"蓝纸白字丧联，知刘先生作古矣。呜呼！故里少一爱乡好古之士，顿觉痛惜，默默悼之。

回首往事，匆匆十几秋。

近日清理书册，翻出刘先生所赠宋钱，特补记所藏始末，并怀刘益先生云。

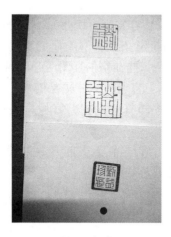

图1　印章　　　　图2　宋钱及拓本

[原载东里镇文化服务中心主办《东里之声》2011年第4期（总第16期）。]

"花宾主月亭"的释读

——纪念黄光舜先生逝世一周年

嘉庆《澄海县志》载郑廷櫆有别业"折桂斋",其中构筑"花宾主月亭"。黄光舜先生在《闲堂杂录》有记述,但不知何故,省作"花月亭"。典籍不可随意简称,有违本意。其实,我们可利用文史资料帮助解读。

扬州"何园",今科学院著名院士何祚庥祖居。其先祖原籍安徽望江吉水,于光绪年间来此购得乾隆时代双槐园故址及吴氏"片石山房"旧址,扩建新园,名为"寄啸山庄",俗称"何园",是扬州最具特色的名园。其东园的主要建筑是船厅,又叫四面厅,窗开四面,地铺波纹。回廊的廊柱上挂有对联:

> 月作主人梅作客;
> 花为四壁船为家。①

这副对联意思明白,并不深奥,上联可为郑廷櫆"折桂斋"的"花宾主月亭"作注。真是踏破铁鞋无处寻,得来全不费工夫。以此观之,"花宾主月亭"的含义及不能简称的道理就不用多费笔墨了。

黄光舜先生临终前一年,与我电话来往甚密。老人笔耕不辍,不知他要写什么文章或创作什么剧本,要我帮他在中山大学图书馆找陆游所撰的《南唐书》。我从命把陆著整本复印并快递寄去。他十分高兴,来电表示感谢。2011年冬节前我致光舜先生一函,对《闲堂杂录》里将郑廷櫆"折桂斋"中的"花宾主月亭"简为"花月亭"一事提出异议。翌年清明前我回乡扫墓,刚到乡里,行装甫卸,未及访光舜先生,当晚便传来噩耗,惊悉光舜先生仙逝,至出殡也未能望先生遗容,只见灵车将一个为樟林史研究默默做出贡献的羸弱文人的遗体无情地运到火葬场火化为一缕轻烟。本来想送花圈表示哀悼,拟写上两句悼词:

---

① 引自《中国行百集系列风光片全集》第二部之50《扬州风光》。

>《杂录》钩樟史，功可不没；
>《剧集》已出版，死而无憾。

《杂录》指《闲堂杂录》，《剧集》指《闲堂潮剧集》，光舜先生晚年为出版之事耿耿于怀，幸谢世前印行，为其生平大事。但出殡无任何仪式，更谈不上吊唁挽词之类的悼念。送上最后一程的亲朋好友也寥寥无几，真叹光舜先生身后之寂寞，鸣呼哀哉！

匆匆又一年了，谨将致光舜先生一函及请光舜先生批评的小文登出，聊作周年纪念。

光舜老师：

不久前看风光纪录片，偶见一条联语，很有助于解读"花宾主月亭"，今理顺为一则小文，请老师批评。电话里听老师说话，丹田尚强，康健可慰；孤居生活，珍摄自重！

黄光武 鞠躬
2011年冬至前三日

［原载东里镇文化服务中心主办《东里之声》2013年第1期（总第23期）。］

跋

　　黄光武先生的论文集列入吴承学和彭玉平两位教授主编的中山大学中文系中国语言文学文库·学人文库，即将出版。黄先生命我作序，作序愧不敢当，写点感想算是"跋"，沾"光"了。

　　黄先生大名显赫，令人印象深刻。炎汉中兴之主刘秀，谥号光武。黄先生尊人仰慕前贤，以古人之号为名，亦合乎取名之法。黄先生出生于广东澄海樟林乡，1949年虚龄9岁启蒙，在一次周会上，校长陈殿恩的训辞说了"光武中兴"的故事，引起同学哄堂大笑。陈殿恩曾协助中山大学社会学系1934年到樟林乡做"樟林社会概况调查"，身为国民党党员，大概也是传达上峰指示，在抗日战争胜利后，大谈"中兴"建设。他僻处一隅，哪知其时解放军已渡长江，不久就将国民党赶到台湾。黄先生1964年考入中山大学中文系，1969年留校工作直至退休。黄先生长期究心乡间史料逸事，着意搜集研讨，饱学博闻，言必有中，吐露肺腑，发为英华，积稿盈尺，我拜读一过，颜其书曰"秀华集"，黄先生欣然许之。

　　黄先生年轻时风标俊朗，秀发漆黑，如今却是满头银丝。2005年春，我陪同台湾大学国文系何寄澎主任、周凤五教授，"中研院"历史语言研究所林素清教授一行参观容庚商承祚先生纪念室，远远望到黄先生在伏案工作，周先生低声念了一句唐诗"白头宫女在"，亦属谑语，但黄先生确实知道古文字室以往琐事。

　　黄先生1958年当过工人，辍学一年。1961年7月入伍当兵，1964年从部队考上中山大学中文系，1969年毕业留校任教。我的家乡盐灶村与樟林仅六公里之隔，有缘分的景物人事多有黄先生与我同识共知者，如黄先生有一侄子绍奇送至我村给他大姨母当养子，与我三兄伟全为同班同学。黄先生曾在樟林盐灶二乡后面的莲花山钨矿厂当钳工，与我长兄伟文的大舅子陈守仁为同车间工友。我就读盐鸿中学时的语文老师张介周先生原是中山大学经济系1944级的学生，曾在苏北中学当过黄先生的班主任。我上大学时，就持张先生的信找了黄先生，又由黄先生带我拜访了澄海籍的方言学家黄家教教授。

　　黄先生饱览历代碑帖剧迹，自学书法篆刻，曾为师友刻有姓名章数十百枚，我亦得先生青睐，为我雕过姓名章一枚。黄先生书法不曾临名帖，只求不作怪书，自嘲为"己体"，下笔不俗。尝为我撰联云："画龙画符古文字；钩玄钩秘好华章。"落款为"丁酉岁末"，钤章作"黄光武印"，为其自镌之印。黄先生与我还有过一些文墨合作的机会，如黄家教教授去世时，我撰一挽联："富赡亲情乡情才情莫道是才隐于情；精研粤语闽语哑语更哪堪哑然无语。"即由黄先生书之。吴承学教授六十寿庆时，我还曾经撰一联奉赠，联云："神思游六合；椽笔扫千军。"亦由黄先生书之。

黄先生先后赠我名家书法多种，有容、商二老墨宝等。如我悬挂于寒斋的容老手书金文五言联："华竹秀而野；文章老更成。"上款是"光武兄正书"，下款是"己未四月 容庚"，即为黄先生转赠于我。黄先生有跋语云："伟武文章偶好戏谑之笔，特赠此联。同里黄光武 世纪末之己卯冬日。"再如赠我李曲斋先生条幅，下有跋语说："上（世）纪八十年代李曲斋先生托桂光兄借蒋善国《汉字形体学》，后辗转失落，曲斋先生除表歉意外，亦（欲）一定奉还。经多方搜求终得蒋氏原版归还，并书赠唐诗行草一卷如此。事（虽）小，可见曲斋先生为人之诚信。曲斋作品今赠伟武，并记其始末。黄光武。甲申冬。"又赠以廖蕴玉先生书作，加跋语云："此廖公所作楷书，甚可观也。于兹廿载矣。一再感慨系之。伟武兄惠存。丁酉冬月。黄光武。"黄先生当年在马岗顶东北区18号古文字研究室小红楼前与廖公合栽蒲桃树，精心浇灌，枝柯茂密，绿叶蓊蔚，硕实可食。故址今成为中山大学出版社所在地，黄先生每路过于此，必徘徊凝视，不胜感慨。

澄海区博物馆陈孝彻先生主编有几种书，赠予黄先生，黄先生觉得陈汉杰校长父子是我们盐灶乡的先贤，将他们的诗文集《淡如杂著》《陈影手记》送我更有纪念意义，于是将此二书线装四册（此外还有一册《族联集》）悉数转赠我，我于是得以写成《二十世纪上半叶潮汕乡村社会缩影——陈淡如陈汉杰乔梓诗文集读后》一文，于2019年9月前往新西兰参加国际潮学研究会年会。

我曾多次与黄先生一同外出参加学术会议，如参加潮学研讨会（1999年赴潮州、2003年赴揭阳），2000年赴安徽大学参加中国古文字研究会年会，会前同游南京，会后同游黄山，都留下美好的记忆。

《秀华集——黄光武文史研究丛稿》收录长短文章40余篇，内容颇为丰富，古文字论文虽少，却深有见地，洞烛幽微。如讨论金文中子孙称谓的重文，考释金文"穆"字，等等。《释穆——兼谈昭穆的礼乐含义》一文，我曾见台湾籍学生的博士学位论文正面引用过，可惜没有及时记录下来。讨论容庚先生名著《金文编》诸版序言的增减取舍，分析入情入理，契合学术史真实。潮汕史地研究是《秀华集——黄光武文史研究丛稿》的主体，系统性强，深入而精致。澄海樟林是著名作家秦牧的故乡，是潮汕历史上一个重要的出海口，在清代乾隆嘉庆年间经贸活动极为发达，兴旺达一二百年。黄先生钩沉稽古，尤重实地踏勘，或摄影，或札录，或椎拓，调查取证，咨诹野老。如考察古代官道上的林姜驿石马槽，黄先生找来友人帮手，在曾为古驿站的莲花古寺附近清理出杂草丛生、泥土半埋而荒置于室外的石马槽。红头船、回文诗帕、旧契约、石马槽、残碑断碣，黄先生所得独多，无不点染成文，令人拍案叫绝。如从俚俗语言考察社会历史文化变迁，从一句骂人话考得一红头船船名之类皆是。《澄海樟林民俗》一文对樟林乡俗的考证，避免乡邦旧俗的宝贵资料湮灭无闻。语言学家、潮汕方言研究名家、韩山师范学院前校长林伦伦教授说："陶畲应该是畲族聚居之地。唐武则天年间陈政陈元光镇压泉潮两州之间的'刁民啸聚'，其实就是以畲族祖先为主的'山中'土著居民，其首领姓雷和蓝。故此，莲花山下很早就有畲民祖先聚居是符合历史事实的。很佩服光武老师'以小见大'的历史社会人类学考证功夫！"（对《澄海畲人遗址追踪》一文的评论）黄先生所研究的樟林史，可说是潮汕地区与东南亚经济贸易史的有机组成部分，也是近代中外文化交流史的有机组成部分。

　　黄先生在著名古文字学家容庚和商承祚两位先生身边工作多年，写有追忆容老的文章多篇，如《烬余道在须传火——简介一幅特殊的金文书法作品》（原载《书艺》第一辑，又收入《大学书法》2021年第一期）、《忆容老》、《交流学术　保护文物——记容庚先生收藏青铜器》、《每愧人称作画人——读容庚先生次韵和徐宗浩诗作》、《容庚先生晚年趣事》等。

　　黄先生重情谊，善烹饪，多次在家做饭款待我等同乡后学。黄先生嗅觉发达，不过"先知先觉"有时也很痛苦，偶尔清洁工在凌晨偷烧垃圾，黄先生在远处楼上睡梦中就会惊醒，只好用毛巾捂着鼻子睡觉。黄先生有一次回乡下，见一家卖狗肉的小店铺，店名是"老黄狗肉店"，店主自称"老黄"，但读起来像是骂姓黄的人，黄先生就说真想进去训店家几句。这反映了人们文化素养的低下，且此类摊档名有越来越多的趋势，真令人担忧。

　　黄先生尝与张振林教授合作编纂《金文辞综类》，黄先生负责前期工作，摘录《金文诂林》和《金文诂林补》，摘抄卡片无数，陈炜湛先生笑称："别人是把卡片变成书，你这是把书变成卡片。"此书最终因故未成稿，黄先生徒然耗费十年光阴，努力付诸流水，令人扼腕兴叹。

　　1986年硕士研究生毕业后我留校，在中国古文献研究所工作，黄先生为了写《清湖广左布政使郑廷櫆传记补正——兼议郑氏仕清》《嘉庆十年澄海樟林二林通匪案——兼谈樟林新兴街、新围天后庙的有关历史问题》两篇力作，托我从所里借阅《清实录》。此书卷帙浩繁，我只好每次借两三册，多次借阅，又借又还，持续多时才完成。

2000年上半年曾经法（宪通）师在台湾新竹清华大学国文系讲学，为了参加纪念闻一多先生诞辰一百周年学术研讨会，拟撰一文，结合《山海经》、武梁祠画像石等材料论述楚帛书神话系统，惜手头材料不齐，托我帮忙查找，最后我还是劳烦黄先生施以援手。5月9日黄先生致信曾师，扫描发给曾师后，原信由我珍藏。信云：

曾老师：上日吩咐伟武查伏羲女娲生二仔图画之事。其实您赴台前夕曾到研究室查而无获。恰好今天收到《考古》新千年第4期，中有孟庆利文章《汉墓砖画"伏羲女娲像"考》，颇有新义，论证女娲为兄妹夫妇说起码至晚唐方有。先秦文献有记载但不同时出现。终战国之世，二者并未会面。汉时二者有臣属关系，但郑玄坚持平列而已。宋人辑佚的应劭《风俗通义》才有为兄妹、置婚姻、合夫妇之说，然也与蛇身相缠无关。晋代皇甫谧论及伏羲女娲只是同姓而已。唐司马贞之说则发展为一家关系。开元以后才撮合为夫妇。卢仝《与马异结交诗》句"女娲本是伏羲妇"，而注释出现二说：女娲为伏羲妹，女娲为伏羲妇。至晚唐伏羲与女娲始成婚。今人把画像相交附会为伏羲女娲。孟文认为这是汉代阴阳五行盛行，以为阴阳人格化也。杂志4月份出版，在台湾应可看到，因有数页，有碍传真，略述大概。并附孟文插图一帧，正有生二仔之图，供急需之用。端此，并颂文安。黄光武5月9日。

曾师大文名为《楚帛书神话系统试说》，原载《新古典新义》（台湾学生书局2001年版），后收入《曾宪通学术文集》（汕头大学出版社2002年版）和《曾宪通自选集》（中山大学出版社2017年版）。

黄先生生性仁善，亲和力强，古道热肠，乐于助人。他长期在古文字研究室为本系师生理发。黄先生多年负责古文字研究室资料管理工作，为师生服务惯了，为他人提供研究资料成了家常便饭，让人们对"无私奉献"这四个字有了更深刻的体认。他不仅为古文字研究室的研究生提供研究资料，还时常为研究潮学的青年学者提供研究线索或指导，如多次为潮州谢慧如图书馆的陈贤武君提供帮助，而陈贤武也曾经为黄先生提供郑廷櫆与吴六奇交往的文献材料。黄先生淡泊自持，不热衷功利，好些论文置于箧中多年才发表，此次收入集中的数篇论文则是以前未刊发过的。

黄先生自幼与侨眷郑清泉老人为邻，煮水冲茶，得其指点，精于茶道，曾被陈永正先生誉为"中大品茶人第一"。小时候我跟季姑父陈岳彪先生学喝茶，进了中山大学之后，一直跟黄先生学喝茶。屈指算来，与黄先生一起喝工夫茶已经42年了，花了不少工夫，品茶的工夫虽不见长进，倒是学到许多做人治学的道理，学到不少书本上或有或无的知识。自己做过的好些研究题目，都是在喝茶时先向黄先生汇报请教，然后才敢动笔写。黄先生总结判定好茶的"甘、香、滑"三个标准，就像"高、大、上"三个原则。黄先生天生是"味精"，味觉特别灵敏。黄先生无意间发现一种灌木，以手捋其嫩叶，有杏仁味，煮水而饮，杏仁味益浓，稍加冰糖，可口而可乐，尝邀曾师、陈焕良师、林伦伦学长等师友一同品尝。后来黄先生移植数株于寓所附近，每逢长出嫩芽绿叶，采摘若干，即与三数友人分享，我多次当了"尝委"。

2005年暑假黄先生和我同游武夷山，由林姓评茶专家陪同品尝了武夷山岩茶中的好些品种，那位专家是福建师大叶良斌先生的好友。黄先生1994年夏天撰有一篇长篇论文：《工夫茶与工夫茶道》，屡加修改，初载于《中山大学学报》1995年第4期，后来又续有增订，收入《康乐集：曾宪通教授七十寿庆论文集》（中山大学出版社2006年版）。

2018年5月24日，广东省茶文化促进会主办了"2018潮汕茶文化周·潮州工夫茶的传承与发展论坛"，在广州进出口商品交易会琶洲展馆举行，秘书长黄波先生请黄先生与黄挺、林伦伦两位教授和我作为特邀嘉宾参加，分别在会上致辞。黄先生主张工夫茶要自然地喝，关键在于茶叶质量的高低，反对花里胡哨、繁文缛节的东西，对牵合工夫茶与《易》道及"八卦"的说法颇不以为然，对茶叶需求量大增致供需失衡以次充好的现象抨击尤烈。

前不久我为黄先生八十华诞写过一首小诗颂寿，姑且借来为这篇费时颇久的短文作结：

> 赫赫嘉名八十秋，工农兵学任遨游。
> 金文类纂难成稿，古港新书易白头。
> 残碣马槽勤校验，侨批契约颇搜求。
> 闲斟酽茗论今古，策杖康园寿悠悠。

陈伟武
2021年6月28日

附录： 自刻印章 15 枚

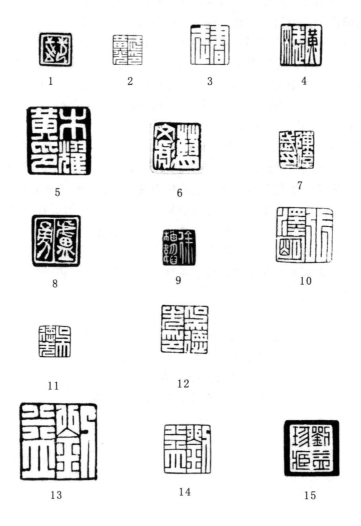

注：自刻印章 15 枚，限于本人自用印，以及亲属和交往密切的朋友私章，并非本人佳作。

后　　记

　　我出生于1941年，广东澄海人。1961年7月应征入伍。1964年9月考入中山大学中文系；1969年毕业，留校在中文系资料室工作。1978年调入中文系古文字研究室任资料员，先后在报刊发表文章多篇。1994年被评为副研究馆员。

　　在中文系的关怀下，我年届八十，居然能将所写文章以"秀华集"的美名结集出版，虽然谈不上学术专著，仅杂录而已，但尺有所短，寸有所长，以我的推测，探讨家乡历史、民间杂闻部分可能会获得一些人的喜欢。

　　本书对故里历史的论述只限于对具体村落、具体人事的个人理解，当然我也会参阅文献，重视田野调查和口述资料。如我乡曾发生过震动朝野的嘉庆十年（1805）林泮、林五通匪大案，我从小就听老辈讲述"腰龟（意为佝偻）道台"拿办林泮的故事，其中的"腰龟道台"仿如武林高手。后来我阅《吴中名贤传赞》，方知"腰龟道台"吴俊乃乾隆进士，曾当过内阁中书、军机处行走，历任殿试主考、学政、布政使，足智多谋。吴俊拿办二林是史实，而民间传说却讲成故事。我再联系后来闽省大海盗集团首领朱渍只愿至澄海接受招安的事实，就能解释清代二林通匪案是朝廷海禁制度的产物这一问题。这个事件也可说明乾嘉时期樟林经济的崛起同海商、海盗、海禁、官商勾结、官吏贪赃枉法有微妙的关系。

　　陈伟武教授为本书作跋，赞美之辞令我羞愧。文章都印在这里，白纸黑字，不用自己多说。付印之前，幸有古文字研究所专职研究员、研究生和强基班本科生在紧张的学习中拨冗帮忙扫描、校订、补录，在此记下他们的大名：吴丽婉、刘凯先、林焕泽、李三梅、陈晓聪、刘伟浠、杨鹏桦、谢广普、张飞、蔡苑婷、陈哲、杨鹏文、林婧筠、周文倩雨、何建芬、曾宇、张玮瑜、赵惠欣、赵雨欣、刘宇晨、陈旖旎。另外，中山大学出版社副总编辑嵇春霞女士和责任编辑孔颖琪女士，都为小书付出了辛劳，谨一并对她们深表谢意。

　　校对如扫落叶，虽花了不少时间，但由于引文过多，难免有错漏，敬望读者指谬。

黄光武

2021年7月1日